人·民·文·库

人文科学·译著

卢卡奇文选

〔匈〕捷尔吉·卢卡奇著 李鹏程 编

人民出版社

《人民文库》出版前言

人民出版社是党的第一家出版机构，始创于1921年9月，重建于1950年12月，伴随着党的历史、新中国的发展、改革开放的巨变一路走来，成为新中国出版业的见证和缩影！

“指示新潮底趋向，测定潮势底迟速”，这十四个大字就赫然写在人民出版社创设通告上，成为办社宗旨。在不同的历史时期，出版宗旨的表述也许有所不同，但宗旨的精髓却始终未变！无论是在传播马列、宣传真理方面，还是在繁荣学术、探索未来方面，人民版图书都秉承这一宗旨。几十年来，特别是新中国成立以来，人民出版社出版了大批为世人所公认的精品力作。有的图书眼光犀利，独具卓识；有的图书取材宏富，考索赅博；有的图书大题小做，简明精悍。它们引领着当时的思想、理论、学术潮流，一版再版，不仅在当时享誉图书界，即使在今天，仍然具有重要影响。

为挖掘人民出版社蕴藏的丰富出版资源，在广泛征求相关专家学者和老一辈出版家意见的基础上，我社决定从历年出版的2万多种作品中（包括我社副牌东方出版社和曾作为我社副牌的三联书店出版的图书），披沙拣金，精选出一批在当时产生过历史作用，在当下仍具思想性、原创性、学术性以及珍贵史料价值的优秀作品，汇聚成《人民文库》，以满足广大读者的阅读收藏需求，积累传承优秀文化。

《人民文库》第一批以20世纪80年代末以前出版的图书为主，

分为以下类别：（1）马克思主义理论，（2）中共党史及党史资料，（3）人文科学（包括撰著、译著），（4）人物，（5）文化。首批出版100余种，准备用两年时间出齐。此后，我们还将根据读者需求，精选出20世纪90年代以来的优秀作品陆续出版。

由于文库入选作品出版于不同年代，一方面为满足当代读者特别是年轻读者的阅读需要，在保证质量的前提下，我们将原来的繁体字、竖排本改为简体字、横排本；另一方面，为尽可能保留原书风貌，对于有些入选文库作品的版式、编排，姑仍其旧。这样做，也许有"偷懒"之嫌，但却是我们让读者在不影响阅读的情况下，体味优秀作品恒久价值的一片用心。

在社会主义文化大发展大繁荣的今天，作为公益性出版单位，我们深知人民出版社在坚持社会主义文化前进方向，为人民多出书、出好书所担当的社会责任。我们将从新的历史起点出发，再创人民出版社的辉煌。

《人民文库》编委会

目　录

出版说明

这里奉献给读者的是十九世纪后期到二十世纪上半期的欧洲社会主义思想史上的活动家和思想家的主要著作文本或其片断,这些文本能够“客观地”反映他们关于社会主义的基本观点,应该说是他们的思想的要旨之所在。

社会主义作为一个社会运动过程,其实就是一部实践和思想相互作用的人类现代社会史的主流之一。在其中,思想对于实践的认识、理解、总结,以及对其可能的发展路向的预测、从而对运动的战略和策略的制定,是社会主义运动发展的枢机。

所以,研究各个历史时期的社会主义思想,既是理解当时的社会主义运动“所以然”的深层理由,也是理解当今社会主义运动的“由来”的思想根据的基础方法。

我们当前建设中国特色社会主义的实践,无疑是世界社会主义史上最具震撼力的、伟大的当代创新。在一定意义上我们可以满怀信心地说,我们的事业在当今正引领着人类社会发展历史的大方向。然而也正因为如此,我们的事业也就包含着宏大的艰巨性和深刻的复杂性:在蓬勃前进的同时确实也面临着许许多多具体的困难和问题。

在这个时候,我们应该还记得古人的几句话:“温故而知新”、“前车之辙,后车之鉴”、“他山之石,可以攻玉”。依据这些宝贵的方法论,在以积极的实践态度大力推进当前的中国特色社会主义建设的同时,我们还应该以积极的理论态度,放开眼界,扩大胸怀,重温世界社会主义的历史,激活历史上诸多思想家留给我们的思想资源,这些资源肯定会对我们思考当前的迫切问题有所启迪。而从理论研究的高层次来说,盛世治史,在新的历史意识的视域中,重新反思、解读和总结世界社会主义史的诸多重要文献,实乃推进当代科学社会主义思想理论创新之必需,实乃推动当代科学社会主义运动实践之必需。

当然,这里还要特别说明两点,提请读者注意:

我们选择的社会主义思想家和活动家的著作文本,都是我们认为对世界社会主义运动史的发展产生了重要影响的。影响有两个方面,积极的和消极的。我们相信读者会用马克思主义的立场观点和方法去对他们作出正确的、从而也是科学的和客观的理解和评价;我们提倡对具体思想根据具体时代条件和所要解决的实际问题进行具体的分析。

由于我们学术水平有限,所选人物和其文献的文本是否得当,敬请尊敬的读者提出宝贵意见,以便我们把选编工作做得更好。

2008 年 4 月

编者说明

捷尔吉·卢卡奇(Georg Lukaćs,1885—1971年。或译作"格奥尔格·卢卡奇","乔治·卢卡其")是欧洲现代社会主义思想史上重要的思想家之一。

卢卡奇出生于匈牙利皇家枢密官兼金融家的家庭,他家因时常举办文艺沙龙而著名于布达佩斯。卢卡奇从小深受家庭特有的文学艺术氛围的熏染,热爱文艺思想和理论。1902年(17岁)从布达佩斯文科中学高中毕业,进入布达佩斯大学学习法律和国民经济学,1906年(21岁)在科罗茨瓦获得法学博士学位。大学毕业后,卢卡奇一方面在商业部工作,一方面继续在布达佩斯大学听课。在此期间,他深受狄尔泰、席美尔和马克斯·韦伯的思想影响。1908年他初次接触到马克思主义,对剩余价值理论和阶级斗争学说印象很深。1909年卢卡奇以《戏剧形式》一文获得布达佩斯大学哲学博士学位。从当年秋天起,他开始了近六年的旅居德国的生活。先是在柏林,1911年春他迁居海德堡,其后又曾在弗莱堡居住。在德国期间,他还去过意大利和荷兰。德国古典哲学家康德、费希特、谢林和黑格尔给了卢卡奇很大的思想启发,他成为了一位黑格尔主义者并进而研究新黑格尔主义以及胡塞尔现象学。1915年卢卡奇回到布达佩斯,进入匈牙利当时的进步知识界,逐渐受到俄国革命思想的影响。1918年年底他加入匈牙利共产党。1919年卢卡奇在只存在了四个多月的"匈牙利苏维埃共和国"政府中担任教育委员。革命失败后他流亡维也纳,主编《共产主义》杂志。1923年因发表《历史和阶级意识》被逐出该杂志编辑部。1924年在列宁逝世后,卢卡奇写悼念文章表达对列宁的敬重,并高度评价列宁对马克思主义的发展。1929至1931年，卢卡奇曾在莫斯科的马克思恩格斯研究院工作。1931年他移居柏林，1933年又移居莫斯科，从此在苏联科学院哲学研究所工作到二战结束。匈牙利解放后卢卡奇回到布达佩斯，1944年12月起任匈牙利科学院院士和布达佩斯大学教授。他在从事研究工作的同时，在政治上也很活跃，经常发表政见并参加政治活动。1949—1951年期间，他被作为"修正主义分子"遭受官方批判。1956年苏共20大后，卢卡奇重新进入匈牙利政治生活，加入了布达佩斯的"裴多菲俱乐部"，并在"匈牙利事件"期间曾担任纳吉政府的文化部长。但他又因纳吉政府退出"华沙条约组织"的决定而辞职出国。1957年"事件"平息后，卢卡奇回到布达佩斯，但因他参与"匈牙利事件"而被开除党籍，1967年党籍才被恢复。卢卡奇在战后的理论成果主要是《关于社会存在的本体论》和美学、文艺学。

卢卡奇一生的主要著作有《心灵与形式》、《小说理论》、《历史和阶级意识》、《青年黑格尔》、《理性的毁灭》、《审美特性》和《关于社会存在的本体论》。他关于马克思主义社会主义思想的最重要的著作，就是《历史和阶级意识》与《关于社会存在的本体论》。因而，本书所选内容，大部分出自这两本著作。

卢卡奇的学术经历表明他曾经接受过很多不同的甚至对立的思想的影响。用他自己的话说，他的思想和理论成果是"高度矛盾的理论混合物"。但对于社会主义思想史而言，卢卡奇对马克思主义的科学社会主义思想的理论基础——哲学——进行了深入的探讨。他对历史辩证法的解释、对阶级意识的强调，对劳动在人类历史活动中意义的揭示、对观念与意识形态的重视，对整体性方法论的独特应用，都应该说是理论创新的尝试和探索。

卢卡奇的思想理论的复杂性决定了它必然引起很大的争议。但在一定程度上来说，有争议并不是一件绝对坏的事情；恰好相反，有争议的理论往往表现了一个特定时代的思想理论活力，在其中也往往更多地包含着符合时代发展所需要的理论生长点。因此，对于我们在今天这个新的历史条件下为建设中国特色社会主义而重新学习、理解和创新马克思主义和科学社会主义理论来说，卢卡奇著作所涉及的许多“20世纪问题”，也许是我们现在仍然应该着力继续认真反思、探讨和思考的。

本书选编各篇文字所依据的中文文本，在各篇标题页均以 * 号脚注说明。在这里特向我们选编所依据的中文译著的出版社和译者表达诚挚的学术谢意！

李鹏程

2006年10月

什么是正统马克思主义？*

（1919 年）

哲学家们只是用不同的方式解释世界，而问题在于改变世界。

马克思：《关于费尔巴哈的提纲》

这个本来很简单的问题，无论在无产阶级圈子中还是在资产阶级圈子中都已成为反复讨论的对象。然而在学术界，对任何信仰正统马克思主义的表白报以冷嘲热讽已逐渐开始成为一种时髦。甚至在“社会主义”营垒中，对于哪些论点是马克思主义的本质，哪些论点可以“允许”批评甚至抛弃而不致丧失被看做“正统”马克思主义者的权利，看法也很不一致。于是，不是对“事实”进行“不偏不倚的”研究，而是对旧的、在某种程度上已被现代研究“超越”了的著作像对圣经那样进行学究式的解释，在它们当中而且只是在它们当中寻找真理的源泉，便被认为越来越“不科学”。如果问题是这样提出来，那么对它最恰当的回答自然只是同情的一笑。但是实际上它并不是（而且从来不是）这样简单地提出来的。我们姑且假定新的研究完全驳倒了马克思的每一个个别的论点。即使这点得到证明，每个严肃的“正统”马克思主义者仍然可

* 选自［匈］卢卡奇：《历史与阶级意识》，杜章智、任立、燕宏远译，商务印书馆 1992 年版，第 47—75 页。——选编者注

以毫无保留地接受所有这种新结论,放弃马克思的全部论点,而无须片刻放弃他的马克思主义正统。所以,正统马克思主义并不意味着无批判地接受马克思研究的结果。它不是对这个或那个论点的"信仰",也不是对某本"圣"书的注解。恰恰相反,马克思主义问题中的正统仅仅是指**方法**。它是这样一种科学的信念,即辩证的马克思主义是正确的研究方法,这种方法只能按其创始人奠定的方向发展、扩大和深化。而且,任何想要克服它或者"改善"它的企图已经而且必将只能导致肤浅化、平庸化和折中主义。

1

唯物主义辩证法是一种革命的辩证法。这个定义是如此重要,对于理解它的本质如此带有决定意义,以致为了对这个问题有个正确概念,就必须在讨论辩证方法本身之前,先掌握这个定义。这关系到理论和实践的问题。而且不仅仅是在马克思最初批判黑格尔时所赋予它的"理论一经掌握群众,也会变成物质力量"① 的意义上。更重要的是需要发现理论和掌握群众的方法中那些把理论、把辩证方法变为革命工具的环节和规定性。还必须从方法以及方法与它的对象的关系中抽出理论的实际本质。否则"掌握群众"只能成为一句空话。群众就会受完全不同的力量驱使,去追求完全不同的目的。那样,理论对群众的运动说来就只意味着一种纯粹偶然的内容,一种使群众能够意识到他们的社会必然的或偶然的行动、而不保证这种意识的产生与行动本身有真正和必然联系的形式。

在这同一篇文章中,马克思清楚地阐明了理论能够和实践有这种关系的条件。"光是思想竭力体现为现实是不够的,现实本身应当力求

① 《黑格尔法哲学批判导言》,《马克思恩格斯全集》第1卷,人民出版社中文第1版,第460页。

趋向思想。"[1] 或者像他在更早的一篇文章中所说的,"那时就可以看出,世界早就在幻想一种一旦认识便能真正掌握的东西了"。[2] 只有当意识同现实有了这样一种关系时,才可能做到理论和实践的统一。只有当意识的产生成为历史过程为达到自己的目的(这个目的来自人的意志,但不取决于人的任意妄为,也不是人的精神发明的)所必须采取的决定性步骤时;只有当理论的历史作用在于使这一步骤成为实际可能时;只有当出现一个阶级要维护自己的权利就必须正确认识社会这样的历史局面时;只有当这个阶级认识自身就意味着认识整个社会时;只有因此这个阶级既是认识的主体,又是认识的客体,而且按这种方式,理论直接而充分地影响到社会的变革过程时,理论的革命作用的前提条件——理论和实践的统一——才能成为可能。

这种局面实际上随着无产阶级进入历史而出现了。马克思说:"无产阶级宣告现存世界制度的解体,只不过是揭示自己本身存在的秘密,因为它就是这个世界制度的实际解体。"[3] 说明这种情况的理论同革命之间的联系决不是偶然的,它也不特别复杂和容易误解。相反,这个理论按其本质说无非是革命过程本身的思想表现。这个过程的每个阶段在它当中被记录下来,因此它可以被概括和传播,被使用和发展。由于理论无非是记录下每一个必要的步骤并使之被意识到,它同时成为下一个步骤的必要前提。

弄明白理论的这种作用也就是认识理论的本质,即辩证的方法。这一点极其重要,由于忽略了它,在辩证方法的讨论中已造成了许多混乱。恩格斯在《反杜林论》中的论述对于后来理论的作用具有决定性的影响。不管我们怎样看待这些论述,认为它是经典也好,批评它也好,认为它不完整甚至有破绽也好,我们都必须承认在那里没有谈到这个

① 《黑格尔法哲学批判导言》,《马克思恩格斯全集》第1卷,人民出版社中文第1版,第462页。

② 摘自《德法年鉴》的书信,同上书,第418页。

③ 《黑格尔法哲学批判导言》,同上书,第466页。再参看《阶级意识》一文。

方面。就是说，他把概念在辩证法中的形成方式与在“形而上学”中的形成方式对立起来；他更尖锐地强调指出在辩证法中概念(及其与之相应的对象)的僵化轮廓将消失；他认为，辩证法是由一个规定转变为另一个规定的连续不断的过程，是矛盾的不断扬弃，不断相互转换，因此片面的和僵化的因果关系必定为相互作用所取代。但是他对最根本的相互作用，即历史过程中的主体和客体之间的辩证关系连提都没有提到，更不要说把它置于与它相称的方法论的中心地位了。然而没有这一因素，辩证方法就不再是革命的方法，不管如何想(终归是妄想)保持“流动的”概念。因为这意味着未能认识到，在一切形而上学中，客体，即思考的对象，必须保持未被触动和改变，因而思考本身始终只是直观的，不能成为实践的；而对辩证方法说来，中心问题乃是改变现实。如果理论的这一中心作用被忽视，那么构造“流动的”概念的优点就会全成问题，成为纯“科学的”事情。那时方法就可能按照科学的现状而被采用或舍弃，根本不管人们对现实的基本态度如何，不管现实被认为能改变还是不能改变。的确，正如马克思拥护者中的所谓马赫主义者所表明的那样，这甚至会更加加强这样的观点，即现实及其在资产阶级直观唯物主义和与之有内在联系的古典经济学意义上的“规律性”是不可理解的、命定的和不可改变的。至于马赫主义也能产生出一种同样资产阶级的唯意志论来，与此丝毫不矛盾。宿命论和唯意志论只是从非辩证的和非历史的观点来看才是彼此矛盾的。从辩证的历史观来看，它们则是必须互相补充的对立面，是清楚地表明资本主义社会制度的对抗性、它的问题从其本身考虑无法解决的情况在思想上的反映。因此，“批判地”深化辩证方法的企图都必然导致肤浅平庸。因为任何一种“批判”立场总是以这种方法与现实、思想与存在之间的分离作为方法论的出发点。而且它正是把这种分离当做一种进步，认为它给马克思方法的粗糙的非批判的唯物主义带来了真正的科学性，值得百般赞扬。当然，谁也不否认“批判”有这样做的权利。但是我们必须着重指出，它这样做，将背离辩证方法的最核心的本质。马克思和恩格斯关于这一点说得再明白不过了。恩格斯说:“这样,辩证法就归结为关于外部世界和人类思维的运动的一般规律的科学,这两个系列的规律在本质上是同一的。”① 马克思表述得甚至更明确。“在研究经济范畴的发展时,正如在研究任何历史科学、社会科学时一样,应当时刻把握住:……范畴表现……存在形式、存在规定……”②

如果辩证方法的这一含意弄模糊了,它就必然显得是累赘,是马克思主义的“社会学”或“经济学”的装饰品。甚至显得简直是阻碍对“事实”进行“实事求是”、“不偏不倚”地研究的障碍,是马克思主义借以强奸事实的空洞结构。伯恩施坦部分地由于他的没有受到任何哲学认识妨害的“不偏不倚”,反对辩证方法的声音叫得最响最尖锐。然而他从这种想使方法摆脱黑格尔主义的“辩证法圈套”的愿望中得出的现实的政治结论和经济结论,却清楚地表明了这条路是通向何处的。它们表明了,如果要建立一种彻底的机会主义理论,一种没有革命的“进化”理论,没有斗争的“长入”社会主义的理论,正是必须从历史唯物主义的方法中去掉辩证法。

2

这里立即就要出现这样一个问题,这些在所有修正主义著作中被奉为神明的所谓事实在方法论上有什么含义呢?我们能在多大程度上指靠它们为革命无产阶级的行动提供指南呢?不用说,对现实的一切

① 《费尔巴哈论》,《马克思恩格斯全集》第21卷,人民出版社中文第1版,第337页(着重号是本文作者加的)。

② 《政治经济学批判导言》,同上书,第12卷,第757页(着重号是本文作者加的)。这里把这种方法限制在历史和社会领域,极为重要。恩格斯对辩证法的表述之所以造成误解,主要是因为他错误地跟着黑格尔把这种方法也扩大到对自然界的认识上。然而辩证法的决定性因素,即主体和客体的相互作用、理论和实践的统一、在作为范畴基础的现实中的历史变化是思想中的变化的根本原因等等,并不存在于我们对自然界的认识中。可惜在这里不可能对这些问题进行详细的分析。

认识均从事实出发。唯一的问题是:生活中的什么样的情况,而且是在采用什么样的方法的情况下,才是与认识有关的事实呢?目光短浅的经验论者当然会否认,事实只有在这样的、因认识目的不同而变化的方法论的加工下才能成为事实。他认为,在经济生活中的每一个情况、每一个统计数字、每一件素材中都能找到对他说来很重要的事实。他在这样做时忘记了,不管对"事实"进行多么简单的列举,丝毫不加说明,这本身就已是一种"解释"。即使是在这里,事实就已为一种理论、一种方法所把握,就已被从它们原来所处的生活联系中抽出来,放到一种理论中去了。比较老练的机会主义者,尽管本能地非常厌恶一切理论,还是很乐意承认这一点。但是他们求助于自然科学的方法,即自然科学通过观察、抽象、实验等取得"纯"事实并找出它们的联系的办法。他们于是用这种理想的认识方式来对抗辩证方法的强制结构。

如果说这种方法乍看起来可取的话,那是因为资本主义的发展本身倾向于产生出一种非常迎合这种看法的社会结构。但是,正因为这个缘故,我们需要辩证方法来戳穿这样产生出来的社会假象,使我们看到假象下面的本质。自然科学的"纯"事实,是在现实世界的现象被放到(在实际上或思想中)能够不受外界干扰而探究其规律的环境中得出的。这一过程由于现象被归结为纯粹数量、用数和数的关系表现的本质而更加加强。机会主义者始终未认识到按这种方式来处理现象是由资本主义的本质决定的。马克思在谈到劳动时对生活的这样一种"抽象过程"作了深刻的说明,但是他没有忘记同样深刻地指出他在这里谈的是资本主义社会的一个历史特点。"所以,最一般的抽象总只是产生在最丰富的具体的发展的地方,在那里,一种东西为许多所共有,为一切所共有。这样一来,它就不再只是在特殊形式上才能加以思考了。"[1] 但是资本主义发展的这一趋势还走得更远。经济形式的拜物教性质,人的一切关系的物化,不顾直接生产者的人的能力和可能性而

① 《政治经济学批判导言》,《马克思恩格斯全集》第12卷,人民出版社中文第1版,第754—755页。

对生产过程作抽象合理分解的分工的不断扩大，这一切改变了社会的现象，同时也改变了理解这些现象的方式。于是出现了“孤立的”事实，“孤立的”事实群，单独的专门学科（经济学、法律等），它们的出现本身看来就为这样一种科学研究大大地开辟了道路。因此发现事实本身中所包含的倾向，并把这一活动提高到科学的地位，就显得特别“科学”。相反，辩证法不顾所有这些孤立的和导致孤立的事实以及局部的体系，坚持整体的具体统一性。它揭露这些现象不过是假象，虽然是由资本主义必然产生出的假象。但是在这种“科学的”氛围中，它仍然给人留下只不过是一种任意结构的印象。

所以，这种看来非常科学的方法的不科学性，就在于它忽略了作为其依据的事实的历史性质。然而这不只是一种错误来源之所在（总是被采用这种方法的人所忽略），对此恩格斯已明确地提醒人们注意。这种错误来源的实质在于，统计和建立在统计基础上的“精确的”经济理论总是落后于实际的发展。“因此，在研究当前的事件时，往往不得不把这个带有决定意义的因素看做是固定的，把有关时期开始时存在的经济状况看做是在整个时期内一成不变的，或者只考虑这个状况中那些从现有的明显事件中产生出来因而是十分明显的变化。”① 因此我们看到，说资本主义社会的结构本来就和自然科学的方法协调，是它的精确性的社会前提，这是很成问题的。如果说“事实”及其相互联系的内部结构本质上是历史的，也就是说，是处在一种连续不断的变化过程中，那么就的确可以问在什么时候产生出更大的科学不精确性。是当我认为“事实”是一种存在的形式且受到这样一些规律的制约，对这些规律我在方法论上可以肯定，或者至少有十之八九把握知道它们对这些事实不再适用的时候呢？还是当我有意识地估计到这种情况，批判地看待以这种方法所能达到的“精确性”并集中注

① 《法兰西阶级斗争》导言，《马克思恩格斯全集》第22卷，人民出版社中文第1版，第591—592页。但是应当记住“科学的精确性”要以各种因素始终“不变”为前提。这一方法论要求早已为伽利略所指出。

意于这种历史的本质、这种决定性的变化所真正表现出来的那些环节的时候呢?

那些似乎被科学以这种"纯粹性"掌握了的"事实"的历史性质甚至以更具破坏性的方式表现出来。它们作为历史发展的产物,不仅处于不断的变化中,而且它们——正是按它们的客观结构——还是一定历史时期即资本主义的产物。所以,当"科学"认为这些"事实"直接表现的方式是科学的重要真实性的基础,它们的存在形式是形成科学概念的出发点的时候,它就是简单地、教条地站在资本主义社会的基础上,无批判地把它的本质、它的客观结构、它的规律性当做"科学"的不变基础。为了能够从这些"事实"前进到真正意义上的事实,必须了解它们本来的历史制约性,并且抛弃那种认为它们是直接产生出来的观点:它们本身必定要受历史的和辩证的考察。因为正如马克思所说:"经济关系的完成形态,那种在表面上、在这种关系的现实存在中,从而在这种关系的承担者和代理人试图说明这种关系时所持有的观念中出现的完成形态,是和这种关系的内在的、本质的、但是隐蔽着的基本内容以及与之相适应的概念大不相同的,并且事实上是颠倒的和相反的。"① 所以要正确了解事实、就必须清楚地和准确地掌握它们的实际存在同它们的内部核心之间、它们的表象和它们的概念之间的区别。这种区别是真正的科学研究的首要前提,正如马克思所说,"如果事物的表现形式和事物的本质会直接合而为一,一切科学就都成为多余的了"。② 所以我们必须一方面把现象与它们的直接表现形式分开,找出把现象同它们的核心、它们的本质联结起来的中间环节;另一方面,我们必须理解它们的外表形式的性质,即看出这些外表形式是内部核心的必然表

① 《资本论》第3卷,《马克思恩格斯全集》第25卷,人民出版社中文第1版,第232—233页。存在(分为假象、现象和本质)与现实的区别来源于黑格尔的《逻辑学》。不过可惜在这里不可能讨论《资本论》的概念在多大程度上是按这种区别构成的。同样,表象和概念的区别也来源于黑格尔。

② 同上书,第923页。

现形式。之所以必然，是因为它们的历史性质，因为它们是生长在资本主义社会的土壤中。这种双重性，这种对直接存在的同时既承认又扬弃，正是辩证的关系。在这方面，囿于资本主义创立的思维方式的肤浅读者，在理解《资本论》中的思想结构时遇到了极大的困难。因为一方面马克思的论述使一切经济形式的资本主义性质达于极点，由于把社会描述为“与理论相符”，即只包括资本家和无产者的彻底资本主义化了的社会，就创造了一种使这些经济形式能以最纯粹形式存在的思想环境。但是另一方面，这种思维方式刚要产生结果，这个现象世界似乎刚要凝结成为理论，它就立即化作了一种幻影，成了哈哈镜里的被歪曲了的形象，“只是一种虚构的运动的有意识的表现”。

只有在这种把社会生活中的孤立事实作为历史发展的环节并把它们归结为一个总体的情况下，对事实的认识才能成为对现实的认识。这种认识从上述简单的、纯粹的（在资本主义世界中）、直接的、自发的规定出发，从它们前进到对具体的总体的认识，也就是前进到在观念中再现现实。这种具体的总体决不是思维的直接素材。马克思说：“具体之所以具体，因为它是许多规定的综合，因而是多样性的统一。”唯心主义在这里陷入了把现实在思维中的再现同现实本身的实际结构混为一谈的幻想。因为现实“在思维中表现为综合的过程，表现为结果，而不是表现为起点，虽然它是真正的起点，因而也是直观和表象的起点”。①相反，庸俗唯物主义者，甚至披着伯恩施坦等人的现代伪装，也没有超出再现社会生活的各种直接的、简单的规定的范围。他们以为把这些规定简单地拿过来，既不对它们做进一步的分析，也不把它们融为一个具体的总体，他们就特别“精确”了。他们只用抽象的、与具体的总体无关的规律来解释事实，事实还是抽象的孤立的。正如马克思所说：“粗率和无知之处正在于把有机地联系着的东西看成是彼此偶然发生关系

① 《政治经济学批判导言》，《马克思恩格斯全集》第12卷，人民出版社中文第1版，第751页。

的、纯粹反思联系(Reflexionszusammenhang)中的东西。”①

这种反思联系的粗率和无知,首先在于它模糊资本主义社会的历史的、暂时的性质。它的各种规定带有适合一切社会形态的无时间性的永恒的范畴的假象。这在资产阶级庸俗经济学中表现得最明显,但是庸俗的马克思主义很快就步其后尘。辩证的方法被取消了,随之总体对各个环节在方法论上的优越性也被取消了;各部分不从整体来理解,相反,整体被当做不科学的东西被抛弃,或者退化成了不过是各部分的“观念”或“总合”。随着总体的被取消,各个孤立的部分的反思联系似乎就是适合一切人类社会的没有时间性的规律。马克思的名言:“每一个社会中的生产关系都形成一个统一的整体”,② 是**历史地**了解社会关系的方法论的出发点和钥匙。所有孤立的部分的范畴都能作为任何社会始终都有的东西来孤立地考虑和对待(如果它在某个社会里找不到,则把这说成是“偶然”,是规则的例外)。但是这些单独的孤立的部分所经历的变化,并不能清楚地明确地说明社会发展的各个阶段的真正区别。这些区别只有在各阶段与整个社会的关系的历史总过程中才能真正辨明。

3

这种辩证的总体观似乎如此远离直接的现实,它的现实似乎构造得如此“不科学”,但是在实际上,它是能够在思维中再现和把握现实的唯一方法。因此,具体的总体是真正的现实范畴。③ 但是,这一看法的

① 《政治经济学批判导言》,《马克思恩格斯全集》第12卷,人民出版社中文第1版,第738页。“反思联系”这一概念也来自黑格尔的《逻辑学》。

② 《哲学的贫困》,《马克思恩格斯全集》第4卷,人民出版社中文第1版,第144页。

③ 我们想提醒对方法论问题有更大兴趣的读者,在黑格尔的《逻辑学》中,整体同部分的关系问题也构成由存在到现实的辩证过渡。还必须指出,那里也谈到的内在同外在的关系问题同样与总体问题有关。见《黑格尔全集》第4卷,第156页及以下各页(《逻辑学》的引文均引自第2版)。

正确性，只有在我们集中注意力于我们的方法的真正物质基础，即资本主义社会及其生产力和生产关系的内在对抗性时，才完全清楚地表现出来。自然科学的方法、一切反思科学（Reflexionswissenschaft）和一切修正主义的方法论理想，都拒不承认它的对象中有任何矛盾和对抗。如果尽管如此在各理论之间还是出现矛盾，那么这只是表明至今达到的认识还不够完全。似乎相互矛盾的各理论必须在这些矛盾中找到它们的限度，必须相应地加以改造，并被纳入到更一般的理论中，那时这些矛盾就会最终消失。但是我们认为，就社会的现实而言，这些矛盾并不是对现实的科学理解还不完全的标志，而是相反，它们密不可分地属于现实本身的本质，属于资本主义社会的本质。它们在对总体的认识中不会被扬弃，以致停止成为矛盾。完全相反，它们将被视为必然产生的矛盾，将被视为这种生产制度的对立的基础。如果说理论作为对总体的认识，为克服这些矛盾、为扬弃它们指明道路，那是通过揭示社会发展过程的真正趋势。因为这些趋势注定要在历史发展进程中来真正扬弃社会现实中的这些矛盾。

从这个角度看，辩证方法同“批判”方法（或庸俗唯物主义、马赫主义等的方法）之间的冲突本身是一个社会问题。自然科学的认识理想被运用于自然时，它只是促进科学的进步。但是当它被运用于社会时，它就会成为资产阶级的思想武器。对资产阶级来说，按永远有效的范畴来理解它自己的生产制度是生死存亡问题：它必须一方面把资本主义看成是由自然界和理性的永恒规律注定永远存在的东西，另一方面必须把无法忽视的矛盾看做与这种生产方式的本质无关而只是纯粹表面的现象。古典经济学的方法是这种意识形态需要的产物。但是它作为科学的局限性也是由资本主义现实的结构和资本主义生产的对抗性造成的。例如，当一个像李嘉图那样的思想家能够否定“随着生产的扩大和资本的增长市场也必定会扩大”时，他这样做（当然在心理上是无意识的），就是为了避免承认必然发生最明显地表现出资本主义生产的对抗性的危机，避免承认“资产阶级生产方式包含着生产力自由发展的界限"[1] 的事实。在李嘉图那里是出于信念的东西，在庸俗经济学家的著作中成了有意骗人的为资产阶级社会的辩护。庸俗的马克思主义者由于或是力图从无产阶级科学中彻底取消辩证法，或是力图对它至少进行"批判的"改良，不管是否愿意，达到了同样的结果。举个荒唐可笑的例子，马克斯·阿德勒想把作为方法、作为思维运动的辩证法同作为形而上学的存在的辩证法批判地区分开来。他的"批判"的顶点是把辩证法同这两者截然区分开来，他把辩证法描述成为"一门实证科学"，"所谓马克思主义中的真正辩证法主要就是指这种科学"。这种辩证法或许叫做"对抗"更恰当，因为它简单地"主张个人的私利同限制它的社会形式之间存在对立"[2]。这样一来，首先，表现在阶级斗争中的客观的经济对抗消失了，剩下的只是个人同社会的冲突。这就是说，无论是资本主义社会的产生还是它的问题和崩溃，都不能看做是必然的。不管他是否愿意，最后结果是一种康德的历史哲学。其次，资产阶级社会的结构在这里也被确定为一般社会的普遍形式。因为马克斯·阿德勒所强调的真正"辩证法，或者更正确地说，对抗"的中心问题，不过是在意识形态上表现出资本主义社会制度的对抗性质的典型形式之一。但是，资本主义之被描绘成永存的是根据经济的理由还是根据意识形态的理由，是对它天真地漠然置之还是对它进行批判的改良，那是无关紧要的。

因此，如果摈弃或者抹杀辩证法，历史就变得无法了解。这并不是说，没有辩证法的帮助，就无法对特定的人或时代做出比较确切的说明。但是，这的确使得不可能把历史了解为一个统一的过程。(这种不可能，在资产阶级科学中，一方面表现为孔德和斯宾塞类型的抽象社会学的历史概念；现代资产阶级历史学家，其中最明显的是李凯尔特，令人信服地揭露了这些概念之间的矛盾。另一方面，这种不可能也表现

---

① 《剩余价值理论》,《马克思恩格斯全集》第 26 卷第 2 分册，人民出版社中文第 1 版，第 599、603 页。

② 《马克思主义问题》,第 77 页。

为建立“历史哲学”的要求,而历史哲学与历史现实的关系又成为在方法论上无法解决的问题。)对历史的一个方面的描述同对历史作为一个统一过程的描述之间的对立,不是像断代史同通史之间的区别那样只是范围大小的问题,而是方法的对立,观点的对立。无论是研究一个时代或是研究一个专门学科,都无法避免对历史过程的统一理解问题。辩证的总体观之所以极其重要,就表现在这里。因为一个人完全可能描述出一个历史事件的基本情况而不懂得该事件的真正性质以及它在历史总体中的作用,就是说,不懂得它是统一的历史过程的一部分。西斯蒙第对危机问题的态度是这方面的一个典型例子。① 他了解生产和分配过程中的固有倾向。但是他最后失败了,因为他虽然尖锐地批判资本主义,但是仍然囿于资本主义的客观形式,也就必然把生产和分配看做两个相互独立的过程,“看不到分配关系只不过是生产关系的另一种表现”。这样他就遭到了蒲鲁东的假辩证法所遭到的同样命运;“他把社会的各个环节变成了同等数量的独立社会”。②

我们重说一遍:总体的范畴决不是把它的各个环节归结为无差别的统一性、同一性。只有在这些环节彼此间处于一种动态的辩证的关系,并且能被认为是一个同样动态的和辩证的整体的动态的辩证的环节这层意义上,它们在资本主义生产制度中所具有的表面的独立和自主才是一种假象。马克思说:“我们得到的结论并不是说,生产、分配、交换、消费是同一的东西,而是说,它们构成一个总体的各个环节、一个统一体内部的差别……因此,一定的生产决定一定的消费、分配、交换和这些不同要素相互间的一定关系。……不同要素之间存在着相互作用。每一个有机整体都是这样。”③

---

① 《剩余价值理论》,《马克思恩格斯全集》第26卷第3分册,人民出版社中文第1版,第55—56、85—86页。

② 《哲学的贫困》,《马克思恩格斯全集》第4卷,人民出版社中文第1版,第145页。

③ 《政治经济学批判导言》,《马克思恩格斯全集》第12卷,人民出版社中文第1版,第749—750页。

但是,我们不能停留在相互作用这个范畴上。如果说相互作用仅仅是指两个一般不变化的客体彼此发生因果关系的影响,那么我们就不会向了解社会有丝毫靠近。庸俗唯物主义者的片面因果联系(或马赫主义者的职能关系等)就是这种情况。毕竟,还有例如一颗静止的弹子被一颗运动着的弹子击中那样的相互作用:前者开始运动,后者由于撞击而改变了原来的方向。我们所说的相互作用必须超出本来不变化的客体之间的相互作用。它必须在它同整体的关系中走得更远:因为这种关系决定着一切认识客体的对象性形式(Gegenständlichkeitsform)。与认识有关的一切实质变化都表现为与整体的关系的变化,从而表现为对象性形式本身的变化。[①] 马克思在他的著作中的许多地方都清楚地表述过这一思想。我只引大家都很熟悉的一个地方:"黑人就是黑人。只有在一定的关系下,他才成为奴隶。纺纱机是纺棉花的机器。只有在一定的关系下,它才成为资本。脱离了这种关系,它也就不是资本了,就像黄金并不是货币,砂糖并不是砂糖的价格一样。"[②] 所以一切社会现象的对象性形式在它们不断的辩证的相互作用的过程中始终在变。客体的可知性随着我们对客体在其所属总体中的作用的掌握而逐渐增加。这就是为什么只有辩证的总体观能够使我们把现实理解为社会过程的原因。因为只有这种总体观能揭破资本主义生产方式所必然产生的拜物教形式,使我们能看到它们不过是一些假象,这些假象虽然看来是必然的,但终究是假的。它们的直接的概念、它们的"规律性"虽然同样必然地从资本主义的土壤中产生出来,然而却掩盖了客体之间的真正关系。它们都能被看做是资本主义生产制度的代理人所必然具有的思想。因此,它们是认识的客体,但是在它们当中并通过它们被

---

① 库诺夫的特别巧妙的机会主义表现在:尽管他熟谙马克思的著作,但是他用"总合"(Summe)来代替整体的概念(Gesamtheit, Totalität),从而取消了一切辩证的关系。参看《马克思的历史、社会和国家的理论》1929年柏林版第2卷第155—157页。

② 《雇佣劳动和资本》,《马克思恩格斯全集》第6卷,人民出版社中文第1版,第486页。

认识的客体不是资本主义生产制度本身，而是它的统治阶级的意识形态。

只有揭去这层面纱，历史的认识才有可能。因为从拜物教的对象性形式得来的这些直接概念，其作用在于使资本主义社会的现象表现为超历史的本质。所以，认识现象的真正的对象性，认识它的历史性质和它在社会总体中的实际作用，就构成认识的统一不可分的行动。这种统一性为假的科学方法所破坏。例如，只有用辩证的方法才能了解对经济学极为重要的不变资本同可变资本的区别。古典经济学无法越过固定资本和流动资本的区别，决非偶然。因为“可变资本不过是劳动者为维持和再生产自己所必需的生活资料基金或劳动基金的一种特殊的历史的表现形式；这种基金在一切社会生产制度下都始终必须由劳动者本身来生产和再生产。劳动基金所以不断以工人劳动的支付手段的形式流回到工人手里，只是因为工人自己的产品不断以资本的形式离开工人。产品的商品形式和商品的货币形式掩饰了这种交易”。①

笼罩在资本主义社会一切现象上的拜物教假象成功地掩盖了现实，而且被掩盖的不仅是现象的历史的，即过渡的、暂时的性质。这种掩盖之所以可能，是因为在资本主义社会中人的环境，尤其是经济范畴，以对象性形式直接地和必然地呈现在他的面前，对象性形式掩盖了它们是人和人之间的关系的范畴这一事实。它们表现为物以及物和物之间的关系。所以当辩证方法摧毁这些范畴的虚构的永存性后，它也摧毁了它们的物化性质，从而为认识现实廓清了道路。恩格斯在谈到马克思的《政治经济学批判》时说：“经济学所研究的不是物，而是人和人之间的关系，归根到底是阶级和阶级之间的关系；可是这些关系总是同物结合着，并且作为物出现。”② 用这种认识才能看到辩证方法的总

① 《资本论》第1卷，《马克思恩格斯全集》第23卷，人民出版社中文第1版，第623页。

② 《卡尔·马克思〈政治经济学批判〉——二》，《马克思恩格斯全集》第13卷，人民出版社中文第1版，第533页。参看《物化和无产阶级意识》一文。

体观能使人真正认识社会中所发生的事情。部分同整体的辩证关系可能看起来只不过是一种思维的构造，就像资产阶级经济学的直接规定那样远离社会现实的真实范畴。这样一来，辩证法的优越性就会是纯粹方法论上的事情。可是，实际的差别却更深刻和更本质。在社会发展的每个阶段上，任何经济范畴都揭示人和人之间的一定关系。这种关系变成为有意识的并且形成为概念。因此人类社会运动的内在逻辑便能同时被理解为人本身的产物，以及从人和人的关系中产生出来并且摆脱了人的控制的力量的产物。这样，经济范畴便在双重的意义上变成为动态的和辩证的。它们作为“纯”经济范畴处于经常的相互作用中，因而使我们能够通过社会的发展来了解任何一个历史的横断面。但是由于它们是从人的关系中产生的，并在改造人的关系的过程中起作用，所以能从它们同隐藏在它们的活动背后的现实的相互关系中看到社会发展的真实过程。这就是说，科学想了解的一定的经济总体的生产和再生产，必定变成一定的社会总体的生产和再生产过程。在这个变化过程中，“纯”经济自然被超越，尽管这不是说我们必须求助于任何超验的力量。马克思常常强调辩证法的这个方面。例如，他说：“可见，把资本主义生产过程联系起来考察，或作为再生产过程来考察，它不仅生产商品，不仅生产剩余价值，而且还生产和再生产资本关系本身：一方面是资本家，另一方面是雇佣工人。”①

4

然而，这种自我设定，自我生产和再生产，就是现实。黑格尔就已清楚地认识这一点，并且以很近似马克思的方式表述了它，尽管给它披上了过于抽象的、自我误解的、从而使人更加误解的外衣。他在《法哲学原理》中说：“凡是现实的东西，在其自身中是必然的。必然性就在于

---

① 《资本论》第1卷，《马克思恩格斯全集》第23卷，人民出版社中文第1版，第634页。

整体被分为各种不同的概念,在于这个被划分的整体具有持久的和巩固的规定性,然而这种规定性又不是僵死的,它在自己的分解过程中不断地产生自己。"①历史唯物主义同黑格尔哲学的密切关系就明显地表现在这里,因为它们都把理论视为现实的自我认识。但是,我们必须简明地指出它们之间的重要区别。这种区别同样是现实的问题,历史过程统一的问题。马克思责备黑格尔(还以甚至更强烈的口吻责备回到了康德和费希特的黑格尔后继者)未能真正克服思维和存在、理论和实践、主体和客体的两重性。他认为,据称是历史过程内部的真正辩证法的黑格尔辩证法仅仅是一种假象:在关键的地方,黑格尔未能超过康德。黑格尔的认识只不过是对一种与自己根本不同的材料的认识,而不是这种材料即人类社会的自我认识。正如他在批判中所明确地说的,"早在黑格尔那里,历史的绝对精神就在群众中拥有它所需要的材料,并且首先在哲学中得到它相应的表现。但是,哲学家只不过是创造历史的绝对精神在运动完成之后用来回顾既往以求意识到自身的一种工具。哲学家参与历史只限于他这种回顾既往的意识,因为真正的运动已被绝对精神无意地完成了。所以哲学家是事后才上场的。"黑格尔"仅仅在表面上把作为绝对精神的绝对精神变成历史的创造者。既然绝对精神只是 post festum〔事后〕才通过哲学家意识到自身这个具有创造力的世界精神,所以它的捏造历史的行动也只是发生在哲学家的意识中、见解中、观念中,只是发生在思辨的想象中"。② 黑格尔主义的这种概念神话被青年马克思的批判活动最后消灭了。

然而,马克思通过反对它而达到了"自我理解"的那种哲学,早已是黑格尔主义的倒退回康德去的运动。这个运动利用黑格尔的晦涩和内在的不确定性来剔除他的方法中的革命因素。它力图把反动的内容、

① 第 270 节。《哲学全书》德文版第 354 页。(参看黑格尔,《法哲学原理》1961 年商务印书馆版第 280 页)

② 《神圣家族》,《马克思恩格斯全集》第 2 卷,人民出版社中文第 1 版,第 108、109 页。

反动的概念神话、思维和存在的冥想的二重性残迹同在当时德国流行的一贯反动的哲学调和起来。由于马克思采纳了黑格尔方法的进步方面,即作为认识现实的方法的辩证法,他不仅使自己与黑格尔的继承人分道扬镳,而且把黑格尔的哲学本身也分裂为两部分。他把黑格尔哲学中的历史倾向推到了它的逻辑的顶点:他把无论是社会的还是社会化了的人的一切现象都彻底地变成了历史问题,因为他具体地揭示了历史发展的真正基础,并使之全面地开花结果。他以他自己发现的、并且系统地阐述过的这一尺度来衡量黑格尔的哲学,发现它太不够分量。马克思从辩证法中清除掉的"永恒价值"的传奇性残余基本上同反思哲学(Reflexionsphilosophie)同属一类,黑格尔殚精竭虑同这种哲学斗争了一生,他曾用他的整个哲学方法、过程和具体总体、辩证法和历史与之相对抗。在这种意义上,马克思对黑格尔的批判是黑格尔自己对康德和费希特的批判的直接继续和发展。① 因而出现这样一种情况:一方面,产生了马克思的辩证方法,它坚持不懈地继续了黑格尔竭力要做而未能具体做到的事情。另一方面,也留下了著作体系的尸骸,供追腐逐臭的语文学家和体系炮制者去分享。

黑格尔和马克思是在现实本身上分道扬镳的。黑格尔不能深入理解历史的真正动力。一部分原因是,在黑格尔创造他的体系时,这种力量还不能完全看明白。结果他不得不把民族及其意识当做历史发展的真正承担者。(但是由于构成这种意识的成分多种多样,他看不清它的真正性质,所以就把它变成了"民族精神"的神话。)一部分原因是,他自

---

① 库诺夫企图正好在马克思彻底克服黑格尔的地方,用从康德眼光看的黑格尔来纠正马克思,是不足为奇的。他以黑格尔的作为"永恒价值"的国家来对抗马克思的纯历史的国家观。马克思的"错误",即国家应该是阶级压迫的工具的观点,只是"历史的事物","它们并不决定国家的本质、规定和目标"。在库诺夫看来,马克思在这方面不如黑格尔,因为马克思"考虑问题是从政治出发,而不是从社会学家的立场出发。"见库诺夫前引著作第308页。显然,机会主义者从不把马克思克服黑格尔哲学的一切努力放在眼里。如果他们不回到庸俗唯物主义或康德去,他们就用黑格尔国家哲学中的反动成分来消除马克思主义中的革命辩证法,以使资产阶级社会在思想意识中永世长存。

己虽然极力想要突破,但仍然禁锢在柏拉图和康德的观点中,仍然禁锢在思维和存在、形式和内容的两重性中。虽然他最先真正发现具体的总体的意义,虽然他的思想始终注意克服一切抽象,但是内容在他看来仍然带有"特殊性的污点"(他在这里很有点柏拉图主义的味道)。这些互相矛盾和冲突的倾向不可能在他的体系中弄清楚。它们往往是并列的、没有中介的、矛盾的和不协调的。因此,最后的(表面的)综合必然转向过去而不是转向未来。① 无怪乎资产阶级的科学从一开始就把黑格尔的这些方面作为本质的东西加以强调和发展。结果,他的思想的革命内核甚至对马克思主义者说来也几乎完全模糊不清。

概念的神话总是说明人们对他们存在的基本条件,那种他们无力摆脱其后果的条件不理解。这种对对象本身的不理解,在思想上就表现为超验的力量以神话的形式构造现实,构造对象之间的关系、人同对象之间的关系以及它们在历史进程中的变化。由于马克思和恩格斯认识到"历史过程中的决定性因素归根到底是现实生活的生产和再生产",② 他们才获得了清算一切神话的可能性和立足点。黑格尔的绝对精神是这些辉煌的神话形式中的最后一个。它已经包含了总体及其运动,尽管它不知道它的真正性质。因此,在历史唯物主义中,那种"向来就存在,只不过不是以理性的形式出现"③ 的理性,通过发现它的真正根据,即人类生活能据以真正认识自己的基础,而获得了理性的形式。这就最后实现了黑格尔历史哲学的纲领,尽管以牺牲他的体系为

① 黑格尔对政治经济学的态度在这方面很能说明问题。(《法哲学原理》第189节。)他清楚地看到偶然性和必然性的问题是它的基本方法问题(很像恩格斯的看法,可见《家庭、私有制和国家的起源》,《马克思恩格斯全集》第21卷,人民出版社中文第1版,第149页;《费尔巴哈和德国古典哲学的终结》,同上书,第341—342页)。但是他没有看到藏在经济下面的物质现实即人和人之间的关系的极端重要性;在他看来,它仍然是"任性的混沌",认为它的规律"与太阳系的规律相似"(《法哲学原理》第336页)。

② 恩格斯1890年9月21日致布洛赫的信,《马克思恩格斯全集》第37卷,人民出版社中文第1版,第460页。

③ 《摘自〈德法年鉴〉的书信》,《马克思恩格斯全集》第1卷,人民出版社中文第1版,第417页。

代价。黑格尔强调说，自然界的“变化是循环往复地进行的，总是重复同样的东西”，与此相反，历史上的变化“不只是发生在表面上，而且发生在概念中。被改正的是概念本身”。①

5

我们知道，辩证唯物主义的出发点是：“不是人们的意识决定他们的存在，而是相反，他们的存在决定他们的意识。”只有在上面描述的联系中，这一出发点才能表明超出单纯的理论，成为实践的问题。只有当存在的核心表露出是社会的过程时，存在才能被看做是人类活动的产物，虽然是至今未意识到的产物，而这种活动本身又会被看做是对改变存在具有决定意义的因素。纯粹的自然关系或被神秘化为自然关系的社会形式在人面前表现为固定的、完整的、不可改变的实体，人最多只能利用它们的规律，最多只能了解它们的结构，但决不能推翻它们。但是这种对存在的看法也在个人的意识中创造了实践的可能。实践成了适合于孤立的个人的行动方式，成了他的道路规范。费尔巴哈想战胜黑格尔，在这点上遭到了失败：他同德国的唯心主义者一样，甚至远远超过黑格尔，在“市民社会”的孤立的个人面前就止步了。

马克思要求我们把“感性”、“客体”、“现实”理解为人的感性活动。② 这就是说，人应当意识到自己是社会的存在物，同时是社会历史过程的主体和客体。在封建社会中，人还不可能看到自己是社会的存在物，因为他的社会关系还主要是自然关系。社会还很无组织，它对于人与人的关系的总体还很少控制，以致不可能对意识表现为名副其实的人的现实。（在这里不可能详细地考察封建社会的结构和统一性问题。）资产阶级社会实现了这种使社会社会化的过程。资本主义既摧毁

① 黑格尔：《历史哲学》，《哲学全书》，第1卷，第133—134页。

② 《关于费尔巴哈的提纲》，《马克思恩格斯全集》第3卷，人民出版社中文第1版，第3页。

了不同地域之间的时空壁垒,也摧毁了不同等级(Stände)之间的法律屏障。在资本主义世界里,表面上人人平等;直接决定人和自然之间物质变换的经济关系日益消失。人成了本来意义上的社会存在物。社会对人说来变成了名副其实的现实。

因此,只有在资本主义下,在资产阶级社会中,才能认识到社会是现实。但是,完成这一变革的阶级即资产阶级,还是无意识地实现它的这种职能;它所释放出来的社会力量,即把它推上统治地位的那些力量,看来就像第二天性那样与它对立着,而这种天性比封建主义还冷酷,还不可捉摸。① 只是随着无产阶级的出现才完成了对社会现实的认识。这是由于无产阶级的阶级观点为看到社会的整体提供了有用的出发点。只是因为对无产阶级说来彻底认识它的阶级地位是生死攸关的问题;因为只有认识整个社会,才能认识它的阶级地位;因为这种认识是它的行动的必要前提,在历史唯物主义中才同时产生了关于"无产阶级解放的条件"的学说和把现实理解为社会进化的总过程的学说。因此,理论和实践的统一只不过是无产阶级的社会历史地位的另一面。在它看来,自我认识和对总体的认识是一致的,因此无产阶级同时既是自己认识的主体,也是自己认识的客体。

把人类发展提高到更高阶段的使命,正如黑格尔所正确地指出的(虽然他谈的还是民族),是基于这些"发展阶段作为直接的自然原则而存在",而且"这种环节作为自然原则所归属的"那个民族(即阶级)"……负有执行这种环节的使命"。② 马克思极其明确地使这一思想具体化,把它运用于社会的发展:"如果社会主义的著作家们把这种具有世界历史意义的作用归之于无产阶级,那么这决不……是由于他们把无产者看做神的原故。倒是相反。由于在已经形成的无产阶级身上实际上已完全丧失了一切合乎人性的东西,甚至完全丧失了合乎人性的

① 对于这一情况的解释,见《阶级意识》一文。

② 黑格尔:《法哲学原理》第346—347节(参看1961年商务印书馆版,第353、354页)。

外观,由于在无产阶级的生活条件中现代社会的一切生活条件达到了违反人性的顶点,由于在无产阶级身上人失去了自己,同时他不仅在理论上意识到了这种损失,而且还直接由于不可避免的、无法掩饰的、绝对不可抗拒的贫困——必然性的这种实际表现——的逼迫,不得不愤怒地反对这种违反人性的现象,由于这一切,所以无产阶级能够而且必须自己解放自己。但是,如果它不消灭它本身的生活条件,它就不能解放自己。如果它不消灭集中表现在它本身处境中的现代社会的一切违反人性的生活条件,它就不能消灭它本身的生活条件。"① 所以,历史唯物主义的方法的本质是与无产阶级的"实践的和批判的"活动分不开的:两者都是社会的同一发展过程的环节。因此,由辩证方法提供的对现实的认识同样也是与无产阶级的阶级立场分不开的。奥地利马克思主义者提出从方法论上把马克思主义的"纯"科学与社会主义分开的问题,像所有类似的问题一样,是一个假问题。② 因为马克思主义的方法,即对现实的辩证唯物主义理解,只有从阶级的观点中,从无产阶级的斗争观点中才能产生出来。放弃这一观点就是离开历史唯物主义,同样,接受这一观点就是直接深入到无产阶级的斗争中去。

历史唯物主义来自无产阶级的"直接的、自然的"生活原则,对现实的总体认识来自无产阶级的阶级立场,但这决不是说这种认识或方法论观点是无产阶级作为阶级(不用说单个的无产者)所天然固有的。相反,无产阶级虽是认识社会总体现实的自觉的主体。但是它决不是像康德所说的那种认识的主体,在康德那里"主体"永远不可能成为客体。它决不是这一过程的无所谓的旁观者。无产阶级不单纯是这一总体的行动的和受苦的部分,而且它的认识的产生和发展同它本身在历史进程中的产生和发展只是同一实际过程的两个不同的方面。不仅这一阶级是在由直接的失望所引起的自发的、不自觉的行动(捣毁机器可作为

① 《神圣家族》,《马克思恩格斯全集》第2卷,人民出版社中文第1版,第44—45页。

② 希法亭:《金融资本》第VIII—IX页。

这方面的最初例子)中产生,然后通过不断的社会斗争逐渐达到"形成阶级"的地步,而且它关于社会现实、关于自己的阶级地位和自己的历史使命的意识以及唯物史观也都是同一发展过程的产物,历史唯物主义在历史上第一次充分地和如实地了解了这一过程。

所以,马克思主义的方法就像其他政治的或经济的产物那样,也是阶级斗争的产物。无产阶级的发展也反映了它最先认识的社会历史的内部结构。"因此,它的结果会不断表现为它的前提,像它的前提会不断表现为它的结果一样。"① 我们已认识到是认识现实的中心问题和必要前提的总体的方法论观点,在双重意义上是历史的产物。第一,历史唯物主义之所以成为形式的、客观的可能,只是因为经济的发展创造了无产阶级,因为无产阶级的确(在历史发展的一定阶段上)出现了,并且因为认识社会现实的主体和客体发生了变化。第二,这种形式的可能只是在无产阶级的发展进程中才变成了实际的可能。如果说历史的意义只有在历史过程本身中才能找到,而不可能像以前那样,可以在强加于拒不服从的材料身上的先验的、神话的或道德的意义中找到,这就必须先有一个比较了解自己地位的无产阶级,即比较先进的无产阶级,因而也必须先有一个长期的发展前期。这条发展道路是从空想到对现实的认识,从工人运动最初的伟大思想家规定的先验目标到 1871 年公社清楚了解的"工人阶级不是要实现什么理想",而只是"要解放新社会的因素"。这是从"与资本主义对立的阶级"到"自为的"阶级的道路。

从这种观点看,修正主义者把运动和最终目标分开,是向工人运动的最初阶段的倒退。因为最终目标不是在某处等待着离开运动和通向运动的道路的无产阶级的"未来国家"。它不是在日常斗争的紧张中能愉快地被忘怀,只有在与日常操劳呈鲜明对照的星期日布道时才能被记起的情况。它也不是用来规范"现实"过程的一种"义务"、"观念"。应当说最终目标是与**总体**(即被视为过程的社会整体)的**关系**,由于这

① 《资本论》,《马克思恩格斯全集》第 25 卷,人民出版社中文第 1 版,第 985 页。

种关系斗争的各个环节才获得它的革命意义。每一个朴实的平凡的环节都有这种关系,不过只有意识才能把它变成现实的东西,因而只有用说明它和总体的关系的办法才能使日常斗争具有现实性。这样它就能把单纯的事实,单纯的存在提高为现实。我们也不应忘记,一切想把无产阶级的"最终目标"或"本质"从与(资本主义的)存在的一切不纯接触中挽救出来的企图,最后总导致跟修正主义一样远离现实,远离"具体的、批判的活动",重陷主体和客体、理论和实践的空想的二重性中。①

任何这种二重性理解的实际危险表现为对行动失去指导。一旦放弃只有辩证唯物主义才能一再达到的现实的基础,一旦决定坚持赤裸裸经验的、"自然的"存在基础,就会在行动的主体与展开行动的"事实"背景之间造成一条鸿沟,使他们像不可调和的严格的原则那样彼此对立。那时将不可能把主观的愿望或决定强加于客观的事实或在事实本身中找出行动的指针。要"事实"完全正确无误地赞成或反对一定的行动方针,这种情况过去未存在过,现在或将来也不可能存在。愈认真地对事实进行考察(单独地、直接地考察),它们就愈不那么明确地指向任何一个方向。不言而喻,纯主观的决定将被"按照规律"自动行动的未被理解的事实的压力所粉碎。所以正是在行动问题上,看来辩证法是能给行动指明方向的认识现实的唯一方法。无产阶级及其发展的某一点上的自我认识,无论是主观的或是客观的,同时就是对整个社会所达到的发展阶段的认识。只要事实是从它们连贯一致的现实性来理解,从各部分环节与它们在整体中固有的、尚未判明的根源的关系来理解,事实看来就毫不足奇了:我们就能看到那些趋向现实的中心、趋向我们惯常称为最终目标的倾向。这种最终目标不是与过程相对立的抽象的理想,而是真实性和现实性的一个环节。它的所达到的每一阶段的具体含义和这个具体环节的一个组成部分。因此,理解它就是认识趋向总体的倾向(不自觉地)所持的方向,就是了解为了全过程即无产阶级

① 关于这点,参看季诺维也夫与盖得的论战以及他对施图加特之战的态度。《反潮流》,第470—471页。还有列宁的《共产主义运动中的"左派"幼稚病》一书。

解放的利益而具体决定某个时候的正确行动方针的方向。

但是,社会的发展不断加剧局部环节与整体之间的紧张关系。正因为现实的固有含义日益放射出强烈的光芒,所以过程的含义愈来愈深地埋藏在日常事件中,总体浸透在现象的时空特点中。通向意识的道路在整个历史过程中并不是愈来愈平坦,相反却是愈来愈艰巨和吃力。因此,正统马克思主义的任务,即战胜修正主义和空想主义,决不可能是一劳永逸地打败各种错误倾向。这是一场反复进行的反对资产阶级意识形态对无产阶级思想的无形影响的斗争。马克思主义正统决不是守护传统的卫士,它是指明当前任务与历史过程的总体的关系的永远警觉的预言家。因此,《共产党宣言》中关于正统派及其代表即共产党人的任务的论述并未丧失其意义和价值:"共产党人同其他无产阶级政党不同的地方只是:一方面,在各国无产者的斗争中,共产党人强调和坚持整个无产阶级的不分民族的共同利益;另一方面,在无产阶级和资产阶级的斗争所经历的各个发展阶段上,共产党人始终代表整个运动的利益。"

历史唯物主义的功能变化*

（1919 年）

在布达佩斯历史唯物主义研究所成立会上的报告

无产阶级取得的胜利给无产阶级提出了一个不言而喻的任务，就是把它至今用以坚持阶级斗争的武器弄得尽可能地完善。在这些武器中，历史唯物主义自然名列前茅。

历史唯物主义是无产阶级在其受压迫的时代里最强大的武器之一，现在，无产阶级正在准备重建社会并在其中重建文化，它把历史唯物主义运用于这个时代是自然的。单是为了这个原因，就有必要建立这个其任务在于把历史唯物主义的方法运用于整个历史科学的研究所。至今，历史唯物主义虽然是一种极好的武器，但是从科学的观点来看，它只不过是一个纲领，一种对应该怎样写历史的指示。但是现在，我们有了进一步的任务：整个历史的确必须重新写，必须从历史唯物主义的观点来整理、分类和评价过去的事件。我们必须尝试使历史唯物主义成为具体科学研究的方法，成为历史科学的方法。

然而，这里的问题是，为什么这一点直到现在才成为可能。对事情进行表面的考察，也许会作出如下的回答：把历史唯物主义变为科学方

---

* 选自[匈]卢卡奇：《历史与阶级意识》，杜章智、任立、燕宏远译，商务印书馆 1992 年版，第 305—342 页。页边数字为 Luchterhand Verlag1976 年德文版页码。——选编者注

法的时机之所以只有到现在才成熟，是因为无产阶级才刚刚取得了政权，并随之取得了对物质的和精神的力量的支配，没有这些力量，上述目的都不能达到，旧社会也决不可能使这些力量为无产阶级服务。单单这一要求也是基于比赤裸裸的权力事实更深的动机，而这种权力事实就使无产阶级今天在物质上有可能根据自己的判断来组织科学。这些比较深的动机同由于无产阶级专政的事实，也就是由于阶级斗争现在从上到下而不再是从下到上地进行的事实而引起的深刻的功能变化有极为密切的联系。这种功能变化维护了无产阶级的所有机构，维护了它的整个思想和感情世界，维护了它的阶级地位和阶级意识。今天，在我们成立这个研究所之时，无论如何必须讨论这些动机。

什么是历史唯物主义呢？无疑，它是按其真正的本质理解过去事件的一种科学方法。但是，同资产阶级的历史方法相反，它同时也使我们有能力从历史的角度(科学地)考察当代，不仅看到当代的表面现象，而且也看到实际推动事件的那些比较深层的历史动力。

因此，对无产阶级来说，历史唯物主义比科学研究的某一方法，具有高得多的价值。它是无产阶级所有武器中最重要的武器之一。然而，无产阶级的阶级斗争也意味着它的阶级意识的觉醒。不过，对无产阶级来说，这种意识的觉醒处处都表现为对真实状况(实际存在的历史联系)认识的结果，这正好是使无产阶级的阶级斗争在所有的阶级斗争中具有特殊地位的那种东西：无产阶级实际上从真正的科学中，从对现实的明确认识中获得自己最锐利的武器。在过去的阶级斗争中，各种不同的意识形态，宗教的、伦理的和其他的“虚假意识”形式都是决定性的，而无产阶级的阶级斗争，最后一个受压迫的阶级争取自由的战争却在对无掩饰的真理的阐明中找到了自己的斗争口号，同时也找到了最强大的武器。所以，由于无产阶级的阶级地位，历史唯物主义通过揭示了历史事件的真正动力而成为一种武器。历史唯物主义最重要的任务是，对资本主义社会制度作出准确的判断，揭露资本主义社会制度的本质。因此，在无产阶级的阶级斗争中，历史唯物主义总是为以下目的而被加以运用:在资产阶级用各种意识形态成分来修饰和掩盖了真实情况即阶级斗争状况的一切场合,用科学的冷静之光来透视这些面纱,指出这些面纱多么虚伪、骗人,多么同真相不一致。这样,历史唯物主义的首要功能就肯定不会是纯粹的科学认识,而是行动。历史唯物主义不是目的本身,它的存在是为了使无产阶级自己看清形势,为了使它在这种明确认识到的形势中能够根据自己的阶级地位去正确地行动。

因此,在资本主义时代里,历史唯物主义是一种武器。所以,资产阶级科学抵制历史唯物主义,这远不是什么纯粹的局限性,倒不如说,它是在资产阶级历史科学中显示出来的资产阶级真实阶级本能的表现。因为承认历史唯物主义,对资产阶级来说简直就意味着是自杀。因此,承认历史唯物主义科学真理的任何一个资产阶级成员也就会失去它的阶级意识,同时也会因此而失去能够正确维护自己阶级利益的力量。另一方面,对无产阶级来说,如果在认识到历史唯物主义的科学特性时止步不前,把历史唯物主义仅仅看作是一种认识工具,这也同样是自杀。无产阶级阶级斗争的本质正好能被规定到这种程度:对这种斗争来说,理论和实践是一致的,在这里,认识不要过渡就能导致行动。

资产阶级存在的前提是,它对它自己生存的社会前提从未达到明确的认识。了确一下 19 世纪的历史,就能在资产阶级衰落和逐步达到这种自我认识之间看出一种深刻的和持续不断的平行一致。在 18 世纪末,资产阶级在意识形态上是强大的和不动摇的。19 世纪初,当它的意识形态,资产阶级自由和民主的思想还没有从内部被经济合乎自然规律的自动发展破坏时,当市民阶层还希望而且还会真诚地希望这种民主的、资产阶级的自由,经济的这种任意性有一天将导致拯救人类时,资产阶级也还是这种情况。

资产阶级最初革命的历史——首先是法国大革命——不仅充满了这种信任的光辉和激情,而且这种信任也使资产阶级的伟大科学见解(例如斯密和李嘉图的经济学)没有偏见,并赋予这种见解以力量,去追求真理,不加掩饰地表达认识到的东西。

资产阶级意识形态的历史就是这种信念、这种相信把社会变为资产阶级社会的救世使命的信念发生动摇的历史。从西斯蒙第的危机理论和卡莱尔的社会批判开始,资产阶级意识形态的这种自我削弱在不断增快地进行着。从封建反动派对形成着的资本主义的批判开始,对抗的统治阶级之间的相互批判越来越发展成为资产阶级的自我批判,后来对此就问心有愧地越来越沉默下来,并加以隐瞒。马克思说:“资产阶级正确地了解到,它为反对封建制度而锻造出来的各种武器都倒过来朝向它自己了,它所创造的一切教育手段都转过来反对它自己的文明了,它创造的所有的神都离弃了它。”①

因此,公开表达出来的阶级斗争思想两次出现在资产阶级意识形态的历史上。它是资产阶级思想“英雄”时期为在社会上的统治地位而坚决斗争(尤其是在法国,政治和意识形态斗争最为尖锐)的一个决定性的因素,并再现于危机和瓦解的最后阶段。例如大雇主联合的社会理论常常是一种坦率甚至嘲弄表达出来的阶级斗争观点。资本主义的最后的帝国主义阶段一般在意识形态方面的一些方法上表现出来,这些方法撕破意识形态的面纱,在资产阶级统治阶层里越来越清楚地公开表达出它“是什么东西”。(人们也许会想到帝国主义德国的强权国家意识形态,也会想到战时经济和战后经济曾迫使资产阶级理论家把各种经济形式看做不仅是纯拜物教的关系,而且也看到经济和满足人的需要之间的联系等等)。这并不是说,似乎借此就能真正突破由资产阶级在生产过程中的地位强加给自己的那些局限性,似乎资产阶级从现在起就能像无产阶级一样从真正认识发展的真正推动力出发。完全不是这样。这种弄清楚个别问题或个别阶段只是更多地显示出对总体的盲目无知。一方面,因为这种“弄清楚”只是为了“内部使用”而弄清楚;资产阶级的进步集团同样比许多“社会主义者”更明白地看清了帝国主义的经济关系,它完全确切地知道,它的这种认识本身对自己阶级

① 《路易·波拿巴的雾月十八日》,《马克思恩格斯全集》第8卷,人民出版社中文第1版,第165页。

的一些部分是非常有害的，而对整个社会就更是如此了。（对此，人们会想到经常伴随帝国主义强权理论的历史形而上学。）然而另一方面，如果说这其中有一部分还隐藏着某种有意的欺骗，那这确实不是一种简单的欺骗。这就是说，即使资产阶级比较清醒的阶层把对个别经济情况关联的“清晰洞察”同关于国家、社会和历史发展的幻想式的和零乱的、形而上学的整体观察联系起来，这也是它的阶级状况的一种必然结果。但是，在这个阶级处于上升的时代里，社会可认识的界限还是模糊不清和未意识到的，而今天，从意识形态方面结合在一起的各种观点在总体上缺乏联系和不相容，却反映出资本主义社会客观上在崩溃。

这里已经表现出他们——大多是不自觉的和肯定不承认的——在意识形态上向历史唯物主义投降。因为正在发展着的经济学不再像在古典经济学时代里那样，是纯粹在资产阶级的基础上产生的。正是在像俄国这样一些国家里，资本主义发展开始得比较晚，因此已存在创立理论的直接需要。这一点表明，如此产生着的理论显示出一种强烈“马克思主义的”性质（司徒卢威、杜冈—巴拉诺夫斯基等等）。然而，同一现象也在德国（例如桑巴特）和其他国家里显示出来。而战时经济、计划经济的理论则表明这种趋势在不断加强。

与这一点丝毫也不矛盾的是，大约从伯恩施坦开始，社会主义理论的一部分也越来越厉害地处在资产阶级的影响之下。看得清楚的马克思主义者当时就已经认识到，这一点涉及不到工人运动内部的方向争论。不管人们怎样从无产阶级的立场来评价这个问题，即一些领导“同志”越来越频繁地公开转入资产阶级阵营（从白里安和米勒兰事件到帕尔乌斯和连施事件只是最明显的例子），从资产阶级的立场来看，这个问题同样意味着资产阶级已没有能力靠自己的力量从意识形态上维护自己的地位，意味着资产阶级不仅需要这些来自无产阶级阵营中的叛徒，而且——在这方面这是首要的事情——也不可能再缺少无产阶级的科学方法，自然是以歪曲的形式。虽然从伯恩施坦到帕尔乌斯的理论背叛行为是无产阶级内部思想危机的征兆，但它也意味着资产阶级向历史唯物主义的投降。

因为无产阶级是用迫使资产阶级社会去自我认识的方法来同资本主义进行斗争的，这种自我认识必然会使这个社会以不可避免的结果从内部显得成了问题。为社会意识而斗争，是与经济斗争同时进行的。而社会有了意识，等于领导社会有了可能。无产阶级不仅在政权领域，而且同时在这一为社会意识的斗争中，都在取得阶级斗争中的胜利，因为无产阶级在最近五六十年以来越来越有效地瓦解资产阶级意识形态，并把它自己的意识发展成为现在唯一起决定性作用的社会意识。

在这场为了意识，为了社会领导权的斗争中，最重要的武器就是历史唯物主义。因此，历史唯物主义像所有其他意识形态一样具有使资本主义社会发展和瓦解的功能。从资产阶级方面来看，这对历史唯物主义也常常是适用的。在资产阶级科学看来，反对历史唯物主义真理的一个众所周知和决定性的论据是，历史唯物主义必须运用于自身。历史唯物主义学说正确性的前提是，所有所谓意识形态的产物都表现经济关系的一些功能：历史唯物主义本身（作为战斗无产阶级的意识形态）也只是这样一种意识形态，也只是资本主义社会的这样一种功能。我认为，可以承认这种反对意见有一部分是有根据的，承认它无损于历史唯物主义的科学意义。历史唯物主义诚然能够而且必须运用于自身，但是这种运用于自身却没有导致一种十足的相对主义，决没有导致历史唯物主义不是正确的历史方法这一结论。根据马克思的考察，历史唯物主义的实质性真理和古典国民经济学的真理属于同一类型：它们在一定的社会制度和生产制度之内是真理。作为这样一种真理，而且只有作为这样一种真理，它们才是无条件起作用的。但这一点并不排除出现这样一些社会，在这些社会中，由于其社会结构的本质，其他一些范畴，其他一些真理体系也将起作用。那么我们应该得出什么结论呢？像马克思研究过古典国民经济学适用的社会前提和经济前提一样，我们也必须首先探讨历史唯物主义内容适用的社会前提。

我们在马克思那里同样能找到对这个问题的回答。经典形式的历史唯物主义(可惜它已赤裸裸地被庸俗化为一般意识)意味着资本主义社会的自我认识,而且不仅仅是在刚才概括叙述过的意识形态含义上。更确切地说,这一意识形态问题本身只不过是客观经济事实情况的思想表达。在这种意义上,历史唯物主义的决定性结论是,资本主义的总体和推动力不能被资产阶级科学粗糙的、抽象的、非历史的和肤浅的范畴所把握,即为资产阶级自己所理解。因此,历史唯物主义首先是资产阶级社会及其经济结构的一种理论。马克思说:“但是我们在理论上假定,资本主义生产方式的规律是以纯粹的形式展开的。实际上始终只存在着近似的情况;但是,资本主义生产方式越是发展,它同以前的经济状态的残余混杂不清的情况越是被消除,这种近似的程度也就越大。”① 这种同理论相适应的状况表现在,经济规律一方面统治着整个社会,而另一方面又能够作为“纯自然规律”根据整个社会的纯经济潜力,即在不借助超经济因素的情况下得以贯彻。马克思多次而又非常明确地强调指出,前资本主义社会和资本主义社会的区别主要是正在产生的、为在社会中起作用而斗争的资本主义和已经统治着社会的资本主义的区别。他说:“劳动的供求规律,……经济关系的无声的强制保证资本家对工人的统治。超经济的直接的暴力固然还在使用,但只是例外地使用。在通常的情况下,可以让工人由‘生产的自然规律’去支配……在资本主义生产在历史上刚刚产生的时期,情况则不同。”②

从“纯”资本主义社会的这种经济结构(它自然是作为趋势,然而却是作为一种决定一切理论的决定性趋势而产生的)里产生出以下情况:社会结构的不同方面能够而且必然相互独立,并能够而且必然意识到这样一些方面。18世纪末和19世纪初理论科学的巨大发展,英国的古典经济学和德国的古典哲学,标志着这些局部体系有独立的意识,标

① 《资本论》,《马克思恩格斯全集》第25卷,人民出版社中文第1版,第195—196页。

② 《资本论》,《马克思恩格斯全集》第23卷,人民出版社中文第1版,第806页(着重号是本文作者加的)。

志着资产阶级社会的结构和发展的这些方面有独立的意识。经济、法律和国家在这里都表现为一些自我封闭的体系，这些体系由于有自己完善的权力，以自己固有的规律而统治着整个社会。因此，当个别学者，例如安德勒企图证明历史唯物主义的所有个别真理都已经被马克思和恩格斯以前的科学所发现时，他们忽略了本质的东西，而在这种情况下，假如他们在所有个别问题上的证明都是有根据的(当然，他们的证明并不是这样)，那他们也错了。历史唯物主义在方法上划时代的功绩恰恰在于，这些表面上完全独立的、自我封闭的自律体系仅仅被看做是一个综合整体的一些方面，而它们表面上的独立性也会被扬弃。

但是，这种独立性的外表并不单纯是由历史唯物主义简单加以“纠正”的“错误”。更确切地说，这种独立性是资本主义社会的社会结构在思想上、即范畴上的表达。因此扬弃这种独立性，超越它，意味着——在思想上——超越资本主义社会，意味着用思想的促进力量预先扬弃资本主义社会。然而，正因为这一点，各局部体系的这种被扬弃的独立性才仍然保存在被正确认识到的整体中。这就是说，作为不可缺少的本质标志，认识到各局部体系的独立性、封闭性和自律性的这种“外表”是这些体系在资本主义社会中的必然表现形式，属于正确认识到这些体系的相互依赖性、它们对全社会经济结构的依赖性之列。

在前资本主义社会里，经济过程的个别方面(例如借贷资本和物品生产本身)一方面保持着完全抽象的相互分离——它既不允许有直接的相互作用，也不允许有可以提高为社会意识的相互作用。另一方面，这一方面中的个别方面不仅相互间而且同经济过程中的超经济方面一起构成一个——在这样一些社会结构之内——从各方面看都不可分的统一体(例如封建庄园的手工业和农业，或印度农奴制度中的赋税和租金等等)。相反在资本主义社会里，社会结构的所有因素都处在辩证的相互作用之中。这些因素相互之间在表面上的独立性，它们聚集成一些自主的体系，它们的自律性的拜物教外表，所有这一切——从资产阶级立场来看是资本主义的必要方面——都是正确和完整认识这些因素的必经点。只有真正彻底思考这些独立的趋势(当然,资产阶级科学甚至在其黄金时代也没有能力做到这一点),才有可能根据这些方面相互间的依赖性,根据其对社会经济结构总体的归属关系来理解这些方面。例如,不再从个别资本家的立场而是从各阶级的立场来考察资本主义所有经济问题的马克思主义观点,一方面在主观上、在学说史上只有作为纯资本主义观点的继续和辩证的突变才可以获得,另一方面,在这里加以认识的各种现象的"自然规律性",也就是它们对人的意志、认识和目的设定的完全不依赖;也构成它们由唯物主义辩证法来更新的客观前提。诸如积累或平均利润率的问题,然而还有国家和法律同整个经济的关系问题,它们都十分清楚地表明,这种不断自我暴露的外表是构造和可运用历史唯物主义的一个历史的和方法论的前提。

因此,像关于社会的一些真正的真理也不可能是别的样子一样,历史唯物主义作为科学的方法在十九世纪中叶前后被阐明,这不是偶然的。各种社会真理总是当在其中显示出某个时代(在这个时代里就有同方法相适应的现实)的精神时才被找到,这同样不是偶然的。如我们已经阐明的,历史唯物主义正是资本主义社会的自我认识。

作为独立科学的国民经济学首先在资本主义社会里产生出来,这也不是偶然的。这所以不是偶然的,是因为资本主义社会通过其商品经济的和交往经济的组织赋予经济生活一种极其独立的、自我封闭的和由内在规律产生的特性,这是它以前的各个社会所不知道的。所以,有其规律的古典国民经济学最接近自然科学的所有知识。古典国民经济学研究经济体系的本质和规律,这种经济体系就其特性、就其对象的结构来说实际上非常接近物理学、自然科学所研究的那种自然界。它涉及完全不依赖于人类特性、所有拟人说——尽管它们具有宗教的、伦理的、美学的或别的性质——的一些关系;它涉及这样一些关系,人在其中仅仅作为抽象的数量、作为某种可归结为数量、可归结为数量关系的东西而表现出来,按恩格斯的话说,规律在其中只能被认识到,但不能加以支配。因为它涉及这样一些关系,还是按恩格斯的话说,生产者在其中失去了对自己生活的社会条件的支配，这些关系在其中由于社会生产条件的对象化、物化而获得了完全的自律，单独地存在下去，变成一种独立的、自我封闭的、自身有意义的体系。

所以，正是资本主义社会制度成了运用历史唯物主义的典型基础，就不是偶然的了。

如果我们现在把历史唯物主义看做是科学的方法，那么它当然也可以运用于过去的、资本主义以前的时代。人们也这样做过，而且有部分成功；它至少产生了很令人感兴趣的结果。但是，如果我们把历史唯物主义运用于前资本主义时代，那么就会觉察到在它批判资本主义时没有表现出来的一种十分根本而又重要的方法论上的困难。

马克思在其主要著作的无数地方已提到过这种困难。后来，恩格斯在《家庭、私有制和国家的起源》里十分清楚地说出了这种困难：它存在于文明时代和在它以前的各时代之间的结构区别中。恩格斯就后者十分明确地强调指出："只要生产在这个基础上进行，它就不可能越出生产者的支配范围，也不会产生鬼怪般的、对他们来说是异己的力量，像在文明时代经常地和不可避免地发生的那样。"而在文明时代，"生产者丧失了对自己生活领域内全部生产的支配权……产品和生产都任凭偶然性来摆布了。但是，偶然性只是相互依存性的一极，它的另一极叫做必然性。"① 然后，恩格斯就证明，他们的意识是如何以"自然规律"的形式从这样形成着的社会结构中产生出来的。而且，偶然性和必然性的这种辩证的相互作用在增加，因此，经济学占优势的古典意识形态形式也随着社会过程摆脱人的控制的程度而变成独立的。

社会的自然规律支配社会的最纯粹的甚至可以说是唯一纯粹的形式就是资本主义的生产。因为在资本主义社会里达到顶点的文明过程的世界历史使命不就是达到对自然的统治吗？社会的这些"自然规律"（尽管当它们的"合理性"被认识到的时候，而且那时的确还最厉害）像

① 《家庭、私有制和国家的起源》，《马克思恩格斯全集》第 21 卷，人民出版社中文第 1 版，第 198—199 页。

“盲目的”力量一样统治着人们的生活，它们具有使自然界服从于社会化范畴的功能，而且在历史过程中也做到了这一点。但是，这是一个漫长的而且有很多倒退的过程。在这一过程持续期间，即在这些社会的自然力量还没有成为统治的力量的时候，自然联系——无论在人和自然之间的“物质代谢”中，还是在人相互之间的社会联系中——当然必定占据着优势，必定支配着人的社会存在，因此也必定支配着这种存在在思想上、感情上等等借以表现出来的各种形式（宗教、艺术、哲学等等）。马克思说：“在土地所有制居于支配地位的一切社会形式中，自然联系还占优势。在资本居于支配地位的社会形式中，社会、历史所创造的因素占优势。”① 恩格斯在给马克思的一封信里更加清楚地表达了这一思想：“这正好说明，在这个阶段，生产方式不像部落的旧的血缘关系和旧的两性相互共有关系之解体程度那样具有决定性的作用。”② 因此，按照他的意见，例如一夫一妻制是“不以自然条件为基础，而以经济条件为基础”的第一个家庭形式。③

在这种情况下，这当然涉及一个漫长的过程，在这个过程中，各个阶级的界限决不是可以机械地相互划分清楚的，而是不易分清地互相交叉着。但是，这个过程的方向是清楚的：所有领域里的“自然界限在退缩”。④ 由此可知——相反，而且对于我们现在的问题来说——，这种自然界限曾存在于前资本主义的所有社会形式之中，并对人的所有社会表现形式产生了决定性的影响。马克思和恩格斯在涉及真正的经济范畴时曾多次令人信服地说明了这一点，因此，在这里简单指出他们的著作想必就够了。（例如，想想分工的发展、剩余劳动的各种形式、地

---

① 《政治经济学批判导言》，《马克思恩格斯全集》第12卷，人民出版社中文第1版，第758页。

② 恩格斯1882年12月8日致马克思的信，《马克思恩格斯全集》第35卷，人民出版社中文第1版，第120页。

③ 《家庭、私有制和国家的起源》，《马克思恩格斯全集》第21卷，人民出版社中文第1版，第77页。

④ 《资本论》，《马克思恩格斯全集》第23卷，人民出版社中文第1版，第562页。

租的各种形式等等。)恩格斯还在好些地方补充说,把今天意义上的法律整个地用在原始社会阶段上是错误的。①

然而,同构成纯粹人之间的社会关系的各种客观精神形式(经济、法律、国家)相反,黑格尔称为绝对精神的那些领域的结构区别更是决定性的。② 因为这些形式(艺术、宗教、哲学)在十分重要的、尽管相互之间不同的各点上都是人对自然的阐明,而且既是对他周围的自然的阐明,也是对他在自己本身上所发现的自然的阐明。不过,对这种区别也不能作机械的理解。自然是一个社会的范畴。这就是说,在社会发展的一定阶段上什么被看作是自然,这种自然同人的关系是怎样的,而且人对自然的阐明又是以何种形式进行的,因此自然按照形式和内容、范围和对象性应意味着什么,这一切始终都是受社会制约的。由此产生的结果,一方面是,在一定的社会形式中对自然的直接阐明是否完全可能的问题只能从历史唯物主义方面来回答,因为这样一种联系的客观可能性依赖于"社会的经济结构"。但是另一方面,如果说这些联系已以这种受社会制约的形式存在着,那么它们也是根据内在的规律性发生作用的,而且比"客观精神"的各种形态要大得多地独立于它们从中(必然)产生出来的社会生活基础。当然,即使这些联系也常常在作为其存在原因的那种社会基础消失以后会保存很长时间。但是在这种情况下,它们总是作为必须强行加以清除的发展障碍保存下来,或者以功能变化的形式依附在新的经济关系上(对于这两种情况,法律的发展

---

① 《家庭、私有制和国家的起源》,《马克思恩格斯全集》第21卷,人民出版社中文第1版,第47、171页等等。

② 为了不致引起任何误解,我们要赶快指出来,首先,黑格尔的区分仅仅是作为明确的领域划分才提及的,而且决不是指关于精神学说的运用(否则是很成问题的)。第二,在谈到黑格尔本身时,使一种心理学的或形而上学的含义隶属于精神的概念,也是错误的。因此,黑格尔把精神规定为意识和它的对象的统一。这相当接近于马克思对范畴的理解,例如接近于《哲学的贫困》(《马克思恩格斯全集》第4卷,人民出版社中文第1版,第143—145页。)和《政治经济学批判导言》(《马克思恩格斯全集》第12卷,人民出版社中文第1版,第751—752页)。这里不是讨论他们之间的区别的场合,我不否认这种区别,但是它不是在人们通常寻找这种区别的地方能够找到的。

提供了许多例子)。然而,这些形态的保存——而且这种保存在一定程度上表明黑格尔的术语是正确的——却能够保持对有价值的东西、还一直有现实意义的东西、甚至是典范性的东西的强调。这就是说,起源和效果的关系在这里比在客观精神的形态那里错综复杂得多。马克思明确认识了这个问题,他这样说道:"但是,困难不在于理解希腊艺术和史诗同一定社会发展形式结合在一起。困难的是,它们何以仍然能够给我们以艺术享受,而且就某方面说还是一种规范和高不可及的范本。"①

但是,艺术在效果方面的这种稳定性,它这种具有完全超历史和超社会的本质的假象,是基于在它里面主要有人对自然的一种阐明。艺术形成的这种倾向达到这种程度,以致于即使由它塑造的人们相互之间的社会关系也往回变成为一种"自然"。像已强调指出的,虽然这些自然联系是受社会制约的,虽然与此相适应它们随着社会的变化而变化,但是,它们却以这样一些联系为根据,这些联系面对纯社会形式的不断变化而具有——主观上——有根据的"永恒"假象,② 因为它们能够经受住各种社会的形形色色的、甚至是很深刻的变化,因为要彻底改变它们,(有时)甚至需要更深刻的、把整个时代相互区分开来的社会变化。

因此,这似乎关系到同自然的直接联系和间接联系之间以及"经济结构"对不同社会形态的直接影响和间接影响之间一种纯粹量的区别。但是,只有从资本主义的观点来看,这些量的区别才纯粹是向它的社会组织化的制度的量的接近。从认识前资本主义社会确实是怎样构成的这种观点来看,这种量上的分等级意味着质的区别——它在认识上表现为完全不同的范畴体系占统治地位,表现为整个社会范围内一些个别局部领域的完全不同的功能。即使在纯经济方面,也产生一些质上

① 《政治经济学批判导言》,《马克思恩格斯全集》第12卷,人民出版社中文第1版,第762页。

② 参见马克思关于劳动作为使用价值的创造者。《马克思恩格斯全集》第23卷,人民出版社中文第1版,第560页。

新的规律。而且不纯粹是在各种规律各按其被运用于的各种不同对象发生变化这种意义上，而且也是在以下意义上，即在不同的社会环境中，不同的规律占支配地位；一定类型规律的有效性同完全确定的社会前提相联系。为了即使在纯经济的意义上清楚地看到各种规律的这种变化，仅仅把商品按其价值交换的前提和把商品按其生产价格交换的前提作一比较就行了。[①] 不言而喻，简单商品交换的社会一方面已经是属于资本主义类型的一种形式，但是另一方面却显示出一种在质上同它不同的结构。这些质的区别随着自然联系按有关的社会（或在一定社会内按一定的形式，如艺术）施加压倒的影响而增大。比方说，同分工形式最密切相关，只要手工业（日常生活使用物品，如家具、衣服，然而也有住房等等的生产）和艺术的联系在比较狭隘的意义上是一种极深的联系，只要这两者在审美和概念上的界限本身根本没有划清（例如在所谓的民间艺术中），几个世纪在技术上和组织上没有变动的手工业向着按自己的规律阐明这种界限的艺术的发展趋势，就是质上不同于资本主义的发展趋势，而在资本主义社会中，物品的生产从纯经济上看"自动"处于一种不断的、革命的发展中。无疑，在资本主义以前的社会中，艺术对手工业生产的实际影响必然是一种很明显的影响。（像在从浪漫主义建筑艺术到哥特式建筑艺术的转变中那样。）在资本主义社会中，一方面艺术发展的活动余地狭小得多，另一方面它也不能对消费品的生产施加决定性的影响，甚至它能不能存在都决定于纯经济的动机和由此而引起的生产技术动机（现代建筑艺术）。

这里从艺术方面提到的东西，也适用于宗教——当然要有重大的修正。即使在这一点上，恩格斯也很明确地强调了这两个时代的区别[②]。只是宗教从未像艺术那样纯粹地表达人同自然的联系，而在艺术中，实际的社会功能起着一种直接得多的作用。但是在东方国家神

---

① 参见《资本论》，《马克思恩格斯全集》第 25 卷，人民出版社中文第 1 版，第 158 页。

② 《反杜林论》，《马克思恩格斯全集》第 20 卷，人民出版社中文第 1 版，第 342 页。

权政治的社会形态中和资本主义西欧的"国教"中，宗教的社会功能不同，它的历史作用的规律在质上的差别，无疑是显而易见的。因此，黑格尔哲学在国家和宗教(或者社会和宗教)之间的关系问题方面面临了各种最困难的和它最难以解决的问题。黑格尔哲学在两个时代的分界线上做了系统化的工作，它当时已经面临资本主义化的世界的各种问题，然而还是在一个(用马克思的话说)"既谈不上等级、也谈不上阶级、而顶多只能谈已属过去的等级和尚未形成的阶级"① 的环境中发展。

"自然界限的退缩"当时已经开始使一切都达到纯社会的水平，达到资本主义物化关系的水平，但对这些关系还不可能有一种清楚的认识。对于当时的认识阶段来说，在资本主义经济发展产生的两个自然概念、即作为"自然规律总和"的自然(现代数学科学的自然)和作为心境、作为被社会"败坏的"人的榜样的自然(卢梭和康德伦理学的自然)的背后，看到它们的社会统一，看到资本主义社会以及它对所有纯粹自然联系的瓦解作用，的确是不可能的。正是随着资本主义实行所有关系的真正社会化，这里的一种自我认识，即人作为社会存在物的真正而具体的自我认识，才成为可能。而这不仅仅是在这种意义上，即过去不发达的科学不能认识这种即使在过去也已存在的事实，例如一清二楚的是，哥白尼天文学即使在哥白尼之前也是正确的，只是当时还没有被认识到。而且社会缺乏这种自我认识的事实本身也只是以下事实的思想反映：真正意义上的客观的、经济的社会化还没有实现，人和自然之间的脐带还没有被文明过程切断。因为每一种历史的认识都是一种自我认识。只有当现在的自我批判能以适应的方式进行时，"只有它的自我批判在一定程度上，所谓在可能范围内准备好时"，② 过去才能变得显而易见。直到那时，过去或者必定单纯地同现在的各种结构形式一

① 《德意志意识形态》,《马克思恩格斯全集》第3卷，人民出版社中文第1版，第213页。

② 《政治经济学批判导言》,《马克思恩格斯全集》第12卷，人民出版社中文第1版，第756页。

致起来，或者作为完全异己的、野蛮的和无意义的、完全不可能理解的东西而被抛弃掉。因此，不言而喻的是，只有当历史唯物主义把人的所有社会关系的物化不仅理解为资本主义的产物，而且同时也理解为暂时的、历史的现象时，认识没有物化结构的前资本主义社会的途径才找到了。(把对原始社会的科学研究同马克思主义联系起来，决不是偶然的。)因为只有现在，在重新获得没有物化的人与人之间、人与自然之间的联系的前景展现出来时，才有了可能在原始的、前资本主义的形态中发现那些其中已有这些形式——尽管在完全不同的功能联系中——的因素，并从现在起才能按其自身的本质和存在来理解它们，而使它们没有由于资本主义社会的各种范畴的机械运用而被歪曲。

因此，把经典形式的历史唯物主义一成不变地和无条件地运用于19世纪的历史，并没有什么错误。因为在这个世纪的历史中，对社会产生过影响的一切力量确实都纯粹作为“客观精神”的表现形式起过作用。在各种前资本主义社会中，像在资本主义社会中已经达到的那种独立性、那种自己把自身作为目的的设定、那种自我封闭性、那种任意性和那种经济生活的内在性还不存在。由此可以得出以下结论：历史唯物主义不能像运用于资本主义发展的各种社会形态那样完全以同一种方式运用于前资本主义的各种社会形态。一方面为了指明纯经济力量(只要当时确实有过严格“纯粹”意义上的这样一些力量)在推动社会向前运动的各种力量中起了什么样的作用，另一方面为了证明这些经济力量在这方面曾经怎样影响其他社会形态，这里需要作错综复杂得多、细致得多的分析。这就是为什么把历史唯物主义运用于各种古代社会必然比运用于19世纪的社会变化要谨慎得多的原因。与此相关的还有，虽然19世纪唯有通过历史唯物主义才能获得它的自我认识，但对古代社会的历史唯物主义研究，例如像考茨基进行的关于原始基督教史或古代东方史的研究，与今天的科学能力相比，就证明是不够细致的，它们的分析并没有或者并没有详尽地揭示事实的真相。历史唯物主义还在对各种社会形态、法律形态和属于同一水平的各种形态的分析上，例如在对战略等等的分析上，取得了最大的成就。因此，例如像梅林的各种分析——仅仅想一想《莱辛传奇》——在针对弗里德里希大帝或拿破仑的国家组织和军事组织时，是深刻而细致的。但是，他一转向研究同一时代的文学、科学和宗教的形态，这些分析就远不那么彻底和详尽了。

庸俗马克思主义完全忽视了这种区别。它对历史唯物主义的运用，陷入了马克思所指责的庸俗经济学犯的同一错误：它把一些纯粹历史的范畴，更确切地说也就是资本主义社会的一些范畴，看做是永恒的范畴。

就研究过去的时代而言，这只是科学上的一个错误。由于历史唯物主义是阶级斗争中的武器和不仅仅是科学认识的工具，这个错误没有产生深远的后果。毕竟，梅林或考茨基的著作（虽然我们断定梅林在科学上有个别缺点，或者认为考茨基的一些历史著作并非无可指责）为唤醒无产阶级的阶级意识做出了不朽的贡献；它们作为阶级斗争的工具和这一斗争的动力，给其作者带来了不朽的荣誉，这种荣誉即使在后代的评价中也将足以抵消他们在科学上所带有的缺陷。

单是庸俗马克思主义的历史观点也对各个工人党的行动方式、它们的政治理论和策略产生了决定性的影响。同庸俗马克思主义最明显区别开来的问题就是暴力问题，也就是暴力在争取和保卫无产阶级革命胜利的斗争中的作用问题。当然，历史唯物主义的有机的继续发展和机械运用之间出现矛盾，这并不是第一次；人们也许想到关于帝国主义是资本主义一定新阶段还是其中一段暂时插曲的争论。而关于暴力问题的争论——当然常常是不自觉的——却使对立的方法论十分鲜明地突出出来。

更确切地说，庸俗马克思主义的经济主义否认暴力在从一种经济生产制度到另一种经济生产制度的过渡中的重要性。它依据的是经济发展的“自然规律性”，这种经济发展借助它自身的绝对权力而不诉诸粗野的、“超经济的”暴力来实现这种过渡。庸俗马克思主义几乎总是引用马克思的这句名言:"无论哪一个社会形态,在它们所能容纳的全部生产力发挥出来以前,是决不会灭亡的;而新的更高的生产关系,在它存在的物质条件在旧社会的胎胞里成熟以前,是决不会出现的。"①但它——自然是有意的——忘记了马克思在确定这种"成熟"的历史时机时对这段话所作的补充说明:"在一切生产工具中,最强大的一种生产力是革命阶级本身。革命因素之组成为阶级,是以旧社会的怀抱中所能产生的全部生产力的存在为前提的。"②

这些话已经十分清楚地表明,对于马克思和庸俗马克思主义来说,从一种生产形式过渡到另一种生产形式时生产关系的"成熟"所指的一些东西是完全不同的。革命因素之组成为阶级,更确切地说,不仅是为了"抵制资本",而且也是"为了自己本身",③ 单纯的生产力变为社会变革的杠杆,不仅是阶级意识问题,自觉行动的实际作用问题,而且也是经济主义的纯粹"自然规律性"结束的开端。这意味着,"最强大的生产力"起来反抗它是其成员的生产制度。现在已形成一种只有通过暴力才能消除的状况。

这里不是哪怕概略地论述暴力及其在历史上的作用的理论的地方,也不能在这里证明,暴力和经济在概念上的明显分离是一种不允许的抽象,不同潜在的或分开起作用的暴力相联系的任何一种经济关系是不可想象的。例如,不可忘记,按照马克思的看法,即使在"正常"时期里,也只有对利润和工资关系加以规定的活动余地是纯粹地和客观地受经济制约的。"利润率的实际水平只是通过资本与劳动之间的不断斗争来确定。"④ 显然,这种斗争的时机又是大大受经济制约的,但

① 《政治经济学批判序言》,《马克思恩格斯全集》第13卷,人民出版社中文第1版,第9页。

② 《哲学的贫困》,《马克思恩格斯全集》第4卷,人民出版社中文第1版,第197页(着重号是本文作者加的)。

③ 参见同上书,第196页。

④ 《工资、价格和利润》,《马克思恩格斯全集》第16卷,人民出版社中文第1版,第166页。

是这种制约性却服从于同“暴力”问题相联系的“主观”因素(例如工人的组织等等)的巨大变化。暴力和经济在概念上出现了明显和机械的分离,一般都只是由于,一方面,经济关系的纯客观性的拜物教外表掩盖住它作为人之间关系的性质,并使它变为一种以其宿命论的规律环绕着人的第二自然,另一方面是由于,有组织的暴力的——也是拜物教的——法律形式使人们忘记它隐蔽地、潜在地存在于任何一种经济关系之中及其背后,像法律和暴力、秩序和起义、合法和非法一类的区别把阶级社会所有机构的共同的暴力基础排挤到次要地位。(因为原始社会的人同自然进行的“物质代谢”在严格的意义上并不是经济性的,就像这个时代里人的相互关系并不具有法律性质一样。)

当然,在“法律”和暴力之间以及在潜在的暴力和激烈的暴力之间存在着某种区别,只是既不能从法哲学上也不能从伦理学上或形而上学上来理解它,而只能把它理解为不同类型的社会之间的社会和历史方面的区别。在某些社会中,生产制度已经如此完备,以致于它(一般)能无冲突和无问题地借助于它的内在规律运行。而在另一些社会中,由于不同生产方式的竞争和在生产制度内不同阶级的分配份额还没有达到(始终是相对的)稳定状态,使用赤裸裸的“超经济的”暴力必然是惯例。这种稳定状态在非资本主义社会里采取一种保守的形式,并在意识形态上表现为传统的,也就是“上帝想要的”种种制度的统治。在资本主义制度下,这种稳定状态意味着资产阶级在持续不断的、革命的和动态的经济过程内的稳定统治,只有在那里它才获得国民经济学“永恒的铁的规律”“合乎自然规律地”起支配作用的形态。因为每一个社会都倾向于把它自身生产制度的结构“神秘化地”投射到过去的时代,这一过去时代——而且还有未来——也就同样显得是由这样一些规律决定和支配的。人们往往忘记了,这种生产制度的产生和获得成功是最露骨、最粗野和最残忍地使用“超经济的”暴力的结果。马克思在他描述资本主义发展史的结尾处宣告:“要使资本主义生产方式的‘永恒的自然规律'充分表现出来，……需要经受这种苦难。"①

然而，下面一点也是清楚的，即各种竞争的生产制度的竞争——从世界历史上看——一般都由某一制度在社会和经济方面的优越性来决定；但是，这种优越性决不是必然地和它们在生产技术方面的优越性一致的。我们已经知道，经济上的优越性一般在一系列暴力措施方面发生作用；而且不言而喻，这些暴力措施的效力取决于按此方式占优势的阶级是否有把它所占有的社会继续推向前进的（世界历史的）现实性和使命。但是，问题在于，怎样从社会方面来理解不同生产制度竞争的这种状态？也就是说，在何种程度上，可以在马克思主义的意义上把这样一种社会理解为统一的社会（它会确实还缺少这种统一的客观基础，即"经济结构"的统一）？显而易见的是，这里涉及一些边缘性的情况。具有完全纯粹统一、即同质结构的社会，肯定是很少有过的。（按照罗莎·卢森堡的看法，资本主义决不曾是这样的社会，而且也决不可能成为这样的社会。）因此，在任何社会里，占统治地位的生产制度将对各种从属性的生产制度产生明显的影响，并决定性地改变它们本来的经济结构。我们可以想到，在主要是自然经济的时代里，"工业"劳动进入地租和前者受后者经济形式的控制②，也可以想到在高度发达的资本主义制度下农业所采取的形式。但是在真正的过渡时期里，社会不受任何一种生产制度的控制；各个生产制度的斗争正好还未分胜负，任何一种生产制度也不能把自己的经济结构强加于社会，并使社会——至少在倾向上——按自己的方向运行。在这样一些情况下，当然不可能谈论会控制整个社会的任何一种经济规律。旧的生产制度已经失去它对作为整体的社会的统治地位，而新的生产制度还没有获得这种统治地位。这是一种激烈的权力斗争或潜在的力量平衡状态，在这种状态中，经济规律可以说是"间歇性的"：旧的规律不再起作用，而新的规律还没有普遍发生作用。据我所知，历史唯物主义理论还没有从经济方面提出这个

---

① 《资本论》，《马克思恩格斯全集》第23卷，人民出版社中文第1版，第828页。

② 《资本论》，《马克思恩格斯全集》第25卷，人民出版社中文第1版，第886页。

问题。恩格斯的国家理论十分清楚地表明,历史唯物主义的创始人决不是没有注意到这个问题。恩格斯着重指出,国家"照例是最强大的、在经济上占统治地位的阶级的国家"。"但也例外地有这样的时期,那时互相斗争的各阶级达到这样势均力敌的地步,以致国家权力作为表面上的调停人而暂时得到了对于两个阶级的某种独立性。17世纪和18世纪的专制君主制就是这样,它使贵族和市民等级彼此保持平衡"。[①]

但是,不可忘记,从资本主义向社会主义过渡显示出一种原则上不同于从封建主义向资本主义过渡的经济结构。这时,竞争的生产制度不是同时以已经独立的制度出现(像资本主义开始时在封建生产制度中所表明的那样),而是它们的竞争表现为在资本主义制度本身内部无法解决的矛盾,即危机。这种结构使资本主义生产从一开始就是对抗性的。在各种危机中,即使"以纯粹经济学的方式,就是说,从资产阶级立场出发"[②],资本也以生产的限制表现出来。这种对抗不会由于过去的各种危机在资本主义内部找到某种解决办法这一事实而有任何变化。一次普遍危机总是资本主义发展内在规律的一个——相对的——间歇点;只是在过去,资本家阶级总有能力使生产在资本主义的方向上重新运转起来。我们在这里不可能研究它的手段不是和在何种程度上不是"正常"生产规律的直接继续,不可能研究自觉的-有组织的力量、"超经济的"因素、非资本主义的基础,也就是资本主义生产的可扩展性等等在这方面起了多少作用[③]。应该着重指出的只是,对危机可作的解释——像西斯蒙第同李嘉图及其学派的争论所表明的那样——必然

① 《家庭、私有制和国家的起源》,《马克思恩格斯全集》第21卷,人民出版社中文第1版,第196页(着重号是本文作者加的)。

② 《资本论》,《马克思恩格斯全集》第25卷,人民出版社中文第1版,第289页。

③ 例如参见英国资本家对待危机、失业和移居外国问题的态度。(《资本论》,《马克思恩格斯全集》第23卷,人民出版社中文第1版,第630页以下。)这里提到的思想,部分涉及布哈林对"平衡"作为方法要求的机智评论。《转变时期的经济》第159—160页。可惜,在这里没有机会同他进行争论。

超出资本主义固有的规律之外；就是说，一种证明各种危机是必然的经济理论也一定超出资本主义之外。即使危机的“解决办法”也决不可能是前危机状态直接的、固有的、“合乎规律的”继续，而是重新进入一次新的危机的一条新的发展路线，等等。马克思十分明确地阐述了这种联系：“如果没有相反的趋势不断与向心力一起又起离心作用，这个过程很快就会使资本主义生产崩溃。”①

由此可见，每一次危机都意味着资本主义有规律的发展陷入死胡同，但是，只有从无产阶级的立场出发才能把这个死胡同看做是资本主义生产的必然环节。而且，从资产阶级（固有的）经济学立场出发，也不能认识到各种危机的区别、程度和加剧的情况。这些间歇点的动态意义，为了使经济重新运转起来所必要的大量力量，这一切只有从历史唯物主义出发才能认识到。因为显而易见，必须大大重视，资本主义生产制度“最强大的”生产力，即无产阶级，是单纯作为客体还是作为决定的主体经历危机。危机总是由“对抗性的分配关系”，由“比例于资本已有的量”而滚滚向前的资本巨流“和消费关系的狭隘基础”的冲突，② 也就是由无产阶级的客观的经济生活条件决定的。但是，由于无产阶级“不成熟”，由于它没有能力不作为被消极地吸收到经济中去并服从其“规律”的“生产力”参加生产过程，对抗的这一方面在向前发展的资本主义发生的各种危机中就没有公开显露出来。因此就可能会产生这样一种假象，似乎“经济规律”像导致危机一样能从危机中找到出路。在此期间，实际上仅仅资本家阶级——由于无产阶级的消极性——就已可能消除死胡同，使机器重新运转起来。因此，资本主义决定性的、即“最后的”危机（不言而喻，它会是一个有一连串个别危机的整个时代）同过去各种危机在本质上的区别，不单单是危机的广度和深度的突变，即它从量突变为质。或者更确切地说，这种突变表现在，无产阶级不再是危机的单纯客体；

① 《资本论》，《马克思恩格斯全集》第25卷，人民出版社中文第1版，第275页。

② 同上书，第273—274页。

资本主义生产的内部对抗——它按其概念就已经意味着资产阶级生产制度和无产阶级生产制度的斗争，意味着社会化的生产力同其个体——无政府主义形式的冲突——公开展开。无产阶级组织起来的目的始终是“消除资本主义生产的那种自然规律对他们这个阶级所造成的毁灭性的后果”，[①] 这种组织从消极或单纯起妨碍、削弱、阻止作用的阶段转入了积极阶段。只是因为这一点，危机的结构才发生了决定性的、质的变化。今天像过去危机时一样，供资产阶级力求消除危机死胡同所抽象地（即不考虑无产阶级的干预）采取的那些措施，正在变成公开进行阶级战争的场所。暴力正在成为这种局面决定性的经济因素。

因此，这再一次证明，这些“永恒的自然规律”仅仅适用于发展的某个一定的时代。它们不仅是一定社会学类型的社会发展规律性的表现形式(某一阶级在经济上的优势地位已无争议)，而且在这种类型之内也只是资本主义的特殊统治形式。但是，如已经指出的那样，由于历史唯物主义同资本主义社会相联系决不是偶然的，所以不难理解，即使对于历史唯物主义对历史的整个理解来说，这种结构也显得是典范的和正常的、即传统的和规范的结构。我们固然举出了清楚表明马克思和恩格斯在评价过去的非资本主义社会的特殊结构及其特殊发展规律时是多么谨慎和采取批判态度的例子。但是，这两个因素的密切联系甚至也给恩格斯留下了如此深的印象，以至于他譬如说在描述氏族社会的瓦解时强调指出雅典的例子是“非常典型的例子”，因为它“非常纯粹，没有受到任何外来的或内部的暴力干涉”[②]；这可能客观上并不完全切合雅典的情况，对于这个发展阶段上的过渡来说，这确实也不是典型的。

但是，庸俗马克思主义在理论上却专注于这一点：它否认暴力作为

① 《资本论》，《马克思恩格斯全集》第23卷，人民出版社中文第1版，第702页。

② 《家庭、私有制和国家的起源》，《马克思恩格斯全集》第21卷，人民出版社中文第1版，第136页。

“经济力量”的重要性。在理论上低估暴力在历史上的重要性,从过去的历史中消除暴力的作用,是庸俗马克思主义的机会主义策略的理论准备。把资本主义社会的特殊发展规律提升为一般规律,是庸俗马克思主义力求使资本主义社会的存在在实际上永久化的理论基础。

庸俗马克思主义意义上的合乎逻辑的、一直向前的继续发展,要求社会主义在没有“超经济的”暴力的情况下通过经济发展的内在规律来实现,这同资本主义永久存在下去的论点客观上是同义的。即使封建社会也决不是从自身中有机地产生出资本主义。它只是“造成了消灭它自身的物质手段”。它“使社会内部感到受它束缚的力量和激情”释放出来。而这些力量在“包含一系列暴力方法”① 的发展中打下了资本主义的社会基础。只有在这种过渡完成以后,资本主义的经济规律才发生作用。

期望资本主义为取代它的无产阶级比封建主义为资本主义本身作出更多的事情，这是非历史的和非常幼稚的。过渡的成熟时机问题已经提到过了。就这种“成熟”理论而言，方法上重要的是，它作为后来产生的、蒲鲁东（他真的也——根据共产党宣言——想要“没有无产阶级”的现行制度）的对立物，想不要无产阶级的积极参加就达到社会主义。再向前走一步，这种理论就是以“有机发展”的名义摒弃暴力的重要性，同时又忘记了整个“有机发展”只是已经发展的资本主义的理论表述，是这种资本主义自身的历史神话。它也忘记了资本主义的真正形成史走的是完全相反的方向。马克思认为：“这些方法一部分是以最残酷的暴力为基础，例如殖民制度就是这样。但所有这些方法都利用国家权力，也就是利用集中的有组织的社会暴力，来大力促进从封建生产方式向资本主义生产方式的转变过程，缩短过渡时间。”②

因此,即使暴力的作用在从资本主义社会向无产阶级社会过渡时

① 《资本论》,《马克思恩格斯全集》第23卷,人民出版社中文第1版,第830页。

② 同上书,第819页(着重号是本文作者加的)。

正好同它在从封建主义向资本主义过渡时一样,真实的发展也向我们表明,过渡的"无机的"、"暖房式的"、"暴力的"性质证明丝毫不违反历史的现实性,不违反如此形成着的新社会的必然性和"健康"。不过,当我们较仔细地注意观察暴力在这种过渡(同以前的过渡相比意味着某种在原则上和质上崭新的东西)中的性质和作用时,问题就是完全另外一种样子了。我们再重复说一遍:在从一种生产制度向另一种生产制度的各种过渡中,或者用社会学的术语说,在各不相同的、相互竞争的生产制度同时并存的时代里,作为"经济力量"的暴力的决定性意义始终是现实的。然而,相互斗争的各种生产制度的性质将作为过渡时期的"经济力量"对暴力的方式和功能产生决定性的影响。在资本主义产生的时候,事情关系到在静态的制度同动态的制度之间、"天然的"制度同力求完全社会化的制度之间、有区域限制的、有秩序的制度同按趋势来看是没有限制的、无政府主义的制度之间的斗争。相反,在无产阶级的生产中,众所周知,问题首先在于有秩序的经济制度同无政府主义的经济制度的斗争①。如同各生产制度决定着各阶级的本质一样,由此产生的各种对立也决定着为实现变革所必要的暴力的性质。正如黑格尔所说,"因为武器无非是战士自身的本质。"

现在,这里的对立已经超出了真正的马克思主义和庸俗化的马克思主义之间在批判资本主义范围内的争论。这里的问题实际上关系到在辩证方法的意义上超过历史唯物主义至今为止所达到的成果:把历史唯物主义运用于它按照自己作为历史方法的本质还未能被运用到的一个领域;为此要作一切对于任何一种非图解式的方法,因此对于辩证方法来说必然首先意味着某种在原则上和质上崭新的题材的更改。当然,马克思和恩格斯的远见卓识在这方面已经先做了许多事情。确切地说,不仅是在预见这个过程的大概可能的发展阶段上(在《哥达纲领批判》里),而且在方法论上也是如此。"从必然王国向自由王国的飞

① 在这种对比中,即使帝国主义的资本主义也必然显得是无政府主义的。

跃”,“人类史前史”的结束,对马克思和恩格斯来说,决不是用以圆满完成对现在的批判,产生戏剧效果、但在方法论上并无约束力的漂亮然而抽象空洞的远景,而是对正确认识到的发展过程作出明确的和有意识的思想预言,这种预言在方法上对理解现实问题有深远的意义。恩格斯写道:“人们自己创造着自己的历史,但是到现在为止,他们并不是按照共同的意志,根据一个共同计划来创造这个历史。”① 而马克思在《资本论》中的好些地方也使用了这种思想预言的结构,一方面是为了由此出发更透彻地认清现在,另一方面也是为了使正在临近的未来的这种质量上崭新的性质从这种对照中更清楚和更充分地显露出来。这种对照在这里对我们有决定意义的性质是,对于只要有一般预见力就能撕下资本主义的物化的面纱、揭示出作为其基础的真正事物联系的现象,“在资本主义社会,社会的理智总是事后才起作用。”② 因为正如《共产党宣言》指出的那样:“在资产阶级社会里是过去支配现在,在共产主义社会里是现在支配过去。”而这种明显的无法消除的对立是不能通过“发现”资本主义中有某些似乎使得“生长过去”(《Hinüberwachsen》)有可能的“趋势”来冲淡的。它是同资本主义生产的本质密不可分地联系在一起的。支配现在的过去,即表现出这种支配的事后意识,只是资本主义社会的,然而仅仅是资本主义社会的基本经济状况的思想表达:它是存在于资本主义关系中、在同活劳动的固定联系中自我更新和扩大的可能性的物化表达。但是显而易见的是,“过去的劳动产品对于活的剩余劳动的支配权,恰好只是在存在着资本关系——一定的社会关系,在这种社会关系中,过去劳动独立地同活劳动相对立,并支配着活劳动——的时期内才存在。”③

无产阶级专政的社会意义,即社会化,首先只不过意味着剥夺资本

---

① 恩格斯 1894 年 1 月 25 日致符·博尔吉乌斯的信,《马克思恩格斯全集》第 39 卷,人民出版社中文第 1 版,第 199 页(着重号是本文作者加的)。

② 《资本论》,《马克思恩格斯全集》第 24 卷,人民出版社中文第 1 版,第 350 页。

③ 《资本论》,《马克思恩格斯全集》第 25 卷,人民出版社中文第 1 版,第 449 页。

家的这种支配权。然而对无产阶级——作为阶级看——来说，这样就在客观上消除了它自己的劳动以独立的、被对象化的方式与它的对立。由于无产阶级自己同时既接管了对已经被对象化了的劳动的支配权，又接管了对正在产生现实效果的劳动的支配权，这种对立在实际上和客观上就被消除了。随之资本主义社会中相应的过去和现在的对立也就消失了，它们的关系必然要因此在结构上发生变化。不管社会化的客观过程可能多长，不管无产阶级要多久才能意识到劳动同其各种对象性形式的变化了的内部关系（现在同过去的关系），随着无产阶级专政就发生了根本的转变。这种转变是在资产阶级社会里无论通过作为"实验"的"社会化"，还是通过"计划经济"等等都无法达到的。因为这些东西在资本主义制度内至多是在组织方面的一些集中，并不使经济结构的基本联系、无产阶级意识同整个生产过程的基本关系发生任何变化。相反，作为剥夺财产、夺取权力的最谨慎的或"最混乱的"社会化，正好使这种结构发生变革，并从而使发展进程客观地和认真地为飞跃作好准备。当经济主义的庸俗马克思主义者们企图通过逐步过渡来排除这种飞跃时，他们总是忘记资本关系决不只是生产技术的关系，决不是"纯"经济的关系（在资产阶级经济学的意义上），而是真正意义上的社会—经济关系。他们忽视"把资本主义生产过程联系起来考察，或作为再生产过程来考察，它不仅生产商品，不仅生产剩余价值，而且还生产和再生产资本关系本身：一方面是资本家，另一方面是雇佣工人。"① 因此，社会发展进程的变化只有是在阻止这种资本关系的自我再生产、给社会的自我再生产以另外一种新方向时才是可能的。这种结构的基本新颖之处一点儿也不致由于在经济上不能使小生产社会化，"经常地、每日每时地、自发地和大批地"重新再生产着资本主义和

① 《资本论》，《马克思恩格斯全集》第23卷，人民出版社中文第1版，第643页（着重号是本文作者加的）。

资产阶级[①] 而被改变。因此,这一过程自然就错综复杂得多,两种社会结构的并存关系就紧张起来。但是,社会化的社会意义,它在无产阶级意识发展过程中的功能却没有什么改变。正是辩证方法的基本原理,即"不是人们的意识决定人们的存在,相反,是人们的社会存在决定人们的意识",使得人们——如果被正确理解的话——必须:在革命的转折点上,在实践中认真地对待全新事物的范畴、彻底变革经济结构的范畴、改变过程方向的范畴,也就是飞跃的范畴。

正是"事后知道"同朴实的和真正的预见的这种对立,"错误的"社会意识同正确的社会意识的这种对立,标明了飞跃在客观上和经济上发生作用的那个时刻的特点。显然,这种飞跃并不是闪电式地、没有过渡地实现迄今人类历史上这种最伟大转变的一次性行动。然而,飞跃更不是——按照过去发展的模式——缓慢的和逐渐的量变单纯突变为质变,让经济发展的"永恒规律"背着人们通过一种"理性的狡黠"作出真正的成绩;在那种情况下,飞跃只不过意味着人类(事后)也许是一下子意识到已经达到的新的状态。更确切地说,飞跃是一个漫长的和艰难的过程。而它的飞跃性质表现在,它每一次都是朝着质量上崭新的事物的方向转变;在它那里,意在指向被认识到的社会整体的自觉行动得到了表现;因此,——按意图和根据——它的归宿是自由王国。此外,它在形式和内容上都是适应社会的缓慢转变过程的。的确,只有当它完全进入这一过程,当它仅仅是每一个因素的自觉本意,每一个因素同整体有自觉的联系,在变化过程的必然方向上自觉地加快步伐时,它才能真正保持它的飞跃性质。这是一种在变化过程前面多走一步的加快;这种加快不想把任何异己的目的和自造的乌托邦强加于这一过程,而只是当革命对自己的目的难以确定的庞大望而生畏、面临动摇和半途而废的危险时,才揭示性地干预包含在这一过程之内的目的。

因此,飞跃似乎完全溶化在这一过程中。但是,自由王国却不是在

① 《共产主义运动中的"左派"幼稚病》,《列宁全集》第 39 卷,人民出版社中文第 2 版,第 4 页。

必然性的魔力中受苦的人类作为顽强忍受痛苦的报酬、作为命运的赠品来接受的礼物。它不仅是斗争的目的,而且也是斗争的手段和武器。而且在这里表现出基本上和质量上崭新的状况:人类在历史上第一次——通过负有统治使命的无产阶级的阶级意识——把它的历史自觉地掌握在自己手中。客观经济过程的“必然性”现在并没有因此而被扬弃,但它具有了另外一种新的功能。如果说迄今为止必须从历史的客观过程中推断出无论如何正在到来的东西,以便使它有利于无产阶级,因此直到那时为止,“必然性”就是变化过程中确实起主导作用的因素,那么,它现在就成了一种障碍,一种必须加以反对的东西。它在转变的过程中一步步地被抑制住,以便——在长期的和艰难的斗争以后——终于能够完全被消除。对真实存在的东西,即——不可避免地——必定发生的东西的明确而无情的认识,要不顾一切地坚持下去。这种认识的确是这种斗争的决定性的前提和最有效的武器。因为对还具有必然性的力量的任何错误认识,将使这种改变世界的认识降低为一种空洞的乌托邦,并加强敌人的力量。但是,对经济必然性趋势的认识不再具有加快它的这种过程或从中得到好处的功能,相反,要有效地反对它,迫使它后退,在可能的时候要把它引到另外一个方向上去,或者——只要已经真有必要——就避开它。

在这种情况下实行的转变,是一种经济转变(而且是一种受此制约的阶级的重新组合)。但是,这种“经济”不再有任何一种以前的经济有过的那种功能:它应该服务于被自觉管理的社会;它应该失去自己的内在性,它的自律性(原来是这种自律性使它成为一种经济);它应该作为经济被消除。这种趋势首先作为在这种过渡中变化了的经济和暴力的关系表现出来。因为在向资本主义的过渡中,不管暴力有多大的经济意义,但经济却始终是首要的原则,而暴力仅仅是为经济服务的、促进经济的、为经济清除前进道路上的障碍的原则。与此相反,现在暴力则受某些原则的支配,而这些原则在任何以前的社会里只能作为“上层建筑”,只能作为伴随着必然过程并由这种过程决定的因素表现出来。现在，暴力则服务于人和他作为人的发展。

人们经常正确地说：社会化是个政权问题；在这一点上，暴力问题优先于经济问题（当然，在这件事情上任何忽视各种物质阻力的权力运用都是荒谬的；但是，权力运用考虑到各种阻力——正是为了克服它们，而不是为了容忍它们）。因此，从表面上看，暴力，赤裸裸的、未加粉饰的、公开表现出来的暴力，正进入社会事件的重要地位。但是，这只是一种假象。因为暴力不是专横的原则，也决不可能是这种原则。这种暴力只不过是无产阶级要自我扬弃——同时也扬弃物化了的关系对人的奴役统治，扬弃经济对社会的统治——的变得自觉的意志。

这种扬弃，这种飞跃，是一个过程。而决不忽视它作为过程的本质，同决不忽视它的飞跃性质是同样重要的。飞跃在于直接转到一种被自觉调节的社会的完全新的事物上，而这种社会的“经济”是服从于人及其需要的。飞跃本质的特性表现在，这种对作为经济的经济的克服，这种扬弃其自律性的趋势，表现为经济内容对实行这种扬弃的人们的意识的绝对统治，这一点在以前的发展中无论如何是见不到的。之所以如此，不仅是因为过渡时期的生产下降，更难于使机构继续运转和满足人们的（还是如此低的）需要，难忍的贫困在增加，这一切都迫使每一个人意识到经济的内容，为经济担心，而且也恰恰是因为这种功能变化了。当经济是社会的统治形式，是背着人们推动社会前进的真正动力时，它曾不得不以非经济的“意识形态的”形式在人们的头脑中表现出来。如果说人存在的原则正在于自己解放自己，第一次在历史上把对人类的支配掌握在自己手里，那么斗争的对象和手段，经济和暴力，各个阶段的现实目标问题，在这条道路上最近的、实际经过的或必须经过的步骤的内容，就处在兴趣的中心地位。恰恰是因为那些——当然是在各方面都已变化了的——以前被称为“意识形态”的内容现在开始成为人类的实际目标。所以，一方面，用那些内容本身来粉饰为它们而进行的经济上的暴力斗争是多余的，另一方面，这些目标的现实性和迫切性恰恰表现在，所有的兴趣都集中在实现它们的各种实际斗争上，即集中在经济和暴力上。

因此，说这种过渡是一个几乎专注于经济利益的时代和公开承认、赤裸裸使用暴力的时代，现在不可能显得是一种谬论了。经济和暴力已开始了它们在历史上起作用的最后行动，而它们正在统治着历史舞台的假象，不应该使我们弄错：这是它们在历史上的最后登场。恩格斯说："国家(有组织的暴力)真正作为整个社会的代表所采取的第一个行动，即以社会的名义占有生产资料，同时也是它作为国家所采取的最后一个独立行动。……它是自行消亡的。……人们自己的社会结合一直是作为自然界和历史强加于他们的东西而同他们相对立的，现在则变成他们自己的自由行动了。一直统治着历史的客观的异己的力量，现在处于人们自己的控制之下了。"① 到那时为止作为纯粹"意识形态"伴随了人类必然发展进程的东西，人作为人在自己同自己本身、同自己的同类、同自然界的关系中的生活，现在能够成为人类真正的生活内容。人正作为人——社会地——产生出来。

因此，在通向这一目标并已经开始的过渡时期里，尽管在我们前面还有一段很长而又充满痛苦的路，历史唯物主义将仍然在长时期里不变地保持着它作为战斗无产阶级最宝贵武器的重要性。社会的绝大部分毕竟仍由纯资本主义生产方式统治着，而且，即使在无产阶级建立了自己统治的少数孤立地区，任务也只能是，艰难地一步一步地迫使资本主义后退，有意识地建立起新的社会制度——它不再能用这些范畴来表达了。然而，仅仅这一阶段中有斗争这一事实，就同时表明了历史唯物主义功能方面的两点很重要的变化。

第一，必须用唯物主义辩证法来指明，怎么一定会走上自觉监督和控制生产、摆脱对象化社会力量强制的道路。过去的任何分析，无论多么仔细和准确，都不能对此作出令人满意的回答。只有把辩证方法——无偏见地——运用于这种完全新的题材才行。第二，因为每一次

① 《反杜林论》，《马克思恩格斯全集》第20卷，人民出版社中文第1版，第305—308页。

危机都是资本主义自我批判的客体化,所以极度严重的资本主义危机就使我们有可能从它正在做完的自我批判这一立场出发,比迄今为止可能有过的都更明确和更完善地进一步发展作为“人类史前史”研究方法的历史唯物主义。所以,不仅因为我们在斗争中还将很长期地需要越来越好地加以运用的历史唯物主义,而且从它在科学上进一步发展的观点来看,我们利用无产阶级的胜利来为历史唯物主义建立这个基地、即这个研究所也是必要的。

无产阶级的立场*

（1922年）

马克思在他早期对黑格尔法哲学的批判中，就已清楚地说明了无产阶级对社会和历史采取的特殊态度，即立场。从这一立场出发，无产阶级的作为社会和历史发展过程的同一的主体—客体的本质才能发挥出来："如果无产阶级宣布迄今的世界秩序的解体，那么它只是讲出了它自己的存在的秘密，因为它的存在就是这一世界秩序的实际上的解体。"因此，无产阶级的自我认识同时也就是对社会本质的客观认识。追求无产阶级的阶级目标同时也就是意味着自觉地实现社会的、客观的发展目标，这些目标如果没有它的自觉参与只能仍旧是抽象的可能性、客观的限制。①

但是随着无产阶级采取这种立场，甚至只是在思想上可能对社会采取某种立场，社会又发生了什么变化呢？"起初"毫无变化，这是因为无产阶级是作为资本主义社会制度的产物而出现的。它的存在形式竟是这样的——如本文第一部分所指出的——以至于物化在这些形式中

---

* 选自［匈］卢卡奇：《历史与阶级意识》，杜章智、任立、燕宏远译，商务印书馆1992年10月第1版，第228—304页。本文是题为《物化和无产阶级意识》的文稿的第三部分。——选编者注。

① 参见我的论文《什么是正统马克思主义?》、《阶级意识》和《历史唯物主义的功能的转变》。由于这些论文的主题思想是如此密切相关，因此很遗憾，并不总是能避免重复的论述。

必然表现得最明确,最强烈,造成着最深刻的非人化。因此无产阶级就和资产阶级一样,在生活的各个方面都物化了。马克思说:"有产阶级和无产阶级同是人的自我异化。但有产阶级在这种自我异化中感到自己是被满足的和被巩固的,它把这种异化看做自身强大的证明,并在这种异化中获得人的生存的外观,而无产阶级在这种异化中则感到自己是被毁灭的,并在其中看到自己的无力和非人的生存的现实。"①

1

因此,看起来——即使对于马克思主义的世界观来说——客观现实似乎一点也没有变;只是对客观现实进行"评价的观点"发生了变化,只是重新强调它的"价值"。这种现象确实隐含着极其重要的真理因素。如果希望正确的观点不要不知不觉地变成正相反的东西的话,对这一因素就必须无条件地加以坚持。具体地说:社会存在的客观现实,就其直接性而言,对无产阶级和资产阶级都是"同样的"。但这一点并没有阻止这样一种情况:那些使两个阶级能意识到这种直接性,使赤裸的直接现实性对两个阶级说来能成为真正的客观现实性的特殊中介范畴,由于这两个阶级在"同样的"经济过程中的地位不同,必然是根本不同的。很清楚,随着这一问题的提出,我们——从另外一个方面——重又接触到资产阶级思想的根本问题,即自在之物的问题。这是因为,如果认为直接既定的东西之变成为真正认识到的(而不仅仅是直接感知的),并因而是真正的客观现实性,即中介范畴对世界图像的影响,只是某种主观的东西,只是对"始终未变的"现实的一种"评价",那就等于重新使客观现实具有自在之物的特征。当然,把这一"评价"看作为仅仅是"主观的东西",看作为没有触及事实的本质的那种认识声称,自己恰恰是在向真正的事实逼近。它的自我欺骗在于,它对自己立场的制约

① 《神圣家族》,《马克思恩格斯全集》第2卷,人民出版社中文第1版,第44页。

(特别是对自己的立场受其基础——社会存在的制约)持不批判的态度。例如李凯尔特,他的这种历史观具有最发展的、思想上最精致的形式,他这样谈到过研究"自己的文化环境(Kulturkreis)"的历史学家:"如果历史学家基于对他所隶属的集体(Gemeinschaft)的价值的考虑,来构造他的概念,那么他的描述的客观性将完全依赖于实际材料的正确性,同时究竟是过去的这个事件,还是那个事件才是主要的这样一个问题就根本不会出现。如果他,举例来说,把艺术的发展和美的文化价值,把国家的发展和政治的文化价值联系起来的话,他就会摆脱任何随意性,只要他放弃非历史的价值判断,那么他提出的描述对于任何一个把美的文化价值或政治的文化价值认作为普遍适用于他的集体成员的人来说,就都是适用的。"① 用实质上未被认识的,只是形式上适用的"文化价值"作为有价值关系的历史客观性的基础,看来似乎消除了进行评价的历史学家的主观性,但是这只不过是把"对他的集体(即对他的阶级)有效的文化价值"这一事实性当作客观性的标准、导向客观性的向导。随意性和主观性被从个别事实的素材中,从对这些事实的判断中挪进了标准本身,挪进了"有效的文化价值"中,对于"有效的文化价值"的评价,甚至对它们的有效性的研究,在这种基础上将是不可能的:"文化价值"对历史学家来说成了自在之物。这是一种结构的发展,我们可以从本文第一部分对经济学和法学的考察中,发现存在着类似的情况。但是问题的另一方面要重要得多,这就是形式—内容关系的自在之物特征必然提出总体的问题,李凯尔特对此也作了值得称道的清晰的阐发。他在强调了实质性的价值理论对历史哲学在方法论上的必要性以后,接着说道:"一般的历史或世界史只能借助文化价值体系才能统一地加以编写,并且就这方面而言,也是以实质性的历史哲学为前提的。此外,对于纯经验历史描述的科学客观性的问题来说,价值体系的知识是没有什么用的。"② 然而问题是:个别的历史描述和一般的历史的对

① 《自然科学概念构成的界限》,德文第2版,第562页。

② 《自然科学概念构成的界限》,德文第2版,第606—607页。

立仅仅只是范围问题？或者，这也同方法论问题有关？当然就是按照李凯尔特的认识论模式，历史科学在第一种情况下，也是十分成问题的。这是因为历史的"事实"必须——不论它们有什么"价值特征"——坚持未被加工的、未被把握的事实性，因为真正把握它们的、认识它们的真正意义的、认识它们在历史过程中的真正作用的每一个可能性，都由于在方法论上放弃了对总体的认识，而完全成为不可能的了。一般的历史的问题——如同已经指出的那样[①] ——是一个方法论的问题。这个问题在对极短的一段历史的描述，或对历史片断的描述时，都是必然要出现的。这是因为作为总体的历史(一般的历史)既不只是个别历史事件的机械总和，也不是一个对立于别的历史事件的先验的观察原则，这样一个原则因此只能借助于特殊的学科，即历史哲学，才能发挥作用。历史的总体本身主要是一种——尽管到目前为止还是不自觉的，因而还是没有被认识的——真正的历史的力量，这种力量不能脱离个别事实的现实性(因而不能脱离认识)，而不同时消除它们的现实性，即它们的事实性本身。这种力量就是它们的现实性、即它们的事实性，因而是它们的真正的可知性(作为个别事实)的真正主要的依据。我们在上面提到过的文章中，曾把西斯蒙弟的危机理论当作例子以便指出，即使正确地考察了所有的细节，但由于没有充分运用总体范畴，因而也阻碍了对个别现象的真正认识。我们也指出了，放到总体之中去(其前提是假定，正是历史过程的整体才是真正的历史现实)不仅极大地改变了我们对单个现象的评价，而且对象的结构，即单个现象的实际内容——作为单个现象——也因此根本地改变了。如果我们把资产阶级经济学对机器作用的论述和马克思的相比较，那么这种孤立地考察各个历史现象的做法和总体观点的对立就更一目了然了。马克思是这样论述的："同机器的资本主义应用不可分离的矛盾和对抗是不存在的，因为这些矛盾和对抗不是从机器本身产生的，而是从机器的资本主义应

① 参见我的论文《什么是正统马克思主义?》。

用中产生的！因为机器就其本身来说缩短劳动时间，而它的资本主义应用延长劳动日；因为机器本身减轻劳动，而它的资本主义应用提高劳动强度；因为机器本身是人对自然力的胜利，而它的资本主义应用使人受自然力奴役；因为机器本身增加生产者的财富，而资本主义应用使生产者变成了需要救济的贫民，如此等等，所以资产阶级经济学家就简单地宣称，对机器本身的考察明确地证明，所有这些显而易见的矛盾都不过是平凡现实的假现象，而就这些矛盾本身来说，因而从理论上来说，都是根本不存在的。"①

让我们——暂且——不论资产阶级经济学考察方法所具有的阶级辩护士的性质，并从纯方法论的角度来考察一下这种对立，那么我们就可以看到，资产阶级的考察方法把机器看作是孤立的、独一无二的，是纯粹真实的"个体"（因为作为经济发展过程的现象，机器——不是指单个样机——用李凯尔特的话来说是历史的个体），这种方法把机器在资本主义生产过程中的作用看作为机器的"永恒的"根本核心，看作为它的"个性"的不可分离的组成部分，从而歪曲了机器的真正的客观属性。从方法论上来讲，这种考察方法就这样把每一个被考察的历史对象变成了一个不变的单子。这个单子和——被同样看待的——其他单子是不发生相互作用的。它在自己的直接存在中拥有的那些特性似乎是附着在它身上的不可消除的本质。它虽然因而保持了一种个体的独特性，但这种独特性却仅仅是事实性的独特性，即正就是如此（Gerade-so-sein）的独特性。"价值关系"丝毫也不改变这种结构，因为它只是使在无数个这样的事实性中加以挑选成为可能。就像这种个体的历史的单子的相互关系是一种表面的、只是对它的简单的事实性加以描述的关系一样，它们和指导挑选的价值关系原则的关系也是纯事实的，即偶然的。

然而，历史的本质恰恰在于那些结构形式的变化（19 世纪真正重

① 《资本论》，《马克思恩格斯全集》第 23 卷，人民出版社中文第 1 版，第 483—484 页。

要的历史学家,如里格尔、狄尔泰、德沃夏克等都不能不注意到这一点),人借助这些结构形式和他当时的环境世界发生关系,这些结构形式决定了人的内部生活和外部生活的客观属性。但这一点只有当个性,即某个时代、某个人物的独特性就在于这些结构的特点,即在它们之中和通过它们被发现和被揭示的时候,才是客观上真正可能的(和才能相应地被把握)。然而,直接的现实,无论是对于经历这一现实的人,还是对于历史学家来说,都不是直接地存在在这些真正的结构形式之中的。这些结构形式还必须寻找和发现,而发现它们的途径就是认识作为总体的历史发展过程的途径。乍一看,这种发现和寻找似乎是一种纯思想的运动,是一个抽象化的过程,而任何一个囿于直接性之中的人,一辈子也都不能超越这"第一印象"。但这种假象本身就源自他们习惯于对纯直接性的思维和感觉,在这种直接性中,对象的直接既定的物的形式,它们的直接的存在和存在方式(Dasein und Sosein)似乎是首要的、真实的、客观的,而它们的关系则相反,似乎是次要的、纯主观的。对于这种直接性来说,任何真正的变化都必然相应地表现为某种不可把握的东西;对于直接性的意识形式来说,不可否认的变化的事实都表现为灾难,表现为外来的,排除了中介的突然而意外的变化。[①] 为了能从根本上把握住变化,思维必须不再把对象视为是相互绝对排斥的,必须把它们相互的关系,这些"关系"和"事物"的相互作用都一样看作是现实的。和纯直接性的距离越远,这些"关系"织成的网越大,"事物"越是彻底地进入这些关系体系,变化似乎就越能抛弃它的不可把握性,就越能抛弃它的可怕的本质,并因而变成是可以被把握的。

然而,这只有当这种对直接性的超越沿着使对象更加具体化的方

① 参见普列汉诺夫对18世纪唯物主义的论述,同前书,第51页。资产阶级的危机理论、法律起源理论等等都采取了这种方法论立场。这一点我们在第一部分已经指出过了。每一个人都可以很容易地在历史本身中看到,一个非世界史的、不是始终与发展过程的总体相联系的考察必然把历史上最重要的那些转折点视为无意义的灾难。这是因为它们的原因是存在于灾难本身之外的,它们的结果在这些灾难中表现得最为可怕。人们可以想一想民族大迁移,想一想从文艺复兴以来德国历史走的下坡路,等等。

向前进,当这样达到的中介概念体系(按拉萨尔关于黑格尔哲学的巧妙说法)成了"经验的总体"时,才能实现。形式的、唯理的、抽象的概念体系在方法论上的局限性我们已经看到了。在这儿,重要的是坚持,这样通过这种概念体系消除历史事实的纯事实性在方法论上是不可能的(这也是李凯尔特和近代历史理论的批判努力之所在,他们也成功地作出了这样的论证)。用这种概念体系所能够达到的,至多只是关于历史现象和社会现象的形式的、程式化的类型学,历史事实可以被当作例子,在把握的体系和被把握的客观现实之间,也因此只剩下了一种同样是纯粹偶然的关系。在一种寻求"规律"的幼稚的"社会学"(如孔德、斯宾塞类型的社会学)中,可以发生这种情况,这时,结果的荒谬说明了要在方法论上解决这一任务是不可能的。这种方法论上的不可能性也可能从一开始就被——批判地——意识到了(如马克斯·韦伯),于是一种历史的辅助学科就这样出现了,但结果仍是一样的:历史的事实性问题重又被提了出来,对于纯历史观来说,直接性没有被消除,而是被保留下来了,而不论这是他们愿意看到的结果,还是不愿意看到的结果。

我们把李凯尔特意义上的历史学家的态度(从批判的角度来看,是资产阶级发展中最清醒的一种)称做是陷入了纯直接性的态度。看来这种做法和下述这样一种明显的事实是相矛盾的:历史现实性本身只能在复杂的中介过程中才能被达到,被认识和被描述。然而不能忘记,直接性和中介本身都是辩证过程的因素,存在的每一个阶段和理解它的每一个阶段都具有《现象学》意义上的直接性,那里说,对于直接既定的客体,"我们应该采取同样直接的或接受的态度,也就是说,不应该去改变它,不应该去改变它呈现的样子。"① 超越这种直接性只能是客体的起源(Genesis),即"创造"(Erzeugung)。但这是以下述条件为前提的,即那些使得有可能超越既定客体存在的直接性的中介形式能被描述为客体本身的结构构造原则和真正的运动倾向,也就是思想的起源和历

① 《黑格尔全集》,德文版,第2卷,第73页。

史的起源在原则上应该是相吻合的。我们曾密切注视思想史的进程，在资产阶级思想发展的过程中，这两个原则的分离越来越严重。我们可以肯定，由于这种方法论上的两重性，现实分解为一堆不能理性化的事实，一张内容空洞的纯形式的"规律"的网罩在了它们的上面。"在认识论上"对直接既定世界（及其可思维性）的这一抽象形式的超越使这种结构永久化，并——首尾一致地——证明了这种结构是可以这样把握世界的必要"条件"。但是，由于它能不沿着真正创造客体——在这种情况下，是思维的主体——的方向完成它的"批判"运动，而是走相反的方向，这种对现实的贯彻到底的"批判"到末了又回到了资产阶级社会的普通人在日常生活中所面对的那同样的直接性上来。它表现为概念的形式，但是完全保存了自己的直接性。

因此，直接性和中介就不仅是对待现实的客体所采取的相互隶属、相互补充的方式，而且还同时是——依照这一现实性的辩证性质和我们为把握它所作努力的辩证性质——辩证地相关的规定。这就是说，每一种中介都必然地要产生一种立场，在这种立场上，由这种中介创造出来的对象性采取直接性的形式。这就是资产阶级思想和（由各种各样的中介说明和揭示了的）资产阶级社会的社会的和历史的存在的关系。由于不可能看到更多的中介，由于不可能把资产阶级社会的存在和产生把握为那个曾"创造"了已被把握了的认识总体的同一个主体的产物，资产阶级思想的最终的、决定整个思想的立场就变成为纯直接性的立场。这是因为按照黑格尔的话来说，"中介的东西必须是两个方面在其中合一的东西，这就是说，意识从一个因素认出另一个因素，从命运认出它的目的和动作，从它的目的和动作认出它的命运，从这种必然性认出它自己的本质。"①

但愿我们迄今的论述已足够清楚地指出了，资产阶级思想恰恰缺少了而且不能不缺少这个中介。马克思在无数地方从经济学的角度证

① 《黑格尔全集》，德文版，第2卷，第275页。

明了这一点[①]。资产阶级经济学关于资本主义经济过程的错误观点，十分显然要归因于缺少中介，归因于在方法论上没有使用中介范畴，归因于直接接受了推导出来的对象性形式，归因于陷入了——纯直接的——表象阶段。我们在第二部分曾经十分明确地指出了资产阶级社会的性质及其思想方法局限性所造成的思想结果，我们指出了这种思想必然达到的二律背反（主体和客体，自由和必然，个体和社会，形式和内容等等的矛盾）。现在要紧的则是要看到，资产阶级思想尽管是在经过最大的思想努力之后才达到这些二律背反的，然而却把这些二律背反所以产生的基础当作是理所当然的，当作必须接受的事实而加以承认，即对它采取一种直接的态度。例如西美尔就关于物化的意识形态结构这样说："所以，既然这些相反的倾向已经产生了，就让它们去努力追求一种绝对明确地相分离的理想；随着生活的全部内容变得越来越带物质性的和非人格化，生活的没有被物化的其余部分则可能变得更加人格化，更加无可争辩地变成我自己的。"[②] 但这样一来，恰恰是应该通过中介而产生和才能理解的东西变成了解释一切现象的原则，这个原则不但被接受，而且甚至被抬高为价值。资产阶级社会的存在和存在方式没有解释清楚和不可能解释清楚的这样一个事实，获得了永恒的自然规律或永远有效的文化价值的性质。

但这同时也就是历史的自我扬弃。马克思曾这样论述资产阶级经济学："于是，以前是有历史的，现在再也没有历史了。"[③] 尽管这种二律背反后来采用了越来越精巧的形式，甚至采用了历史循环论（Historismus），采用了历史相对主义的形式，但对基本问题本身，对历史的扬弃并无一丝改变。当我们把**现在的问题看作是历史问题**时，我们就

① 例如可参见《资本论》，《马克思恩格斯全集》第25卷，人民出版社中文第1版，第384—385，399—400，424，429—431，442—443页等。

② 《货币的哲学》，德文版，第531页。

③ 《哲学的贫困》，《马克思恩格斯全集》第4卷，人民出版社中文第1版，第154页。

会十分清楚地看到资产阶级思想的这种非历史的、反历史的本质。我们没有必要在这儿举例说明。所有资产阶级思想家和历史学家都没有能力把现在的世界历史性事件把握为世界的历史。自从世界大战和世界革命以来,这种无能对任何一个能冷静地进行评价的人来说,都还可怕地记忆犹新。这种严重缺陷使极其可敬的历史学家和敏锐的思想家降到了最糟糕的地方小报的可怜而可鄙的思想水平。这种缺陷不能简单地和在任何情况下都用外界的原因(如书报检查,和为了适应"民族的"阶级利益等等)来说明。这种缺陷自有其方法论的原因,即认识的主体和客体之间的直观的和直接的关系创造了费希特所说的那个"黑暗空虚"的非理性空隙,它的黑暗和空虚也出现在我们对过去的认识中,然而在那里被空间和时间的距离、被历史的间隔遮盖住了,而现在却必须让它暴露无遗。

恩斯特·布洛赫举了一个巧妙的比喻,这也许比我们无论如何也不可能做到的详细分析更能说明这种方法论上的局限性。如果大自然成了风景——而农民虽生活在大自然中,却并没有意识到这一点——,那么艺术家对风景的直接经历是以观察者和风景之间的距离为前提的,当然这种经历是要经过许多中介才能达到这一直接性的。观察者站在风景的外边,否则的话,大自然对他来说,是不可能成为风景的。如果他在不超越这种审美的、直观的直接性的情况下,试图把自己和空间上直接包围着他的大自然一起放到"作为风景的大自然"中去,那么他马上就会明白,风景只有在和观察者保持一定的,当然是随时不同的距离的条件下,才开始成为风景的,他也只有作为空间上被隔开的观察者才能具有和大自然的风景关系的。这在这儿当然只能作为从方法论上来说明实际情况的例子,因为人和大自然的风景关系在艺术中得到了恰如其分和明白无误的表达,虽然不应该忘记,我们在当代生活中到处都可以遇到的主客体之间不可消除的距离也出现在艺术之中,而且艺术只意味着是刻画这一问题,而不是真正解决这一问题。但就历史而言,一旦它被迫进入到现在——而这是不可避免的,因为我们对历史感兴趣,归根到底是为了真正懂得现在——布洛赫所说的这种"有害的空间"就会变得十分显眼。这是因为我们看到了,资产阶级的直观态度没有能力把握历史,这种没有能力分化为两个极端:一个是作为专横的历史创造者的"伟大的个人",一个是历史环境的"自然规律"。当要求它们对全新的事物的本质,即现在的本质作出解释的时候——不论它们是单独地,还是联合在一起——都同样显得无能为力。① 艺术作品的内在完善能够掩盖横在这里的深渊:它的完善的直接性不许可进一步寻找从直观立场来看是不再可能的中介。但是现在作为历史问题,作为实际上不可回避的问题,迫切需要这种中介。必须试一试。但在这种尝试中,出现了这样的情况,那就是黑格尔在上面提到的对中介作了规定以后,曾这样谈到自我意识的一个阶段:"因此,在它经历了必须弄明白自己的真理的过程以后,意识对它自己来说也成了一个谜。在它看来,它的行为的结果不是它的行为本身;对它来讲,它的经历不是对自在地存在着的事物的经历。这种变化不仅是同样的内容和本质的形式上的变化。同样的内容和本质一方面被设想为意识的内容和本质,另一方面又被设想为它自身的对象或被直观到的本质。因此,抽象的必然性只适用于消极的、未被把握的普遍性的力,这种力把个性打了个粉碎。"

2

无产阶级的历史认识开始于对现在的认识,开始于对自己的社会地位的自我认识,开始于对其必然性(即其起源)的阐明。只有当一方

① 我又要提到普列汉诺夫指出的旧唯物主义的两难困境。任何一种资产阶级历史观的逻辑立场都力图把"群众"机器化和把英雄非理性化。这一点马克思已向布鲁诺·鲍威尔指出过了(《神圣家族》,《马克思恩格斯全集》第2卷,人民出版社中文第1版,第99页及以下几页)。举例来说,我们可以在卡莱尔或尼采那儿发现这样一种两重性历史观。即使像李凯尔特那样谨慎的思想家(尽管是有保留的,见前引书,德文版第380页)也倾向把"环境"和"群众运动"看作是由自然规律所决定的,和只把个人看作为历史的个体(见前引书,德文版第444,460—461等页)。

面人类存在藉以形成的全部范畴表现为这种存在本身的规定(而不仅是它的可把握性的规定),另一方面这全部范畴的顺序、关系和联系表现为历史过程本身的因素,表现为现在的结构特征时,起源和历史才可能一致,或更确切地说,才可能纯粹是同一过程的因素。范畴的顺序和内在关系因而既不构成一种纯逻辑的次序,也不是按照纯历史的事实来排列的。“它们的次序倒是由它们在现代资产阶级社会中的相互关系决定的,这种关系同看起来是它们的合乎自然的次序或者符合历史发展次序的东西恰好相反。”①而这又是以如下情况为前提的:人在理论上和实践上所面临的世界呈现出一种对象性,这种对象性——如果加以正确而透彻的思考和把握的话——决不会保持在一种和以前揭示的形式相似的纯直接性上,因此可以被看作是介于过去和未来之间的贯穿因素,这样一来可以用它的一切范畴关系来说明它是人的产物,是社会发展的产物。但随着问题这样被提出,社会的“经济结构”问题也被提出来了。因为,就像马克思在反对假黑格尔主义者和庸俗康德主义者蒲鲁东错误地把原则(即范畴)与历史割裂开来的论战中所指出的那样,“如果我们进一步自问一下:为什么该原理出现在11世纪或者18世纪,而不是出现在其他某一个世纪,我们就必然要仔细研究一下:11世纪的人们是怎样的,18世纪的人们又是怎样的,在每个世纪中,人们的需求、生产力、生产方式以及生产中使用的原料是怎样的;最后由这一切生存条件所产生的人与人之间的关系是怎样的。难道探讨这一问题不就是研究每个世纪中人们的现实的、世俗的历史,不就是把这些人既当作剧作者又当成剧中人物吗?但是,只要你们把人们当成他们本身历史的剧中人物和剧作者,你们就是迂回曲折地回到真正的出发点,因为你们抛弃了最初作为出发点的永恒的原理。”②

① 《政治经济学批判》,《马克思恩格斯全集》第12卷,人民出版社中文第1版,第758页。

② 《哲学的贫困》,《马克思恩格斯全集》第4卷,人民出版社中文第1版,第148—149页。

但如果认为,这一立场意味着简单地接受直接既定的(即经验的)社会结构的话,那就将是一个谬误,而这种谬误正是每一个庸俗马克思主义者的方法论出发点。而且现在所指的对经验的拒绝,这种对它的纯粹直接性的超越决不是对这种经验的简单的不满,决不是一种简单的——抽象的——改变它的愿望。这样一种愿望,这样一种对经验的评价,事实上仍可能是纯主观的,是一种"价值判断",一种意愿,一种乌托邦。但尽管乌托邦的意愿采取的是哲学上较为客观、较为精致的"应该"(Sollen)的形式,但这种愿望决没有超越对经验的接受,并因而同时决没有超越哲学上更精致的,旨在变化的纯主观主义。这是因为,"应该"在康德哲学中获得了它的经典的纯粹的形式,而这种形式的"应该"是以应该的范畴在原则上对之不适用的某种存在为前提的。因此,正是因为主体拒绝简单地接受它那经验地既定的存在是采用应该的形式,经验的直接既定的形式得到了哲学上的证明和崇奉;它在哲学上被永恒化了。康德说:"现象界中没有什么东西是可以用自由的概念来加以说明的,在那个范围内,必须始终由自然力学来构成主线。"① 因此,对于每一种应该的理论来说,剩下的只是一种两难困境:或者让——无意义的——经验的存在不加改变地存在下去(由于应该问题在一种有意义的存在中是根本不可能出现的,因此经验的无意义乃是应该的方法论前提),这样就赋予应该以纯粹主观的性质;或者这种理论必须假定一种既超越存在又超越应该的原则,以便能说明应该对存在的真正影响。然而这个受欢迎的、早先已由康德倡导的借口无限进展的解决办法只是掩盖了这个问题的不可解决性。从哲学上来看,重要的确实不是规定应该为了改造存在而需要多长时间,而是必须指出应该借以总能影响存在的那些原则。但由于把自然力学规定为是存在的不可改变的形式,由于严格地、二元论地把应该和存在划分了开来,由于应该

① 《实践理性批判》,德文版第38—39页,也可参见第24、123页等;《道德形而上学基础》德文版第4、38页。也可参见黑格尔的批判,见《黑格尔全集》德文版第3卷第133页及以下几页。

和存在在这种对峙中所具有的、在这种立场上是不可消除的僵化性，恰恰这一点在方法论上变得不可能了。而方法论上不可能的东西从来也不能先是被无限地缩小，然后被分散在一个无限进展中，而最后会突然作为一种现实而重新出现的。

不过，资产阶级思想正是在无限进展的思想中找到摆脱历史事实使它面临的矛盾的出路，确实完全不是偶然的。因为照黑格尔的说法，"假如说，相对的规定一直被推进到对立，以至它们都在不可分的统一之中，而每一规定又都被赋予一个独立于其他规定的存在，那么，哪里有这种情况，哪里便会出现上面所说的进展，因此，这个进展就是未解决的矛盾，而且总是显示出当前有矛盾。"[①]黑格尔同样也指出了，方法论的运用构成无限进展的逻辑前提，它是这样运用的，那就是使这一进展的在质上现在和以后都不可比较的因素进入一种纯粹的量的相互关系，但同时使"每一个因素都被认为是对这种变化漠不相关的"[②]。这样一来，旧的自在之物的二律背反就以新的形态重新出现了：一方面存在和应该继续保持它们的僵硬的、不可逾越的对立，另一方面通过这种纯粹表面的、外在的、不触及它们的非理性和事实性的联系，在它们之间创造了一个表面的生成环境，这时，历史的真正主题，即产生(Entstehen)和消失(Vergehen)才真正陷入了不可理解的黑夜之中。这是因为不但过程的基本因素之间的关系，而且过程的各个阶段之间的关系都必须被简化为量的关系，这时确实出现的逐渐过渡的表面现象就被忽视了。"但逐渐性只涉及变化的外部，而不涉及变化的质；无限地接近后面关系的前面的量的关系仍旧是另一种质的存在……人们喜欢通过过渡的逐渐性力图把握变化；但逐渐性反倒恰恰是纯粹无关紧要的变化，是质的变化的反面。两种实在性——它们被看作状况或看作独立

---

① 《黑格尔全集》，德文版第3卷第147页。参见杨一之先生译《逻辑学》商务版上卷第141页。黑格尔原文中的Dasein，杨一之先生译为"实有"，本书译者在引用时，为与全书译名统一，改为"存在"。——译者注

② 同上书，第262页。参见杨一之先生译《逻辑学》上卷第250页。

的事物——的关系倒是在逐渐性中被扬弃了；被建立起来的是，一种实在性完全外在于另一种实在性；这时恰恰是为了把握而必需的东西被取消了，虽然为了把握而需要的东西还是那样的少。……这样一来，产生和消失一般地就被扬弃了，或者说，自在的东西，即内在的东西（某物在存在以前就在其中）被变成微小的外部存在，而本质的和概念的区别被变成外在的、纯粹的量的区别。"①

因此，对经验的直接性及其同样只是直接的、理性主义的反映的超越就不能上升为一种超越（社会）存在内在性的尝试，如果说这种错误的超越本不应该再次用哲学升华的方式使经验的直接性及其一切不可解决的问题固定下来和永恒起来。相反，对经验的超越至多只能意味着，经验的客体本身被把握为和理解为总体的因素，即把握为和理解为历史地变革着的整个社会的因素。因此，中介的范畴作为克服经验的纯直接性的方法论杠杆不是什么从外部（主观地）被放到客体里去的东西，不是价值判断，或和它们的存在相对立的应该，而是它们自己的客观具体的结构本身的显现。但这一结构只有在资产阶级思想放弃了对客体的错误观点时，才能显现出来，并被意识到。因为如果客体的经验存在本身不是早已是一个被中介的存在的话，中介也许就是不可能的，这个存在一方面只有在缺乏中介意识时，另一方面只有在客体（正因此）被从它们的真正规定性的联系中拉出来，被置于一种人为的孤立中时，才能获得直接性的外表②。

---

① 《黑格尔全集》，德文版第3卷第432—435页。参见杨一之先生译《逻辑学》上卷第402—405页。普列汉诺夫的功绩是早在1891年就已指出了黑格尔逻辑学的这一方面对区分进化和革命的重要性。（《新时代》德文版X/I第280页及以下几页，Neue Zeit X/I, S.280ff.）。遗憾的是，竟没有人在这方面继承他的理论。

② 这个问题的方法论方面，请首先参考黑格尔《宗教哲学》德文版第一部分，特别是《黑格尔全集》第11卷第158—159页："没有直接的知识。直接的知识就是当我们没有中介意识的时候，然而它还是被中介了。"《精神现象学》序言中也有类似的话："所以唯有这种正在重建着的自身同一性或在它物中的自身反映，才是绝对的真理，而原始的或直接的统一性，就其自身而言，则不是绝对的真理。"《黑格尔全集》德文版第2卷第15页。（参见贺麟、王玖兴先生译《精神现象学》商务版第11页。）

但这时不能忘记的是，这一孤立客体的过程同样不是偶然的或随心所欲的。如果正确的认识消除了把客体错误地分离开来的做法（以及依靠抽象的反思规定而把它们更加错误地联系起来的做法），那么这种改正所意味的就远远超过了对一种错误的或不够科学的方法的改正，远远地超过了用一种更有效的假设对一种假设的替换。现在的对象形式应受到这种思想的加工，就像应找到这种加工的具体出发点本身一样，都属于现在的社会本质。因此，如果无产阶级的立场和资产阶级的立场是对立的，那么无产阶级思想就决不会为了把握现实而要求一块白板（tabula rasa），一个“无前提的”新的起点，就像资产阶级思想——至少就总的倾向而言——对中世纪的封建形式所要求的那样。正因为它的实际目标是彻底改造整个社会，所以它把资产阶级社会连同它的思想、艺术等等的产品看作为自己方法的出发点。中介范畴的方法论作用在于借助它们，使资产阶级社会的客体必然具有的，但在资产阶级社会中必然没有得到直接表现的，以及相应地在资产阶级思想中必然没有得到反映的那种内在意义，在客观上发生作用，并因而能提高为无产阶级的意识。这就是说，资产阶级在理论上必然囿于直接性之中，而无产阶级相反能够超越这种直接性，就恰恰不是偶然的，也不是一个纯理论的科学问题。这两种理论立场的区别主要反映了这两个阶级的社会存在的区别。当然，由无产阶级立场产生的认识，是客观上更高级的科学认识；它从方法论上使得有可能解决资产阶级时代的最伟大思想家们徒劳地企图解决的问题，它实际上就是对资本主义的恰如其分的历史的认识，这种认识是资产阶级思想永远不可能达到的。当然，这种对方法的认识价值的客观区分，一方面其本身就是社会、历史问题，是两个阶级代表的社会类型及其历史顺序的必然结果，因此，资产阶级历史观的“虚假性”、“片面性”就是认识社会的方法论结构的必不可少的环节①。另一方面，看来每一种方法也必然和有关阶级的存

① 恩格斯实际上也同意黑格尔关于虚假的东西的学说（最精彩的论述在《精神现象学》的序言中，《黑格尔全集》德文版，第2卷第30页及以下几页。参见贺麟、王玖兴

在相联系。对资产阶级来说,它的方法直接源自它的社会存在,它的思想不能突破作为外部的、但正因此是不可克服的障碍的纯粹直接性。相反,对无产阶级来说,直接性这一障碍从一开始,在它采取自己立场的那一时刻,就内在地被克服了。由于辩证的方法不断重新生产出,再生产出它自己的本质的因素,由于它的本质就是拒绝笔直平坦的思想发展路线,因此,无产阶级无论是在思想上采取把握现实的每一步骤时,还是在它迈出实际的历史的每一步时,都反复地面临着这个起点问题。直接性的障碍,对无产阶级来说成了内在的障碍。它因此明确地向自己提出了这个问题;但是随着问题的提出,解答问题的途径和可能性也就出现了①。

但只是可能性而已。我们据以出发的命题,即在资本主义社会中,社会存在——按其直接性——对资产阶级和无产阶级来说是同样的,这一命题仍旧未变。但现在可以作这样的补充:由于阶级利益的推动,这同一个存在使资产阶级被禁锢在这种直接性中,却迫使无产阶级超越这种直接性。这是因为历史过程的辩证特性,以及因此每一个因素的中介性质都更加不可阻挡地在无产阶级的社会存在中表现了出来,而每一个因素只有在中介的总体中才能得到自己的真理和真正的对象性。对无产阶级来说,自我意识到自己存在的辩证本质乃是一个生命攸关的问题,而资产阶级却用抽象的反思范畴,如数量化、无限进展等来掩盖日常生活中历史过程的辩证结构,结果在发生突变时就面临着直接的灾难。如同业已指出的那样,这是以如下情况为基础的:对资产阶级来说,历史过程和社会存在的主体和客体始终是以双重形态出现的:从意识上来讲,单个的个体作为认识的主体面对着社会事件的极其

先生译《精神现象学》上卷第23—26页等。daa Falsch一词,贺、王译为“虚假”、“虚妄”、“虚假的东西”等。)例如可参见他对“恶”在历史上的作用的批评(《费尔巴哈论》,《马克思恩格斯全集》第21卷,人民出版社中文第1版,第330页等)。这当然只是指资产阶级思想真正有独创性见解的代表人物,模仿者、折中主义者和没落阶级利益赤裸裸的维护者就完全另当别论了。

① 关于无产阶级和资产阶级的这一区别可参见拙文《阶级意识》。

巨大的客观必然性,他所能理解的也只是它的一些细枝末节,而在现实中,恰恰是个体的自觉行动居于过程的客体方面,而过程的主体(阶级)却不能达到自觉的意识,个体的自觉行动必然永远超出——表面上的——主体,即个体的意识。因此,社会过程的主体和客体这时已经处在辩证的相互作用关系之中。但由于它们始终一成不变地是两重性的,和互相外在的,因此这种辩证法仍旧是不自觉的,而客体就保持它们的双重的、从而是僵化的特性。这种僵化只能用突变来打破,以便能马上让位给另一个同样僵化的结构。"他们刚想拙劣地断定是物的东西,突然表现为社会关系,他们刚刚确定为社会关系的东西,却又表现为物来嘲笑他们",这时,这种不自觉的、因而原则上是不能控制的辩证法"就在他们的天真的惊异中暴露了出来。"①

对无产阶级来说,它的社会存在并没有这种双重形态,它暂时是作为社会事件的纯粹客体而出现的。在日常生活的一切方面,当单个工人以为自己是自己生活的主体时,他的存在的直接性立刻就把这一幻想撕得粉碎。这种直接性迫使他认识到,满足他的最基本需要,即"工人的个人消费,不论在工场、工厂等以内或以外,在劳动过程以内或以外进行,都是资本生产和再生产的一个要素,正像擦洗机器,不论在劳动过程中或在劳动的一定间歇进行"②。客体的数量化,抽象的反思范畴对它们的规定,在工人生活中直接表现为一种抽象的过程,这一抽象过程是在工人自己身上完成的,它把工人的劳动力从他那儿分离出来,并迫使他把这种劳动力作为他拥有的商品而出卖。由于他出卖他的这个唯一的商品,他就把它(和他自身,这是因为他的商品和他的肉体存在是不可分的)放到了一种已被合理化和机械化的过程之中,他发现这个过程是早已存在着的,是封闭的,而且是没有他也照样运行的,在这个过程中,他是一个被简化为量的数码,是一个机械化了的、合理化了

① 《政治经济学批判》,《马克思恩格斯全集》第13卷,人民出版社中文第1版,第23页。

② 《资本论》,《马克思恩格斯全集》第23卷,人民出版社中文第1版,第628页。

的零件。

这样一来,对工人来说,资本主义社会直接表现形式的物化特征就被推到了极点。如下的说法是正确的:即使对资本家来说,也存在着这种人格双重化,人被分裂为商品运动中的因素和这种运动的(客观的、无能为力的)旁观者①。但对资本家的意识来说,这种双重化必然采取一种他这个主体的活动(在客观上当然是一种假象),即作用的形式。对他来说,这种假象掩盖了真正的事实,而对工人来说,内心里是没有这种虚假活动的余地的,他的主体的分裂维持着他——趋向于——受无限制奴役的残酷形式。他因而被迫成了过程的客体,忍受着他的商品化和被简化为纯粹的量。

但正因此,他就被迫力求超越上述状况的直接性。因为马克思说:"时间是人类发展的空间。"② 剥削的数量上的差异对资本家来说,具有他从数量上规定他的计算对象的直接形式;对工人来说,则是他的全部肉体的、精神的和道德的等等存在的决定性的质的范畴。量到质的骤变并不像黑格尔在《自然哲学》和仿效他的恩格斯在《反杜林论》里所描述的那样,只是辩证发展过程的一个特定因素。而且远不止此,就像我们根据黑格尔《逻辑学》已经指出的那样,它是存在的真正对象形式(Gegenstandsform)的呈现,是那种混乱的反思规定的崩毁,这种反思规定在纯粹直接的、消极的、直观的态度的阶段,歪曲了真正的对象性(Gegenständlichkeit)。正是在劳动时间的问题上,如下情况表现得极其明显:数量化是一种蒙在客体的真正本质之上的物化着的和已物化了的外衣。它只有在主体与对象处于直观的或(看来是)实践的关系,并

---

① 一切所谓的禁欲理论归根到底都是以此为基础的。这方面首推马克斯·韦伯的观点,他强调"内心的禁欲主义"对资本主义"精神"的形成所起的作用。连马克思也证实了这种事实,他指出,对资本家来说,"他的私人消费,对他来说也就成了对他的资本积累的掠夺,就像在意大利式簿记中把资本家的私人开支记在资本的借方一样"(《资本论》,《马克思恩格斯全集》第23卷,人民出版社中文第1版,第650页)。

② 《工资、价格和利润》,《马克思恩格斯全集》第16卷,人民出版社中文第1版,第161页。

对对象的本质不感兴趣时,才能被认为是对象性的客观形式。当恩格斯把水从液态转变为固态和气态作为从量到质的骤变的例子时①,就这些转折点而言,这个例子是正确的。但是这种论证忽视了这样的情况:如果改变观察角度的话,连那些这时表现为单纯的量变的转变也立即就具有了一种质变的特征。(这可以用一个十分普通的例子来说明,即水的可饮性,当"量"的变化达到一定程度,即喝完时,就会具有一种质的特性。)如果我们从方法论上考察恩格斯引自《资本论》的例子的话,那么这种情况就更加清楚了。这个例子讲的是,在生产的某一阶段,预付的金额要达到多大才能变为资本。马克思说,就在这一界限上,量转变为质②。如果把这两个系列,可能的量变及其向质的骤变(这种金额的增减和劳动时间的增减)加以比较的话,那么在第一种情况下,确实只涉及黑格尔所谓的"度量关节线",而在第二种情况下,就其内在本质而言,每一个变化都是一种质变,尽管工人的社会环境迫使他只看到这种变化的数量表现形式,然而这种变化的本质,恰恰就寓于质的特性之中。之所以产生这种双重表现形式,显然是由于对工人来说,劳动时间不仅是他出卖的商品,即劳动力的客体形式(作为这种形式,问题对他来说也就是一种等价物的交换,即量的关系),而且同时是他作为主体,作为人而存在的决定性的生存形式。

但因此,直接性及其方法论结果,即主体和客体僵硬的对立,也还没有完全得到克服。虽然劳动时间的问题已显示出——正因为它说明了物化达到了顶点——无产阶级思想必然要被驱使超越这种直接性的倾向。因为一方面工人在其社会存在中,直接地、完全地被置于客体这一边;他觉得他自己直接地就是社会劳动过程的客体,而不是社会劳动过程的主动者。但另一方面,这种客体地位就其本身而言已经不再是纯粹直接的了。这就是说,工人变为生产过程的纯粹客体,虽然客观上是通过资本主义生产方式(和奴隶制、农奴制不同)而实现的,即通过工

① 《反杜林论》,《马克思恩格斯全集》第20卷,人民出版社中文第1版,第139页。

② 《资本论》,《马克思恩格斯全集》第23卷,人民出版社中文第1版,第342页。

人被迫违背他的整个人格而把他的劳动力客体化,并把它作为属于自己的商品而出卖。然而因为主体性和客体性之间的分裂恰恰是发生在把自己客体化为商品的人的身上,正因此,他的这种地位就变得可以被意识到了。在以前的更自然的社会形式中,劳动被规定为是"直接表现为社会机体的一个肢体的机能"①;在奴隶制和农奴制中,统治形式表现为"生产过程的直接的主要动力",处于这种关系中的劳动者,因为他们的全部人格没有分裂,因此就不可能意识到他们的社会地位。与此相反,"表现为交换价值的劳动,其前提是它作为单个孤立的个体的劳动。当它呈现为一种与其直接对立的形式,那种绝对普遍的形式的时候,它就变成了社会劳动了。"

这时,那些使工人的社会存在和他的意识形式之间的关系辩证化的,并因而超越单纯直接性的因素已经显得更加清楚而具体。只有当工人意识到他自己是商品时,他才能意识到他的社会存在。如同已经指出的那样,他的直接的存在使他作为纯粹的、赤裸裸的客体进入生产过程。由于这种直接性表明自己是形形色色的中介的结果,由于一切都是以这种直接性为前提的这一点开始变得清楚明白,商品结构的拜物教形式也就开始崩溃了:工人认识了自身,认识了在商品中,他自己和资本的关系。只要他实际上还不能够使自己超过这种客体地位,他的意识就是商品的自我意识;或者换言之,就是建立在商品生产、商品交换基础上的资本主义社会的自我认识、自我揭露。

但是,自我意识加入到商品结构中所意味的东西,在原则上和性质上都不同于人们习惯上称做"关于"客体的意识的东西。不仅因为这是一种自我意识,更因为这种自我意识完全可能是——例如在科学的心理学里——"关于"客体的意识,它纯粹是"偶然地"把自己选作为客体的,而并没有改变意识和客体的关系方式,及相应地并没有改变这样达到的认识方式。然而由此必然产生这样的结果:适用于这样产生的认

① 《政治经济学批判》,《马克思恩格斯全集》第13卷,人民出版社中文第1版,第22页。

识的真理标准必须恰恰就是适用于“其他”客体的认识的真理标准。一个古希腊的奴隶，一个会说话的工具(ein instrumentum vocale)，即使认识到了他自己就是奴隶，也决不意味着就是上述意义的自我认识：因为他也可能只是认识一个客体，而这个客体“恰巧”就是他自己。客观地、社会地来看，一个“思想着的”奴隶和一个“无意识的”奴隶之间并无根本的区别，就像一个奴隶能否意识到他自己的社会地位和一个“自由人”能否认识到奴役这两者之间也是没有什么根本的区别一样。这时，主体和客体僵硬认识论的双重性，以及因此认识的主体对相应的被认识的客体在结构上未加触动的情况，仍没有发生什么变化。

但工人认识到自己是商品，已经是一种实践的认识。就是说，这种认识使它所认识的客体发生了一种对象的、结构的变化。劳动作为商品的客观特性，即它的“使用价值”(也就是提供剩余产品的能力)会像每一种使用价值一样，不露痕迹地消失在资本主义等量交换的范畴中。现在，这种特性在这种意识中，并通过这种意识觉醒了，并成了社会的现实。当没有这种意识时，劳动的这种特性就是经济发展中的未被认识的主动轮，现在，通过这种意识，它就客体化了。这种商品的特性就是，它在物的外衣下是一种人与人的关系，在数量化的外衣下是质的活的内核，现在它呈现出来了，因此建立在作为商品的劳动力基础之上的每一种商品的拜物教特征就有可能得到揭示：每一种商品的内核，即人与人的关系，都作为一种因素进入到社会发展之中。

当然这一切都只是隐含在我们在劳动时间问题上所遇到的量和质的辩证对立之中的，这就是说，对立及一切由此产生的规定都只是那个复杂的中介过程的开端，这一中介过程的目标是把社会认识为历史的总体。辩证的方法之不同于资产阶级思想，不仅在于只有它能认识总体，而且在于这种认识是由于整体对部分的关系已变得根本不同于在以反思规定为基础的思想中的关系才成为可能。简言之，辩证方法的本质在于——从这种立场来看——，全部的总体都包含在每一个被辩证地、正确地把握的环节之中，在于整个的方法可以从每一个环节发展而来①。人们常常强调——这是有一定正确性的——黑格尔《逻辑学》关于存在、非存在和生成的有名篇章包含了他的全部哲学。人们可以说——也许有着同样多的正确性——《资本论》关于商品拜物教性质的篇章隐含着全部历史唯物主义，隐含着无产阶级的全部自我认识，也就是对资本主义社会的认识（和对以前的社会的认识，以前的社会都是通向这一社会的阶梯）。

很明显，我们并不能就此得出这样的结论：整体在内容方面的丰富多彩的发展因此就将是多余的。而是相反。黑格尔的纲领就是把绝对，即他的哲学的认识目标看作是结果，对于马克思主义的不同的认识对象来说，绝对的范围被扩大了，这是因为马克思主义把辩证的过程把握为和历史的发展本身相同一的。作出这样一种方法论的论断仅仅是基于纯结构方面的事实，即个别的环节不是机械的总体的部件（这一总体也许可以由这些部件拼装而成，从这种观点又会产生出把认识把握为无限进展的观点），而是在个别的环节中隐藏着从其本身发展出总体的全部丰富内容的可能性。然而这只有在下述条件下才有可能：如果环节被把握为环节，即把握为通向总体的过渡点；如果那种超越直接性的运动把环节（自在地不再是两种反思规定的明显矛盾）变成为辩证过程的环节，如果那种超越直接性的运动不是僵化为停滞，僵化为一种新的直接性。

这一反思使我们回到了我们的具体出发点上。在我们上面概述的马克思主义对资本主义劳动所作的规定中，我们碰到了个别的个人与

① 马克思在1867年6月22日致恩格斯的信中这样写道："经济学家先生们一向都忽略了这样一件极其简单的历史事实：20码麻布＝1件上衣这一形式，只是20码麻布＝2英镑这一形式的未经发展的基础，所以，最简单的商品形式——在这种形式中，商品的价值还没有表现为与其他一切商品的关系，而只是表现为和自己的天然形式不相同的东西——这包含着货币形式的全部秘密，因此，也就包含着萌芽状态中的劳动产品的一切资产阶级形式的全部秘密。"（《马克思恩格斯全集》第31卷，人民出版社中文第1版，第311页）。还可参见马克思在《政治经济学批判》中对交换价值和价格的差别所作的杰出分析："在实际流通过程中威胁着商品的一切风暴正是集中在这个差别上。"（《政治经济学批判》，《马克思恩格斯全集》第13卷，人民出版社中文第1版，第59页）

抽象的普遍性的对立,在这种普遍性中,他的劳动和社会的关系被中介给了他。而在这里又必须再次肯定:就像在每一种存在的直接而抽象的既定形式中一样,资产阶级和无产阶级在这儿重又被置于直接地互相相似的情况中。但这时也出现了这样的情况:当资产阶级由于其阶级地位而被固定在直接性中的时候,无产阶级则由于自身阶级地位——特有的——辩证法而被迫抛弃这种直接性。所有的客体都变为商品,它们都被数量化为拜物教性质的交换价值,这不仅是一个这样影响着所有的具体生活形式的深刻过程(如同我们在劳动时间问题上可以肯定的那样),而同时,与此密切相连的则是,它将这些形式极大地分布于整个社会存在。对资本家来说,过程的这一方面现在意味着增加客体的数量以供他计算和投机。至于这一过程在他眼中带有质的性质的外表,那么这种对质的强调只不过是为了不断提高他所面对的世界的合理化、机械化和数量化(例如,商业资本的统治就不同于工业资本的统治,不同于农业的资本主义化)。这样,对于通向整个社会存在的彻底资本主义合理化的无限进展来说,道路就打开了,虽然它随时随地会突然被"非理性"的灾难打断。

对无产阶级来说,这"同一个"过程所意味的则相反,是它自己作为阶级而出现。这在两种情况下都涉及量到质的骤变。为了能清楚地看到,质的区别是高耸在发展道路上的里程碑——即使对资产阶级来说也是如此——人们只须探究一下从中世纪的手工业经简单协作,经手工工场到近代工厂的发展。但这种变化的阶级意义,对资产阶级来说,恰恰在于把新达到的质的阶段不断地重新变回到另一种合理计算的数量的水平上。这"同一种"变化的阶级意义对无产阶级来说则相反,是在于能达到消除孤立化,在于能意识到劳动的社会特性,在于使社会原则的抽象普遍的表现形式能越来越具体化和不断地得到克服。

这时,和人的全部人格分离开来的成果成了商品这一点为什么只在无产阶级那儿才成长为革命的阶级意识,也就可以理解了。我们早在第一部分就已指出了,物化的基本结构可以在近代资本主义的一切社会形式(如官僚政治)中找到。然而这一结构只有在无产者的劳动关系中才表现得极其清楚和可以被意识到。这首先是因为,他的劳动早在他的直接具体的存在中,就已具有一种赤裸裸的抽象的商品形式,而在其他劳动形式中,这种结构是隐藏在“脑力劳动”、“责任”等等假面具后面的(有时是在家长制形式的后面);物化越是深入到把自己的成果作为商品出卖的人的“灵魂”之中,这种假象就越有欺骗性(如新闻业)。从主观方面来看,下述情况是和商品形式的这种客观隐蔽性相适应的:工人以物化过程和变成为商品,虽然毁灭他,使他的“灵魂”枯萎和畸变(只要他不是有意识地表示反抗),然而恰恰又使他的人的灵魂的本质没有变为商品。因此他可以在内心里使自己完全客观地反对他的这种存在,而相反,譬如,在官僚政治中被物化了的人,就连他的那些本来能促使他起来反抗物化的机能也被物化、被机械化、被变为商品了。甚至他的思想、感情等等也被物化了。黑格尔说:“但是要使固定的思想熔化开却比要使感性存在熔化开困难得多。”[①] 这种腐败最后也采取了客观的形式。对工人来说,一方面他意识到他在生产过程中的地位是举足轻重的,另一方面这一地位又具有直接的商品性的形式(像每天的市场波动那样的不稳定)。而同时,在其他的领域中则有着稳定的假象(服务条例,养老金等等)和**个人**上升为统治阶级的抽象的可能性。这样,“地位意识”就被培养起来了,这种意识能有效地阻止阶级意识的产生。因此,工人存在中的纯粹抽象的消极性,从客观上来讲,不仅是物化最典型的表现形式,不仅是资本主义社会化的结构模式,而且——正因此——**从主观上来看**,它又是一个转折点,通过它可以意识到这一结构,并因而实际上打碎这一结构。马克思说:“劳动不再是在一种特殊性中同个人结合在一起的规定了”[②];只是必须消除这种直接的存在的虚假的表现形式,只有这样,无产阶级才开始真正地作为阶级而存在。

① 《黑格尔全集》德文版,第2卷,第27页。

② 《政治经济学批判》,《马克思恩格斯全集》第12卷,人民出版社中文第1版,第755页。

3

这整个过程似乎只是把许多工人集中在大工厂、使劳动过程机械化和标准化、使生活条件平均化所带来的“合乎规律的”结果——这一假象是非常容易产生的。这时十分重要的就是认清，在对事物这一方面片面强调的背后隐藏着骗人的假象。可以肯定地说，上面所提到的这些条件是无产阶级发展为阶级的必不可少的前提条件；没有这些前提条件，无产阶级不言自明地决不会成为阶级；没有这些前提条件的不断加强——资本主义发展机制的目标就在于此——无产阶级决不可能获得这样的重要性，这一重要性使它在今天成为人类发展的决定性因素。但是，如果我们说，这里所指的并不是什么直接的关系的话，确实是一点也不矛盾的。照《共产党宣言》的话来说，“这些不能不把自己零星出卖的工人，如同任何货物一样，也是一种商品”。这种商品能够意识到自己就是商品这一点，还远不足以解决这个问题。因为商品直接意识到的，与它的简单的表现形式相一致，就是抽象的孤立化，就是与那些使商品社会化的因素的纯抽象的外在于意识的关系。我在这儿根本不想探讨(直接的)个人利益和通过经验和认识而达到的(间接的)阶级利益的矛盾，眼前的直接利益和长远的普遍利益的矛盾的问题。在这一点上，必须离开直接性是不言自明的。如果有人试图在这儿把一种直接的存在形式赋予阶级意识的话，那就不可避免地会陷入神秘之中：一种神秘的类意识(和黑格尔的“国民精神”一样的神秘)。这种类意识对个体意识的关系，它对个体意识的影响是完全不可把握的，而且由于一种机械的自然主义的心理学而变得更加不可把握，而最后它竟成了运动的主宰。① 另一方

① 马克思是这样评价费尔巴哈的“类”的，他只能把它“理解为内在的、无声的、把许多人纯粹自然地联系起来的共同性”。(《关于费尔巴哈的提纲》，《马克思恩格斯全集》第3卷，人民出版社中文第1版，第5页。)任何和费尔巴哈类似的观点一点也不比费尔巴哈的高明，甚至常常是极其不如他的。

面,这时由于对共同的地位和利益的认识而觉醒和成长的阶级意识,抽象地说,决不是无产阶级专有的。无产阶级地位的特殊性的基础是,对直接性的超越这时具有一种——不管从心理学上来说是自觉的,还是暂时是不自觉的——朝着社会总体前进的意向;因此它——根据它的气质(Sinn)——必然不会停留在复归的直接性的相对更高级的阶段上,而是处于一种朝着这种总体前进的不断的运动之中,即处于一种直接性不断自我扬弃的辩证过程之中。马克思很早就清楚地认识到了无产阶级阶级意识的这一方面。在对西里西亚纺织工人起义的评论中,他把这场运动的"理论性和自觉性"强调为这场运动的特征。他在《纺织工人之歌》中听到了"勇敢战斗的呼声。在这支歌中根本没有提到家庭、工厂、地区,相反地,无产阶级在这支歌中一下子就毫不含糊地、直截了当地、威风凛凛地厉声宣布,它反对私有制社会。"① 这一行动本身表明它的"优点"在于,"其他一切工人运动首先只是打击工业企业的老板,即明显的敌人,而这次运动同时还打击银行家,即隐蔽的敌人"。

如果人们在马克思(无论是正确还是不正确)认为是西里西亚纺织工人的态度中看到只不过是他们有能力考虑到时空上或概念上较远的东西作为他们行动的基础,而不是只考虑眼前的东西,那么人们就可能会低估马克思上述观点的方法论意义。单是就这种能力而言,人们几乎可以在历史上出现的所有阶级的行动中观察到(当然清楚的程度有所不同)。重要的是,这种对直接既定东西的远离,一方面对于客体的结构具有什么样的意义,这个客体是作为行动的动机和对象被牵涉进来的,另一方面对于指导行动的意识及其与存在的关系有什么样的意

① 《评"普鲁士人"的〈普鲁士国王和社会改革〉一文》,《马克思恩格斯全集》第1卷,人民出版社中文第1版,第483页。在这儿,对我们来说重要的只是方法论方面的含义。梅林提出的问题(同前书,第30页),即马克思是否过高评价了纺织工人起义的觉悟,不属于我们在这儿讨论的范围。马克思在这儿也是从方法论上完整地描述了无产阶级的革命阶级意识发展的本质,而他后来(在《共产党宣言》、《雾月十八日政变》等中指出的)关于资产阶级革命和无产阶级革命差异的观点,完全是循着在这儿开始的方向前进的。

义。在这个问题上,资产阶级的立场和无产阶级的立场有着十分明显的区别。对资产阶级思想来说——如果这里只谈行动问题——这种远离从本质上讲就意味着将时空上远离的对象纳入到合理的计算之中。但从本质上来看,思想运动在于把这些对象把握为和眼前的对象是同一类的对象,即把握为合理化的、数量化的、可以计算的。关于现象具有社会的自然规律的形式的观点,按照马克思的说法,既标志着资产阶级思想的顶点,又标志着它的“不可逾越的障碍”。这种规律概念在历史过程中经历了功能的变化,其原因在于它原来曾是变革(封建)现实的原则,后来,它虽然保存了它的规律结构,却变成为保护(资产阶级的)现实的原则。当然最初的运动——社会地来考察的话——也是不自觉的。对无产阶级来说,这种“远离”,即这种对直接性的超越,所意味的就是相反的,就意味着**行动对象的客观属性的变化**。乍一看,时空上近在眼前的对象和远离的对象一样,都服从这种变化。但我们立即就可看到,远离的对象发生的变化要明显得多。因为变化的本质一方面在于觉醒的意识和对象的实际的相互作用,意识来自对象,意识就是对象的意识。另一方面在于那些被把握为社会发展的环节,即把握为辩证整体的环节的对象开始变成流动的,变为过程的一部分。由于这一运动最内在的核心是实践的,它的出发点必然是行动,而且是最强有力地、最坚决地抓住行动的直接对象,以便通过它们的总的结构性的变化而使硕大的整体也开始发生变化。

总体范畴的作用早在全部形形色色的客体可能被这一范畴阐明之前,就已表现出来了。它的作用恰恰就表现在——无论从内容上,还是从意识上——都是以单个客体为目标的行动中确实存在着改变整体的意向,表现在行动——根据它的客观意义——是以改变整体为目标的。我们在前面从纯方法论的角度确定的辩证方法的那个特点——个别环节和因素包含有整体的结构——现在表现得更具体、更明确,而且是以实践为目标的形式表现出来的。由于历史发展的本质客观上是辩证的,所以这种关于现实变化的观点在历史每一次决定性过渡时都能得到证实。早在人们能够清楚意识到某种经济形式及与之相关的社会的、法的形式正在衰亡之前,已经变得明显的矛盾就已在人们日常行动的对象身上清楚地表现出来了。如果说从亚里士多德直到高乃依时代的理论家们的悲剧理论及其实践在整个发展过程中都把家庭冲突看作为悲剧最恰当的题材,那么在这种观点后面——除了这样可以达到把事件集中起来的技术上的好处外——就隐藏着这样一种感觉:这些题材以一种感性的、实际的、清楚的形式反映了社会的巨大变化,使人可以清楚地看到变化的轮廓,反之,要把握变革的本质,要理解变化在整个过程中的起因和意义,无论从主观上,还是从客观上,都将是不可能的。埃斯库罗斯[①] 或莎士比亚就这样以他们对家庭的描述,向我们深刻、正确地展现了他们时代社会变革的情况,而现在我们只有靠历史唯物主义的帮助,才能在理论上遵循这样一种创作观点。

但是,无产阶级的社会地位和与之相应的立场却具有一种重要的质的特点,这是上面所举的例子所没有的。资本主义的特点就是,它消除了所有的"自然障碍",并把人与人的全部关系变为纯粹的社会关系。[②] 但资产阶级思想仍拘泥于商品拜物教的范畴,因此把人与人的关系的作用僵化成一成不变的物的关系,这样就必然落在客观发展的后面。抽象的、理性主义的反思范畴客观地、直接地反映了整个人类社会第一次真正的社会化,对资产阶级思想来说,这是一种至关重要的、不可消除的东西。(正因此,资产阶级思想与这些范畴始终处于一种直接的关系。)但无产阶级被置于这一社会化过程的焦点。劳动变为商品,这种转变一方面把一切"人的"因素从无产阶级的直接存在中清除了出去,另一方面,这一发展越来越把一切"自然的"因素,任何一种与

① 人们可以想一想巴霍芬对《奥列斯特》(*Orestie*)的分析及其对社会发展史的意义。由于思想上的局限,巴霍芬只能对戏剧作出正确解释,而不能做深入的研究,这一点恰恰证明了这儿提出的观点的正确性。

② 参见马克思对工业后备军和剩余人口的分析(《资本论》,《马克思恩格斯全集》第23卷,人民出版社中文第1版,第689页及以下几页)。

自然的直接关系,以及诸如此类的东西,从社会形式中剔除出去,以至于社会化的人恰恰就在它的远离人的、甚至非人的客观性中表现为这种客观性的核心。恰恰是在一切社会关系的这种客观化,这种理论化和物化中,社会是从人与人的关系中建立起来的这一点才第一次清楚地表现了出来。

然而这样就要坚持下面这几点:第一,即人与人的这种关系按照恩格斯的话来说,是“依赖于物的”,是作为“物而出现的”;即一刻也不能忘记,这种人的关系不是人对人的直接关系,而是典型的被生产过程的客观规律中介了的关系,而这些“规律”必然变为人的关系的直接的表现形式。因此首先可以得出这样的结论,作为物化关系的核心和基础的人,只有在消除了这种关系的直接性之后才能被发现。因此我们必须始终从这种直接性,从物化的规律性出发。第二,这种表现形式决不是纯粹思想的形式,而是当代资产阶级社会的对象性形式,因此,对它们的消除如果是真正的消除的话,就不能是一场简单的思想运动,而必须提高为是对它们作为社会生活形式的实际消除。任何一种想坚持纯粹认识的认识必然导致对这些形式的重新肯定。第三,但这种实践不能脱离认识,只有当实践就是对这些形式的内在倾向造成的运动进行深刻思考,并意识到这一运动和使其被意识到的时候,实践才开始成为真正改变这些形式这样意义上的实践。黑格尔说:“辩证法就是这种内在的超越,在这种超越后,知性规定的片面性和局限性就显示出它们是什么东西,即显示出它们就是自我否定。”[①] 马克思主义作为无产阶级的科学立场在这一点上超过黑格尔的巨大进步就是,它不是把反思规定看作是把握现实的一个“永恒的”阶段,而看作是资产阶级社会的必然的生存形式和思维形式,是存在和思想的物化的形式,马克思主义就这样在历史本身中发现了辩证法。因此,辩证法不是被带到历史中去的,或是要依靠历史来解释的(而黑格尔就常常这样做)。辩证法来自

① 《哲学全书》德文版,第81节。

历史本身,是在历史的这个特定发展阶段的必然的表现形式,并被人们所认识。第四,但这一意识过程是由无产阶级来体现的。由于它的意识表现为历史辩证法的固有结果,所以它本身也表现为是辩证的,这就是说,一方面这种意识体现了历史的必然性,无产阶级"没有任何要实现的理想"。无产阶级意识在变为实践时,只能给历史的辩证法迫使人们要作出抉择的事情注入生命,但决不能在实践中不顾历史的进程,把只不过是自己的愿望和认识强加给历史。因为无产阶级本身无非只是已被意识到的社会发展的矛盾。另一方面,辩证法的必然性和机械的因果必然性决不是同一回事。马克思接着上面引用过的话说:工人阶级"只需解放(着重号是我加的)那些在行将崩溃的资产阶级社会中成长起来的新社会的成分。"因此就必须有某些新东西,即无产阶级的变为行动的意识加入到纯粹的矛盾——资本主义发展的自动地合规律的物——中去。但由于这个纯粹的矛盾就这样上升为自觉的辩证的矛盾,由于意识成为向实践的过渡点,迄今常常提到的无产阶级辩证法的特性就再一次更具体地表现出来了:因为这时意识不是关于它所面对的客体的意识,而是客体的自我意识,意识这一行为就彻底改变了它的客体的对象性形式。

这是因为只有在这种意识中,隐藏在资产阶级社会的部分合理制度后面的深刻的非理性才清楚地表现了出来。这种非理性在通常情况下,只是爆发式地、灾难式地表现出来,但正因此也就不能改变客体的表面形式和联系。这种情况我们也能十分容易地在日常普通事件中看到。劳动时间的问题,我们曾暂时只从工人的立场出发,只把它看作为一个环节。在这个环节上,工人的意识作为商品的意识(即作为资产阶级社会的结构核心的意识)而出现。在这一意识已经出现并超越了既定地位的纯粹直接性时,劳动时间的问题就集中体现了阶级斗争的基本问题,即力量的问题。就在这个问题上,资本主义经济学的"永恒规律"失去了作用,即变成了辩证的,被迫把决定发展命运的权力交给了人的自觉行动。马克思是这样阐述这一思想的:"我们看到,撇开伸缩性很大的界限不说，商品交换的性质本身没有给工作日规定任何界限，因而没有给剩余劳动规定任何界限。资本家要坚持他作为买者的权利，他尽量延长工作日，如果可能，就把一个工作日变成两个工作日。可是另一方面，这个已经出卖的商品的特殊性质给它的买者规定了一个消费者的界限，并且工人也要坚持他们为卖者的权利，他要求把工作日限制在一定的正常量内。于是，这里出现了二律背反，权利同权利相对抗，而这两种权利都同样是商品交换规律所承认的。在平等的权利之间，力量就起决定作用。所以，在资本主义生产历史上，工作日正常化过程表现为规定工作日界限的斗争，这是全体资本家即资本家阶级和全体工人即工人阶级之间的斗争。"① 但在这儿我们也必须强调：力量问题在这儿具体地体现了资本主义理性主义受到了非理性的限制，体现了它的规律失去了作用。力量问题对资产阶级来说，有着和对无产阶级来说完全不同的意义。对资产阶级来说，力量是它日常生活的直接继续，它虽然一方面并不意味着是一个新问题，但另一方面，也正因此它就没有能力解决任何一个资产阶级自己造成的社会矛盾。对无产阶级来说，则相反，它的力量，它的影响，它的可能性和它的作用范围是系于既定存在的直接性被克服的程度的。当然超越这种直接性的可能性，即意识本身的深度和广度是历史的产物。但这种历史上可能达到的高度并不靠直接既定的东西(及其规律)的笔直发展所能达到的，而是要靠通过形形色色的中介，意识到社会的总体才能达到的，是要靠明确地渴望要实现发展的辩证倾向才能达到的。一系列的中介不应该以直接的直观为终结，而必须以发源于辩证矛盾的新质为目标，它们必须是从现在通向未来的中介的运动。②

但这又是以下述情况为先决条件的，即社会事件的客体的僵硬、物

① 《资本论》,《马克思恩格斯全集》第 23 卷，人民出版社中文第 1 版，第 262 页，参见《工资、价格和利润》,《马克思恩格斯全集》第 16 卷，第 159—163 页。

② 这里所讲的资产阶级的"事后"(Post-festum)意识可参看《历史唯物主义职能的变化》和《什么是正统马克思主义?》。

化的存在表现为纯粹的假象；那种只要还要谈到一“物”向另一“物”的过渡（或者一个——结构上——物化的概念向另一个的过渡），就是自相矛盾，逻辑荒谬的辩证法，应该在一切客体身上检验自己。也就是说，是要以事物能被证明为是溶入过程的环节为先决条件的。这样我们就又达到了古代辩证法的界限，达到了把这种辩证法和唯物主义的历史的辩证法区分开来的那个环节上。（黑格尔在这方面也标志着方法论的过渡，这就是说，在他那儿可以发现这两种观点的因素不十分明显的混合。）埃里亚学派的运动辩证法虽然揭示了矛盾是运动的基础，但它并没有论及到运动着的事物。不管飞箭是运动还是静止，它作为箭、作为物的客观属性在辩证法的混乱中并没有被触及。按照赫拉克里特的观点，要两次跨进同一条河流是不可能的；但因为永恒的流动本身是不变的，是存在着的，就是说，并没有带来质上新的东西，所以它就只是相对于个别事物的固定存在的一种生成（Werden）而已。作为一种关于整体的学说，永恒的生成呈现为一种关于永恒存在的学说，而在流动着的河流背后隐藏着的是一种不变的本质，尽管它的这种本质表现为个别事物的不断变动。① 马克思则相反，在他那儿，辩证的过程把客体本身的对象性形式变为一个流动的过程。在资本简单再生产过程中，过程的这种改造对象性形式的特性表现得十分清楚。简单的“重复式连续性赋予这个过程以某些新的特征，或者不如说，消除它仅仅作为孤立过程所具有的虚假特征。”因为“撇开一切积累不说，生产过程的单纯连续或者说简单再生产，经过一个或长或短的时期以后，必然会使任

① 这儿不可能详细地论述这个问题，虽然正是这种区别才有可能明确地把古代和现代区分开来。这是因为赫拉克里特的自我扬弃的事物概念实际上和现代思想的物化结构极其接近。然而正因此，古代思想的局限性就明显地体现了古代社会的局限性。古代思想的局限性就在于，它不能辩证地把握那时的社会存在，并进而辩证地把握历史。马克思在谈到其他问题时，曾顺便指出了亚里士多德“经济学”中的这一局限性。虽然是顺便提到的，但从方法论的角度来看，却和其他问题是一致的。黑格尔和拉萨尔的特点就是过高估计赫拉克里特的“现代性”，但由此我们却可以看出，他们的思想也没能超越这一“古代”思想的局限性（主要就是对思想由以产生的历史条件采取不批判的态度），并在他们哲学的基本特征，即直观、思辨和非唯物、非实践中表现了出来。

何资本都转化为积累的资本或资本化的剩余价值。即使资本在进入生产过程的时候是资本使用者本人挣得的财产,它迟早也要成为不付等价物而被占有的价值,成为别人无酬劳动的货币形式或其他形式的化身"。① 因此,关于社会的客体不是物,而是人与人的关系的认识就越来越增强到它们完全溶化于过程之中。但在这儿,如果它们的存在呈现为生成,那么这种生成就不是一种纯粹普遍变化的抽象的飞掠而过,不是内容空洞的实际渡过的时间(durée reelle),而是那种关系的不停的产生和再产生,那种关系若是被从上述联系中分离出来,并受到反思范畴的歪曲,在资产阶级思想看来就表现为物。只有到了这个时候,无产阶级的意识才上升为处在其历史发展中的社会的自我认识。当无产阶级只意识到商品关系时,它只能意识到自己是经济过程的客体。因为商品是被生产的,工人作为商品,作为直接的产品,至多只能是这一机器中的机械的动轮而已。但是,如果资本的物化被溶化为它的生产和再生产的不停的过程,那么在这种立场上,无产阶级就能意识到自己是这一过程的真正的——尽管是被束缚的和暂且是不自觉的——主体。因此如果离开了既定的、直接的现实,那么就会产生这样的问题:"一个棉纺织厂的工人是不是只生产棉纺品呢?不是,他生产资本。他生产重新供人利用去支配他的劳动并借助他的劳动创造新价值的价值。"②

4

但这样一来,现实的问题就以全新的面目出现了。现在——照黑

---

① 《资本论》,《马克思恩格斯全集》第 23 卷,人民出版社中文第 1 版,第 622、625 页。以前我们曾强调从量到质的骤变是每一个单个环节的特征,这一点在我们引用的马克思的话中也得到了反映。量变的环节,当然只是孤立地来看,仍是数量的变化。但它们作为变化的环节,却呈现出了资本经济结构的质的变化。

② 《雇佣劳动与资本》,《马克思恩格斯全集》第 6 卷,人民出版社中文第 1 版,第 490 页。

格尔的话来说——生成表现为存在的真理,过程表现为事物的真理。这就意味着,历史发展的倾向构成比经验事实更高的现实。的确,在资本主义社会中——如同我在别的文章① 中指出过的那样——是过去支配着现在。但这只意味着,不受意识指导的、只是受自己固有盲目动力驱使的对抗性过程的所有表现形式都说明是过去支配现在,是资本支配劳动;因此也就是意味着,坚持以这种直接性为基础的思想陷入了不同阶段的僵化形式之中;此外,这还意味着,这一思想面对确实产生影响的倾向,即在它看来是神秘的力量时,表现得束手无策,和合乎这种思想的行动又决不能驾驭这种力量。这是一幅僵化的现实的图画,这种僵化的现实却又在幽灵似地不停地运动着。一旦这种现实溶化为其推动力是人的过程时,这幅图画就立即变得充满了意义。然而只有从无产阶级立场出发,才能看到这一点。这不仅是因为,在这些倾向中表现出来的过程的意义就是资本主义的消灭,因此对资产阶级来说,意识到这一问题就等于是精神上的自杀。此外,也主要是由于,资产阶级不得不生活在资本主义的物化的现实中,这一现实的"规律"是凌驾于资本的似乎是行动着的化身和代表之上并得到实现的。平均利润率就是这种情况的典型的例子。平均利润率作为没有被人认识和不能认识的力量决定了单个资本家的行动,它与他们的关系充分说明了黑格尔深刻认识了的"理性的狡黠"的结构。事实是这种倾向会不顾这种个人的"狂热",并且通过这种个人的"狂热"而实现。个人的狂热虽然采用了最谨慎、最精确、最有远见的计算的形式,但根本没有改变这种事实,相反却更突出了它的特点。这是因为——由社会存在的阶级规定性所支配的、并因而在主观上是以此为基础的——一切方面都十分完善的理性主义的假象使人越来越清楚地看到,这种理性主义不能把握整个过程体现出来的意义。此外,这种辩证对抗的基本结构也不因下列情况而有所改变,那就是问题涉及的不是一个异常的事件,一场灾难,而

① 参见《历史唯物主义职能的变化》,关于事实和现实,请参见《什么是正统马克思主义?》。

是同一关系的不间断的生产和再生产;那就是正在实现着的倾向的那些环节已经变成了经验的"事实"和马上就作为物化的、孤立的事实而被编进了合理计算的网络。相反的,这些情况反倒只是说明了,这种辩证对抗是怎样全面地支配着资本主义社会的全部现象的。

社会民主党思想的资产阶级化最清楚不过地表现在它对辩证方法的背弃上。从伯恩施坦辩论中就已可清楚地看出。机会主义必须始终以"事实为基础",以便据此或者否定发展的倾向,① 或者把它们贬低为一种主观上、伦理上的应该如此。积累问题辩论中的各种各样的误解,从方法论上来看,也是如出一辙。罗莎·卢森堡是一位真正的辩证论者,她把不可能存在纯粹的资本主义社会看作为一种发展的倾向,即这样一种倾向,在它本身变为"事实"之前很久,就必然会在人们并没有意识到的情况下决定性地影响他们的行动。因此,纯粹资本主义社会中的积累在经济上的不可能性并不表现为,随着对最后一个非资本主义生产者的剥夺,资本主义就"停止"了,而是表现为一些迫使资本家阶级认识到这种形势正在来临(虽然从经验上看还比较遥远)的行动,这些行动就是:狂热地开拓殖民地、争夺原料和市场、帝国主义和世界战争等等。这是因为辩证发展倾向的作用决不是一种在逐步的量的增长中接近其目标的无限进展。社会的发展倾向主要表现在社会结构(阶级的成分,力量的对比等)的不停的**质的变革**中。由于当前的统治阶级力图按照对它来说是唯一可能的方法来控制这种变化,而且在个别情况下看来真的控制住了"事实",于是它就通过盲目的、不自觉的,由它的地位决定了是必然的行动,来加速那些倾向的实现,而这些倾向正意味着它自身的灭亡。

马克思在无数地方从方法论上把"事实"和倾向之间的这一现实差异置于他研究的中心。他的主要著作的方法论的基本思想,即经济对象从事物变回到过程,变回到变化着的具体的人与人的关系,就已是以

① 参见关于中等企业的消失和增长的争论。罗莎·卢森堡:《是社会改良,还是革命?》德文版第11页及以下几页。

这一差异为基础的。但由此进一步得出的结论是,社会经济结构的个别形式在方法论上的优先性、它们在体系(不管是原初的还是派生的)中的地位,决定于它们与可能"变回"这一因素相距多远。因此工业资本就优先于商业资本、金融资本。这种优先权一方面历史地表现为,这些派生的,并不决定生产过程本身的资本形式在发展中只能起一种纯粹否定的、瓦解原初的生产方式的作用,然而这一"解体过程会导向何处,换句话说,什么样的新生产方式代替旧生产方式,这并不取决于商业,而是取决于旧生产方式本身的性质"①。另一方面,从纯方法论的角度还表现为,这些形式的"规律性"只是由经验的"偶然的"供求运动决定的,这些形式并不表达任何普遍的、社会的倾向。马克思在谈到利息时是这样说的:"在这里,竞争并不决定对规律的偏离,而是相反,除了由竞争决定的分割规律外,没有别的分割规律。"② 这一关于现实性的学说把整个发展的正在实现的倾向看作为比经验的事实"更现实"。我们在分析马克思主义的某些问题(如最终目标和运动、进化和革命等等)时,曾强调的那种对立,在这一学说中得到了真正的、具体的和科学的表达。因为现实性问题的提出,首先使人们有可能真正具体地研究"事实"这一概念,即研究它的产生和存在的社会基础。这样一种研究必须遵循什么样的方向,我早已在别的论文中指出过了③,当然在那篇论文中只谈到了"事实"对具体的总体的关系,事实隶属于总体,并在总体中才能变为"现实的"。但是,现在变得十分清楚的是,那种社会发展及其思想反映把(最初处于原始状态的)没有分割的既定现实变成了"事实",从而使自然服从于人成为可能,然而同时它们又必须掩盖这些事实的历史的、社会的特点,即以人与人的关系为基础的本质,以便就

---

① 《资本论》,《马克思恩格斯全集》第25卷,人民出版社中文第1版,第371页。

② 同上书,第399页。这样,市场利息率"和商品的市场价格一样,是作为固定的量出现的。"普遍的利润率在倾向上和它是完全相反的。同上书,第410页。这一点正是和资产阶级思想原则差异之所在。

③ 参见《什么是正统马克思主义?》。

这样制造“鬼怪般的，对他们来说是异己的力量”[1]。这是因为在“事实”中，物化思想的僵化的和排斥过程的倾向比在支配事实的“规律”中表现得更为清楚。如果说，在规律中仍可发现人的行为本身的痕迹，尽管它常常是在物化的、虚假的主观性中表现出来的，那么在“事实”中，已经变成了和人异在的、僵化的、不可能渗透的东西的资本主义发展的本质就以这样一种方式具体化了：这种方式就是把这种异化、这种僵化变为现实性和世界观的最理所当然的、最不容置疑的基础。面对这种“事实”的僵化性，每一次运动似乎都只是一次冲击到它们的运动，每一种要改变它们的倾向似乎都只是一种主观的原则（愿望、价值判断、应该等等）。因此只有当“事实”的这种方法论上的优先权被打破了，当任何一种现象都具有过程的性质这一点被认识了，人们才能懂得，即使是人们习惯称之为“事实”的东西也是由过程组成的。然后人们才能懂得，“事实”也只是整个过程的一部分，是分离出来的、人为地孤立的和僵化了的环节。这样人们也就同时懂得了，为什么当整个过程的过程式本质还是极其纯净，还没有被物化所僵化、所污染的时候，和事实相比，这样的整个的过程就代表着真正的更高级的现实性。当然，这样人们也就同时懂得了，为什么物化了的资产阶级思想必须用这些“事实”构成它在理论上和实践上的最高偶像。在这种僵化的事实中，任何东西都被僵化为“固定的量”[2]，偶然存在的现实性的一种毫无意义的不可变的状态存在在其中。这种僵化的事实使人们在方法论上完全不可能理解这种直接的现实性。

这样一来，物化就在这些形式中被推到了极点：它完全不能辩证地超越自己；它的辩证法只能通过直接生产形式的物化来中介。但这样一来，直接的存在，用反思范畴建立起来的与这一直接存在相应的思想

① 《家庭、私有制和国家的起源》，《马克思恩格斯全集》第 21 卷，人民出版社中文第 1 版，第 198 页。

② 参见马克思对边沁的评论，见《资本论》，《马克思恩格斯全集》第 23 卷，人民出版社中文第 1 版，第 669—670 页。

和活生生的社会现实之间的矛盾就达到了顶点。这是因为,一方面这些形式(如利息)对资本主义思想来说似乎是真正原初的,决定其他生产形式的,对它具有典范作用的形式,另一方面,生产过程中任何一次决定性变化都在实践上揭示了,资本主义经济结构的真正的范畴体系完全是头足倒置的。这样,资产阶级思想就坚持这些作为直接原初形式的形式,并以此为出发点,为自己开辟理解经济的道路,而并不知道,这样一来,它不可能理解自己的社会基础这一点倒是用思想的形式反映了出来。相反的,对无产阶级来说,由于它是从辩证地讲是明确的形式(劳动和资本的直接关系)出发的,并把远离生产过程的那些形式和这些形式联系了起来,把它们放到了辩证的总体之中来认识,因此,它就打开了完全窥透物化形式的道路①。

5

这样,人就变成了一切(社会)事物的尺度,而其范畴和历史的基础则是由经济学的方法论问题建立起来的。这方法论问题就是把拜物教的事物形式转变为发生在人之间的、而且是在人之间的具体关系中具体化的过程,把不可转变的拜物教形式导源于人的关系的原初形式。从范畴上来看,人的世界的结构就表现为动态变化着的关系形式的体系,人和自然,人和人之间的斗争(阶级斗争等等)就以这些关系形式进行着。因此,范畴的结构和等级就意味着人对他在他所处的这些关系中的存在的基础认识到了什么程度,也就是他对自己的认识到了什么程度。这一结构和等级也就是历史的主要对象。历史不再是在人和事物身上发生的难以捉摸的过程,只有用超验力量的介入才能加以说明,或者只有同对历史来讲是超验的价值联系起来才能变得有意义。历史一方面主要是人自身活动的产物(当然迄今为止还是不自觉的),另一

① 人们可以在《资本论》,《马克思恩格斯全集》第25卷,人民出版社中文第1版,第919页及以下几页看到对这一顺序的绝妙阐述。

方面又是一连串的过程,人的活动形式,人对自我(对自然和对其他人)的关系就在这一串过程中发生着彻底的变化。因此,如同前面强调的那样,如果关于社会状态的范畴结构不直接地就是历史的,也就是说,如果经验的历史事件顺序根本就不足以说明和使人理解某种存在的和思维的形式的真正由来,那么尽管如此,或者更确切地说,正因为如此,每一个这样的范畴体系总的来讲是整个社会某一发展阶段的标志。而历史正是在于,任何固定化都会沦为幻想:历史恰恰就是人的具体生存形式不断彻底变化的历史。因此,根据这些形式的经验的历史顺序不可能把握它们的本质,这并不是由于这些形式就像喜欢用孤立的反思规定或孤立的"事实"思考的资产阶级观点所认为或不得不认为的那样,对历史来讲是超验的,而是由于这些形式相互之间既不是由它们在历史上的同时出现,也不是由它们在历史上的相继出现而直接联系在一起的。它们之间的联系更多地是通过它们在总体中的相互地位和作用而形成的,因此,拒绝个别现象"从纯历史角度"就可以解释清楚的说法,也只是为了更自觉地把历史看作一般的科学:如果个别现象的联系变成了范畴问题,那么由于同一个辩证过程,每一个范畴问题就会重新变为历史问题。但是,它正是变为一般历史的问题,这个问题因此现在比在我们开头的论战性论点中还要更清楚地表现为同时是方法论的问题和对现在的认识问题。

只有从这样一种立场出发,历史才真正地变为人的历史。这是因为在历史中再也不会有任何最终不能回溯到人,回溯到人与人的关系的东西。这一转变是费尔巴哈赋予哲学的。他因此对历史唯物主义的形成起了一种十分重要的作用。他使哲学变成了"人类学"("Anthropologie"),然而这一转变却把人推向了固定不变的客观性这一边。任何一种"人道主义"("Humanismus")或人类学立场的巨大危险也就在于此①。因为,如果人被当作一切事物的尺度,如果根据这种立场,任何

① 现代实用主义就是一个范例。

一种超越都应该被消除，而同时却可以不用同一种立场来衡量人，不把这"尺度"用于自身，或者确切地说，不是使人也变成辩证的，那么这样绝对化了的人就会代替本该由人来加以阐明、取消和从方法论上加以取代的那些超验的力量。这样一来，至多是独断的形而上学被一种同样独断的相对主义所取代。

这种独断主义是这样产生的，即必然要有一种同样没有被辩证理解的客观现实来适应没有被辩证理解的人。相对主义因此是在一个本质上静止的世界中打转。由于这种相对主义不可能意识到世界的这种不运动性和自身立场的僵化，它就不可避免地要退回到那样一些思想家的独断主义立场上去，那些思想家同样想从自己并不了解的、并没有意识到的，和不加批判地加以接受的条件出发来解释世界。这是因为，在一个最终是静止的世界里(尽管它的不运动由像"相同物的无穷复归"，或者像生物学的和形态学的生长发育阶段的"有规律的"更迭这类虚假运动所掩盖)使关于个体或类等等的真理相对化，是一回事，而在一个具体的、独特的历史过程中揭示出各种"真理"的具体的历史的作用和意义则完全是另一回事。只有第一种情况才可以说是真正意义上的相对主义。但这样一来，它就不可避免地要变成独断主义。这就是说，只有当一般地假定存在着一个"绝对"的时候，谈论相对主义才有逻辑上的意义。像尼采和施本格勒这类"勇敢的思想家"的弱点和不彻底性就在于，他们的相对主义只是表面上把绝对从世界上清除了出去。从逻辑学和方法论的角度来看，虚假的运动在这些体系中停下来的地方刚好就是绝对"在这些体系中开始的地方"。绝对无非就是思想的僵化，就是把思想神秘地、绝对地变得没有能力把现实具体地把握为历史过程。相对主义者只是表面上把世界看成是运动的，这样一来，他们也只是表面上把绝对从他们的体系中清除了出去。任何一种"生物学的"或别的什么相对主义都把它们制定的"界限"变成为一种"永恒的"界限，正就是由于它们是这样来理解相对主义的，所以它们就把"绝对"、把思想的"无时间性"原则不自觉地重新引进了它们的体系。而只要

(尽管是不自觉的)还同时想到体系中的绝对,那么绝对在逻辑上较之那些相对化的企图就始终是更强大的原则。这是因为它代表的是在非辩证的土地上,在僵化的事物的存在世界上,在僵化的概念的逻辑世界上,可以达到的最高思想原则。因此在这一点上,苏格拉底反对诡辩学家,逻辑主义和价值学说反对实用主义和相对主义等等,从逻辑学和方法论的角度来看就必然是对的。

这是因为这些相对主义者所做的无非是把当代人的社会地、历史地既定的世界观的界限僵化为生物学的、实用主义的以及诸如此类的“永恒的”界限。他们对理性主义和宗教表示怀疑,但这样一来,他们自己无非也就是这种理性主义和宗教的一种用怀疑和绝望的形式表现出来的衰败现象。因此,从历史的角度来看,他们有时倒是下面这种情况的并非不重要的象征,即那种产生出他们所“反对”的理性主义等等的社会存在已经变得内在地有问题的了。但是这些相对主义者也只是作为这种象征才有意义。而真正的精神价值则始终是由他们所反对的文化,勇气犹存的阶级的文化所代表的。

只有历史的辩证法才造成了一种全新的情况。这不仅是由于在历史的辩证法中,界限本身就是相对的,或者说得更确切些,是在变动之中的;这不仅是由于所有那些存在的形式(它们的抽象的对应物是各种形式的绝对)都变成了过程,和被把握为具体的历史的现象,以至于绝对不是被抽象地否定,而是被把握为具有具体的历史的形态,被把握为过程本身的环节;而且更是由于历史的过程是独一无二的,是辩证地前进的,是辩证地后退的,因此它就是不断地争取达到真理的更高阶段,就是不断地争取达到人的(社会的)自我认识的更高阶段。黑格尔关于真理的“相对化”甚至认为较高级的环节始终是体系中较低级环节的真理。而这些较低级阶段的真理的“客观性”也并没有因此而被摧毁,由于它被纳入了一种更具体、更全面的总体之中,它就获得了一种不同的意义。由于马克思把辩证法变成了历史过程本身的本质,因此这种思想运动同样也只是表现为整个历史运动的一部分。历史成了构成人的环境世界和内心世界，人力图从思想上、实践上和艺术上等等方面加以控制的各种对象性形式的历史。（而相对主义却始终是在研究僵化不变的对象性形式。）在人类社会史前史的阶段，即阶级斗争的阶段，真理的作用只是根据控制环境世界和斗争的要求，确定对本质上还没有被把握的世界可能采取的各种立场，因此，真理只能具有一种与各个阶级的立场及其相应的对象性形式有关的"客观性"。只有当人类清楚地洞见了自身的生存基础，并据此对这种基础加以改造的时候，真理才会具有一种全新的面貌。一旦理论和实践达到了统一，一旦现实有了改变的可能，绝对和它的"相对的"对立面就完成了它们的历史使命。这是因为随着对这种生存基础的实际洞见和真正的彻底改造，绝对和相对曾经以相同的方式表现过的那种现实也就一起消失了。

随着无产阶级开始意识到自己的阶级立场，这一过程也就开始了。因此把辩证唯物主义称作"相对主义"是极其令人误解的。这是因为表面上相同的出发点，即人是一切事物的尺度，对于辩证唯物主义和相对主义来说恰恰在质上是有所不同的，甚至是完全对立的。而费尔巴哈所开始的"唯物主义人类学"也只是一个开端，而且是本身容许向各种不同方向发展的开端。现在马克思把费尔巴哈的转变彻底进行到底。在这一点上，他强烈地反对黑格尔："黑格尔把人变为自我意识的人，而不是把自我意识变成人的自我意识，变成现实的人即生活在现实的实物世界中并受这个世界制约的人的自我意识。"① 但同时，而且是在他受到费尔巴哈十分强烈影响的时期，他就是历史地和辩证地看待人的。这两者都可以从双重意义上来理解：第一，他从未一般地谈到过人，谈到过抽象地绝对化的人，而是始终把人看作是具体的总体、即社会的一个环节。必须从人出发来解释社会，然而只有当人本身被纳入到这一具体的总体，被提高为是真正的具体的时候，才能这样做。第二，人本身作为历史辩证法的客观基础，作为历史辩证法的基础的同一的主体

① 《神圣家族》，《马克思恩格斯全集》第2卷，人民出版社中文第1版，第245页。

—客体,是以决定性的方式参与辩证过程的。把辩证法开始的那组抽象的范畴运用在他身上,就是说:他既存在又不存在。马克思在《黑格尔法哲学批判》中认为,宗教"把人的本质变成了幻想的现实性,因为人的本质没有真实的现实性。"① 由于这个不存在的人被宣布为一切事物的尺度和历史的真正的创造者,他的不存在就必须马上变成对现在的批判认识的具体的和历史辩证的形式,在这种认识形式中人必然会被宣告是不存在的。因此,对人的存在的否定就具体化为对资产阶级社会的认识,而同时就像我们已经看到的那样,资产阶级社会的辩证法,它的抽象的反思范畴的矛盾在用人来衡量时就表现得很清楚了,马克思在我们上面引述的批判黑格尔意识学说的话后,接着就提纲挈领地指出:"应该表明,国家、私有财产等怎样把人化为抽象,或者它们怎样成为抽象的人的产物,而不成为单个的、具体的人的现实。"这个关于人的抽象不存在的观点在马克思成熟时期还是他的基本观点,《政治经济学批判》序言中大家熟悉的和经常引用的那些话表明了这一点,在那里,资产阶级社会被描述成是"人类社会史前史"的最后一种表现形式。

马克思的"人道主义"正是在这一点上和一切乍看起来是相似的学说有着最严格的区别。这是因为其他人常常也认识到和谈到了资本主义的反人性的东西,它压制和摧残一切人性的本质。这里,我只想指出卡莱尔的《过去和现在》。青年恩格斯谈到它的那些描述性部分时不但表示赞同,有时甚至还很激动。但是,如果一方面把在资产阶级社会中人的存在的不可能性当作纯粹的(或无时间性的)事实,另一方面又用存在的人(不管是在过去、在将来,或者是作为一种应该)直接地,或者(结果是一样的)通过形而上学和神话的中介间接地与人的这一不存在相对抗,那么这只能导致含混不清地提出问题,而决不能指出一条解决问题的途径。而只有把这两个因素就像它们在资本主义的实际发展过程中表现出来的那样,不可分地辩证地联系在一起,也就是说,只有在

① 《黑格尔法哲学批判》导言,《马克思恩格斯全集》第1卷,人民出版社中文第1版,第452—453页,引文中的着重号是卢卡奇加的。

把辩证的范畴正确地应用于作为事物的尺度的人身上这种做法,同时就是对资产阶级社会经济结构的全面描述,就是对现在的正确认识时,我们才能找到解决的途径。否则的话,个别部分可能是非常切中要害的描述将必然要陷入经验主义和乌托邦,唯意志论和宿命论的矛盾之中。这种描述一方面至多只是停留在原始材料上,另一方面只是用相反的,因此纯粹是主观臆断的要求来对抗历史的发展及其内在的进程。

这毫无例外地是所有那些自觉地从人出发,力求在理论上解决人的存在问题,在实践上把人从这些问题中解脱出来的体系的命运。在福音书基督教类型的尝试中,可以看到这种双重性。经验的现实在其(社会的)存在和存在方式(Dasein und Sosein)中没有被触动。无论这是采取“把恺撒的东西还给恺撒”的形式,采取路德美化现存事物的形式,还是采取托尔斯泰(L. N. Tolstoi)的“对恶不抵抗”的形式,其结果都是一样的。这是因为从这种立场出发,只要能使人的经验的(社会的)存在和存在方式看起来是不可消除的,无论是通过强调感情力量,还是通过强调形而上学的和宗教的观点做到它,都是无关紧要的。重要的是,这种存在的直接的表现形式作为人不能触动的东西被确定下来,而且这种不能触动被表述为道德律令。和这种存在学说相对立的乌托邦观点不仅在于相信这种经验的现实将由上帝来消除,这种乌托邦观点就存在在启示录中,但有时,例如在托尔斯泰那儿,又可能没有这种启示录,但这种观点并没有使事情的本质发生根本的变化。还有一种乌托邦观点认为人是“圣人”,他应该在内心控制用上述方式不能消除的外部现实。只要这类观点保持其原初的僵化不变,那么它们作为人类问题的“人道主义”解决本身就自我取消了:因为它们不得不否认大多数人的存在,并把他们排除出“解脱”的范围,而正是在这种“解脱”中,人的生命才获得了在经验中不可能获得的意义的,正是在这种“解脱”中,人才真正成为人的。这类观点就是这样(用改变旗号、改变价值标准、颠倒阶级结构等手法),用形而上学和宗教的观点,在彼岸,在永恒的世界中,重新制造了阶级社会的非人性。对某个修士会从“圣徒”团发展成为一支站在统治阶级一边的经济政治力量所作的最基本的历史考察说明,这些乌托邦要求的每一次放宽都意味着是对当时社会现实的适应。

但是,即使连这种观点的“革命的”乌托邦也不能克服非辩证“人道主义”的这种内在的局限性。即使连再洗礼派和类似的教派也还保存着这种两重性。它们一方面对已发现的人的经验存在的客观结构不加触动(如消费共产主义),另一方面,它们又期待着依靠人的内心觉醒而达到他们要求的现实的变化。在它们看来,人的内心是独立于他的具体的、历史的存在的,是自古以来就已存在着的,神的超验的介入有可能使其觉醒。因此,它们也是从其结构是不变的经验世界,是从一个存在着的人出发的。很清楚,这是由它们的历史环境决定的,但这并不属于本文要论述的范围。之所以要特别提到它们,则是由于正是这些教派的这种革命虔诚决非偶然地为最纯粹形式的资本主义(如英国、美国)提供了意识形态。而这又是因为把纯而又纯的以至于变得极其抽象的、摆脱了一切“血肉之躯”的内在性和一种超验的历史哲学联系在一起,实际上是符合资本主义意识形态的基本结构的。是的,我们可以说,同样是革命的加尔文教派把证实自己是虔诚的伦理学(内心世界的禁欲主义)和认为推动世界运动的、规定人的命运的内容的客观力量完全是超验的这一点(Deus absconditus 和先定学说)结合在一起,这种结合意味着是把资产阶级物化意识的自在之物结构① 神话化了,并使之更加精炼了。在主动革命的教派那儿,像托马斯·闵采尔那种自发主动性初看起来还能掩盖经验和空想之间确已存在的不可克服的二重性和

① 参阅马克斯·韦伯《宗教社会学》德文版第1卷中的论文。人们是否同意他的因果说对如何评价他的事实材料完全是无关紧要的。关于资本主义和加尔文主义的关系也可参阅恩格斯在《论历史唯物主义》中发表的看法,见《新时代》(Neue Zeit)Ⅺ,Ⅰ,43(《马克思恩格斯全集》第22卷,人民出版社中文第1版,第349页——译注)。存在和伦理的这种结构也存在在康德的体系中,例如可参阅《实践理性批判》中的章节(德文版第120页)。这一节完全是用富兰克林的加尔文主义的修身伦理学的精神写成的。再作更深入的类似的分析就离题太远了。

没有融合为一体的那种混杂。但是,如果我们更仔细地观察一下和根据实际结果更深入地研究一下学说的宗教的和空想主义的基础对闵采尔的行动所产生的具体作用,那么我们就可以看到在他们的理论和实践之间存在同样的"黑黑的、空荡荡的空间",同样的"非理性的裂缝"("hiatus irrationalis"),而只要主观的,因此是不辩证的空想向历史的现实直接提出要求,而目的则是要影响和改变历史的现实,那么就会有这样的"空间"和"裂缝"。然而客观上革命的实际行动看来又是完全摆脱了宗教乌托邦的影响:宗教乌托邦既不能真正指导实际行动,也不能为它们提供具体的目标或实现目标的具体手段。因此,当恩斯特·布洛赫[①] 认为在宗教和社会经济革命的这种结合中可以找到一条深化"纯经济的"历史唯物主义的道路时,他就是忽视了这种深化恰恰没有顾及到历史唯物主义的真正的深刻之处。当布洛赫把经济看作是客观的事物,而灵魂的、内在的等等东西必然与之相对立时,他就是忽视了恰恰是真正的社会革命才能变革人的具体而现实的生活,他就是忽视了人们习惯上称之为经济学的东西无非就是关于这种现实生活的对象性形式的体系。革命的教派必然会忽视这个问题,这是因为它们的历史环境决定了,对它们来讲,生活的这种变革,甚至连提出变革这样的问题本身,客观上都是不可能的。但决不能抓住它们的这种弱点,它们的这种不能找到变革现实的阿基米德支点的无能,它们的这种把支点时而定得太高、时而定得太低的困境,并在这些东西中发现某种深刻性。

个体决不能成为事物的尺度,这是因为个体面对的是必定作为僵化事物的集合体的客观现实。个体发现这些事物是已经存在的、一成不变的。面对这样的事物,个体只能作出承认或者拒绝的主观判断。只有阶级(而不是"类",类只是按照直观的精神塑造出来的神秘化的个体)才能和现实的总体发生关系并起到实际上的改造作用。而阶级也只有当它能在既定世界的物化的对象性中看到一个过程,而这个过程

---

① 《托马斯·闵采尔》德文版,第73页及以下几页。

同时就是它自己的命运时,才能做到这一点。对个体来讲,物化和决定论(决定论就是认为事物必然是互相联系的思想)都是不可消除的。任何一种想从这些前提出发而达到"自由"的尝试必然都是要失败的,这是因为纯粹的"内在的自由"是以外部世界的不变为前提的。因此,自我分裂为应该和存在,分裂为概念的自我和经验的自我本身并不能使单个的主体发生辩证的变化。外部世界的问题,和同它联系在一起的外部世界(即事物)的结构是用经验的自我这样一个范畴来指代的。(从心理学和生理学的角度来看)事物决定论的法则既适用于经验的自我,又适用于狭义的外部世界。概念的自我成为超验的观念(不论这一观念是被解释为形而上学的存在,还是被解释为应该),其本质就是从一开始就排除了和自我的经验部分的辩证的相互关系,因此也就排除了概念的自我在经验的自我身上认识自己。这样一种观念对对应于它的经验现实的作用,和本文以前在谈到应该和存在的关系时指出的一样,只是一个谜而已。

但是上述论断同时也使我们完全明白了,为什么任何一种这样的观点都会变成神秘主义,变为概念神话学。这是因为神话学总是在这样的情况下出现的,即运动(不论这是在经验现实本身之中的运动,还是一种为了把握整体的间接中介的思想运动)的两个终端或至少是两个阶段应该被看作是运动的终端,而又似乎不能找到这两个终端和运动本身之间的具体的中介。而这种不可能几乎总是同时表现为运动与被推动者之间,运动与推动者之间,以及推动者与被推动者之间似乎存在着不可逾越的界限。但是神话学必然采取那种正因为无法解答才得以产生出来的问题的结构。这一看法再次证实了费尔巴哈的"人类学"批判的价值。于是就出现了那种乍看起来是荒唐的情况:这一神话化的、设想出来的世界似乎比直接的现实更接近于意识。然而如果考虑到为了真正把握直接的现实就必须解答问题,就必须抛弃直接性立场,那么荒唐也就消失了。而神话学无非是在问题本身无法解答的情况下,再现了人对此的幻想而已;因此也就是在更高级的水平上重新建立了直接性。这样一来，迈斯特·爱克哈特所说的灵魂为了找到神灵而必须到上帝那一边去寻找的那片沙漠，对于孤立的个体的灵魂来说，就比它在人类社会的具体总体中的具体存在本身还要更接近，在这种生活背景下，它对人类社会甚至连大致的轮廓也必然是无法看清的。这样一来，对于物化的人来说，强大有力的因果决定论就要比那些能使他超越社会存在的物化的直接立场的中介更容易理解。但是，把单个的人作为一切事物的尺度就必然会陷入到这种神话学的迷宫之中。

但是，从个体的立场来看，"非决定论"当然并不意味着是对这种困难的克服。现代实用主义者的非决定论最初无非是要获得物化规律的交叉矛盾和非理性化能够提供给资本主义社会的个人的那个"自由"的活动余地。它最后会变为一种直觉神秘主义，使对外部物化世界采取的宿命论观点一成不变地存在下去。雅可比(Jacobi)用"人性"反对康德和费希特的"规律"的统治，他要求"规律为人而存在，而不是人为规律而存在"，也无非只是以非理性的精神美化那同一个经验的、仅仅是真实的现实，并以此来代替康德以理性的名义对现状的不加触动。①

但是，当这样一种基本观点是有意识地以改造社会为目标的时候，就会产生更糟糕的情况，那就是这种基本观点为了能够用它的某种表现形式来指出肯定的方面，即存在着的人，由于不能发现这个带有其直接否定性的人乃是一种辩证的因素，将不得不歪曲社会现实。这一方面最典型的例子是拉萨尔在《巴斯蒂特—舒尔策》中说的那段名言："不存在通过社会途径找到摆脱这种社会地位的出路。英国罢工就是想作为人那样行动的事物的徒劳努力，它们的可悲结局是大家都知道得够多的了。因此，工人的唯一出路只有在那个他们还被看作为人的领域里，即在国家里才能找到，当然，这个国家要愿意把这从长远来看是不

① 《黑格尔全集》德文版，第3卷，第37—38页。不过只是对社会的自然形式的一种——不怎么重要的——怀念情绪的回响。参见黑格尔在《信仰和知识》(《黑格尔全集》德文版，第1卷第105页及以下)中所作的方法论上正确的否定批评。当然，黑格尔批评的肯定结论也等于是否定。

可避免的事情当作它的任务。因此,自由资产阶级本能地,而且无限地憎恨任何一种形式的国家概念。”① 在这里,重要的不是指出拉萨尔观点的内容的和历史的错误,而是必须从方法论上指出,首先,把经济和国家抽象地、绝对地分离开来,顽固地、错误地把人当作物放在一边,当作人放在另一边,就会使一种坚持直接经验事实的宿命论建立起来(大家可以想一想拉萨尔“铁的工资规律”)。其次,就会使脱离了资本主义经济发展的国家“观念”获得一种完全空想的、和国家的具体本质完全对立的作用。而这样一来,也就从方法论上把任何一种以改变这种现实为目标的行动道路都堵死了。机械地使政治和经济相分离已经使任何一种真正有效的,以整个社会为目标的行动成为不可能,而这整个社会是以这两种因素的不断的、相互制约的作用为基础的。为此,经济宿命论就将禁止在经济领域采取任何深刻的行动,而国家空想主义却使人期待出现奇迹和实行一种离奇而虚幻的政策。

辩证实践的统一体分裂为经验主义和空想主义,分裂为坚持(其直接性没有被消除的)“事实”和空洞的、与现实、与历史相对立的幻想,它们混杂在一起,成为一种并列的无机混合物。这种分裂日益反映出社会民主党的发展特征。这里,我们只想依据对物化的系统分析,来谈一谈这一发展的特征,以便简要地指出,在社会民主党的这种做法中,隐藏着对资产阶级的全面投降,尽管它们口头上还装作是十分“社会主义的”。因为把社会存在的各个领域相分离地平列起来,和把人相应地严格地分割开来,这是符合资产阶级的阶级利益的。特别是在关于国家具有的“人的”职能方面出现了经济宿命论和“合道德的”空想主义的二

① 《拉萨尔著作集》,卡西尔出版社,第275—276页。拉萨尔用吹捧建立在自然法则基础上的国家观念,使自己站在了资产阶级这一边,这一点我们不仅可以从某些自然法学说的发展中看出来。这些自然法学说正是根据“自由”和“人的尊严”的观念推论出无产阶级任何有组织运动都是非法的(例如可参见马克斯·韦伯《经济和社会》德文版第497页关于美国自然法的论述)。历史法学派的卑鄙奠基人C.胡果,虽然是为了证明和拉萨尔相反的观点,但也建立了一个类似的思想结构,认为有些权力可以使人成为商品,然而在别的领域内他又不放弃他的“人的尊严”。见《自然法》德文版第114页。

元论(这种二元论使用的术语虽然有所不同,但就其本质而言,却是社会民主党立场的基础)。这种二元论的出现意味着,无产阶级使自己站到了资产阶级观点这一边,而这样一来,资产阶级也就自然而然地保持了自己的优势。① 无产阶级从它登上历史舞台起就不断面临着的危险就是,它和资产阶级一起陷入了存在的直接性之中。随着社会民主党的出现,这种危险又获得了一种政治组织形式,这种政治组织形式人为地消除已十分艰难地获得了的中介,以便把无产阶级引回到它的直接存在中去,在这种存在中,它只是资本主义社会的一个因素,而不同时又是资本主义社会的自我解体和灭亡的动力。无产阶级现在或者是听天由命地屈从这些"规律"(生产的自然规律),或者是"从道德上"把这些"规律"接收到自己的意志中去(国家是观念,是文化价值)。毫无疑问,这些规律反正会以其对物化意识说来不可理解的客观辩证法促使资本主义走向灭亡,但是,只要资本主义还存在,这样一种社会观点就是符合资产阶级基本的阶级利益的。在统一的和辩证的总体关系还没有被揭示出来的时候,这种直接存在固有的部分关系的揭示(不管在这种抽象的反思形式后面可能存在着什么样无法解决的问题)使资产阶级获得了实际的优势。因此,在这种基础之上的社会民主党从一开始起就必然一直处于弱势。这不仅是因为社会民主党自动放弃了无产阶级的历史使命,即指出一条摆脱资产阶级无法解决的资本主义问题的出路来;这不仅是因为社会民主党宿命论地看着资本主义的"规律"是怎样促使资本主义走向深渊的;而且也是因为它在任何一个问题上都必然注定要遭到失败。资产阶级无疑占有政权、知识、教育和经验等等的优势,而且只要它还是统治的阶级,它就将继续占有这些优势。面对资产阶级的这些优势,无产阶级唯一的武器,它的唯一有效的优势就是:它有能力把整个社会看作是具体的、历史的总体;有能力把物化形式把握为人与人之间的过程;有能力积极地意识到发展的内在意义,并

① 参见我的论文《阶级意识》。

将其付诸实践,而在抽象的存在形式的矛盾之中,这种意义只是以消极的面目出现的。社会民主党的意识形态使无产阶级完全陷入了我们已深入地分析过的物化的矛盾之中。如果这种意识形态开始越来越有力地强调"人"作为价值、作为观念、作为应该等等的原则,当然同时还越来越深刻地"认识"到实际的经济过程的必要性和合乎规律性,那么这无非是标志着它已陷入到资产阶级物化的直接性中而已。因为正是这种把自然规律和应该直接地平列,是资产阶级社会的直接社会存在的最彻底的思想表述。

6

因此,如果对于每一个生活在资本主义社会中的人来说,物化是必然的直接的现实的话,那么它的克服也只能采用这样的形式:不断地、一再地努力通过与具体表现出的全部发展的矛盾具体联系起来,通过认识到这些矛盾对于全部发展所具有的固有意义,从实践上打破存在的物化结构。但是必须坚持如下几点。

第一,这种打破只有作为对过程固有矛盾本身的认识才有可能。只有当无产阶级的意识能够指出发展的辩证法客观上要求采取,然而它自己又无力采取的步骤时,无产阶级的意识才能成长为过程本身的意识,无产阶级才能成为历史的同一的主体—客体,它的实践才能改造现实。如果无产阶级不能采取这一步骤,那么矛盾不但得不到解决,而且会在更高的层次上,用不同的形态,更加强烈地由发展的辩证动力再生产出来。这就是发展过程的客观必然性。因此无产阶级的行动始终只能是具体地、实践地实行发展的下一个步骤。① 这下一个步骤是决

① 马克思主义的这个方面指出了认识它的实践核心的道路,列宁的功绩就是重新发现了它。列宁一再提醒要竭尽全力抓住发展锁链中那个在特定时刻决定总体命运的"下一个环节",他摒弃一切空想的要求,换句话说,他的"相对主义",他的"现实政治",这一切无非是他实际实现了青年马克思的《关于费尔巴哈的提纲》。

定性的，还是“插曲性”的，则取决于具体的情况，但是我们在这儿讨论的是对结构的认识问题，这一点并没有什么特别的意义，因为我们谈的是这种打破的不断过程。

第二，与此不可分的一点是，与总体的关系不必表现为总体的全部丰富内容全都被有意识地包括在行动的动机和目的之内。重要的是要以总体为目标，也就是行动要实现自己在作为总体的过程中的、我们在上面已经描述过的作用。当然，随着社会不断的资本主义社会化，越来越有可能，从而有必要把个别事件也从内容上纳入到内容的总体中去。① （今天，世界经济和世界政治已经是比马克思时代更直接得多的存在形式。）然而这和下面这一点丝毫不矛盾：行动的决定性因素可以是表面上无关紧要的东西。在这儿，正是这一点实际上起了作用，那就是在辩证的总体中，个别因素自在地具有整体的结构。如果这一点在理论上表现为，例如，从商品结构出发可以认识整个资本主义社会的话，那么同样的结构原则在实际上就表现为：整个发展的命运可以取决于在一件似乎无关紧要的事情中的决定。

第三，在判定一个步骤正确与否时，主要看它在整个发展中的作用正确与否。无产阶级思想作为实践的思想是极其讲究实际的（pragmatistisch）（The proof of the pudding is in the eating）（“亲口吃一吃，才知布丁味。”）恩格斯这样说。他就这样通俗易懂地指出了马克思《关于费尔巴哈的提纲》第二条的实质，这第二条是这样说的“人的思维是否具有客观的真理性，这并不是一个理论的问题，而是一个**实践的**问题。人应该在实践中证明自己思维的真理性，即自己思维的现实性和力量，亦即自己思维的此岸性。关于离开实践的思维是否现实的争论，是一个纯粹

① 总体是一个范畴问题，而且是一个革命行动的问题，现在是不言而喻的了。因此，同样不言而喻的是，对一种始终以直观的方式在内容上研究“全部问题”（当然这在实际上是不可能做到的）的方法，我们从方法论上已经不能把它看作是总体的研究方法。这主要指的是社会民主党的历史观，它的“材料丰富”始终是以放弃社会行动为目标的。

经院哲学的问题。"然而,这个布丁就是无产阶级组成为阶级:它的阶级意识在实践上变为现实。这样一来,关于无产阶级是历史过程的同一的主体—客体,即历史过程中第一个能够(客观地)充分认识社会的主体的观点,就获得了更具体的形式。原来表现出发展力量的对抗性质的矛盾要得到客观的、社会的解决,只有当这种解决是无产阶级意识实际上达到的新的阶段时,在实践上才是可能的。① 因此,行动功能的正确与否最终要由无产阶级阶级意识的发展来决定。

第四,这种意识突出的实践的本质就表现为,相应的正确的意识就意味着它的对象的改变,而且首先是,它自身的改变。我们在本文第二部分讨论过康德对上帝存在的本体论证明,对存在和思维问题的态度,并提到了他的前后颇为一贯的看法,即如果存在是一个真正的宾词,那么"我就不能说:正是我的概念的对象是存在的。"对康德来讲,否定这一点是十分自然的。但是,如果我们看到,从无产阶级观点来看,事物的经验既定的现实溶化为过程和倾向,认识过程并不是揭去掩盖这一过程的面纱的一次性行动,而是僵化、矛盾和运动的不断更替,因而无产阶级代表真正的现实,即正在被意识到的发展倾向,那么,我们就必须同时承认,康德这一听起来荒谬的命题就准确地描述了由于无产阶级每一次作用上正确的行动而实际上要出现的东西。

只有这种认识才能使我们看清意识的物化结构及其思想形式,即自在之物问题的最后残余。连弗里德里希·恩格斯有一次也以容易引起误解的方式谈到过这一点。他在描述把马克思和他同黑格尔学派区分开来的对立时,曾这样说过:"我们重新唯物地把我们头脑中的概念看做现实事物的反映,而不是把现实事物看做绝对概念的某一阶段的反映。"② 但是,这里出现了一个问题,恩格斯不但提出了这个问题,而且就在下一页上完全按我们的意思回答了,他说道:"我们认为世界不

① 参见我的论文《组织问题的方法论问题》。

② 《费尔巴哈和德国古典哲学的终结》,《马克思恩格斯全集》第21卷,人民出版社中文第1版,第337页。

是一成不变的事物的集合体，而是过程的集合体。”但是，既然没有事物，思维“反映”什么呢？在这里，哪怕是很概略地谈一下反映论的历史也是不可能的，虽然看来只有这种理论的历史才能揭示这个问题的全部含义。因为“反映”论使对于物化的意识来说是不可克服的思维和存在、意识和现实的二重性在理论上具体化了。而从这一观点来看，承认事物是概念的反映，还是承认概念是事物的反映，其结果都是一样的，因为在这两种情况下，这种二重性都被从逻辑上不可克服地固定下来了。康德为从逻辑上克服这种二重性所作的巨大而又一贯的努力、他关于意识在创建理论范畴时的综合作用的理论，并未能从哲学上解决问题，这是因为二重性只是被从逻辑学中赶出去了，但却以现象和自在之物的二重性形式被永恒化为一个不能解决的哲学问题。从哲学意义上来讲，康德的这种解决办法很难被看作是一种解决办法，这从康德学说的命运就可以看出来了。当然，把康德的认识论说成是怀疑论和不可知论，乃是一种误解。然而这种误解的根子却正在于康德学说本身，一般地讲并不直接地在于逻辑学，但确实在于逻辑学对形而上学，思维对存在的关系。在这里，我们必须懂得，每一种直观的态度，因此也就是每一种“纯思维”，由于必须把认识对立于它的客体作为自己的任务，同时也就提出了主观和客观的问题。思维的对象（作为对立物）被变成为某种与主体异在的东西，并因此提出了这样的问题：思维是否与对象相一致？越是“单纯地”强调思维的认识特征，思维变得越是“批判的”，那么思维的“主观”形式和（存在着的）对象的客观性之间的鸿沟也就越大，也就越是不可克服。这时也就会像康德那样，把思维的对象看作是由思维形式“产生”出来的。但这样一来，存在的问题并没有得到解决，康德把这个问题从认识论中排除出去，于是对他来说就形成了这样一种哲学情况：他所思维的对象也必须和某种“现实”相一致。但是这种现实作为自在之物是被置于“批判”精神可认识的范围之外的。对于这一种现实（对康德来讲，就像他的伦理学证明了的，也是真正的、形而上学的现实），他的态度仍旧是怀疑论和不可知论，尽管他为认识论的客观性、为思维固有的真理学说找到的答案是多么远离怀疑论。

因此，康德之后就出现了各种不同流派的不可知论，就不是偶然的了(我们只要想一想迈蒙和叔本华)。但正又是康德开始把和他的综合"产生"(Erzeugung)原则严重对立的那个原则，即柏拉图的理念学说(Ideenlehre)重又引进到了哲学之中。这是因为这一学说竭力要拯救思维的客观性，拯救思维与对象的一致，而又不必在对象的经验的、物质的存在的身上，找到衡量这种一致的尺度。因此，很清楚，理念学说的任何符合逻辑的发展都必然要指出这样一条原则：它一方面把思维和理念世界的对象联系起来，另一方面又把理念世界的对象和经验存在的对象联系起来(如回忆、知性的直觉等)。但是这样一来，思维理论就超出了思维本身的界限；它成了灵魂说，成了形而上学，成了历史哲学。于是出现的不是答案，而是问题的双重化和三重化。而问题本身仍没有得到解决。这是因为正是认识到根本不同种类的对象形式之间的一致(即"反映"关系)原则上是不可能的，是促使提出任何类似于柏拉图理念学说的观点的原因，任何这种观点都是要企图证明同一个最后的本质既构成思维对象的核心，又构成思维本身的核心。黑格尔从这一观点出发，正确地指出了回忆说的哲学主题，他说人的基本关系在回忆说中被神话化了："真理就在人身上，只是要意识到这一点"①。但是思维和存在的这种最终实质上的同一性怎样才能得到证明呢？尤其是在它们像对纯直观观点所必然表现出的那样已被认为是有着根本区别的时候呢？这时又要求助于形而上学，以便无论如何也要通过公开的或隐蔽的神话学的中介而把思维和存在统一起来，思维和存在的分离不仅构成了"纯"思维的出发点，而且无论是自愿地，还是不自愿地始终被它坚持着。在神话被翻了个个，和思维必须根据经验的物质的存在来加以解释时，这种情况也没有任何改变。李凯尔特有一次把唯物主义称作是颠倒过来的柏拉图主义，他的说法是对的。因为只要思维和存

① 《黑格尔全集》德文版，第11卷，第160页。

在还保持着它们古老的固定不变的对立的话,只要它们在它们自己的结构中及在相互关系的结构中仍保持不变,那么认为思维是头脑的产物和因此是和经验的对象相一致的观点就同回忆说和理念世界一样,都是一种神话。之所以是一种神话,是因为它同样不可能根据这一原则来解释这时出现的特殊问题。它被迫让这些问题得不到解决,或者用"老"办法来解决它们,把神话只是当作解答未经分析的全部复杂情况的原则。[①] 但是,要想通过一种无限进展来排除这一区别同样是不可能的,这一点从本文迄今的分析中已经可以看得很清楚了。因为那样所能得到的不是一种虚假的解决,就是反映论的改头换面的重新出现而已。[②]

正是由于历史的思维觉察到了思维和存在的同一,即二者直接地(但仅仅是直接地)具有一种固定的物化结构,非辩证的思维就不得不面临着这个不可解决的问题。思维和(经验的)存在的固定不变的对立一方面造成了它们相互之间不能处在一种反映的关系之中,但另一方面又造成了正确思维的标准只能到反映中去寻找。只要人采取直观的态度,那么他对他自己的思维以及对他周围的经验对象的关系就只能是直接的关系。他把它们当作是由历史的现实已经造就了的东西。由于他只想认识世界,而并不想改造世界,因此他不得不认为经验的物质的存在的一成不变和逻辑的概念的一成不变是必然的,而他的神话式的分析也并不是想要说明这两种基本情况的固定不变是在怎样的具体

---

① 对资产阶级唯物主义的形而上学意义的否定丝毫也不影响对它的历史意义的评价;资产阶级唯物主义是资产阶级革命的意识形态形式,只要资产阶级革命(它也是无产阶级革命的环节)还是有现实意义的,作为这样一种意识形态形式的资产阶级唯物主义就实际上还是有现实意义的。参见我在柏林《红旗》杂志上发表的《论摩莱萧特》、《论费尔巴哈》和《论无神论》等论文,特别是关于列宁的长文《在马克思主义旗帜下》,载《共产国际》1922年第21期(指列宁的《论战斗唯物主义的意义》一文,《列宁全集》中文第2版第43卷第23—32页。——译者注)。

② 拉斯克十分合逻辑地把榜样和模仿(Vorbildlich und Nachbildlich)的范畴(关于判断的学说)引入了逻辑学。虽然他批判地摒弃了纯柏拉图主义、理念和现实的反映二元论,但是他又在逻辑学中把它们复活了。

的土壤上产生出来的,它们本身又隐含着什么样真正的、能促使克服这种固定不变的因素。他的神话式的分析只是要说明这两种基本情况的不变本质怎样才能作为不变的东西被拼凑在一起和怎样才能被解释为就是这种不变的东西。

马克思在他的《关于费尔巴哈的提纲》里所提出的答案在于使哲学变为实践。但是,正如我们已经看到的,这实践具有它的客观的结构上的前提,具有它的另一面,那就是认为现实是"过程的集合体",认为较之经验的僵化的物化的事实,历史发展的倾向代表的虽然是产生于经验本身的,因此决不是彼岸的,但确实是一个更高级的、真正的现实。对于反映论来讲,这就意味着,思维、意识虽然必须是指向现实的,真理的标准虽然就在于切中现实,然而这现实决不与经验的事实的存在相同一。这现实并不是现成的,而是生成的。这一生成可以从两个方面来理解。一方面,对象的真正的本质就在这一生成之中,在这一倾向之中,在这一过程之中展现出来。这是这样的意思(我们可以想一想我们已经提到过的,而且是可以随意增加的例子):这种事物在过程中的变化使由于存在着的事物的矛盾而给思维提出的所有具体的问题都得到具体的解答。不能两次进入同一条河流的这种认识,只是比较尖锐地体现了概念和现实之间不可逾越的对立,但是对于认识这条河流并没有增添什么具体的东西。相反,认识到资本作为过程只能是积累起来的,或说得更好一点,是自我积累起来的资本,却意味着为资本的一大堆具体的和确实的、内容的和方法的问题提供具体而确实的解答。因此,只有克服了哲学和专门学科的、方法论和事实知识的在方法论上的二重性,才能找到从思想上消除思维和存在的二重性的途径。任何一种想在脱离了和存在的任何一种具体关系的思维中、想在逻辑学中辩证地克服这种二重性的尝试,都是注定要失败的(黑格尔就是进行了这种尝试,尽管他的哲学中有着各种各样互相对立的倾向)。这是因为任何一种纯逻辑学都是柏拉图主义的,它是脱离了存在的,并在这种脱离中凝固了的思维。只有当思维是作为现实的形式,是作为整个过程的环节时,它才能辩证地克服自己的僵化不变,才能取得一种生成的特性。① 另一方面,生成同时就是处于过去和将来之间的中介,但是是处于具体的,也就是历史的过去和同样是具体的,也就是同样是历史的将来之间的中介。当具体的"这里"和"现在"溶化为过程时,它就不再是连续不断的、不可捉摸的环节,不再是无声地逝去的直接性,② 而是最深刻、最广泛的中介的环节,是决定的环节,是新事物诞生的环节。只要人以直观的方式关注过去或将来,那么这过去和将来就会僵化成一个异在的存在,而在主体和客体之间就会出现现在这个不可逾越的、"有害的空间"。只有当人能把现在把握为生成,在现在中看出了那些他能用其辩证的对立创造出将来的倾向时,现在,作为生成的现在,才能成为他的现在。只有感到有责任并且愿意创造将来的人,才能看到现在的具体真理。正像黑格尔说的,"因为真理不能把客体看作是异在的东西。"③ 但是,当生成的真理就是那个被创造但还没有出世的将来,即那正在(依靠我们自觉的帮助)变为现实的倾向中的新东西时,思维是否为反映的问题就显得毫无意义了。思维正确性的标准虽然就是现实性,但这现实并不是现成的,而是生成的——并不是没有思维的参与。因此在这里,古典哲学的纲领也就得到了实现:起源的原则事实上意味着克服了独断主义(特别是它的最伟大的历史形态,柏拉图反映论)。但是,只有具体的(历史的)生成才能起到这样一种起源的作用。而在这种生成中,意识(无产阶级的已经变成实践的阶级意识)就是一种必不可少的、基本的组成部分。因此,思维和存在是同一的,就不是说它们是互相"符合",互相"反映",它们是互相"平行"或互相"叠合"的(所有这些说法都以隐蔽的形式包含着僵硬的二重性的思想)。它们的同一在于它们都是同一个现实的和

① 因此,纯逻辑学的、纯方法论的研究只是说明了我们所处的历史阶段:我们暂时还不可能把全部范畴问题作为正在发生彻底变化的历史的现实问题来加以认识和阐述。

② 参见黑格尔的《精神现象学》,特别是《黑格尔全集》第2卷,第73页及以下几页的论述,黑格尔对这一问题作了极其深刻的考察。此外还可参见恩斯特·布洛赫的"经历的瞬间的黑暗"的学说和他的"还没有意识到的知识"的理论。

③ 《黑格尔全集》德文版,第12卷,第207页。

历史的辩证过程的环节。因此,无产阶级意识中反映的东西就是从资本主义发展的辩证矛盾中迸发出来的积极的和新的东西,它决不是无产阶级杜撰的或是无中生有“创造”出来的东西,而是总的发展过程的必然结果;但是这东西首先要被提高为无产阶级意识的一部分,要由无产阶级使之成为实践的,它才能从抽象的可能性变为具体的现实。但是这一变化决不是纯形式的变化,因为一种可能性之变为现实,一种倾向之变为现实,也就意味着是社会发生了具体的变化,是它的环节的功能发生了变化,并因而是全部单一的对象发生了结构上和内容上的变化。

但是,我们决不可忘记:只有变成了实践的无产阶级的阶级意识才具有这种变化事物的功能。任何一种直观的、单纯认识的态度归根结底和它的对象总是处于一种分裂的关系之中,而简单地把在这儿认识了的结构放到任何一种有别于无产阶级行动的态度中的做法只能造成一种新的概念神话学,只能退回到被马克思克服了的古典哲学的立场上去,这是因为只有这个阶级才能在它和整个发展过程的关系中是实践的。这是因为任何一种单纯认识的态度总是带有直接性的缺点,这就是说,它最终总是和一系列一成不变的,不能溶化为过程的对象相对立。它的辩证的本质只能在于以实践、以无产阶级的行动为目标的倾向中,只能在于它批判地意识到这种自己的任何一种非实践态度固有的直接性倾向,并力求始终批判地说明同作为过程的总体、同作为阶级的无产阶级行动的中介,即关系。

但是,无产阶级思维的实践性质的形成和变为现实同样也是辩证的过程。在这种思维中,自我批判不仅是它的客体的自我批判,即资产阶级社会的自我批判,而且同时也是对这样一些情况的批判思考:它自己的实践本质实际上已显现多少,客观上能达到的真正实践的阶段是什么,客观的可能性实际上有多少已经变为现实。因为很清楚,不管我们如何正确地认识了社会现象的过程性,不管我们如何正确地揭露了这些现象的僵硬物化的假象,我们并不能因此就在实践上消除了这种假象在资本主义社会中的"现实性"。这种认识能真正变为实践的时机同样是由社会发展过程决定的。因此,无产阶级的思维起初只是一种关于实践的理论(Theorie der Praxis),它只是逐步地(当然常常是跳跃式地)转变为改造现实的实践的理论(praktische Theorie)。要想在这儿概述一下这一过程的各个阶段是不可能的,但是只有这种概述才能非常清楚地表明无产阶级阶级意识(即无产者组成为阶级)的辩证发展的道路。只有这种概述才可能说明无产阶级的客观的、社会的和历史的状况同无产阶级阶级意识之间的深刻的辩证的相互作用;只有这种概述才可能使我们关于无产阶级是社会发展过程的同一的主体—客体的论断真正地具体化①。

因为连无产阶级本身也只有当它采取真正实践的态度时,它才能克服物化。而这一过程的本质还在于不可能一下子就消除所有形式的物化,甚至会有一系列的对象看来或多或少没有被这一过程所触动。这首先指的是自然。但是对于许多社会现象来说,下面这一点也是很清楚的,即这些社会现象的辩证变化所取的途径不同于我们曾试图借以观察和描述历史的辩证本质,和打破物化界限的过程的那些社会现象。我们已经看到,例如,个别艺术现象表现出对辩证变化的质的本质是多么的敏感,但却没有或并不能因此就意识到它们所揭露和表现的那个对立的本质和意义。同时,我们也能看到,社会存在的其他现象只是以抽象的形式具有它们的内在对立,这就是说,它们的内在对立只是别的更主要现象的内在矛盾的副产品,但后者的内在矛盾客观上也只能通过前者的内在对立的中介,才能显现出来,而且只有通过它们的辩证法,才能变成辩证的(如利息和利润的对立)。只有各种现象集合体的辩证特性中的这种质的差异体系才有可能为我们提供那个为正确认识现在所必不可少的具体的范畴总体。这些范畴的等级有可能同时从思想上规定体系和历史的统一点,也就是有可能实现我们已经说过的

① "关于实践的理论"和"实践的理论"的关系可以参见列瓦伊·尤若夫的有趣论文《策略问题》,载《共产主义》,第1卷,第46—49页。然而我并不同意他的全部论述。

马克思关于范畴的要求:"它们的次序是由它们在现代资产阶级社会中的相互关系决定的。"

但是,在任何一种自觉的辩证的思想体系中,不但在黑格尔的体系中,而且早已在普罗克洛的体系中,任何次序本身也是辩证的。范畴的辩证演绎决不能是简单地把相同的形式平列起来或按顺序排列;是的,如果方法不应该退化为僵化的模式的话,甚至连形式之间始终不变的关系(如著名的正—反—合三段论)也不可能是作重复的机械的运动。使辩证的方法固定为模式的情况,我们可以在黑格尔那儿,在他的许多地方,特别是可以在他的模仿者们那儿看到,而马克思的具体的历史的方法则是对这种固定化的唯一的检验方法和唯一的防止手段。但是,我们还是必须从方法论上从这种情况中作出一切可能的结论。黑格尔本人已经区分了纯粹否定的和纯粹肯定的辩证法。[①] 肯定的辩证法就是特定的内容的发展,就是对具体的总体的阐述。不过,他在论述的时候,几乎总是循着从反思规定直至肯定的辩证法这样一条相同的道路前进的,虽然举例来说,他的作为"他在"、观念的"自我外化"的自然概念[②] 把肯定的辩证法直接地排除了。(这大概是他的自然哲学充满极其牵强附会的结构在方法论上的原因之一)。虽然黑格尔本人有时历史地、清楚地看到,自然的辩证法,由于主体至少在迄今已达到的阶段上不可能被纳入辩证的过程中,是决不能超出独立的旁观者眼中的运动的辩证法的高度的。因此,他强调指出,芝诺(Zenon)的二律背反已经达到了康德的二律背反这样的认识高度,因此在这里再要继续往前走已经不可能了[③]。这样一来,就必须把自然界的纯客观的运动辩证法在方法论上与社会的辩证法分离开来,而在社会的辩证法中,主体也被纳入到了辩证的相互关系之中,理论和实践之间的相互关系也变得辩证了等等。(对自然的认识的发展,作为社会形式属于第二种类型的

① 黑格尔:《哲学全书》,德文版,第81节。

② 同上书,第247节。

③ 《黑格尔全集》德文版,第13卷,第299页及以下几页。

辩证法,这是不言而喻的。)而且,为了具体地发展辩证的方法,具体地描述辩证法的不同类型就可能是绝对地必需的。黑格尔区分肯定的和否定的辩证法,区分直观、表象和概念这几个阶段(不必拘泥于他的术语),只是指出区分的几种类型而已。我们可以在马克思经济学著作中,找到清晰地进行结构分析的丰富材料来说明还有别的类型。当然即使是十分简略地谈一谈这种辩证形式的类型学也已远远地超出了本文的范围了。

但是,比这种方法论的区分更重要的则是,即使那些明显地处于辩证过程中心的客体也要在一个长时期的过程中才能摒弃它们的物化形式。在这个过程中,无产阶级夺取政权,甚至对国家和经济进行社会主义的组织,都只意味着是一些阶段,当然是十分重要的阶段,但决不意味着是最终目标的达到。甚至看来,资本主义的严重危机阶段似乎可能有使物化进一步加剧,将其推到极点的倾向。大致像拉萨尔在致马克思信中所说的那样:"老黑格尔习惯于说:就在一个新质马上要出现之前,旧质通过把在它还有生存能力时已经建立起来的一切显著的差异和特点加以扬弃和收回到自身之中的方法,而把自己凝聚成它的纯粹普遍的原初本质,凝聚成它的简单的总体。"① 另一方面,布哈林的下述看法也是正确的:在资本主义解体时期,拜物教的范畴将不起作用,必须求助于作为它们的基础的"自然形式"。② 但是,这两种观点之间只是看似矛盾。更确切地说,正是这样一种矛盾:即一方面是物化形式的越来越空虚(可以说它们的外壳由于内部的空虚而破裂了),它们越来越没有能力把现象把握为个别的现象和加以反思、考虑;而另一方面是它们的量同时又在增加,它们空泛地扩张到了现象的整个表面——正是这两个方面在矛盾中构成了行将灭亡的资产阶级社会的标志。随着这种矛盾的不断尖锐,无产阶级不但越来越有可能用它的积极的内容来取代这些空洞破裂的外壳,而且——至少是暂时地——也

① 《1851年12月12日的信》,G.迈耶编,德文版第41页。

② 布哈林:《转变时期的经济学》,德文版第50—51页。

面临着在意识形态上屈服于资产阶级文化的这种极其空洞和腐朽的形式的危险。就无产阶级的意识来说,发展是不会自行发挥作用的,旧的直观的机械的唯物主义所不能理解的真理,即变革和解放只能出自自己的行动,“教育者本身必须受教育”,正在变得越来越适用于无产阶级。客观的经济发展只能确立无产阶级在生产过程中的地位,这种地位决定了它的立场;客观的经济发展只能赋予无产阶级以改造社会的可能性和必要性。但是,这一改造本身却只能是无产阶级自身的自由的行动。

论战后的非理性主义*

（1953 年）

I

当我们现在转到真正的实质性问题时，一开始就面临一个问题：1945 年以后时期的新的特征表现在什么地方？反法西斯主义的联盟很快瓦解了，反对共产主义的“十字军东征”——希特勒鼓动中的主题，越发有力地由“民主的”方面加以吸取。当然，有些“民主的”观点的运动方向（以及内容和结构）因此而改变了。这些“民主的”观点在世界大战中曾经反对法西斯主义，因而有时能够正当地把自己看作向前推进了资产阶级民主的长期的黄金时代，或至少能够装出这副模样。由于向前看的方向具有巨大的吸引力，因而即使在完全改变方向之后，还有这样的企图：保持一种连续性的外表，即继续反对“极权主义”。在此，人们现在把法西斯主义和共产主义等同起来。尽管这一观点是从社会民主党和托洛茨基主义的杂货铺里拾来的破烂货，但它在具体的形势下立即地必然地表明了新的伪善伎俩；因为为了在政治上有效地反对共产主义“民主”必须与德国纳粹主义的残余（与 H. 沙赫特，与克虏伯，

* 选自［匈］卢卡奇：《理性的毁灭》，王玖兴等译，山东人民出版社 1997 年 5 月第 1 版，第 692—768 页。此处所选为该书后记的 4 部分正文。——选编者注

与希特勒的将军),以及与佛朗哥(Franco)等等亲密地结合起来。“反极权主义的”思想不可避免地接受了越趋明朗的法西斯主义的特征。

反对共产主义和马克思列宁主义的“十字军东征”,同样是变成了反动的资产阶级思想的旧的继承物。我们已经阐述了尼采作为第一个人如何在一切路线上开始了这一思想斗争;我们也知道,这一斗争在1917年之后如何越来越展开和尖锐化,最终在希特勒那里达到了暂时的高潮,其中,迄今达到的最低的思想水平与欺骗和煽动(国会纵火),与兽性的暴行(奥斯威辛集中营)结合起来。暂时的低点现在又被由华盛顿挑起的“冷战”所超越了。思想上的攻击掺和着各种方式的煽动,这一斗争的希特勒式的变种在一切领域中均被超过了;我们在此只能涉及问题的思想方面。

当我们现在强调由美国所领导的“自由世界”思想中与法西斯主义相同的特征时,那么,差别也产生了,以便为我们下面的论述获得正确的基础。下面的论述将恰恰涉及与希特勒思想的区别。如果人们不在社会的和思想的共同性中看到区别甚至对立,那么这将是错误的、骗人的。简单地复活希特勒主义,这在当今的条件下是很困难的。当然,佛朗哥的法西斯主义未受触动地继续存在;当然,在阿登纳的政治机构中有许多过去的法西斯分子的领导人;当然,借助于美国,在德国一再产生了法西斯主义的秘密团体和组织;当然,能够完全公开地表示对纳粹思想的维护和推广,而且不仅仅表现在纳粹军官的“不小心的”犹豫的否定的言论中,不仅仅表现在有关希特勒主义领导人的回忆录和传记中,而且还完全公开地表现在有组织的杂志之中,例如《民族欧洲,欧洲复兴月刊》,其中声称:“帝国不止一次地被完全摧毁,然而一再地复活,在今天还具有较大的力量,等等。”不过,这一切——至少暂时地——甚至于在西德都不是新思想的主要路线。国际——因此也包括德国的——反动派,随着希特勒的垮台,进入了新的客观形势,并被迫在思想上从中引出结论。

希特勒曾用他的社会的民族的鼓动来迷惑和争取德国群众。这意味着，他那种在极端非理性主义基础上炮制的神话具有两种作用。第一，这神话能够把德国人民的一定的、本身合理的民族感情引入帝国主义沙文主义的思想，引入帝国主义侵略的思想，引入压迫和消灭各国人民的思想。第二，这神话巩固过德国垄断资本主义的无限统治，实际上以最反动最野蛮的方式，然而表面上却宣传为完全新的“革命的”社会制度，伪称这社会制度摆脱了资本主义和社会主义的困境。“德国社会主义”、“日耳曼民主”这些欺骗人的神话，其起源和其作用，在本书中都已深入地探讨过了，所以我们在此不再详述。

战争的结果消灭了两个紧密相关的、构成思想统一的神话。首先，是希特勒的社会鼓动的形式。当社会主义在中欧的人民民主派和在中国取得胜利之后，在共产主义的强大的群众政党兴旺发达之后(首先在法国和意大利)，如果再一次敢于提出“另一种”社会主义的口号来把群众从共产主义那里引开，这对任何垄断资本主义的集团来说，必然是过于冒险的游戏。希特勒固然能以此类手段取得政权，但也要回想到，他在1934年就已经必须实行血腥的恐怖，以便消灭“第二次革命”的支持者。

此外，还有主要的话题，即在当时居领先地位的垄断资本主义反动派力量之间的经济上的区别，在希特勒的德国与今天美国之间的经济上的区别。资本主义在德国的缓慢发展导致如下的结果：众所周知，当德国进入帝国主义时期时，它面临了一个已经瓜分完了的殖民地世界。它的帝国主义政策因而就是公开军国主义的侵略的：追求用暴力重新瓜分地球。这种追求在第一次世界大战中的失败，它的经济的和社会的结果，特别由于1929年的世界经济危机在德国造成的后果，这些都震撼了德国资本主义的基础。希特勒的社会鼓动即产生于德国资本主义的受损害的状况，而他的民族鼓动——新的还更广泛的帝国主义的侵略纲领，也能这样与社会鼓动相结合：把“无产阶级国家”的德国说成是反对垄断资本主义西方代表人物的屏障，并把帝国主义者的竞争说成是反对垄断资本的民族的和社会的解放斗争。

所有这些话题在美国的对内对外政策上都不起作用。谈不到动摇资本主义制度,甚至在最深刻的危机时期。与德国相反,美国的宪法从一开始即是民主的。统治阶级成功地(尤其在帝国主义时期)维持了民主的形式,以至于以民主的合法手段就可以达到垄断资本主义的至少同样无可争辩的专政,就像希特勒以他的专横的方式所达到的那样。总统的全权,最高法院在宪法问题上的决定权(哪些问题可以列入讨论,这总是取决于垄断资本家),对新闻、广播等的财政垄断,选举的费用(它有效地阻止了除两个垄断资本主义政党外其他真正民主党派的产生),最后又采用恐怖手段(私刑制度),这一切创造出顺利地运转的"民主",这种"民主"事实上能够实现希特勒所追求的一切,无须在形式上放弃民主。此外,还有垄断资本主义的无可比拟的广泛而坚固的经济基础。在一本很有趣的美国战争小说——梅勒的《赤裸者和死者》中,卡明斯将军很清楚地说出了这一区别:"一个国家的动能是组织,是汇集起来的努力;法西斯主义,如您所称呼的那样……历史地看,这场战争的意义在于:美国的势能转化成了动能。如果您正确地思考的话,那么法西斯主义的计划比共产主义的计划更健全得多,因为它坚定地建立在人的真正本性之上,只是在错误的国家中去实行这计划,这个国家不具有足够真正的潜在力量,以便完全地发展自身。在德国,由于它根本缺乏自然资源,它必然地走向放纵越轨,但观念、计划是好的……在上一世纪中,整个历史过程这样发展:创造出越来越大的权力集中。本世纪带来了新的物理力量、我们宇宙的扩大、政治力量、政治组织,才首次使那些东西具有可能性。我对您说,强大的美国人在我们的历史上首次意识到他们的真正目标。请您注意。在战后,我们的对外政策将变得赤裸裸,跟从前相比,较少伪善。"

因此,很容易理解,美国的垄断资本家就其日常使用来说既不需要有"德国社会主义",也不需要有"日耳曼民主",也不可能使用这些东西。对他们来说,资本主义始终是理想的经济制度,"民主的自由"始终是任何国家制度与统治方式的榜样。"民主的自由"如何发展成法西斯主义的强制——在形式上不产生变化——对这一点,不仅美国之外的整个世界,而且有知识的诚实的美国人早已认识到了。对此并非需要马克思主义的观点。深刻的资产阶级作家辛克莱·刘易斯——虽然带着对自由资产阶级状况的许多幻想——在他的小说《这在我们那里是不可能的》中描绘了那一发展过程。而他在以前,例如在《埃尔默·坎特里》中,就已经正确地揭露了"在民主上"允许的、甚至加以培植的法西斯主义的恐怖。

从美国的经济、社会、政治的条件中必然产生一种思想,其中心是公开地捍卫资本主义和资本主义的"自由"。因此从哲学方法上看,在反动派的阵营中美国思想实际的领导作用意味着放弃了德国那种间接地为资本主义作辩护的方法。这种间接辩护作为反动派的领导思想已经随着希特勒的垮台也垮台了,它不得不又让位给直接为资本主义作辩护。

为了清楚起见,我们先来考察捍卫资本主义的方法。因为这些方法的形式也决定了把民族感与帝国主义的利益相结合的整个内容。不仅对直接的辩护来说,而且对间接的辩护来说,垄断资本主义的问题始终是中心。这是显然的。因为群众的自发的反抗(对此进行平息,并把它引入对资本主义制度有利的方向,这是任何辩护的主要任务)恰恰转向反对垄断组织;已经了解自己与资本主义运动规律的联系的群众,无论如何不能再受制于辩护的宣传。垄断状况的存在、统治、扩展,意味着每天都在自发地为社会主义作宣传,而且不仅在直接的被剥削者那里,还在知识界中。卡里斯特·雷蒙德·阿隆有一次深为惋惜美国的宣传在法国知识界中不起作用,甚至谈到法国知识界对它的敌对拒绝情绪,他分析理由说:"对大多数欧洲知识分子来说,反资本主义远非单纯的经济理论,它是信条。"

希特勒极为简单地解决这个问题:把德国的——当然只是德国的——垄断改称为"德国社会主义"的新的形式(极端非理性主义的哲学为这种胡闹的行为提供了盲目信仰的思想环境)。因为现在美国垄断资本主义的思想家既不能选择这道路，又不想选择这道路，对他们来说，产生了这样一种必然性：把垄断资本主义说成某种偶然的东西，而且是某种可以消除的偶然的东西。我们只引用利普曼为例。他的方法是通常庸俗经济学的方法；他把技术与经济等同看待，而实际上总是谈论技术而不谈经济，以便从中得出"证明"，然而，这"证明"甚至从他自己的前提来看，也不能有说服力：技术与大生产的发展"还不需要垄断"，"集中化的根源在于特权而不在于技术"。但特权从何而来？回答极为简单：自由派由于目光短浅而错误地运用了自由放任的原则，因而允许、甚至促进了特权的产生；在 1848 年到 1870 年间，存在着集体主义的"理智的优势"（优势从何而来？回答又是极为简单：由于"理智的气候"。"贫穷来源于贫苦"，在一百年之前，路透的伯父布雷西希就已经用这句话去幽默地模仿、挖苦此类的"解释"）。从自由派的这一错误中，产生出垄断。此种聪明绝不是利普曼的专利品。瑞士经济学家勒普克也类似地推导出它的产生，因为他声称在"对伟大的东西的崇拜"中（这种风气盛行于十九世纪末）找到了它的原因，并且与利普曼一样，他也否认资本集中的经济必然性，从而否认卡特尔、托拉斯、康采恩总公司等等的经济必然性。在别的地方，他在垄断之中看到了——并未注意到与刚刚引用的理论相矛盾——封建的遗产。利普曼说，托拉斯不是有机地生长的，它们是被"培养"出来的。

无论如何——不管人们对最初的原因如何理解——利普曼和勒普克认为，垄断决不是不可避免的。因而他们幸运地把一切本质性的客观规定都从帝国主义的经济学中清除掉，并且——如同他们的榜样，上一个世纪中期的庸俗经济学家——只从思想上抓住资本主义的单纯的表面性；当然，任何与本质、与运动规律人为地隔绝了的直接的表面性必定是歪曲了的表面性。

不过，即使集中和垄断的产生在经济上不是合规律的，不是帝国主义资本主义的不可避免的表现形式，但是它们的存在具有干扰作用。辩护士必须千方百计地探讨干扰作用。利普曼认为，古典的政治经济学已经把它们(现代的垄断?!——卢卡奇注)看作是"冲突"和"干扰",但它恰恰通过这样的表达表明它"完全"低估了"它们的社会意义"。这必须通过直接辩护性的宣传而恢复原有的面貌。"因此,问题是如此特别地具有重要意义:是否自由主义的崩溃应当归因于自由派的错误,或者如集体主义者认为的那样,应当归因于一种历史的不可避免的必然性。"因为只有在前一种情况下,错误是可以改正的。如果资产阶级社会的立法产生出了托拉斯等等,那么它也能对托拉斯等等加以限制,甚至完全废除,它能结束资本的集中,结束"商人们的集体主义"——如利普曼所说的。这是复活之后的自由主义在今天的伟大任务。利普曼嘲笑地驳斥其他自由派的调和尝试。例如斯图亚特·蔡斯的调和尝试:"政治的民主能在一切领域中继续存在,只要它避开经济。"(着重号由利普曼所加)相反地,自由主义的错误在于:"因为它愿意把股份公司的财产和权力看作是某种绝对的东西和不可侵犯的东西。"但利普曼认为,变化是可能的:"当今天的人们改变法律时,他们就能够改革社会制度。"

由于利普曼只看到资本主义社会的主观主义地歪曲了的表面性,因此,他根本想不到提出这样的问题:法律究竟是如何产生的?这就是说,他想不到去较详细地探讨经济与政治、法律的上层建筑之间的关系。他能以议会迷的铁的面孔平静地宣布,这样的变化是可能的;对于唯一令人注意的问题——哪些社会力量可以真正实现这样的变化,他丝毫不加注意,他满足于用理论上肤浅的鼓动性的拙劣方案去迷惑天真的读者。至于这样的思路如何缺乏任何的诚意,人们能在利普曼的志同道合者勒普克那里清楚地看到。勒普克维护自己的"积极的"反垄断政策,他的这一政策正如利普曼的一样,在向立法的呼吁中达到顶点。勒普克是这样维护的:"这最后的道路是完全可行的,1890年美国谢尔曼行动的例子已经证明这一点。禁止任何垄断和任何垄断协议的法律,在今天仍是美国经济法的基础。"当然,他迫于事实又马上补充说,"这一法律至今证明为如此不起作用";这一方面是由于美国的引起垄断的关税政策，另一方面是由于从未在实际上有力地加以贯彻。当现在不顾一切地把继续推进从法律上废除垄断的新自由的道路作为真正有前途的远景提出来时（不顾及实际失败的经济的社会的原因），那么，人们必须惊叹这些著作家的勇气，他们竟然有勇气敢于把他们本人不可能相信的谬论拿来招待他们的读者们。

当然，利普曼和勒普克在这方面仅仅是例子。其他著作家在别的思路中表达了同样的东西。就共同的东西而言，应该特别强调两点。第一，资本主义（所谓“自由的市场经济”）是理想的社会制度。可能发生的“干扰”是单纯的次要现象，人们通过立法随时可以消除次要现象；而且这是可能的，因为人们生活在“民主”的“自由”中，在那里大多数的选票是决定性的、万能的。第二，这方法在观念上意味着所谓回复到古典经济学家那里去。但如何在实际上达到这回复呢？古典著作家的伟大理论功绩在于创立了劳动价值论，即真正地对资本主义的规律性作了（尽管有缺陷、不全面）如此的理解，使得剩余价值论（剥削）、对资本主义矛盾的认识均由此能够得到论证，正如这些在李嘉图学派的解体中就已经可以看到的那样。真正的回复，在这里当然是谈不上的。不是与古典著作家本身相联系，而是与他们的堕落的子孙，与庸俗经济学家相联系。庸俗经济学家们已经把任何矛盾从资本主义理论中清除掉，他们对古典著作家作了如此的解释，似乎他们自己的、在任何价格上肤浅的和谐性构成了古典学说本身的本质。

马克思在还未失去意义的过渡性人物如詹姆士·穆勒身上清楚地揭示了这庸俗化的倾向。他把大师（李嘉图）与穆勒相比较，说：在大师那里，新的和重要的东西在矛盾的“肥料”中生长着，他无情地从矛盾的现象中制定出法则；在穆勒那里，与此相反，凡是经济关系——因此还有表达经济关系的范畴——包括对立，并且矛盾和矛盾的统一存在的地方，他强调对立的**统一**的环节，否认**对立**。在彻底的庸俗化者那里，这种倾向越演越烈。

然而，到此为止，还未对今天的经济学作出足够的考察。因为转向前帝国主义的和帝国主义的时期的理论,对经济学作完全的主观化,从边际效用价值论到凯恩斯,并到今天美国的科学,都同样地带有这样的要求:是古典著作家的继承人。而且援引亚当·斯密,例如利普曼的援引,同样包含着歪曲历史的解释。在实际上,即使如此肤浅的庸俗化者和辩护士如萨伊,在今天的经济学家们面前,必然表现为深刻的思想家,表现为无成见的实际研究者。那种遗产的性质在马尔萨斯那里是很清楚的。他如今达到很高的荣誉,他的人口理论变成极有影响,从迄今的论述来看就不会感到奇怪。但为了帝国主义经济学的辩护士的现今目的,即使对马尔萨斯也必须在反动的方向上加以"改善"。他本人只写了工人阶级穷困的辩护书,今天,从现实地复活了的马尔萨斯主义中产生出要求:毁灭全体人民,为战争辩护,制造几千万几万万的受难者(沃格特)。但也有一些温和派,他们不想如此公开地得出广泛的结论,而是运用马尔萨斯的方法,把人口的迅速增长看成贫困的原因,并认为对资本主义的赞同之所以不能在共同富裕的情况下发挥作用,原因也在此(勒普克)。

本论文不提出这样的要求:对现今资本主义经济学的许多问题也加以探讨。对这些问题来说,分析时关键在于指出希特勒垮台后在思想上所产生的普遍的方向改变。希特勒的社会鼓动与公开的反理性主义相结合,并达到顶点:用通常的手段被看作不可解决的资本主义的矛盾导致跳入彻底的反理性主义的神话。当前对资本主义所作的直接的辩护,表面上放弃了神话和反理性主义。相反地,按形式、叙述方式、风格而言,现在涉及的是纯概念的、科学的推导。但这只是表面上的。因为那一套概念的内容是纯粹无概念的,没有建立起实际的联系,否认现实的规律性,停留在经济现实的表面的直接性所直接地(无概念地)表明的表面联系之中。因此,我们必须与非理性主义的新的形式——表面上有合理的面具——打交道。

当然,我们并非与根本新的形式打交道。我们已经揭示美国经济学(以及其欧洲的信徒)转向庸俗经济学,同时又指出在现今经济学中的一切反科学的倾向,在帝国主义时期直接地为资本主义辩护的形势下,有了相应的增长。因此,当马克思指出旧的庸俗经济学的内在的非理性主义倾向时,那么这适用于现代的经济学——带有变化的经济学,量变进入质变,旧的庸俗经济学的潜在的非理性主义现在成为明显的非理性主义。由于马克思的有关论述对此处出现的问题提供了根本性的和广泛的说明,我们认为自己有责任详细地加以引用:集中体现一定经济关系的不合理形式的中介,这些关系的实际担负者在他们的日常交易中并未对此有触动;并由于他们习惯于在这些关系中行动,他们的理智丝毫未发现什么烦恼。对他们来说,一个完全的矛盾绝没有神秘的东西。在与内在关系疏远了的、并且自为地孤立了的乏味的表现形式中,他们感到自己如鱼得水。黑格尔对某种数学公式所说的话在这里很适用:通常人的理智不合理地发现的东西是合理的,而他的合理的东西本身是不合理性。①

II

本书的读者回想一下,刚才的话涉及黑格尔在数学上的论述,在第二章中曾对这些论述详细地讨论过。在那里,黑格尔指出,真正的辩证矛盾的出现对形而上学思想来说,如何出现了表面的不合理性;然而他同时又指出,辩证的思想如何能把这些矛盾提高到更高的合理性。这里完全普遍地就数学情况所表明的东西,在马克思那里已经出现在更广泛和更深入的社会普遍化的阶段上:我们看到一些具体的生活环境,它们提出了反理性主义的问题,并把这些问题在思想上的反映变成反理性主义的方法论的、哲学的问题。马克思令人信服地证明,资本主义的直接代理人如何和为什么能够完全自由地、无疑问地活动在这种不合理的环境之中。而社会上和思想上处于这类代理人的水平之中的那

① 卢卡奇的引用到此为止。——译者

些思想,能够幼稚地把社会范畴(它们的"存在形式,存在条件",如马克思所说的)的"不合理性"看作不言而喻的事情。当然,如此地未被认识的不合理性必然多次地暴露在日光之下,然而,最初还是未认识的无意识的,还没有凝聚成反理性主义的哲学。当然,这适用于旧的庸俗经济学家,但也适用于初期的马赫主义,特别适用于实用主义,如我们在序言中所说,实用主义是资本主义代理人有意识地陷入资本主义直接性的思想,是巴比合金式的哲学。然而,社会矛盾的不断激化促使世界观问题达到"深化"。最典型的例子是帝国主义时期德国反理性主义的发展,以希特勒作为顶点。

然而在今天,当对资本主义的辩护断然转向直接的形式时,在哲学上必然也产生出新的形势。完全自然地,在哲学上不是德国类型的反理性主义占统治地位,而是马赫主义、实用主义类型的。美国的全部语义学,维特根斯坦和卡尔耐普的新马赫主义,杜威对实用主义的进一步发展,无例外地都是由这种转向所决定的。它还决定了:跟这些潮流相比在方法论上更多地贯彻德国非理性主义的前希特勒主义路线的哲学派别不能进入主导思想,而只能作为"第三条道路"的理论而发挥作用,例如法国的存在主义(我们在此只谈主要路线,不探讨存在主义,并且我们在别的段落中也讨论过了;参看我的著作:《存在主义还是马克思主义?》,建设出版社,柏林)。

不言而喻,我们在这里的意图也是:根据本后记的普遍目的,甚至不准备对主要流派作深入的分析和刻画;我们使自己限制在指出特定的决定性的发展倾向,以便简略地表现出战后时期帝国主义流行哲学中的新东西。在此,同样不言而喻,这些倾向在美国哲学中已经长期地即在整个帝国主义时期起作用;今天它们支配了整个思想。长期以来,这些倾向在杜威那里十分明显,作为实用主义的较高发展阶段。实用主义从一开始就有意识地是资本主义代理人的思想,是"美国生活方式"的建立者和战友;实用主义从一开始就有意识地拒绝客观地研究独立于意识的现实,只研究不变的环境中个人行为的实用性(这种环境,按本质来说,不涉及个人行为的详细情况)。当然,这种环境在帝国主义时期的进一步发展必然确切地反映在杜威哲学的内容和结构中。

但是,在语义学和新马赫主义中——这两者的界限常常是很模糊的——也产生了符合当今美国帝国主义的思想要求的、对原来马赫主义的有力的扩展。旧的马赫主义的“严格科学性”的姿态原封未动地保留下来,但同时对客观现实的背离又远远地超出了以前的范围。现在,哲学的任务不复是“分析感受”,而仅仅是分析词义和句子结构。与如此产生的烦琐的形式主义的毫无内容的状况相平行,公开的直接的辩护变得空前有力。原来的马赫主义作为反对唯物主义的哲学斗争手段,主要产生在自然科学认识论的领域;当然,从中产生出来的不可知论的现代形式,对非理性主义的许多思潮来说,构成了很好的出发点,并且马赫主义对非理性主义总是提供了哲学帮助。现在,清楚地出现了普遍的直接的辩护。语义学起劲地系统地研究社会和经济生活中的普遍概念,以便发现:它们是无意义的无内容的词的构造。从中产生出什么呢?英国的马克思主义者莫里斯·科恩福特很清楚地揭示了这一点,他引用巴路斯·邓哈姆的著作《人们反对神话》:“这样,我们清楚地看到,没有一般的狗,没有人类,没有利润体系,没有党派,没有法西斯主义,没有营养不良者,没有破烂衣服,没有真理,没有社会正义。在事物的这样的等级上,没有经济问题,没有政治问题,没有法西斯主义问题,没有扶养问题,没有社会问题……”他接着说:“它们把在整个人类史上折磨人类的任何重要问题魔术般地从世界中变出来。”

科恩福特继续很清楚地揭示这种哲学的社会结论。他阐述说:“为了取一个简单的例子,我们来观察一次讨论,这讨论经常在工人和雇主之间进行。为了解决这类争论,语义学的章程是什么呢?它很清楚地表现在雇主的话中,雇主说:‘让我们忘掉一切有关“劳动”和“资本”、“利润”和“剥削”的唠叨,这只是政治鼓动家们的无聊的发明,这些鼓动家利用您们的激动情绪而搞他们的游戏。让我们作为人与人、作为“亚当”与“亚当”而交谈,并让我们试图彼此了解。’事实上,这是雇主很经常地进行论证的方式。他们学会了甚至在语义学被发明之前就当语义学家。"科恩福特还在其他事例中揭示了语义学方法的必然结果，揭示了在什么地方语义学的方法完成了帝国主义资本主义给予的社会委托，例如马尔萨斯派的沃格特，他对一切农业问题——以及类似的阶级后果——都从语义学上加以解决。

不过，在沃格特那里，还清楚地暴露出方法的其他方面：把在马赫主义中还只是隐藏而内含地存在着的非理性主义的神秘主义变成公开的。因为当沃格特把语义学的方法运用到农业问题时，他说土地是"非语言所能形容的实在"。这样，他就超出了通常的不可知论。对他来说，现实不再简单地在可认识性之外，而且同时是不合理的混乱。斯图尔特·蔡斯还更清楚地表达这倾向。当他研究抽象过程时，他以对一支铅笔的描述作为例子。他试图无论如何表达出在此存在着的、不可表达的、空间时间的事件：用语词表达不可表达的东西，这番努力的成果是作为铅笔的定义："电子的一场疯狂的舞蹈"。新的非理性主义作为对自然现象的完全的非理性主义的主观化、人类学化、神秘化而出现在我们面前。因为第一，斯图尔特·蔡斯的定义绝不是作为客观现实的一个特殊部分的铅笔的定义，铅笔由它的特性和功能可以明确地得到定义；斯图尔特·蔡斯关于铅笔所说的话，人们能以同样的权利来说及一座房子、一张写字台等等。对客观现实的对象，对自然和社会的对象（因为铅笔也是社会的对象），仅仅从电子的运动去加以描述，这已经是非理性主义的神秘主义。第二，电子运动本身只对希求直接性的印象主义来说才是"疯狂的舞蹈"，客观上，这一运动具有自己的法则，这法则可以由科学近似地、合理地得到认识。斯图尔特·蔡斯给他的定义披上了今天受欢迎的、现代"精确的"科学性的外衣，然而在这外衣的背后将可以看到混乱的非理性主义的神秘主义。

我们不想较详细地分析非理性主义的这一新的变种，我们只试图对这一流派的普遍的哲学本性，通过它的主要人物维特根斯坦的一些方法论上中心的言论简短地加以说明。维特根斯坦说："命题能够描画整个实在,但它们不能描画在它们之中必然由实在所意指的[①]、因而使这描画变成可能的东西——逻辑形式……命题不能描画逻辑形式,逻辑形式反映在命题中。反映在语言中的东西,语言不能加以描画。表达在语言中的东西,我们通过语言不能加以表达。命题显示出实在的逻辑形式……人们能够显示的东西,人们不能把它说出来。”

在此,我也许可以提醒本书的读者回想我们对现象学方法的论述,特别回想马克斯·舍勒对此方法的讨论,以便看到由社会制约的各种现代非理性主义流派的统一与同样由社会制约的它们各阶段的差别同时在起作用。舍勒与维特根斯坦一样,起劲地溯源于非理性主义的直接的基础,即溯源于哲学的唯一基础和唯一内容。当然,也有差别:他把这非理性主义的内容还看作是可以表达的。直到了现象学的存在主义阶段,根本的非理性主义才完全清楚地显示出来。在强调类似性时,决不应该断言存在主义对维特根斯坦的影响;这类方法论上的问题具有社会根源,方法和结论中的共同性和差别性都是社会根源在思想上的反映。我们已在有关的章节中指出过在马赫和胡塞尔之间的认识论上的亲缘关系,在维特根斯坦和现象学的以后的存在主义的发展和语义学之间的关系也是如此(当然,也可以在这种联系中论及舍勒的《理性之软弱无力》)。

因而,维特根斯坦不得不从这状况中引出结论。他谈到语义学科学与生活的关系:“我们觉得,即使我们已经回答了科学的全部问题,但对生活问题仍然甚至都没有接触到。因为这样的话,当然不再有什么问题剩下来,而恰恰这就是答复。我们在问题的消失之中看到生活问题的解决(这不是人们明白生活的意义却又不能说出意义何在的原因吗?)。这真正是不可说出的东西。它显示自身;它是神秘的东西。”

并非偶然,维特根斯坦的狂热的信徒约瑟·弗雷特·莫拉赞扬维特根斯坦是绝望的哲学家。他观察时代的普遍特征及其具有代表性的哲

① 德文为 gemeint,英文为 meant。国内有的研究者误认作 gemein。——译者注

学家:“海德格尔、萨特、卡夫卡、加缪让我们还带着对世界存在的信任而活着。他们所宣告的破裂,尽管是可怕的,但并不彻底。他们立足的基础还是坚固的。使我们胆战心惊的地震,可以使我们的旧屋变成瓦砾,但即使在废墟之中人们还能生活,人们可以重建家园。但维特根斯坦使我们在此可悲的损失之后完全失去了支撑。因为如果基础随着瓦砾而消失,根随着树倒而消失,我们就不再有支撑物,我们将再不能依靠虚无,或能以清楚的精神去面对荒谬的东西,我们将必然完全消失。”

莫拉还认识到,在维特根斯坦那里正如在一般的语义学那里,理性、思维是主要的罪犯:“思维是首要的肇事者,我们几乎想说,是首要的魔鬼。罪行本身,思维,成为人的大的罪责,成为本质上的罪恶。”在维特根斯坦所描述的世界上,中心就是“未受削弱的荒谬的东西”;在这世界上,“问题自行就产生出来”。而斯图尔特·蔡斯确认了这一番世界景象,确认了对它所作的语义学的分析,因为他如此彻底地得出一切结论,以至于论述已经变成了荒唐可笑的东西。他羡慕他的雄猫霍拜,霍拜“并不屈服于由词的误用而引起的错觉……因为它从不与哲学、形式逻辑打交道……当我在语言的热带丛林中迷路时,我返回到霍拜的观点正如返回到磁铁上”。

这样,“严格科学的”直接的辩护中的非理性主义全面地暴露出来。但是,其主要的代表人物却不愿意承认他们与在希特勒身上达到高潮的运动有联系,他们探求和寻找比较光荣的祖先。正如杜鲁门或艾森豪威尔不愿意在公众面前装扮成希特勒的继承人,而是装扮成华盛顿或林肯事业的接班人,同样地,当今彻头彻尾非理性主义的直接的辩护喜欢在启蒙运动中去找出其祖先。这恰好对应了经济学家的这样一番苦心:假装要返回到他们这门科学的古典著作家那里去。我们指出过,这是行不通的。事实上对他们来说,萨伊和他的更肤浅的继承人以及——更反动和更野蛮的——马尔萨斯代表了古典学。哲学界的情况也是如此。例如,考夫曼想把尼采说成是伟大启蒙者的值得尊敬的后继者,极有典型意义的是,当前的“启蒙运动的复兴”作为伟大发现和新的评价,重新唤醒了伯爵德·萨德。

在建立这种联系上劳而无获,这并非偶然。因为旧的辩护士和庸俗化者诚然抹煞经济学的真理,歪曲实际的联系,回避真正的问题,以便代之以虚假的问题,但他们尽管在科学上缺乏诚意却还是真诚地相信资本主义的不可动摇性,相信资本主义的无限的发展可能性。与他们相对应的奥内特或古斯塔夫·弗赖塔格的虚弱而低劣的文学,情况也是如此。然而在今天,文学上与直接辩护的经济学、与语义学的哲学相对应的表现,则是虚无主义的绝望的代表人物——卡夫卡或加缪(我们在这里把文学看作社会思潮的指针,至于美学上的价值问题又当别论)。

关于绝望的现象,我们将在以后再详细评论。现在只需确定一下:恰恰在主要的思想家中,可以肯定有一种深刻的不信仰,即不信仰他们自己的辩护词,不信仰从这辩护词中产生出来的乐观的远景。没有人会否认,甚至会有这么多的傻瓜,他们相信利普曼,以为美国的立法将在某一天真正地消灭"过量的"资本集中、托拉斯等等,即使是逐步的。但一个如此有经验的知情的政论家如利普曼当然对此一点也不相信。那他相信什么呢?什么东西决定了他的立场?绝望或玩世主义,或者兼有两者。

在帝国主义的思想的辩护士中出现这种情绪的基础有两方面。一方面是不可能为垄断资本主义的问题找出令人满意的理论解答,来使垄断资本主义的统治永恒不变地存在下去,同时安抚群众的对立情绪。另一方面是当前反对主要敌人,即反对社会主义的斗争状况(很清楚,这个中心问题也根本性地决定了哲学的形势)。因为整个资本主义科学在思想上都针对着:从思想上令人信服地摆脱开越来越逃避不了的紧迫的社会主义的抉择。在两次帝国主义大战之间,这对资本主义思想家来说似乎比较简单。在苏维埃政权建立后的最初年月中,人们总是预言在下一周社会主义要彻底崩溃,在这之后,人们又转入让较长的时间来证明遭难的"试验":在任何一个五年计划之前,人们宣告它是行不通的;社会主义建设中最初的一些困难被歪曲成最终崩溃的象征,等等。自然,这类的思路还在今天一再地出现。然而,其宣传上的效果越发令人怀疑,因为与事实相矛盾越发变得明显。苏联军队对世上最强的国家的有效反击,它毁灭性地战胜希特勒,战后和平建设的巨大成果,苏联同样也能生产原子弹,等等,这一切向整个世界无可辩驳地显示了社会主义经济的高度的经济和技术水平,显示了社会主义经济的蓬勃发展。

这一切真使鼓吹即将崩溃的宣传感到发窘。当然,宣传不可以被放弃,但由于它的说服力不断下降,必须代之以其他手段。然而,由于冷战在思想上正取悍然进攻的姿态,所以那些其他手段也就表明了反苏宣传的水平不断下降。发动新攻势的企图,只能由雇用的代理人的明显的诽谤和虚假的论调来贯彻执行。如果人们想到,在三十年之前,奥托·鲍尔是崩溃论和恐吓论的主要思想家,而今天美国人达到了克劳契科①,那么人们能确切地估量出水平的下降。由于这里涉及思想上的中心问题,从中也就产生出确切的标志,表明即使在经济学、哲学等并非直接的宣传领域中水平的下降。

克劳契科原则在多大程度上进入了似乎最抽象的哲学讨论中,加缪和萨特之间的一场争执最好地揭示出这一点。加缪最近的一本书在萨特的杂志上受到法兰西斯·吉恩森的辛辣而客观的批评。加缪写了一份愤慨的答复,此答复回避一切重要的争论,特别是有关历史性的争论(对这一点,我们将有机会作简短的评论),以便把克劳契科问题,即苏联劳改所的问题,看作哲学讨论的中心。他这样做时,争论涉及黑格尔、马克思,涉及革命、历史必然性和个人自由。萨特在自己的答复中正当地不涉及加缪的那些鼓动性的谬论。他客观地反驳了加缪的思路,并在这一点上满足于揭露加缪及他这一类人在道德上居心不良,他说:“加缪,让我们严肃地交谈,请您告诉我,卢塞特的新发现在一个反

① 原文为 Krawtschenko,苏联人名。

共产主义者的内心中唤起了什么样的感情？绝望？悲哀？对人们是人感到羞耻？去你的吧！……这类消息在反共产主义者中唤起的唯一的感受是——我很难表达出来——高兴。是对此高兴：人们最终在手中握有自己的证明，人们看到了他们所想看到的东西！”

当然，这一类的话题在希特勒主义的宣传和思想中也起过决定性的作用。对此，我们在前面详细地揭示过，我们也一再地指出：利用群众的绝望情绪，这在资本主义国家是多么重要；希特勒如何玩世主义地把绝望和沉醉利用来巩固垄断资本主义的统治。但是，一方面，这一切由社会鼓动的冒牌黄金的光辉长期地掩盖了。为了说明与今天形势的区别，让我们仅仅指出一个对比，即口号“破除交租义务”的攫住人心的力量与利普曼在法律上废除垄断的拖延方法相对比。另一方面，对希特勒来说，绝望是从社会中得到的出发点，而今天的直接辩护恰恰应该阻止社会中绝望情绪的产生。就此而言，希特勒曾用作车辆的东西在今天成了障碍。

这一对比不是由思想加到现实之中去的，而是社会现实决定了宣传的出发点和目标。由于希特勒把垄断资本主义重新化装成“社会主义的”形式，他也就能把群众对资本主义剥削的绝望和愤慨情绪滥用来服务于他的目的；相反，美国统治阶级的思想是原封未动地维持垄断资本主义，因而，它不可以去挑起不满情绪，而必然相反地加以平息。毫无疑问，美帝国主义的许多活动分子感觉到，对垄断资本主义所作的直接辩护使他们——与希特勒的间接辩护相比——处于宣传上的不利地位。这样必然产生新的企图：发现新的、符合美国情况的间接辩护的形式。这是怎么回事？直接的或间接的辩护的对立不是单纯的形式问题，而是社会内容的问题。受垄断资本主义压迫和剥削的群众在寻找出路。利普曼及其同伙的干瘪的道理显示了很大的缺点，这些缺点一再地表现为非理性主义和绝望。

最出名和最有影响的企图是布哈姆的“管理革命”，它企图通过回复到在希特勒那里如此起作用的间接辩护而获得新的更有作用的理论基础。在这里,可以完全清楚地看出这种苦心:对间接辩护的决定性的结构加以吸收与贯彻:布哈姆不想否认垄断资本主义的矛盾,他甚至不想把这些矛盾看作是很容易加以克服的"干扰"。相反,他正如希特勒一样,以这些矛盾作为出发点,希望从对矛盾的分析中获得社会鼓动的新的有诱惑力的远景。由于他是托洛茨基分子、叛徒,因此,对他来说,把布尔什维克主义与法西斯主义相提并论,是一件很容易的事。此外,还有一种直接从专家政治论者那里借用过来的(就萌芽来说,已在托斯坦·维布伦那里存在着的)补充,按照这补充,在通常的资本主义中也发生类似的过程,即资本家本身,生产资料的合法所有者,越来越多地与生产本身相脱离,越来越少地参与实际的领导,代替他们的是领导性的工作人员,布哈姆的管理者。正如今天的辩护中的一切"聪明"一样,这也是很陈旧的东西。早在1835年,乌雷在他的"制造业哲学"中称管理者是"我们企业界的灵魂"。布哈姆与现在被提升为古典著作家的马尔萨斯一样,不仅是肆无忌惮的诽谤者,而且也是被遗忘的经济学著作的无耻剽窃者。在布哈姆看来,管理者的实际支配是当代经济发展的伟大的共同的原则,这原则以政治上不同的形式,普遍地贯穿在社会主义、法西斯主义和美国之中。这样,布哈姆——正如希特勒主义的思想家,正如语义学家——抹煞了不同制度之间的一切真正的经济和社会的区别和对立。产生出了缺乏概念的语义学的黑夜,在这黑夜里,共产主义的干部或厂长与资本主义的管理者被等同对待。

但不管怎么说,布哈姆总算朝间接辩护的方式走出了一步。他还像希特勒一样在宣传中伪装成否定资本主义。他还像希特勒一样否认历史提出了这样的选择:资本主义还是社会主义?他还像希特勒一样声称找到了其他的选择。不过,尽管有根深蒂固的方法论上的亲缘关系,时代的变迁、作用范围的区别,都在这两人的构造物的内容和形式上打上了烙印。希特勒超越社会主义或资本主义的选择是依靠招致强烈感情的非理性主义的神话(以群众在1929年危机中的绝望和渴求求援为出发点)。布哈姆也在思想上构筑了神话的轮廓,不过他这样做时带着枯燥的客观的“科学性”的平淡的语调。确实，当在希特勒那里，被宣告的思想的重要内容直接地从对选择的神话般的解决中产生出来时，布哈姆想尖锐地、断然地把科学的断言（神话）与思想区分开。我们还会更详细地讨论这个问题。语调上的差别就已经显示了时代的差别，作用范围的差别，因此正如现在就可以看出的，语调上的差别强烈地渗透到方法学本身。希特勒即使是如此的玩世主义——作为垄断资本主义的鼓动和屠杀的首脑——他还能指望：他的神话的宣布会把绝望的群众拉过来。但布哈姆从他的神话中可以指望什么呢？对垄断资本主义所作的间接辩护（他作为这种辩护的预告者），即使在最有利的情况下也只能以“生力军的周旋”（帕莱托）为结局。它充其量是一种思想安慰，使资产阶级和资产阶级知识界在真正彻底的社会震动面前获得安慰。

希特勒和布哈姆企图不仅挽救垄断资本主义，而且还巩固它。在这样做时，希特勒打着“革命”的幌子，这“革命”表面上要彻底改造整个社会。布哈姆诚然也谈革命，但在他自己的论述中，资本主义的整个核心，特别是资本主义与劳动人民群众的关系，基本上原封未动地保持着；“革命”仅仅发生在领导层中。当然，希特勒和布哈姆都立足于鄙视群众。尽管如此，希特勒还是煽动起了群众运动，并让他的鼓动在纳粹统治时期在表面上也经受群众的影响，而布哈姆——在这里恰如受他深为鄙视的自由派一样——把“群体化”看作巨大的危险，相应地竭力公开阻止群众有任何的权利。因而很自然地，布哈姆把希特勒的和美国的宣传与对群众的共产主义的教育和培养相提并论。这一切导致：布哈姆的向间接辩护的转化不能创造出起作用的、从中直接产生社会鼓动的有力口号的神话。布哈姆的间接辩护在达到高潮时提出要求：创造出相应的思想；但他的这种思想是与——所谓的——客观科学理论小心地分离的，与它——按内容和方法而言——完全独立的。

因此，在希特勒那里是统一的东西，在布哈姆那里就是分离的东西了。在此，科学是“客观的”（在语义学和新马赫主义的意义上），并且与思想、宣传毫无关系。这种“客观性”这样来帮布哈姆的忙:把管理者的讨厌的不可避免的发展过程向他的读者们进行推荐。与此相反,思想受当时具体的任务所制约,并且与社会发展的客观现实,与我们对客观现实的认识的增长毫无关系。布哈姆说,思想必须:“一、至少粗略地现实地表达符合当时统治阶级利益的东西,必须有助于创造这样一种思想和感情的方式:它有利于维护一定的社会结构的关键机构和关系;二、同时,必须这样来表达思想:它能够向群众的感情发出呼吁。把握住一定的统治阶级利益的思想,如果它公开地表达它的职能,公开地表达要确保统治阶级对社会其他人的权力,那么它作为社会的黏合剂就完全失去了价值。思想必须公开地以‘人类’‘人民’‘民族’‘未来’‘上帝’‘命运’等的名义来说话。”

很难想象可以超过在这里表现出来的对人民鄙视的那种玩世主义。但布哈姆还想与他的一些同伴划清界限,这些同伴主张,任何的思想都能在相应的宣传机构中履行这种职能。他说,这类主张是错误的:“事情远非仅仅涉及宣传的熟练技术。有成效的思想必须——即使以混乱的形式——在群众面前表现得它似乎表达了群众的一些利益。”这样划清界限真是今天所达到的玩世主义的顶点。确实,我们在近几十年中经历了许多事,此外,我们了解了希特勒与劳施宁的谈话。布哈姆的书却产生了这样的效果:似乎罗森堡在《二十世纪的神话》中把这些谈话作为注释而一起付印了。布哈姆作为新的间接辩护的宣告者,同时是他自己的劳施宁。

但是,对人极大鄙视的玩世主义不仅有迄今所观察的道德方面,还有实际的政治方面。希特勒诚然有时也有类似的玩世主义的表现(把政治鼓动与肥皂广告相比较),但他同时创造出恶魔般地起作用的具体思想,这思想,虽然——或因为——它达到了在人类历史中直到那时所达到的最低的思想和道德水平,却还对群众有巨大的危险的动员力量。布哈姆满足于为起作用的思想找出玩世主义的笼统的药方。他声称,因为他所代表的“科学”是太好了,以致不生产出思想(确实,他本人在战后是新的侵略的主要鼓动者)。实际上,在这两重性中表现出他不能把他的间接辩护进一步扩张成对广大群众有鼓舞作用的思想。他的间接辩护的目的,是为了对直接辩护在群众那里产生的虚弱影响进行弥补或超过它。他满足于方法论上的药方,因为就对垄断资本主义的间接辩护来说,再也找不到起作用的思想了。由于持股票者被管理者所代替,劳动群众决不会因此而受鼓舞。当按布哈姆的说法,劳动状况必须原封不动地保持下去时,情况就更是如此了。

布哈姆曾责备专家政治论者过于公开地表达他们的目的,这一责备也适用于他本人。此外,他的臭名昭著的企图——为美帝国主义的目的而创造出间接辩护——正证明了转向间接辩护不是思想家的愚笨或缺乏经验,而是美帝国主义的制度和潜在影响的必然思想结果。布哈姆本人提供了这样的证明,因为他以后的鼓动战争的文章(这些文章企图为针对苏联的十字军东征而提供思想)绝妙地又回到"管理革命"上来。

III

这一切引导我们讨论鼓动中的第二个复杂的问题,即民族鼓动。如我们曾看到的,希特勒曾对德国人的容易挑起的民族感情作了辩护,因此很容易把它引入沙文主义的侵略和征服世界的思想。布哈姆及其间接辩护的同伴们不仅对美国民族,而且也对一切民族树立了同样的目标。然而,他们不能提出这样的思想。而希特勒因把他的思想扩展到德国边界之外而在"新欧洲"的思想那里遭到灭亡。但是,布哈姆及其同伙的失败却很早就开始了。因为人们如何能鼓动普通的美国人为了保卫他的国家而去鸭绿江或摩洛哥呢?当然,一小撮垄断资本家及其走狗热衷于这类计划。当然,在普通的人们中——由于受垄断主义的战争鼓动的影响——有关这类话题的热烈的谈话也能从俱乐部或咖啡馆里产生出来。但重要的问题是:如果这些口号付诸实践,如果它们成为个人的生死问题,那么还会剩有什么呢?有关第二次帝国主义战争的真实报告提供了并不太有希望的前景。虽然自从几十年来,日本一直被看作“死敌”,虽然战争随着日本偷袭珍珠港而拉开了序幕,梅勒书中的士兵们却这样谈论说:“我怎么这么讨厌这些该死的日本鬼呢?你想到没有,使我担心的是,是否他们要赖在这该死的热带丛林中?”而且在谈话中,士兵们又表示出对自己上级的确实很深的仇恨。布罗姆菲尔德描写的情况也是如此,只是在语调上更淡漠一些。至于在斯蒂帆·休谟的小说中有一些热烈的战争参加者,那只是因为他们幼稚地相信十字军东征是为了传播民主;小说的内容恰好是由于美帝国主义在被占德国的实际政策,由于压迫民主,由于军队的实际领导人保护法西斯主义分子,他们感到失望了。朝鲜战争的结果也是如此。

对布哈姆之流来说,中心的问题是使普通的人明白,美国民族的生存受到苏联的“侵略意图”的威胁。但布哈姆本人说:“不管有关红军的军事力量的真相如何,似乎很合理地表现出共产主义的领导人物把红军的军事作用看作是战略防御。”确实,布哈姆如此严肃地看待苏联整个政策的防御性,以致他——与麦克阿瑟的一些说法相一致——得出结论说:“在两年或三年期间,我们在苏联和共产主义面前可以为所欲为,不必冒军事冲突的危险。”在这句话中,赤裸裸的公开的侵略思想清楚地表现出来。因此,当布哈姆之流在动员群众去参加莫须有的民族自卫时遭到失败,这不是他们个人宣传中的弱点。这种必败必然愈加频繁,因为苏联的和平政策及其谈判诚意被群众看得越来越清楚了;苏联在一切声明中不懈地强调,不同社会制度的和平共处是完全可能的。因此,在这个问题上,在希特勒的间接辩护和美国的直接辩护之间的实际区别表现在:希特勒成功地逐渐把德国劳动人民引进帝国主义的侵略战争,而美帝国主义者及其思想家们不得不直接地从希特勒经过长期的准备和欺诈后最终所达到的地方开始。

这种状况的更深刻的原因在于:美帝国主义的思想家们,特别是布哈姆,首先并不把苏联看作美国的政治力量上的对手——确实,如我们已看到的，他们常常不得不承认，来自苏联方面的国家竞争以求世界统治，这是根本不存在的——而是在共产主义的传播中看到了真正的危险；他们把共产主义而不是把社会主义国家本身看作他们的真正对手。在这里，我们也首先探讨这个复杂问题的思想方面；正是因此，对我们来说，现在说出的对立不是什么新东西。自从尼采以来，社会主义就是帝国主义资产阶级思想的主要敌人。诚然，这一斗争长期以来是主要的思想斗争（与资产阶级政治力量的镇压手段结合在一起）。直到随着社会主义在苏联的胜利，斗争才愈益有力地也与帝国主义力量的对外政策的手段交织在一起。不言而喻，随着苏联力量的增长，随着社会主义在其他国家的胜利，斗争愈益尖锐化。

我们的考察不去研究帝国主义力量的对外政策——从支持哥萨克或邓尼金直到今天的冷战——如何越来越多地吸收进了内战的成分。对我们的论题来说，这之所以重要，只是因为反共产主义思想的斗争因此而比以前更公开地转移到一切争论的中心点。从客观上看，从尼采以来，就已经是这种情况了；然而，从那开始的重点的转移表明了某种质上新的东西。在我们迄今观察的过程中，我们已经可以注意到，斗争的尖锐化是与资产阶级思想在思想和道德上水平的不断下降相联系的。与现代非理性主义的奠基人相比较（这些奠基人反对资产阶级的进步观念），水平的下降在尼采转向新的战场的过程中就已经很明显了。在希特勒那里，水平的下降暂时达到了最低点。现在，布哈姆之流早已又超出了希特勒的水平。在布哈姆那里，必然出现这样的问题：人们能够和必须拿什么去跟共产主义世界观相对抗？希特勒还有他的神话的五颜六色的肥皂泡，布哈姆只有脏水。

布哈姆也感觉到，他的观点中有弱点。因此，他激烈地反对对世界观的任何要求。他认为，许多人受对世界观的呼吁的迷惑，也向资产阶级方面要求某种类似的东西。布哈姆说："因为我们由于形势的关系不能具有这样一种信仰，我们就被不知不觉地挤到毫无作为和消极被动的状况中。"布哈姆想通过两个论证而重新获得主动性和进取精神。第一,他把世界观与极权主义相提并论,并把今天资产阶级世界中在世界观上的欠缺恰恰看作它的最高价值,看作应该被保护的神圣财富。第二,在实际的政治上,他还把世界观看作是多余的。他说:"第二,如果认为只有当方案和对方案的捍卫具有'肯定的'形式之后,战争或社会斗争才能是有成效的,这是不真实的。反面的情况倒是常常正确的。一般地说,人们理解他们所**反对的**东西比理解他们所**赞成的**东西要清楚得多。"他引用法国革命为例,把法国革命看作对旧秩序的这样一种否定。人们不必具有渊博的历史知识就可以看透这论证中的诡辩。当法国农民对封建主义说"不"时,这是一个语言表达——许多表达之中的一个——表达了农民们追求土地所有权,追求自由地支配他们的劳动及其产物,追求政治上的自由等等,因此,追求某种肯定的东西。在社会现实中,表达形式"不"和"是"是不可分地辩证地相互联结的。在社会现实中不存在不同时包含某种基本上肯定的东西的"不"。甚至机器破坏者通过他们的"不"在追求某种肯定的东西;至于这里充满着陈旧的偏见,并且极不明确,那是另一个问题。但就法国革命的资产阶级民主的目标而言,这种不明确性在法国革命中是不存在的。直到胜利后的矛盾开始指向超出资产阶级社会的方面,就产生了不明确性(作为当时可能的对社会主义的原始的未发展的预感的思想标志),但这里也没有采取布哈姆所要求的纯粹否定性的形式。

不言而喻,布哈姆的观点在哲学上也是不允许的。认为否定可以享有一种独特的实在(海德格尔等人的"否定性的无"),这是存在主义的神话,这种神话之缺乏根据,我已在我的有关研究中加以证明。肯定和否定涉及同一个客观实在,并且——常常以不同的形式,或许带着内容上的一定的变化——表达同一个实在的内容。然而,尽管哲学上对否定所作的崇拜是站不住脚的,它确实具有真实的社会基础。它是这样一些知识分子在思想上的自卫:这些知识分子失去了任何的社会立足点,因此感到自己在社会中完全孤独,感到自己进入了面对虚无的处境(当然,这种处境中的无又是某种肯定地存在着的东西。而且当著名作家如陀思妥耶夫斯基对之加以描写时,它只是在这些人物的心理学上与正常人的心理学相区别。直到在极端的颓废中,这种心理学才膨胀为形成实在本身的建筑成分,然后就产生出与存在主义哲学相平行的文学)。现在,布哈姆想把虚无主义作为反共产主义的思想出发点:从他所维护的世界不复有世界观和理想的困境中,制造出有利的局面。当然,这只是在颓废的寄生的知识分子的眼中才是有利局面。

今天的普遍现象是:对所谓人类健康发展的基础的"自由世界"的维护,是最紧密地与理智和道德上的颓废结合在一起的。这结合不是偶然的。因为一方面一切颓废的东西本能地感觉到,它们只能在客观上腐烂的世界中才获得生存的基础;尽管它们主观上声称要激烈地反对这一世界。另一方面,极端反动制度在政治上的玩世主义可以很好地利用这些颓废的思想家;并不偶然,布哈姆在今天几乎占据了罗森堡或戈培尔的地位:他们代表了所有三种类似的颓废的类型。对垄断资本主义的直接辩护的思想必须依靠伪善的玩世不恭的手段:以自由和民主的名义去摧残各民族的任何自由,以确保和平的名义去准备和进行战争,等等。此外,这种宣传不仅在其言论中依靠明显的谎言(克劳契科方法),而且借助于新闻垄断而把帝国主义所犯下的各种罪行说成是不存在的(细菌战,虐待朝鲜和中国的战俘等等)。很清楚,正如虚无主义的玩世主义者罗森堡和戈培尔是希特勒的"天生的"鼓动家,玩世主义的伪善的布哈姆是今天冷战的"天生的"思想家。

在此我们不必进一步地去考察这种鼓动在政治上的结局和前景。只引用唯一的一个例子,来表明虚无主义如何在实际政治的思想中起作用,并表明当它从社会状况和从源于此社会状况的思想中得出结论时,它是如何揭穿它自己的本质和虚无性。前希特勒国防军总参谋部军官阿达尔贝特·魏因斯坦在不久前出版了一个文集。在文集中,现在产生的德国军队的本质被规定为是"无激情的军队"。书中又说,军事上的激情标志着极度紧张的战争价值;它同时又是民族自我意识、斗志、大丈夫气概的产物。在过去,这激情与战争现实相结合。这结合随着希特勒的鼓动而中断了,但前线的放纵一切激情的士兵们企图到处尽可能地消灭对手。从这一切中,魏因斯坦得出结论:“工业化国家的斗争不再认识到战争的‘激情’……在教育方法上,在战场上,美国的部队实际上是无激情的军队。”

这里的结论与导致这结论的思路是同样有趣的。魏因斯坦清楚地看到,旧的战争是带有激情的战争(带有激励民族和群众的内容),而这激情在希特勒时期消失了。但由于魏因斯坦不能用社会中人的真正理想去跟希特勒的反对人类的战争目的相对立,他就正如布哈姆在思想上普遍地所做的那样,变不利为有利,用完全空无思想的东西去跟希特勒的空洞的鼓动相对立,因为他是在德国和美国的工业化中而不是在它们的社会向反动发展中去找“激情”丧失的原因。

这样,魏因斯坦作为战争理论家就达到了布哈姆经过普遍地阐述思想所达到的地方。这样的一致性,今天在许多著作家那里都可以得到证明。它表明:在多大的程度上,社会现实要求提出问题,提供方法和解答。垄断资本主义的思想家们对当前的一切问题只有一个纯粹否定的回答:无论如何也不能要共产主义,而且,如果我们不能以自己的肯定的理想去与共产主义相对立,那么就让虚无算作理想。但布哈姆之流还想玩世主义地确立所谓起作用的思想的“社会学的”标准,由于从虚无中产生不出任何可以动员群众真正地持久地献身于生死攸关的事情的东西,这样,在布哈姆的意义上,就没有思想。对舆论的垄断暂时地可以依靠多变的矛盾百出的谎言去迷惑广大群众,但希特勒的例子已经表明:由于不断地违背现实,这种迷惑作用受到了很大的限制。

随着探讨魏因斯坦的观点,我们已经越出了美国的边境线。我们必须这样做,因为由布哈姆所宣告的、针对共产主义的十字军东征必然不仅要动员美国人民,而且要动员一切国家的人民。这里出现了现今流行的反动思想中的第二个弱点。布哈姆玩世主义地公开地说:“美国需要同盟者——它需要同盟者,不需要雇佣兵。然而,谁是同盟者,谁可以当同盟者,或在什么程度上当同盟者,这还未确定。”在布哈姆的叙述中,玩世主义的伪善性表现在:他把同盟者和雇佣兵对立起来,而美国的对外政策在实际上希望有雇佣兵——当然是以同盟者的名义。当两年以前,即当布哈姆写上述的话时所表现出来的这些疑问,更清楚更具体地表现在雷蒙德·阿隆两年后所发表的一篇文章中。在探讨美国与法国的关系时,阿隆谈到了新旧内奸:“有些人,恰如他们在过去服从第三帝国的统治那样,今天接受了美国的领导。令人可惜的是,有时只是同样的一批人这样做。”他同样觉得很可惜地说到与这批人相对立的另一些人:“正是这些西欧人,他们似乎对俄国人在文化领域中的统治所带来的威胁根本不担忧。”他明显地在非共产主义者中发现如下的态度:中立者的态度;他们“否定我们的独立性,他们简单地宣称,欧洲人有权利摆脱美国的所谓统治,而且一旦欧洲人最终地与自己的有影响的保护人断绝关系,那么战争的危险即使不能完全排除的话,至少也可以减轻。这种观点以极端的形式首先出现在法国,特别是在法国的知识分子中。”

作为象征,毫无疑问,这一切是重要的——但背后隐藏着什么呢?当我们对布哈姆有关同盟者和雇佣兵的言论加以评论时,我们已经揭示了这一点。从前希特勒的官方法学家,即本书读者已经很熟悉的卡尔·施密特,他现在不仅力争和获得了特赦,而且还想晋升为“美国世纪”的法学理论家,他对美国对外政策的原则提供了到目前为止最好的定义:“凡有经济的地方就有统治。”他的论述在玩世主义方面达到了布哈姆的水平,然而在精确性方面又超出了布哈姆的论述:在此,玩世主义地公开地表达了美国统治世界的绝对要求;并非偶然,这句话正是奥格斯堡宗教和平会议的时髦的变种(凡有统治的地方就有宗教):在两种情况中,赤裸裸的力量对比都被表达为绝对的规定性,只是现在当然在更发展的阶段上,因此在内容上是经济的,在任何政治方面是绝对的。

不言而喻,在资本主义世界中,经济优势早就是一种手段,借以干涉政治上独立的但经济上从属的国家的内部事务。然而,只要还存在帝国主义竞争力量的各种集团，竞争就会对干涉加以一定的限制。不过，第二次世界大战的结局导致：至少在到目前为止的时间里，美国作为唯一在经济上真正独立的帝国主义力量而保留下来。这就是说，不仅在殖民地的领域中，帝国主义国家的还存在着的竞争已经变成极不平衡的竞争，而且迄今为止的帝国主义力量日益陷入对美国的经济依赖之中。很清楚，这新的形势也日益表现在它们的内外政策的依赖性中，而美国的对外政策日益由新的经济基础所决定。对这种事实上早已存在着的情况，卡尔·施密特同样玩世主义地公开地说了出来，例如他以前——作为希特勒的思想上的走狗——就说出了一条原则："让中立者倒霉去吧！"

很清楚，质上变化了的形势必然也会得到思想上的反映。它的最重要的形式是日益扩张的世界主义，认为各个国家的独立性与主权被历史所超越了(世界主义的统治并不意味着对沙文主义的鼓动完全停止了。人们想一下在西德反对奥得河、尼斯河边界的情况。但整个说来，它只具有比较从属的意义)。世界主义的思想家说，经济、政治和文化的发展日益紧迫地进入了各国一体化的方向，取消各国主权的方向，最终进入一个世界性国家的方向。

在这里，正如在希特勒的思想中一样，人们可以观察到，帝国主义时期的资产阶级思想必然默认了它在与历史唯物主义斗争中的失败。因为它虽然公开地、比以前尽可能更激烈地反对历史唯物主义，但要能建立起一种敌对思想却必须借助于对历史唯物主义作歪曲的抄袭，这敌对的思想是一幅讽刺画，它是由历史唯物主义的被歪曲的一些片断拼凑起来的。希特勒的"社会主义"就是如此搞出来的；在布哈姆的管理论中隐藏着这样的成分(资本家在生产中变成多余的，等等)；在施密特那里出现了经济基础对政治主权的优先地位；现在的情况也是如此。马克思有关资本主义历史使命的观点，有关创造出统一的世界市场、世界经济的观点，今天受到了歪曲，表现在讽刺画的形式中，在这讽刺画中，一切被颠倒了，任何真理均变成了谎言。因为第一，跟从前相比，今天较少地存在着统一的资本主义的世界经济。多于八亿以上的人们生活在它的影响范围之外。第二,——这对世界主义和世界性国家的问题来说是特殊重要的——认为世界经济、世界市场的产生会取消国家主权,取消已经过时的国家的独立性,这是不真实的。经济联系的增强并不意味着消灭自己国家的发展。相反,社会主义的发展过程表明:甚至迄今"无历史地"生活着的民族恰恰在社会主义中觉醒后达到有意识的国家生活;在一切按社会主义方式生活着的民族中,民族文化、对民族独立性的意识及热忱并没有被否定,相反地不断得到加强。

但同样的过程也存在于按资本主义方式生活着的民族之中。确实,资本主义入侵到迄今还是前资本主义的地区,这到处招致民族感情、民族意识、民族独立性的产生。世界主义和世界性国家论的历史论题与我们时代的现实事实产生了明显的矛盾。当然,它也依靠了一定的社会事实。只是在这里,帝国主义思想中的根本性的盲目性也清楚地出现了:它虽然不得不承认在社会中群众意识的增长,承认群众在经济、社会、政治、文化方面发挥作用的要求,但它把这些看作是对文化的威胁,看作某种纯粹可鄙的东西,因此,它的目标就是进行纯粹的阻挡(对于政治上的镇压措施,本书就不能加以探讨了)。我们一再地详细地探讨过作为所谓"群体化"问题的资产阶级观点的历史。我们还曾看到,希特勒的民族和社会的鼓动如何在短暂的过渡时期中产生出一个短命的表面性的解答。

在这个问题上,当前对资本主义所作的流行的直接的辩护的界限还表现在:它在转回到十九世纪自由主义的思想时,把这自由主义对群众的恐惧,把它反对群众的独立,都继承过来了,当然,对应于帝国主义时期的条件,带着质上变本加厉的形式。这意味着:对这种思想来说,唯一注意到的是统治阶级及其思想附庸的形势和前景;对群众的"教育"已经委托给宣传(和镇压)。因此,布哈姆对科学和宣传所作的区别是依据了战后帝国主义资产阶级的形势。

至于现在在此范围内说到民族问题和世界主义、世界性国家等等,那么,R.龙巴狄正确地指出,资本主义的任何殖民化都与支持旧的统治阶级相结合;旧的统治阶级为了维持其摇摇欲坠的政权,就与殖民者结合联盟。从前,封建阶级就是如此(而且在今天还是如此,例如在许多阿拉伯国家中)。当现在,例如今天,发达的资本主义国家,甚至大的强国,受到美国的"殖民化"时,那么今天的垄断资本主义就继承了从前封建阶级所起的作用:它变成了背叛民族独立性的"国内的"支柱。在此基础上,世界主义的思想得到了真正的并非无力量的支持者。布哈姆的否定性的口号——不惜一切代价反对共产主义,甚至出卖国家主权——在这集团和为这集团服务的知识界中得到了真正的基础。在此基础上,世界主义的思想成为从原则上背叛祖国的思想。

然而,这种形势并不意味着在民族问题中存在的真正对立已被取消了。相反,事实是对立不断地尖锐化。因为保卫民族的独立和主权,这在任何民族中把那些本身对共产主义抱无所谓态度甚至敌对态度的人也动员起来。由于共产主义者忠诚于马克思列宁主义学说,随时随地是民族自由与自主的保卫者和先锋战士,因此,美国人意义上的反共产主义必然总是与共产主义争夺新的同盟者。希特勒在此问题上,在他的"欧洲新秩序"的方案上可耻地失败了。美国人想在世界范围内恢复希特勒这一政策的计划,在完全付诸实现之前就已经显示出不可能性。

这里也表明,为什么必然到处产生出空洞的、从一开始就被宣判为毫无作用的口号,例如魏因斯坦的"无激情的战争"。振奋人心的口号,政治或战争中的激情,只能产生于人民的真正存在着的信念和感情。这里概述的与人民愿望的原则上的对立是一种力量,它从一开始就把美帝国主义的直接辩护归结为空洞的宣传技术。

进一步的探讨又不属于我们的任务。思想中的基本环节,我们已经论述过了,即利用对新闻等的垄断,把不存在的东西说成是现实,把明显的事实(我又回想起细菌战)又说成是不存在的。这一切在希特勒时期就已经发生了。区别仅仅在于:从国际上看,美国的宣传机关虽然远为强大,但它不具有希特勒迷惑性的神秘主义中那些骗人的把戏,而必然是枯燥单调的,因此它的目的与群众的真正愿望之间的对立更迅速地暴露出来。当然,低估一个如此强大的宣传机关可能产生的影响,这是一个重大的政治错误。按我们的计划,我们就不再具体地评论这个问题。在分析思想时关键在于指出一些错觉。这些错觉一方面由宣传机关本身的压力所产生,另一方面又是从对"群体化"的熟知的观点中产生的。错觉首先在于:以为这种宣传能够真正地说服每一个人,以为只有"共产主义的第五纵队"才会引起对"美国世纪"这一理想的反抗。从前,希特勒把卖国贼与人民相混淆;现在,进行直接辩护的许多思想家又把大多数群众与"第五纵队"相混淆。在这两种情况中,原因都在于鄙视群众,因此对群众的真实愿望完全盲目无知。此外,并非没有内在的联系,那就是宣传机关的妄自尊大。美国教授摩根索提醒说,新闻、广播等等决不与美国的真正舆论相同一,从错误的同一中产生出错误的广告式的政治,他说:"行政机关已经变成它自己的宣传的俘虏。"

IV

美帝国主义的直接辩护的空洞性与希特勒的间接辩护完全不同。我们指的是与宗教和教会的公开关系。希特勒的神话声称要当宗教的直接的代用品,因此它包含着公开与天主教论战;如我们在有关章节中指出的,它在宣传上继续推行非理性主义哲学的那种宗教无神论。这一切话题在今天直接辩护中是缺乏的:相反,它很有力地依靠一切教会,特别是依靠天主教;梵蒂冈的宣传机关如此接近于"美国之声",恰如圣灵银行与华尔街紧密地结合起来。当然,必须强调指出,对罗森堡敌视天主教徒的言论也不能太从字面上去理解,它对于某些人来说是思想上的障眼法,它并不阻碍来自梵蒂冈和德国天主教徒上层人物的对希特勒统治的真正支持。

不言而喻,这一区别的产生主要不是由于思想的缺乏因而作为思想的最期待的补充物,而是由于美国本身的社会历史的发展。在美国,教会与商业总是如此内在地相勾结,正如资本主义与新教在其建立时相勾结一样。并且由于美国没有经受过欧洲国家自法国革命以来所经受的那些危机,也没有深深地动摇过宗教信仰;因此,对资本主义社会的维护在美国就不必把宗教无神论添加到间接辩护的体系中去。一部分知识分子的所谓不可知论,与欧洲的思想危机相比较,是某种相当无害的东西。这样,从美国本身的社会发展中有机地产生出教会(首先是梵蒂冈)与美帝国主义的联盟,为了向共产主义发动十字军东征。

对这一联盟的政治和实际宣传意义(例如在落后的农民与小资产阶级中的影响)加以分析与评论,这也不是我们的任务。对我们来说,唯一考察的是问题的思想方面:是否这种与宗教和教会的联盟能以世界观的内容去填补直接辩护的纯粹的和空洞的否定性,是否它能为迫不得已地放弃罗森堡式的宗教代用品而提供代用品。我们相信,对这两个问题也必须作否定的回答。哲学上的许多流别,如法国的存在主义,它们继续了宗教上的无神论路线,但它们不能在国际上取得领导地位,它们代表中间阶级和"第三条道路"的思想,这一切只从否定方面标志了形势。要作出肯定方面的标志,必须先有待于人们能够指明:由于与宗教和教会结成联盟,在何处何时出现了新的思想题材,出现了宗教(或甚至仅仅假宗教)的狂热成分。

这样的东西在任何地方都找不到。一个穷凶极恶的反革命的思想家,白俄流亡分子彼得雅耶夫正确地指出了原因。他深为悲伤地谈到现代的人不信宗教的情况:"绝大多数的人,包括基督教徒,是唯物主义者,他们不相信精神的力量,他们仅仅相信物质的力量,相信军事的或经济的力量。"但是,这一根本态度决不是与信仰宗教甚至与崇拜神话不相容的。我们在前面探讨叔本华和基尔克戈尔时,曾指出一者的宗教无神论与另一者的激昂的宗教热忱为颓废的知识分子所能带来的思想安慰。对这种安慰的需求,必然随颓废状况的发展而日益滋长出来。

它早就采取公开的宗教的形式(例如,在奥地利的巴罗克式的天主教),因此,它今天能——也公开地玩世主义地——带有宗教热忱的流行的政治色彩,无须最轻微地改变道德的根本态度,无须最微弱地增添世界观问题。我们在奥尔德斯·赫克斯利那里发现了这种态度,他近来以不同寻常的公开的玩世主义来宣告神秘主义。当然,他一点也不相信任何真正神秘主义的实际要点,不相信与神的神秘的合一,但他补充说:"然而,这决不减少神秘主义作为通向健康的道路的价值。没有人会把瑞典的体操或刷牙看作走向神的直接通路。如果我们把谟勒式的早操作为我们的习惯,那么我们是为了健康才这样做的。由于同样的道理,我们应该把神秘主义和道德上的德行作为我们的习惯。"

本书的读者不再会感到奇怪:这种思想安慰恰恰伴随着知识分子的绝望,伴随着他们向神的呼吁。这种联系在奥尔德斯·赫克斯利的玩世主义中可以清楚地看到。在伯特兰·罗素那里,这种"宗教的"绝望还更玩世主义地表现出来,同时——表面上开玩笑地——展开了帝国主义的一切反革命的侵略的结论。他以形而上学的宗教的方式,向我们提供了如下的前景:"我常常想象,也许神不愿意让我们理解它凭以操纵物质宇宙的机械力学。也许核物理学家对于最终的秘密已如此接近,以至于它认为已经到了中断他们工作的时候了。较之让他们继续他们的发明直到毁灭人类,它能采取什么样的更简单的方法呢?如果我能够想象,鹿、松鼠、夜莺、云雀会渡过这场灾难,那么我就能平静地正视这场灾难;人毕竟证明,他不值得当造物主。"但是,这种世界灭亡的情绪总是具有确切地改造过的政治内容:对社会主义的生死搏斗;对像罗素这样的人来说,人类的灭亡比社会主义胜利的前景更容易忍受。当然,也不是在严肃地谈论世界的灭亡,世界灭亡的真正的、由罗素所期待的内容是"白色恐怖将取代红色恐怖","唯一的军事统治(当然是美国的统治——卢卡奇注)将在整个世界内达到"。因此,"宗教的复兴"无非是进一步从思想上推动原子战争和细菌战争。

利普曼有一次说道:"如果时局发生混乱,那么一些人就会强攻堡垒,而另一些人就会退回到寺庙中去。”对反革命堡垒中的思想困难,我们已经指出,并且还要再指出,对宗教在思想方面的帮助,不应该作过高的评价。至于说到“寺庙”,那么这是在危机时期颓废状况的普遍现象:思想上从大的斗争中退却,拒绝表态。在这里,是否它是佛教无神论的寺庙,或是天主教的寺庙,如果我们进一步去考察退却的思想(对此我们现在没有可能性),那种差别没有太多的重要性。然而,退却的方向却具有更重要的意义。因为在评判思想时,如果也采取这种观点:“谁不赞成这,那谁就是反对这。”或者把一切寻找“第三条道路”或希望取中立态度的人都简单地等同看待,这恰恰在重大的决定性的斗争中是错误的。不是这样的,在这方面,任何的“寺庙”仍然是赞成或反对党派斗争中的一个党。例如当莫里阿克或格雷厄姆·格林创作出宗教的文学,作品中除了宗教题材之外使一切具体的社会的东西都泯灭在虚无之中时,那么他们站在——且不用说莫里阿克的公开贩卖战争的作品——帝国主义堡垒的“寺庙”之中。与此相反,例如卡尔·巴尔特对宗教中任何社会区别的否定则包含着对帝国主义战争的否定。难怪帝国主义新闻界谈到他时——并且特别在谈到尼默勒时——就像是在谈论走入“真空地带”的迷路者(或甚至使人走入“真空地带”的诱惑者),而它在莫里阿克或格雷厄姆·格林的身上则看到了他们世界观的重大深化。在这方面,它有正确的政治上和审美上的本能。这些作家所塑造的世界,尽管塞入了不少“奇迹”,却与颓废情绪野蛮地放纵本能毫无区别。这样的“寺庙”,对于未来的内奸或甚至对于帝国主义的刽子手来说,倒是很好的教育场所。

对宗教思想的讨论给我们提供了这样的机会:简短地评论我们当今的“伟大历史哲学家”A.J.汤因比。在哲学上,他的著名的著作完全没有提供新东西。在一切主要问题上,他是生命哲学的子孙史宾格勒的简单的子孙;一切重要的思想:反对历史的统一性,同等看待一切文化,把进步宣布为幻想等等,他都是从史宾格勒那里继承过来的。他的所谓创造性表现在完全无足轻重的细节之中;因为不管他们之中的那一个人——同样任意地——构造了多少这类的“文化圈子”，这没有产生出真正的区别，如列宁所挖苦的，是在红魔鬼与蓝魔鬼之间的区别，这种区别是完全无足轻重的。至于汤因比没采用史宾格勒的生物学的非理性主义，这是无关紧要的事。因为在他看来，文化从静态到动态的历史过渡是纯粹不合理的奇迹。为了选择过渡的道路，他还使用了纯粹神话的比喻，并为论证这一方法而作了如下的“认识论的”思索：“可以在这类神话的形象中最好地描述事件，因为神话的形象不受矛盾的干扰，而矛盾之产生，则是由于言论采用了逻辑的术语。如果神的宇宙是完美的，那么除了神之外就不会有魔鬼在逻辑上存在；而当魔鬼存在时，那么它要损害的完美性必定已经是不完备的了，原因是它存在着这个单纯的事实。这个逻辑矛盾在逻辑上不可能得到解决，它由诗人和预言者的想象直觉地超越了……”因此在这里，以比晚期谢林远为更愚蠢的更低下的形式，神话变成为“直觉的形式，以便吸取和表达普遍的真理”。所以，脱离史宾格勒的生物学的非理性主义甚至可能产生出还更混乱的谬论。我们在把史宾格勒与尼采、狄尔泰作对比时所已经断定的那种普遍性的水平下降，在现在把汤因比与史宾格勒相比较时清楚地表现出来。

很显然，不值得去进一步探讨汤因比的详细情况。只是让我们再来强调指出一个环节，即在什么环节上他的效忠于基督教的关系在他历史哲学的关键地位上清楚地显现出来。汤因比只在继承耶稣之中看到了摆脱当今危机的出路：“谁握有剑，谁就将因剑而灭亡。”但是，他的忠告唯一地针对着“内在的”和“外在的”无产阶级(也是汤因比在整个历史中的发明之一，它又是法西斯主义的“无产阶级国家”论的浮夸的仿造品)，但不针对着统治阶级，统治阶级使用暴力是与基督教很好地相容的。

如果我们现在观察一下迄今概述的思想的总形势，那么自然而然地出现问题：对创造性、深度和影响来说，在这里能有什么活动余地呢？回答是完全否定的。不是只有我们才断定这一点。让我们听一下一位有名望的、与美国友好的颓废派思想家丹尼斯·丹·罗格蒙特怎么说："但很可惜，文化对我们周围的世界的反叛直到今天仍然还是毫无任何直接的影响。它是一支小的精锐部队的事情，这支精锐部队在越来越大的程度上与普遍性相隔绝，并对政治、社会、经济上的事件变得陌生起来，而事件则服从它自己的、精神越益不能接受的法则。在商人、政治家、无产者和李尔克或海德格尔之间，不再有共同的语言，对生活和社会的目的或价值不再有共同的观念。他们之能联合起来至多靠了模糊的词语，如自由、民主、正义，而在这些词语之下，人们真是同床异梦。不再有公认的权威，由他来宣告'真理'，并订立共同的价值标准。几乎今天在欧洲所发生的一切，总是与按各种正统观念、按市民道德或按理智的标准是好的和正确的东西处在矛盾之中。"

这位杰出的作者不满足于刚才引用的话，他对他所评价的思想的毫无影响状况提供了一个极典型的例子，这例子中的主角是同一派别中的另一个杰出者柯斯特勒。他在他的一部反共产主义的小说出版后收到了大学生的来信，罗格蒙特从信中作了如下的引用："在我看来，您对斯大林主义的描写是完全正确的。因此，我将加入共产党，因为我刚好在寻找这样的纪律。"

这种失效和无能为力的状况不足为怪。单纯的词"绝望"作为此种思想的内容，并不足以解释，因为我们已经看到，海德格尔的绝望甚至能够为希特勒主义作了直接的准备。今天，例如格雷厄姆·格林能产生类似的作用。但是，现在涉及的是某种别的东西，涉及更多和更具体的东西。不仅仅涉及对人的任何能动性的普遍绝望；这种能动性，从叔本华直到海德格尔，汇入到反动派的阵营，或至少导致与反动派相勾结。但罗格蒙特、柯斯特勒之流不仅仅处在普遍的绝望之中，他们的怀疑和绝望首先旨在他们所要宣告的"好消息"，即旨在维护"自由世界"。

让我们再来听可靠的证人柯斯特勒本人的供词。他让他的小说《渴望的时代》中的一个人物说了如下的话，在这些话中可以清楚地感觉到，这个人物说起话来要比他的作者平时敢于说的话更坦率一些。

此人物说:“现在,我偶尔相信,欧洲的命运是注定了的,历史中的一章接近了它的终点。几乎可以说,这是我的思辨的真理。当我超然地看在永恒性标志之下的世界,那么我认为这从来也不是令人不安的。但我偶尔也相信道德的命令:跟恶作斗争,即使斗争是没有希望的……在这一点上,我的思辨的真理成为失败主义的宣传,因而又成为不道德的影响。”这番表白以——从柯斯特勒嘴里说出来的——对在由作者如此卖力地维护的“自由世界中艺术和文学的未来前景”的并非不重要的判断而告终:“欧洲的艺术灭亡了,因为它没有真理就不能生存下去,它的真理已经变成了砒霜。”

这意味着柯斯特勒在谈论他自己的世界:它不能容忍如实地反映现实的艺术。但这种情况与从前杰出的反法西斯主义者谈到第三帝国与真正的现实主义的艺术的关系时所说的情况恰好完全一样。当然,如此产生的景象还包括:这些认识绝不阻碍罗格蒙特和柯斯特勒之流参加到美国的战争宣传中去(因此,同样的认识使正直的作家成为彻底的反法西斯主义者,而在“自由世界”的维护者中仅仅产生出极度的自我讽刺,产生出他们的帝国主义宣传的卖俏的自满的色彩)。在这里,在新的领域中,我们又证实了我们前面对思想家的伪善的玩世主义所下的判断:他们与利普曼一样,不相信他们所宣告的东西,他们与布哈姆一样,是他们自己的劳施宁——尽管他们在不同的文章中带有差别。

当然,绝望并不仅仅导致服从或甚至与帝国主义反动派相勾结。有时,它可以是一场危机,并从危机中重新觉醒达到理性。但它也可以包含着要陷于无所事事,包含着企图放纵直到自杀,它的——也是反动的——作用往往表现为很成问题的。美国很有成就的小说家布罗姆菲尔德在他的《史密斯先生》中描写了这种命运。从社会的角度看,他无疑是正确的,他让小说中的我在自身与巴比特之间作了比较:“当我描写这些人时,我有理由不描写巴比特。不再有巴比特们了。他们属于美国生活中的特定阶段,这个阶段可告结束。在今天,巴比特,以其自负,以其善良,以其极度的残忍,以蕴涵着他的无教养的喧闹,是一个怪人,被遗弃者。在一定程度上,他的一切性格和他的真正的问题由病态和迷乱所取代了,而受害者并不知道这一点,他们试图逃避到唯物主义中,逃避到极度的忙碌中,逃避到饮酒中。巴比特是粗野的,但也是健康的。我所描写的、并且经常在蔓延的病态是完全不同的。我知道我在说什么;并且我为整个国家和民族而担忧。”

布罗姆菲尔德和他的主角过高地估计了巴比特的健康。两部小说的读者知道,破坏布罗姆菲尔德的主角的生活的东西也在巴比特的生活中出现了,当然在那里仅仅作为插曲;布罗姆菲尔德的绝望的萌芽(这些萌芽在巴比特那里,在一开始就存在了),在那里由“美国的自由”加以整治(从断绝往来直到物质和道德上的摧残)。这不是说布罗姆菲尔德的坏话。在史密斯先生看来,巴比特必然表现为是强健的;布罗姆菲尔德的功绩恰恰在于:他正确地描写了由于社会的发展,一种类型转化为另一种性质不同的类型。这种提高还包括:史密斯先生跟巴比特相比,还较少地预感到决定他的命运的真正原因。然而,在两个人物身上,都本能地反抗美国的特殊的“同步化”,反抗——如果必要的话——对一切思想和感情采用粗暴的“规范化”。辛克莱·刘易斯当时在这些问题上比今天的布罗姆菲尔德更有意识一些,他谈到“好好公民协会”的这样一些倾向(这协会破坏巴比特涉足于奇异的东西):“他们断定,美国的民主或许并不意味着财产的平等,与此相反,规定在思想、衣装、道德、绘画、表达方式上的健康的一致化。”辛克莱·刘易斯——虽然并非巴比特——甚至知道,这种同步化在“民主”“自由”的形式下是资本主义的普遍的东西,只不过它在美国的出现要比世界别的地方更厉害得多。当恰恰这个世界在拯救“可持不同见解”的权利的名义下应该得到维护时,人们就又清楚地看到了劳施宁之类的问题。

因此,在这一发展中——布罗姆菲尔德是否知道,这完全无所谓——,事情涉及腐朽的资本主义中一般人的命运。拥有健全的生活本能的人们要自发地反抗他们生活中的这番前景,这是太可理解的了。反抗常常采取——多半是相当模糊的——反资本主义的形式。我们已经看到,雷蒙德·阿隆对欧洲这种情绪的普遍传播是多么愤慨。但他绝对不是唯一的一位。例如,剑桥的教授 D.W.布罗加在许多欧洲人反对资本主义的感情中看到了他们从根本上在反对美国。布罗加教授想克服这些感情,这对我们来说是无关紧要的;确实,正是他那对美国友好的态度使他的话带有特殊的价值。他说:"因为如果有人否定现代的(美国的——卢卡奇注)世界,他完全有权利就它的最有代表性的形式去否定它,而最有代表性的形式在大多数的情况下必然是美国的形式。不是因为美国人特殊地堕落,而是因为他们在现代世界的技术领域中占据了领先的地位。至于从中也许要得出对美国不利的结论,这是无法改变的。谁出于这个或那个理由而否定现代世界,无论如何应该明智地就它的最完全的形式去否定它。"这正是史密斯先生的命运(对这命运,欧洲的一般的人,特别是知识分子,本能地感到不寒而栗)。史密斯先生已经是迷惑了,并被他自己的、还比较不发达的垄断资本主义推入绝望之中,那么,垄断资本主义在美国的完成对他来说会是怎样的一种恐怖呢?

布罗姆菲尔德的进一步的功绩在于:他揭示了现代颓废艺术(直到超现实主义)与史密斯先生的绝望的走投无路心情的联系。我们看到,什么感情、什么世界观(正确一点说,缺乏世界观)产生出这种艺术的影响。史密斯先生谈到他去新奥尔良的旅行,以便经过几天的酒色生活忘掉他故乡的环境:"当我回想起这次旅行时,我总是觉得似乎全部的印象有如一幅超现实主义的绘画,在整个画面上是错综而狭小的街道,带有耀眼的、叫喊着'快欢乐''快当狂人'的霓虹灯,有成群的穷人和空手,幽灵从窄小的胡同和门口闪现出来,为了把人拉到小路上去。当人喝多了时,肯定就会有这番景象。"

史密斯先生的经历是无意识的自然而然的。但它可以不难地联系到一些较确切的评论,即指出为什么抽象的艺术在美国上层人物中会成为流行的艺术,通过什么手段它成为流行的。马克思主义者 S.芬克斯坦在一篇论文中生动地揭示了这些方法,他在文章中从《纽约时代》

引用了一篇文章，在该文中阿莉内·B.洛查英写道："当人以世界为家，使自身成为'万物的尺度'时，并当艺术——在世界上按照它的原样——通过创造出人所欲求的世界的摹本而体现出艺术自身时，人本主义就溯源到希腊人的人神同性的哲学。这种思想以有限的可估量的宇宙以及处于其中心地位的独立的强有力的人为前提，并且实在可以由人的理解能力广泛地加以把握。但是，随着研究新的科学，宇宙的这种形象不复是可能的了。"当然，文章作者的结论与我们当代的自然科学的结果没有关系。对重要的问题——为什么反动颓废的不可知论的神秘的说法甚至吸引了某些自然研究者的注意力——这些观察并未去探讨。对我们来说，重要的东西是：有一条直的路，它从自发地描写从非人状况到躲避人的逃脱，通向在理论上从反人道的原则论证这种艺术。在今天，这条道路远远地伸展进帝国主义时期：从保罗·恩斯特、伍林格尔，经过奥尔特加·伊·加塞特，达到马尔罗。

如果这些是纯粹美学的问题，那么我们就没有理由在此作探讨。但是，保罗·恩斯特作为希特勒的信徒而结束他的生涯，奥尔特加·伊·加塞特作为反对"群体化"的主要斗士而成为我们当代典型的反民主者，马尔罗成为戴高乐的戈培尔，这一切是仅仅偶然的吗？因为这一切不是偶然的，因此，美国的领导集团保护"抽象的"艺术，即保护有意识地反人道的反现实主义的艺术，也不是偶然的，只不过在表面上还附庸风雅。它跟迫害和压迫现实主义同样地不是偶然的。希特勒已经提供了证据，这样的制度与现实主义是水火不相容的。同样的景象，我们今天也看到了，只不过采取美国"民主"的表现形式。此倾向本身不是新的，只不过它在今天达到高潮意味着某种质上新的东西。任何人都了解作家马克·吐温的命运。我们已经揭示过在巴比特身上的"民主的"专政。辛克莱·刘易斯以后在《阿罗史密斯》中描写了"自由世界"的软的手段，在《埃尔默·坎特里》、《金斯布洛特·罗亚尔》中描写了"自由世界"的明显的恐怖手段。它们足以说明这位富有才华的现实主义者的巨大转变，足以说明初露锋芒的现实主义作家如施泰因贝克等人的结局。在卓别林、霍华德·法斯特、P.罗伯逊的命运中,人们可以确切地看到"自由世界"与现实主义的关系。

对艺术上现实主义的迫害不再是单单美学的问题。但它还更清楚地显示出它的社会思想的方面,因为我们观察到了那种在受保护的颓废文学中表现出来的有关人的内容,在这种文学中,颓废所引起的道德后果清楚地显示出来。人们在美国教授 H.St.康马格那里所能得到的关于这些问题的阐述,表明了事情并不涉及一个马克思主义者的"反美情绪":"男人和女人在福克纳、考德威尔、法雷尔、海明威、沃尔多·弗兰克、伊夫林·司各脱、尤金·奥尼尔的笔下都让他们的自然本能骚乱地尽情发挥,他们像野兽一样不讲道德……凡是研究过伊茨拉·庞德的生涯的人,没有人会怀疑他对黑暗的寻求与他对民主的仇恨之间有亲缘关系。"并且,他还下结论说,这里所挑起的向理性的进攻"使人极大地降格"。

因而,现代艺术的问题——通过伦理的中介——转化为政治。美国的文艺政策有力地促进了这一转化。从前,特别在欧洲,放纵本能作为艺术的内容被限制在颓废的寄生的知识界的"精锐部队"的小范围内,而现在这种内容已经广泛地流行。在"深奥的"艺术和大量庸俗艺术品之间的界限已被日益拆除。电影、广播、文摘等在最大规模上散布与在福克纳那里作为"高等的"文学而受到赞扬的东西相同的货色:毫无拘束地放纵最恶劣的本能。少年犯罪的不断增长显示了这类"社会教育学"的成果。

在文学中去寻找原因,这当然是错误的。它仅仅涉及症状。三 K 党和其他私刑机构早就把残忍地放纵本能搬到实践中去,远在带头性的文学受这个题目吸引之前(为了避免任何误解:我们现在谈及的是在文学中肯定并颂扬对本能的放纵;至于"称猫为猫"的现实主义表现方式与这个问题没有关系)。当然,侦探电影和犯罪电影,各种类型的黄色文艺,连环漫画中的超人,体育中的残忍搏斗等等,已经在前面开路了,但直到现在,广泛的体系才产生出来,其影响无所不及。

希特勒统治的特征是:采用巧妙的手段,把本身无辜的普通人,有时甚至把很有才能的人变成可怕的罪行和野蛮的非人行为的帮凶甚至积极的参与者。没有这类的“社会教育学”,奥斯威辛集中营就是不可能的。美国发展的特点是:这些倾向的成分总是存在着的,在南方,从奴隶解放开始的。部分原始资本积累直接地进入垄断资本主义时期,这方便和促进了这一社会过程;此外,还有南部的特殊色彩,即在南部,最落后的最违背时代的剥削关系(奴隶制度)从一开始就具有或多或少明显的资本主义特征。这一切导致:通常只属于原始资本积累的那些社会因素,随着相应的变革,直接地进入帝国主义的资本主义。其中还产生出这样的特性:这一切都是在模范的资产阶级民主的形式中展开的;在欧洲发展的意义上,美国看不到封建主义,看不到绝对的君主政体。希特勒主义的另一个重要部分——种族主义和种族歧视,在那里,特别在南部是起作用的(但以后也普遍蔓延),其时正当种族主义在欧洲仍然构成反动派中极端的局外人的个人的世界观。我们在有关章节中曾指出,哥比诺在他受误解的时期,却在美国的南部找到了第一批狂热的读者。美帝国主义越多地成为世界上反动派的领导力量,这些倾向越强烈地普遍化,并且——只要有可能,就比希特勒时期还更有意识地系统地——服务于准备侵略,服务于帝国主义战争,服务于野蛮地进行已经爆发的战争(朝鲜)。美国不少的民主人士为反对这些倾向在过去和现在进行了迄今仍属徒劳的斗争。

这番景象的进一步的方面是:没有哪一个地方像美国那样在公开的匪徒和官方的政府机构之间存在着“横向联系”的网络和系统(H.H.威尔逊教授发表了“民意调查处”在1944年的一份民意测验,根据这一测验,7个被调查的美国人中5个认为一切政治家都是贪污腐败的)。可以断定,不少普通的人经常产生愤慨。但愤慨是无济于事的,主要因为对舆论的垄断、由这一联盟支配的新闻界力量和两党机构的力量经常鼓动而使这愤慨被加以利用了。例如,很可能1952年共和党的最后选举胜利是靠许多普通人自发反抗民主党的贪污腐败而促成的。人们能够相当确定地预言,在几年之后会产生对共和党贪污腐败的类似的愤慨;副总统尼克松的情况(它很侥幸地被掩盖住了)非常明显地表明,在共和党内当然也流行着与民主党同样的贪污腐败。为了通过一个——偶然挑出的——例子来说明民主党的贪污腐败,让我们回想一下奥德威欧的情况。我们引用肯定不反美的《新苏黎世报》:“奥德威欧当时任命为墨西哥的大使,这唯一地出于这样一种必然性:把纽约市长及时地送出国境,以免他的很不光彩的市政管理中的丑闻被揭露。美国的国土因这位从前的纽约警察而如此激愤,以至于他宁愿在墨西哥度过余生,而且作为当地律师办公室的‘法律顾问’。杜鲁门接受了奥德威欧的辞职,他在复函中说,只是‘很踌躇,并且极热烈地感谢所履行过的公务’。但奥德威欧将代表美国与很多其他特殊代表一起参加即将举行的墨西哥新总统鲁伊茨·科蒂内斯的就职典礼。”

在我们写到这里的时候,对马卡兰的揭露似乎爆发了。他的情况作为象征也许是更有趣的,因为与匪徒组织有紧密联系的马卡兰正是“真正美国生活方式”的急先锋,是“反美倾向”的死敌。就其性质而言,马卡兰的情况正集中象征了备战的统治集团中所发生的东西,正如从前——颇为无辜的——克佩尼克的头头可以被看作威廉二世时代的德国的象征。

贪污腐败、匪徒行径、犯罪和政治恐怖相结合的方式也是希特勒统治的特征。我们回想一下劳施宁与“领导人”的谈话,在谈话中,“领导人”认可统治集团的贪污腐败,因为统治集团的成员由于大家都知道他们的贪污腐败的行为因而随时不得不无条件地服从。当然,这个话题也在今天流行的贪污腐败中起很大的作用。每次公开揭露都表明,许多知情人早就知道了这些事,但他们有原因不公开地谈论。与匪徒们有“横向联系”,这具有“政治上的”好处,即领导集团在困难的情况下总是可以利用相应的恐怖组织去恐吓讨厌的分子,在必要时加以消灭。在“正常的”和平时期,这是战争时期军事纪律所要达到的东西的补给品。“恐惧乃是二十世纪的人的定义”,梅勒的那位我们已经熟悉的卡明斯将军这么说。为扩大这种恐惧的目的而服务的,有秘密警察的不断加强的机构,有警察审讯时法律上允许的刑讯等等。当然,这一切在军队中达到了最集中的表现。"军队最好活动在这样一种环境:任何个人都害怕在他之上、并对下属表示鄙视的人",同一个卡明斯将军说。这样产生出来的普遍恐惧的气氛决不与正探讨的放纵本能问题相对立。恰好相反,放纵本能是绝对必要的,不仅为了对付内部敌人,而且为了对付外部敌人。放纵本能必须——像希特勒时期一样——得到相应的引导,从而被引入所希望的方向。在这里,统治集团与匪徒集团的关系是并非不重要的——思想道德的和组织上的——中介性的环节。

在探讨放纵本能、匪徒行径、思想和道德上的腐败时,还包括着要探讨叛徒们在反对共产主义中所起的从未这样巨大的作用。当然,现象本身不是完全新的。在两次世界大战之间,我们毕竟认识到了托洛茨基在国际上的宣传鼓动活动;还有形形色色的伊斯门、多里奥特等等。但在今天,不仅克劳契科、露特·费舍尔等类型的卑鄙的警察的代理人在世界舆论中处于突出的地方,而且最受赞赏的作家如多斯·帕索斯、西洛内、柯斯特勒、马尔罗,领头的政治家如恩斯特·罗伊特,政论家如布哈姆以及其他许多人,都是共产主义的叛徒。

这里自然会出现一个问题:在备战者的眼中,什么东西使共产主义运动中的渣滓恰好在今天变得这么有价值?我们已经说过,帝国主义思想的空洞性必然导致不断地——以歪曲的形式——对马克思主义作抄袭,以便企图利用共产主义的漫画式地歪曲了的细节去反对共产主义本身。在这个问题上,叛徒们当然是内行(人们想一下布哈姆对垄断的探讨是与利普曼、勒普克相对立的)。事情表明,对马克思主义的最肤浅的研究,向最彻底的资产阶级大学教育提供了最大的好处,特别在政治学和经济学方面。因为请注意到,绝大多数的臭名昭著的叛徒只是暂时地在共产主义运动的外围逗留过。如叛徒博尔克瑙断定,只有西洛内和罗伊特曾是共产党的负责干部(对他们在才能上的区别,这里不值得去进一步研究,虽然例如西洛内在他逗留在共产主义内时,可以被严肃地看作现实主义作家,而柯斯特勒在他风行一时的社会心理的劣等小说中仍然是同一个渺小的肤浅的记者,与他初期完全一样,等等)。此外,帝国主义者在评价这些叛徒对共产主义的揭露的"可靠性"及宣传价值时,完全不考虑有关的叛徒由于他们在运动中的极次要的地位是否能够真正地知道这些东西。因为如已指明的,反共产主义的宣传达到了克劳契科,因此对它来说,任何——如此低劣地编造出来的——谎言和诽谤都是有价值的。进一步说,叛徒被看作特殊可靠的,因为对他们来说,不再有退路了。布哈姆谈到这一点时,这么说,叛徒比那些没有转变过来的人更能抵挡共产主义的思想毒害;他们对共产主义所作的否定要比其他人更慷慨激昂。他们的仇恨,他们的复仇欲,他们的怨恨,对反共产主义的宣传来说,是最有价值的情绪。这样,他们尽管在知识和才能上都处于极可怜的程度,却成为反共产主义的思想斗争中的急先锋与领导人物。这也确切地表明,资产阶级思想在今天下降到什么水平。

从这种状况中,从对他们当前主子的低下的思想和道德的认识中,产生出叛徒们的自我意识和傲慢自大。克罗斯曼讲到与柯斯特勒有过一次谈话,在谈话中,柯斯特勒说:"我们这些从前的共产主义者,是你们方面知道事情真正关系到什么的唯一的人。"而西洛内甚至走得更远,他说:"在共产主义者和前共产主义者之间的最后决战将被进行到底。"当然,这是一个很坏的玩笑,它只表明,西洛内已经忘记了在任何入门书上所可以学到的东西。但这坏的玩笑也表明了叛徒们思想道德上的态度的一个方面。另一个方面是颓废的心理与道德的新的色彩和进一步的发展。就他们在现今资产阶级那里的重要性而言,这是决定性的题材。资产阶级只能利用道德上的残废者或匪徒。因此,对它来说,叛徒是最好的人力资源。因为他们由傲慢自大而得到补偿的、颓废而破碎的内心状况的基础一再地爆发出来。克罗斯曼断言:"真正的前共产主义者决不能再成为完整的人。"柯斯特勒证实了这一诊断,因为他让他的人物中的一个——这涉及一个前共产主义的诗人——说到自己本身:“有抒情诗和祭神诗,也有爱情诗和造反诗,但没有变节诗。”

因此,尽管从外表上看,叛徒的心理创造出极端局外人的状况,但这心理却包含着整个时期的某种极典型的东西。决定性的内在的撒谎行为作为伪善的玩世主义而表现出来,并贯穿了生活中一切内在的和外在的现象。由于反共产主义的思想斗争按其真正内容不可能被表达出来,即维护剥削、反对消灭剥削的斗争不可能被表达出来,因此,思想论战的整个基础必然是说谎:“自由”反对“压迫”的斗争;从而又是玩世主义地宣告的赤裸裸的谎言。全部的克劳契科方法出自“自由世界”的根本性的虚假之中。

其结果,我们能够在整个文化领域中看到。行政上强制推行美国的文化霸权主义,这不仅仅针对着直接的政治领域。一方面,人们把美国在思想上的领导看作普遍的问题,另一方面,美国出版商、电影公司老板等的物质利益也起了决定性的作用。艺术上如此高度发达的电影制造单位如法国和意大利的制造单位,必然进行拼死的生存斗争以反对由国家支持的、来自美国的肮脏的竞争对手。进步的法国文学,为了能抵挡住有关恐怖、侦探的文学的大量传播,必然通过有组织的群众运动来保护自己,等等。当美国的冷战宣传声称要从“东方的极权主义”中拯救欧洲文化时,真正的欧洲文化进行着一场生死的斗争,以便拯救它的单纯的生存,反对“美国世纪”的经办人。

这是外部的形势。内部的形势如何?对整个一系列的决定性的文化问题,我们已经探讨过了。在这里,我们只想再强调一点。这个问题虽然在实际上只使比较狭小的一部分知识分子感到有兴趣,却构成了共同的话题,并把通常很分歧的知识分子彼此联结起来,使他们倒向“自由世界”的世界观倾向。我们说的是自由言论的权利。但这是某种完全幻想的东西。垄断资本主义的出版、电影、新闻等机构极大地限制了自由言论的真正活动范围,特别是在冷战的条件下。当然,个人在感情色彩上的差别,在总是被规定了的内容的范围内,不仅是允许的,而且是得到方便的。但在重要内容的问题上,产生出真正的、实际上的背离,产生出舆论机构的沉默(人们想一下埃路阿特的葬礼,想一下对他的悼词),这种沉默经常上升到直接的迫害(卓别林)。言论自由的维护者们应该给自己提出一个问题:什么样的言论自由在"自由世界"是实际上允许的?例如萨特,当他写文章反对共产主义时,他是"自由思想"的英雄;自从他 1952 年参加维也纳的国际和平会议以后,对"自由世界"来说,他成了一个可鄙的家伙。因此,在"自由世界"中,对问题——与谁和与什么保持一致——有很明确的回答:人们可以(和应该)大胆地承认自己的"言论自由",但必须在美国、在阿登纳的德国等反对苏联、反对社会主义。人们甚至能以任何的论证来贯彻这一点。但人们必须与垄断资本主义,与它的帝国主义侵略的政治保持一致,这样才能当正确的"自由言论者"。

但是,言论自由的可疑性还不止如此。列宁在"经验批判主义"中指出,学术上各个人不同的、受到激烈捍卫和进攻的认识论的区别,当人们对它从认识论的真正决定性的问题——是唯心主义还是唯物主义——的角度来观察的时候,那区别也就都消失了。这愈益适用于今天的思想问题。例如,谁注意到世界观的真正决定性的问题,谁就将在今天哲学中各个人的区别的——乍一看来——难以把握的混乱中,看到惊人的一致性;我们曾指出过,彼此之间毫无影响的维特根斯坦与海德格尔,从这种观点来看,他们俩人又是多么接近。在伦理学中,在历史观中,在社会观与美学中,情况同样如此。当然,在文学和艺术中也如此。

正是那最个人主义的、最彻底的言论自由的倾向,伴随着彻底的千篇一律。因为从客观上说(因此也是从艺术上说),个人的现实财富完全依赖于他的现实关系的财富;而且,新的艺术越是顽固地把纯粹过于傲慢的、与社会和社会关系脱离开的人物置于创作的中心位置,那么,在外表上极不相同的人物之间的类似性就会越大,直到几乎不可区分。因为从客观上说(因此也是从艺术上说),在文化中展现的人的关系的世界,与单纯的赤裸裸的本能世界相比,其差别是无法比拟的,因此,如果一种艺术以几乎独断的主张把本能世界当作中心主题,必然马上面临着单调与千篇一律。在阿内阿斯与迪多①之间的交媾和在罗米欧与朱丽叶之间的交媾是多么的相似,而由社会文化所制约的爱情的差别却创造出永恒的真正的人物。今天大多数自由言论者的缺乏友爱的抽象思想,产生出非人化的千篇一律的作品。因此,与上面揭示的、从外面垄断资本主义方面而来的同步性相伴随,出现了——非自愿的——内部的同步性。恩斯特·费舍尔在和平会议上说得很正确,现代的自由言论者们的人物完全是一个模样儿。

言论自由喊得越响越凶,那么人物的千篇一律就越厉害。这个结构反映在艺术创作中,就构成了从垄断资本主义的土地上必然生长出来的客观的谎言。从主观上看,这常常是自我欺骗。这是今天"自由世界"的普遍的特性。在希特勒时期就已经是如此。但在那时候,这谎言对一些人来说,已经靠神话的彩色的面纱而掩盖起来,另一些人则认为,希特勒的鼓动和专制政治不是展开后的垄断资本主义的本质,希特勒不是垄断资本主义的单纯的代理人,而是唯一的障碍,排除了这一障碍,会给自由言论者的个人主义带来最幸福的时刻。面纱已经脱落,人们也该清醒了。今天,任何人必须认识到,允许言论自由的前提乃是:被迫为资本主义制度作辩护,而且这资本主义制度又是处在当前侵略好战的形式之中。自由运动的活动范围在这个世界上变得越来越小,被规定的被宣告的内容变得越来越贫乏,越来越带欺骗性。这是难以相信的,但这是真的。冷战的思想甚至与希特勒时代相比已经出现了水平上的下降,人们只要比较一下汉斯·格林与柯斯特勒,或者罗森堡与布哈姆。

我们已经揭示过原因。这是一度至少能以与人民相联系的虚假外表来欺骗思想家们的间接辩护的彻底失败。今天的"智囊团"想方设法,但他们不能为他们的中心内容——反对共产主义——而找出真正

① 迪多(Dido):传说中的迦太基的女王和建国者。——译者注

能够激励人民的形式。撒谎的范围变得越来越大，它的表现方式变得越来越少地具有吸引力。希特勒还能把一百五十年中非理性主义发展的一切反动的东西综合起来，并像已经揭示的那样，把非理性主义从沙龙搬到大街上去。今天，社会决定了必须又要作出直接辩护，这种必然性使间接辩护已经成为不可能的了。

V

当然，我们迄今主要就美国的领导思想而概述的这一切倾向，也可以在西德看到。然而，是带有一定的变化，因此，很值得就德国所起的作用的现实性和重要性而至少对这变化作一考察。首先，西德是过去希特勒法西斯主义分子的中心。当然，占领军丝毫未从组织上和思想上清除纳粹主义的根子，相反，它们所做的一切都是为了把纳粹运动及其思想环境中对反苏来说可以利用的成分挽救出来，保持下去，以利于将来。无论如何，外在的和内在的某种思想变化是必要的，以便从希特勒的走狗而摇身一变为杜鲁门或艾森豪威尔的思想家。如果我们撇开在主要问题上的类似之处，研究思想结构中的一些区别(这些区别的要点，我们已揭示过)，那就足够了。对我们来说，这个问题具有特殊的兴趣，因为我们可以观察曾对希特勒的统治作过准备与巩固工作的那些领导性的思想家在今天美国时期中的新动向。

对那些虽然在客观思想上作为非理性主义的极端开拓者而成为希特勒的思想先锋，并在他的统治下过安宁的有保障的生活，然而又——自愿地或由偶然的个人的环境所决定——没有直接参与统治的人来说，情况是极为简单的。代表这一类型的首先是雅斯贝尔斯。即使在今天，他的哲学研究已经反复证明的原则仍很有效：完全参与摩登的反动的流派，但同时又使它们适合于小资产阶级知识分子沙龙中的动摇性和中庸之道。他是存在主义者，非理性主义者，基尔克戈尔分子和尼采分子，因此，在希特勒时期，没有人能够真正地反对他。现在，在希特勒倒台后,雅斯贝尔斯发现了——理性。当然,正如从前非理性主义那样,今天"理性"也献身于驳斥马克思主义。这种反驳"创造性地"说,马克思主义实际上是假科学的魔术:"毁灭者是创造者。当我引入虚无时,存在自动地就出现了。但在理解和行动的过程中,这实际上是重复了以假科学的面貌而出现的魔术的勾当。对应于这魔术,马克思主义者说,得到了较高的知识。"雅斯贝尔斯的"独创性"在于:运用了流行词汇如"魔术的"(这个词在语义学的理性的时代,据说是毁灭性地丑化了马克思主义);除了这一点"独创性"之外,这一论证在四分之三世纪以前就在杜林那里出现了,不难在恩格斯的《反杜林论》中找到有关的反驳。雅斯贝尔斯在这里无视马克思主义的 ABC,他胜利地反驳了他自己创造出来的幽灵。

为了反对所谓马克思主义提出来的"对知识的迷信",雅斯贝尔斯推荐出有效的药方,即他自己的、按最新样式美化过的非理性主义:人们必须返回到时髦的"本体论"的"第一步";"然后,一切事物的语言就变成可听见的,神话就变成有意义的;诗和艺术成为'哲学的研究方法'(谢林)。但神话的语言并不与知识内容相混淆。当理性强求对真理的验证时,那么,在冥想中觉察到的、然后在实践中使人激奋的东西,既不可以被扑灭,也不可以得到知识的性质。对真理的验证并不靠经验来测定,而是靠自己的本质,靠真理是否引起自我存在的上升或下降,靠我们的爱的内容。"

与此相联系,现在雅斯贝尔斯规定他的旧哲学与他的新哲学之间的联系:"在几十年前,我谈到存在主义,当时还补充说,事情涉及的不是新的哲学,不是特殊的哲学,而是一种永恒的哲学;当在某一时沉湎于单纯客观的东西时,可以用基尔克戈尔的基本思想去强调这永恒的哲学。今天,我宁愿称哲学为理性哲学,因为看来很紧迫,要强调哲学的古老的本质。如果理性丧失了,那么哲学本身丧失了。"强调理性的统治地位,这对产生真正的神话来说,是唯一可能的保证:"神话是超验的真理的不可避免的语言。创造真正的神话是真正的说明。神话包含着理性,并受理性的监督。通过神话、形象和象征,我们获得我们的最深刻的、处在极限上的洞察。”凡是缺少这种保护的地方,必然产生出颠倒。雅斯贝尔斯认为,其中的危险在于:然后产生的不是“软弱无能的虚无”,而是“强大的妖术”。因此,雅斯贝尔斯利用了驱使恶魔的魔术和驱使天神的魔术之间的古老的区分,以便把冷战领导人所推行的那条路线引入哲学,即罪恶的慕尼黑政策的“经验”应该提供论证:与苏联所进行的任何严肃的谈判都应该作为绥靖而加以摈弃。因此,雅斯贝尔斯在思想上维护纳粹主义时所耽误的东西,他现在作为反马克思主义的斗士而加以弥补。这一对比越发有效了,因为张伯伦在政治上与希特勒的接近不亚于雅斯贝尔斯的非理性主义在哲学上与它的纳粹倾向的接近。

强调神话并不影响雅斯贝尔斯与语义学相联系。因为他经常诉诸于康德,这与语义学的基本哲学立场一样,同样是不可知论的非理性主义的;人们可以回想一下维特根斯坦的非理性主义。在两人那里,在合理性的漏洞百出的假面具中,表达出对理性的绝望,表达出理性的软弱无能与自身瓦解。例如在雅斯贝尔斯看来,“理性”是先天的无历史的(因为马克思承认历史的合理性,雅斯贝尔斯就称他是相对主义者),它与因果性的认识相对立,他说,“在因果性上,我只认识无理性的东西”,因此,“理性”必然在现实面前是完全无能为力的。雅斯贝尔斯以这种方式所理解的理性哲学,是旧的非理性主义又披上了适应今天美国的需要的外装:同一个走投无路的哲学一如既往地迎合小资产阶级的自满的知识界在思想道德上的安慰。

对海德格尔来说,实现这一过渡要困难得多。他不仅在思想上帮助了纳粹主义的产生,还直接地积极地站到希特勒那边去。在这样的情况下,要获得赦免,要在对哲学的新的野蛮化中重新得到领导地位,而且,要人们赞成那些所谓反对过希特勒、同时又不放弃在为希特勒主义作思想准备中所获得的“成就”的人,一句话,同时作为变化的和未变化的而出现在公众面前,这是一个比较困难的任务。海德格尔如何解决它呢？基尔克戈尔的武库为这类的目的提供了优秀的武器：隐瞒抵赖。今天，这是海德格尔思想的中心。确实，在基尔克戈尔本人那里，事情是比较简单的。从客观上说，因为在他那里，隐瞒抵赖是神的关系中反理性反人性的必然结果；从个人上说，因为他不必隐瞒任何出丑的东西。

海德格尔——许多超凡出世的、鄙视世界的哲学家在他们个人生活的指引下是常常很讲实际的——完全确切地知道，在梵蒂冈与华尔街联盟的时代，无神论不是畅销物。从中，他引出相应的结论。当然，并不采取与《存在和时间》中的无神论和虚无主义公开决裂的形式，而是如此简单，即他绝对肯定地宣布，他的主要著作既不是无神论的也不是虚无主义的。尽管他巴结当前的宗教倾向，但他毕竟不能用基尔克戈尔的神学来直接地为他个人的目的服务。与此相反，他试图从进一步发展他那为我们所了解的关于历史和时间的理论中，推演出原则上的隐瞒抵赖来作为任何历史性的本质（可以肯定地说，按照基本内容的本质，这仍然只是基尔克戈尔的命题的时髦的变种：只是对神来说才有世界史）。海德格尔认为，历史是"错误"的领域，是原则上的本体论的隐瞒抵赖的领域："世界史的每一个时期都是错误的时期"。

这样，海德格尔从本体论上为他在希特勒时期的行为找到了论证和辩护。在他关于——更确切点说，反对——人道主义的文章中，那一思想得到了更具体的形式。他以他那众所周知的对荷尔德林的歪曲手法强调，荷尔德林与希腊文化的关系是"某种本质上不同于人道主义的东西"，"因此，德国了解荷尔德林的这些年青人在面对死亡时的想法及生活不同于公开地被宣布为德国的看法的那种东西"。在这里，海德格尔谨慎地隐瞒了——这显然也属于本体论的历史的隐瞒抵赖——这些事实：这些年青人在希特勒时期不仅处在"面对死亡的情况中"，而且最积极地参与了谋杀、刑讯、掠夺和强奸。显然，他认为说这些是多余的。因为隐瞒抵赖就是要掩盖一切：当海德格尔的陶醉在荷尔德林中的学生把妇女和小孩推进奥斯威辛的毒气室时，谁能知道这位学生怎么想与怎么生活？也没有人能知道当海德格尔动员弗赖堡的大学生投希特勒的票时，他本人怎么想与怎么生活。在历史中没有什么明确的可认识的东西：历史是普遍的“错误”。

在此，海德格尔想达到三点。第一，对他在积极支持希特勒时的所作所为完全不负责任。第二，他想坚持他以往的存在主义观点。第三，他想造成一种印象：似乎他今天适应于美国政策所作的一切变化乃是他一贯的观点。这种杂技演员式的巧妙技术，只有借助于对科学玩弄手段才能办到。他从前的学生卡尔·勒维特在《新观察》上揭露了这种欺骗：“但是，观点的变换，诡辩式的迎合，都不能解决矛盾。在《形而上学是什么？》第四版的后记中，谈到存在的真理时曾说，‘虽然’没有存在者，存在也存在，‘但是’没有存在，存在者决不存在。在六年后出版的第五版中，‘但是’被省略掉了，因此，原先强调的对立也就不见了，而‘虽然’被‘决不’代替了，这就是说，句子的全部意义变成相反的了，而且对这一变化不作说明。如果一位神学家一会儿说，虽然没有万物，上帝也存在，一会儿又说，没有万物，上帝决不能存在，人们将会对这位神学家说什么呢？一个对他的言词如此谨慎地加以斟酌的语言思想家像海德格尔在决定性的地方作这样彻底的改变，这该如何解释呢？显然，两种说法中只有一种才能是真的和合适的。”

现在，这一哲学走向何处？它从前法西斯主义那里保持了极端敌视理性的本性。当海德格尔今天说：“只有当我们得知几百年来受颂扬的理性是思想的最顽固的对手之后，思想才能开始。”那么，他只是从那一开始就潜在地包含在胡塞尔的“本质直观”中的东西中得出了极端的结论。又由于像已经指出过的那样，现象学在其起源上与马赫主义有很近的亲缘关系，因此海德格尔没费太大的力气——从本质上说——就完全接近了语义学。他的术语的怪癖，他对词的琐碎的分析，是众所周知的。现在，他——作为马赫主义、现象学和语义学的顶峰——能够把语言变成哲学的方法学。“思想把语言汇集到简单的话中。语言是存在的语言，正如云是天空的云。思想用它的话把不大显著的犁沟放进语言中。这些犁沟比农民缓慢地在田野上犁出的犁沟还要不显著。”在这里,我们得到了作为德国特殊色彩的“诗意的”语义学。但是,在两种情况下,非理性主义的深渊是相同的,不管直接的表达形式是矫揉造作的“诗意的”形式还是平静的散文式的形式。

方法论上的接近表明了事实上的接近。海德格尔的存在(作为与存在者相对立),与维特根斯坦所说的只能显示而不能说出的东西相距并不太远。从类似的方法产生类似的结论。海德格尔在希特勒时期曾欢呼新时代的诞生,因而使自己——客气一点说——永恒不朽地出丑。今天,至少在说法上,他比较小心了,但他想讨好今天或明天的统治者,正如从前讨好希特勒。他说话小心,故意说得含糊,但他用似明似暗的方法又让有关新时代的思想隐隐约约地透露出来:“我们是否完全处在地球的最巨大的变化与这一变化所依赖的历史领域的时期的前夕？我们是否处在另一个早晨的前夕？我们是否正在启程以便进入全球这一晚上的历史性的境地？西方是否刚刚才出现？这一西方是否要超越西方和东方并超越欧洲阶段而成为未来的、更为新生地被派遣来的历史的舞台？我们这些同时代人是否在明了我们在转向世界之夜的意义上已经是西方的？一切只是在历史中计算出的历史哲学,如果它们仅用历史上提供的一目了然的材料来炫耀,从来都不从历史的本质中思索出解释历史的理由的基础,从来都不从存在本身中思索出历史的本质,这样的历史哲学如何来向我们解释历史呢？我们是我们所是的那种后辈人吗？但是,我们是否同时也是那个要把我们今天的历史观念统统置于身后的、完全不同的世界时代之晨的先行者?”提问的形式,悲观的语调,都表明了德国当前的形势。它们是不可避免的,因为如果没有悲观的语调,就不能影响知识界的“精华”,尤其是德国的知识界。但是,在这背后——以故意的似明似暗的方法——,“美国世纪”的轮廓,在美国领导下的世界性国家的轮廓,都是可以看出的,或至少可以体会到。(当然,如果德国帝国主义获得了独立,并又谋求世界霸权,那么海德格尔的那些话对它来说也可以适用于作为“预言”。)海德格尔对他自己在希特勒问题上的出丑并不感到足够,他绝对地需要第二次出丑。这或许是合适地完成他的历史哲学——作为"错误"的学说。

当然,在海德格尔的那些论述中,我们所已经揭示的前景——直接地——是最重要的东西。但除此之外,不可完全忽视其方法。我们在前面说过,海德格尔确立了"真正的"历史性,以便能够更有效地反对作为"庸俗的"历史性的现实的历史性。这一倾向在战后时期又有了上升。《存在和时间》虽然从本质上说是对马克思主义发动的唯一的大论战,但毕竟还没有用明确的暗示来挑明这种性质,而海德格尔现在已经感到不得不公开地评论马克思:"马克思在从黑格尔而来的基本而重要的意义上所认作人的异化的东西,从根本上回溯到近代人的无家可归状况……因为马克思,当他了解异化时,就进入了历史的基本的范围,所以,马克思主义的历史观胜过一切其余的历史学。"当然,他马上把马克思主义归结为技术,像一切资产阶级庸俗化的历史学家所干的那样。但是,这些话当然已经公开地表明,海德格尔把马克思主义看作主要的对手。在这些话中,一方面表现出资产阶级哲学在马克思主义面前的普遍的退却战。正像尼采在叔本华否认任何历史之后已经被迫去建立虚构的假的历史主义,这样,帝国主义时期胡塞尔的无历史主义的现象学经过舍勒而继续走向海德格尔的"真正的"历史性。另一方面,上面引用的海德格尔的话清楚地表明,他企图丑化任何现实的具体的历史认识。因为他说:"一切只是在历史中计算出的历史哲学,如果它们仅用历史上提供的一目了然的材料来炫耀,从来都不从历史的本质中思索出解释历史的理由的基础,从来都不从存在本身中思索出历史的本质,这样的历史哲学如何来向我们解释历史呢?"

这里,关系到普遍的时代倾向。为了以一个现实的例子来说明这时代倾向,让我们再一次回想一下在别的联系中所提到的加缪与萨特的讨论。具体地说,加缪在多大程度上与海德格尔相一致,这对我们来说是完全无关紧要的。重要的东西仅仅是:他激烈地不愿意成为无历史的或甚至反历史的,但他同时又以"超历史"的名义去论证他从现实历史中所作的个人主义的无政府主义的退却，正如海德格尔利用“存在”的历史性去反对“存在者”的历史性。然而，更为重要的是：作为存在主义内部有益的危机的标志，萨特和他的支持者们激烈地抗议加缪的观点。萨特说——正确地针对加缪——：“我们今天的自由无非是为了自由而选择斗争。那种说法中的荒谬观点简直表达了我们历史的条件中的荒谬的东西。”但是，对萨特的哲学研究来说无疑存在着的荒谬的东西——客观上——又可以回溯到抗议本身。这抗议出于我们时代的人的健全的生活本能，他不想参与由美国在准备着的世界大灾难，他实际上清楚地看到了无产阶级的阶级斗争和共产党在抵御这种战争威胁中的作用，因此，他看透了海德格尔、加缪的历史观点在其实际结果中的危险性，但暂时又未注意到，他在这里乃是利用荒谬的充满矛盾的存在主义的观点去反对彻底的存在主义的观点。因为他的争论中的全部荒谬的东西归结为：他对自由这一概念首先在正统的存在主义的意义上，然后却又——在同一个句子中——在现实历史的意义上加以使用。萨特作为思想家的命运将由此决定：他能够和愿意在什么方向上解决这“荒谬的东西”。

在海德格尔的暗送秋波的和故作诗意的长篇大论中隐藏着他的玩世主义。这种玩世主义在希特勒的前私人律师、法学家C.施密特那里完全不加掩饰地表现出来。在现今国际法理论中他的思想笑料，我们已经引用过了。人们从那些论述中就可看出，施密特为美帝国主义服务正像他从前为希特勒服务一样地卖力。今天，他一如既往地荒谬、玩世主义和诡计多端。所以，他有充分的机会来接受恩惠，并在今天国际反动派的大本营和备战中完全发挥作用。但他也感觉到(或至少曾感觉到)需要“刷洗”他在希特勒时的罪恶。由于他——比海德格尔坚决得多地——想挽救他从前的一切侵略反动的勾当，以利于美国的将来(或也许是以利于新产生的独立的德国帝国主义的将来)，所以对于他来说，合适的思想工具也是：隐瞒抵赖。

施密特在评论战争刚结束后卡尔·曼海姆的电台讲话时，对他在希特勒统治时所起的作用做了如此清白无辜的解释,在这个解释中,隐瞒抵赖中的玩世主义的和虚无主义的性质,哲学上有权利最无耻地撒谎,这些对任何一个有阅读能力的人来说,都是十分明显的。施密特说:“深入到私人内心生活的久经考验的固定不变的传统始终是:最充分地准备着与任何合法的政府所规定的一切进行正确的合作。”他甚至无耻地责备一切敢于批评他在希特勒时期那类的所作所为的人的肤浅性:“如果只有在完全被理解的和被准许的公共生活的探照灯光中的东西才值得重视,如果还认为无条件的思想服从似乎已经进入这公共生活,那么,这十二年中的科学工作当然就不值得特殊重视!”(本书并没有忘记对施密特在希特勒时期的“科学活动”给予“特殊重视”。)当然,卡尔·施密特在希特勒时期的内心生活中所发生的东西仍然还隐藏着;施密特有时隐瞒抵赖,是为了谨慎地暗示:他也属于那些并不赞同希特勒的人。但是,历史的事实是:当时不用说共产主义者,就连像尼默勒、维歇特、尼基施等人都明确地反对纳粹主义,而施密特却把法哲学与国际法的原则用来为希特勒的行径(从 1934 年的大屠杀到德国军队践踏中立国)作辩护。

施密特本人感觉到,基尔克戈尔和海德格尔的主观主义的抽象性的隐瞒抵赖,在他的情况下并不令人信服地起作用。于是他还引用重要的——所谓的——历史上的类比。他谈到霍布斯:“霍布斯理解得要好得多。在又一个世纪的神学争执和欧洲内战之后,他的绝望比博丁的绝望要无限地更深入。霍布斯属于十七世纪那些彼此相互了解的伟大孤独者。他不仅理解现代巨形怪物①的多种性质,而且懂得如何与它打交道,并且当参与进这危险的题目时,使自己能被独立思考的个人所接受……他思索、谈论、撰写这些危险的事物时,总是处在精神的永恒的自由之中,总是处在良好的人身庇护之中,总是或者躲避或者处于悄然的隐居之中。”“小的”——但在哲学上和政治道德上都不是不重要

① 指国家。——译者注

的——区别是:霍布斯拥护当时的进步,而施密特拥护他那个时代的极端反动派。但在那个类比之中还包含更多的东西:施密特要献身于继续搞他在好斗的反动派的极端分子中的斗争活动。他想出那个类比,其用意是:正像对霍布斯来说,清除封建主义,建立现代资产阶级的集中的国家是由斯图亚特们还是由克伦威尔来实现,这是无所谓的,那么对他——卡尔·施密特——来说,垄断资本主义的绝对专政是由希特勒、艾森豪威尔还是由新产生的德国帝国主义来建立,这是无所谓的。

因此,像我们已经揭示的那样,他现在能够最好地概括出美国的对外政策,恰如他从前为希特勒阐述对外政策一样。因此,他今天为美国展示了或者孤立或者干涉这种进退两难的必然性:“矛盾产生于不可解决的空间发展问题,这问题包含着强迫性:或者找出向有限制的,即对自身之外的别的大区域加以承认的大区域的过渡,或者就是使迄今国际法上的战争转化成全球的世界内战。”因此,他今天出版了有关他的宠儿多诺索·科特斯的新旧文章。其中有些什么重要的东西呢?那就是在资产阶级思想与马克思主义之间的对立。马克思主义抓住了从1848年到现在的历史发展与现代的联系,而资产阶级思想则与此相反,没有抓住。施密特总结形势说:“在连续性的意识中,有着共产主义的作者们对其他历史学家的重大的优势甚至垄断,这些其他的历史学家不认识1848年的事件,并由于这种无能而丧失了对当前事情的发言权。资产阶级历史学家非常狼狈。在一方面,他们反对压迫革命,因为他们不想当反动派,在另一方面,他们欢迎重建安宁和保障,视之为制度上的胜利。”现在事情取决于:打破共产主义的垄断,并推出“非社会主义的连续性”(这就是说,推出反革命的成果和传统)。施密特认为,适合于论证这种连续性的思想家正是多诺索·科特斯:“但是,重要的东西是准确的认识:正是绝对人道主义的假宗教打开了通向非人的恐怖的道路。这是新的认识,比梅斯特雷就革命、战争、流血所作的许多伟大名言还要深刻。与看到1848年恐怖的深渊的西班牙人相比较,梅斯特雷还是复辟旧制度的贵族,是十八世纪的延伸者和深化者。”施密特认为,现在从中产生出:“对世纪的解释的垄断包含着某种极为重要的东西,即自己力量的历史合法性,强权以及世界精神饶恕以它的名义所犯下的一切罪行。”

这样,多诺索·科特斯就成为垄断资本主义的任意的、在将来建立的完全绝对的专政的祖先。多诺索“对反革命理论史的重大理论意义在于:他放弃了正统主义的论证,不再提出复辟的国家哲学,而是提出了专政的理论”。施密特如此地为这个前景欢欣鼓舞,以至于他放弃了隐瞒抵赖,公开地说出了使他的英雄变得如此具有不可抵挡的魅力的东西:“他对人们的鄙视不再有什么限度;他们的盲目的理智,他们的软弱的意志,他们对肉欲的可笑的热情,在他看来,似乎是如此卑鄙,一切人的语言中的一切的词都不足以表达出这些可鄙家伙的全部卑鄙。”在此,可以清楚地看出施密特与过去和现在的一切反人类倾向的联系,以及他看待社会的人的理由:他是群众的由于仇恨而变成盲目的敌人,是反“群体化”的疯狂斗士。这里也表明,当施密特声称不同意希特勒的统治时,背后实际的东西是什么:他曾公开地把希特勒的社会鼓动(这种鼓动的欺骗性,他肯定看出来了)看作垄断资本主义的绝对专政的可鄙的假面具。对施密特来说,正像对史宾格勒、恩斯特·荣格尔和其他人来说,希特勒是“太民主了”,“太庸俗了”(当然,这种所谓的反对并不妨碍施密特充分投入他的精力来忠诚地在思想上为希特勒服务)。在今天,在社会鼓动和间接辩护破产之后,施密特当然嗅到了新时代的气息。

隐瞒抵赖中的玩世主义自然而然地在西德的知识界中广为传播。它在恩斯特·封·萨洛蒙的《调查表》中得到了最公开的最集中的形式,《调查表》也许因此而成为畅销书。萨洛蒙也属于那些客观上帮助希特勒主义作准备,并对希特勒的统治有“保留”,因此在战后试图从思想上为他们的以往的观点作辩护的人。萨洛蒙在这里所表现出来的玩世主义,有利地区别于海德格尔、卡尔·施密特、恩斯特·荣格尔的玩世主义,因为他至少是坦率的,他不美化他的以往的感情。他想活过希特勒的统治,当然是在尽可能有利的物质条件下;他的所谓反对局限于:在极知心的人们中说出某些疑虑。因此在他那里,隐瞒抵赖具有护身的平实的性质,没有存在主义的神秘化:它是在纳粹统治条件下的简单的保护色。

恩斯特·荣格尔则与此相反。如我们所了解的,他的《工作者》与萨洛蒙的那些门外汉的文章相比,远为有力地促进了纳粹思想的产生。他一方面十分卖力地参与了希特勒的统治,即使多半只居点缀性的代表地位,另一方面事后又十分明确地强调他的"反对的"态度。但是,他的"反对的"态度同样属于贵族反对希特勒鼓动中的庸俗性的路线,并不反对希特勒鼓动的社会内容。他与施密特的区别仅仅在于:他为绝对专政而公开强调普鲁士容克世袭贵族的作用。此外,作为世界观的背景,他把神话和魔术作为新时期与十九世纪相区分的标志:"十九世纪的精神的特点在于:它忽略了合理性与深度的关系。它傲慢地认为,发展是在由它所规定的平面上进行的,在封闭的、由它所创造和控制的中庸之中进行的,它把中庸看作意识。在这种情况下,觉醒一定会发生。觉醒发生的同时,合理性的根源得到了神话的基础。这在词语、形象、想象、甚至科学中可以得到证实。跟对应于人的比例和谦虚相比,它们都变得更为强有力。现在,神话中的形象在一系列可怕的战斗中进入了合理性的形象,并在火焰的光辉中显露出神话、梦想、夜间魔术的新世界。"因此,荣格尔加入了雅斯贝尔斯、海德格尔、施密特等思想家的行列,这些人作为希特勒的"反对派"向新的帝国主义提供了非理性主义的神话武器,并把自身提供为士兵。

我们曾强调萨洛蒙在前希特勒时期的局外人的态度。众所周知,他游荡在各种反动集团之间,参加过谋杀拉特瑙,参加过农民运动等等;他把参加农民运动称作"粗俗的玩笑",这很说明他的虚无主义的玩世主义。他经历了希特勒上台前的危机,并看到在危机中共产主义世界观的影响在增长;他的兄弟布鲁诺·封·萨洛蒙甚至成为共产主义者。这危机也迫使他本人去试图探讨马克思主义。当然,他并未达到真正的理解,甚至必然以否定马克思主义而告终,尽管萨洛蒙有时曾说(这又极能说明他的玩世主义):“但在事业上,共产主义简直是正确的。”然而,这样一种认识对他的进一步的态度仍然没有任何影响,这同样表明了他的特点。

这样,他滑进了希特勒的统治,过着安宁的无忧无虑的生活。虽然纳粹的行径有时使他极为愤慨,他在本质上——甚至在内心中——仍然是完全消极被动的。在柏林迫害犹太人时,他向他的妻子谈到那种消极性,谈到避免任何反抗:“是因为我们知道我们会得不到反响吗?不是的。那会糟得多。说真的,我们已经死了,我们完全不再能依靠我们自己而生活。”紧接着,他讲到在柏林经历的事件,并总结说:“我沿着选帝侯大坝走回家,极为紧张地思索着——谅必会有,谅必会有第三个解答。但如果没有第三个解答,那什么更好一些呢:愚蠢地行动或怯懦地行动?”

这种公开坦率的玩世主义有益地把萨洛蒙与荣格尔之流的浪漫神秘地膨胀的虚无主义区分开来。因此,他能够从希特勒时期的日常存在中描绘出生动的景象,并能够逼真地揭露美国的“解放者”的残暴和腐败。但是,《调查表》的核心是萨洛蒙信仰以往的玩世主义。当他和他的妻子在经过美国人的短期监禁之后获释时,在他们之间有过一次对话,这对话很能说明今天的情绪,所以我们必须从中引用较大一部分。萨洛蒙对他的妻子说:“你安然无恙地脱险了!你没有原因来抱怨!与一切你所认识的人和你所不认识的几百万人比较起来,更没有什么原因来抱怨!对我来说,也是如此。我们曾过着愉快的日子,伊勒,我们不要怨恨了,我们属于很少那些不应该有怨恨的人。”因此,萨洛蒙使自己也适应于新时期中的以往的态度。

但是,他的妻子伊勒的答复却更典型地更有力地表达出了实际的大量感受,这些感受是事后回忆性地总结了希特勒时期的事件。她说:“我必须告诉你某种可怕的东西!我可没有过愉快的日子!我知道,你一直认为主要的事情是我们脱险了。但我并没有脱险。我不再是当时与你结婚的那个女人了！在我身上最好的和最有价值的东西已经死掉了，他们把它弄死了。最近的十二年对我来说是可怕的。我一直克制自己不向你表露这一点。如果你愿意那样理解的话，那我们就曾过得很好，我们曾经天天生活得很好。”她讲到，他们俩人——萨洛蒙和她——如何确切地了解希特勒主义所干的一切可怕的东西，但是——为了不拿他们的富裕而相对安全的生活去孤注一掷——从来也不承认，从来也不想承认。现在，她总结她的由这一切而产生的道德：“我热爱生活，我想完全拥有生活，或者完全不要它！属于生活的还有尊严！不仅仅是脸、手臂和腿，而且是尊严！这十二年曾想夺去我的尊严！如果没有爱，那还叫什么生活？我曾想热爱白天、国家、我生活于其中的德国人，还有你和我！但我办不到。我必须学会鄙视一切：白天、国家、德国人，还有你和我！”

VI

当然，即使在伊勒那里，也没有对她的经历作出明确的结论。但是，她的感情爆发中所含有的具体的内容却不止于感情上的批评性的总结；它包含着——她所未意识到的——人们找到出路的可能性。几百万的伊勒——其中大多数像她一样未意识到地——在希特勒时期经历了类似的、常常艰难得多的事件，并在现在惊愕地看到在准备新的战争，看到新的法西斯主义在酝酿之中。自发的喊声“不要把我们算在内！”几乎表达了感情上的结果，即表达了萨洛蒙的伊勒所经历并在断断续续的话中所表达的东西。“不要把我们算在内！”这在广大群众中暂时地只表达了增长着的恐惧，即恐惧新的战争，为自己的生命而担心，为家属的生命而担心，为财产而担心，还害怕再一次侵犯和亵渎人的尊严和正直的人格。当然，在群众中——甚至大量地——出现了深刻得多的意识；有些人表达了意见与决心，他们准备作出一切牺牲，确保在德国决不再产生某种类似于希特勒统治的东西。尽管缓慢而又充满矛盾,但在群众中毕竟逐渐意识到这一事实:美国的冷战及其德国的代理部门阿登纳政府在——表面上——不同的、所谓对立的形式中多么起劲地在准备某种类似的东西。

这些呼声暂时地被"美国之声"所压倒,首先在西德,但也在资本主义世界的许多别的国家中。这种鼓动的内容是什么,我们已经详细地阐述了,我们也揭示了它的内在的空洞、空虚和欺骗性。但是,当然,尽管如此,这种鼓动的危险性却还是极大的。大量的受诱惑者、懦弱者、受吓唬者、弱者和消极被动者,思想和道德上受毒害者,仍然总是极多。但是,总的形势已经彻底改变了。在第二次世界大战之前,希特勒在大街上打出非理性主义的旗帜,毁灭理性。今天,理性从讲台、工作室或实验室走上大街,为了在群众面前、在群众的前列捍卫它的正义的事业。进步的世界观和捍卫理性所发起的战略进攻是第二次世界大战后的特殊的新东西。

在1848年,对理性的毁灭就首次遇到了真正决定性的强大对手,这就是马克思主义。从1917年以来,马克思主义不仅在地球上六分之一的人民中发展成为世界观,而且也达到了更高的思想阶段,即马克思列宁主义,即马克思主义在世界战争和世界革命时期的进一步发展。《共产党宣言》早就已经是世界文献中读者面最广、译本最多的著作之一。在1917年之后,除了广为传播马克思和恩格斯的文章之外,还出现了列宁和斯大林的著作的传播。但是,1945年以后的时期还意味着一个质的变化。很少有这样的国家:在那里翻译和传播这些著作不是飞跃地发展。我们完全不必说到中国,不必说到一些新的人民共和国,也不必说到像法国和意大利这样的国家(在那里,共产主义的拥护者占人口的三分之一以上);还有一些地区,在那里共产主义者的组织力量还是比较弱小的,但在对马克思列宁主义认识上的飞跃发展还是可以觉察到的,马克思主义世界观的影响远远地越过了这些地区的边界。在这个问题上,我们同样只涉及思想方面。在此,必须断定:在这些国家中,不再仅仅涉及翻译和传播马克思列宁主义经典作家的著作,而且涉及本国的马克思主义研究的急速增长,涉及以马克思列宁主义的精神去科学地研究本国的现状和历史,涉及以马克思列宁主义的思想武器去进行反对反动派的斗争。

这种欣欣向荣的形势远远地克服了党派的界限。马克思列宁主义对领导性的进步知识界的吸引力日益增长。自然研究者们日益认识到,辩证唯物主义能向他们提供怎样的帮助。由于辩证唯物主义在苏联正是通过解决具体的科学问题而使科学本身以及辩证唯物主义的方法都达到了更高的阶段,情况就更是如此了。作家和艺术家在他们的艺术活动中越益感受到相同的东西。因此,苏联的发明和成就在反动的资产阶级的科学和哲学中引起了如此激烈的反抗情绪(有关李森科的讨论)。因此,这类的讨论在"自由世界"中越益获得了克劳契科的性质。人们极少谈论问题本身,而大谈所谓"持不同政见的"学者们和艺术家们在苏联所遭受的迫害,企图以此阻挡进步的科学和艺术的越益不可阻挡的吸引力。确定无疑,在克劳契科的过程中,必不可避地总是会产生一些事故,要充分地向一切代理人指出造谣和诽谤的全部可能性,这在技术上似乎是不可能的。例如,不久前对一位参议员威利来说,发生了一件不愉快的事:他以自由思想的名义,并以高贵的愤慨,捍卫受斯大林迫害的"语言学家阿拉克萨耶夫"的支持者们,而显然不了解这位阿拉克萨耶夫乃是沙皇尼古拉一世时代的臭名昭著的反动的将军和政客,显然不了解斯大林之所以提到他的名字和他的方法,是为了使那些阻碍科学讨论的自由的人受到相应的鄙视。

在积极地捍卫理性的过程中,另一个新的因素是和平运动。对和平运动,我们在这里也仅从我们的问题的角度去考察:毁灭或重建理性。很清楚,正如从前希特勒时期一样,今天的备战也是毁灭理性的巨大社会力量,它的思想战场在今天就是冷战。冷战意味着在全世界的人民中散布沉闷的宿命论,散布惊慌,散布折磨人的恐惧。一位无疑有资格的证人福克纳在接受诺贝尔奖金时说:"我们时代的悲剧是普遍的、支配整个世界的恐惧。我们在内心承受这恐惧已经如此长久,以致我们对它甚至已能忍受。不再有思想问题,只还有一个疑问:什么时候我被炸得粉身碎骨?"德国作家楚克迈尔说出了类似的话:"当前世界形势的现实究竟是什么?对绝大多数的人来说,它是一场噩梦。我相信,世界各地一切今天活着的人的百分之九十不希望那种看来恐吓性的东西。然而,他们必须允许它产生,因为没有采取相反行动的可能性,正如人们在噩梦中知道,人们在做梦,人们梦见了凶事,人们受到恶魔的折磨和压迫,却不能摆脱恶魔,不能活动,不能喊,不能醒过来。"

只要美国相信还能把持对原子弹的垄断,那么,那种恐惧、那种噩梦就是冷战的主要思想武器。即使现在别的话题——欺骗性的橄榄枝,"解放"受社会主义"压迫"的人民,等等——也加入进来,激起那种惊慌之感在今天仍然是冷战的重要思想武器(人们想一下科利尔的杂志专刊)。恐吓群众——甚至恐吓政府——在今天仍属于这种战略的本质;但是,在今天,恐吓不再像1914年那样是晴天霹雳,而是由宿命论地折磨人的意志和理智,由持续保持紧张的恐慌来构成它的战术上的准备。

然而,新的局面是:群众的反抗已经与二次世界大战前的反抗完全不同。每一个人都知道六亿人和平签名运动这个事实。我们仍然只从我们的问题的角度来考察它。和平运动本身不分世界观,在政治、哲学、宗教的信念上不分界限。基督教的和伊斯兰教的牧师、教徒以及和平主义者、自由主义者和中立主义者等等,在这方面都与社会主义者、共产主义者合作。尽管和平运动内部很少有"一致性",但是,它的单纯的存在,它的发展,它的具体化,都包含着提出和回答重要的世界观问题:拥护或反对理性。当然,在新的统一的内部,问题和答案在不同的个人或集团那里是极不相同的,常常是完全对立的。这些分歧之中的重要的共同的原则恰恰是:捍卫人的理性,并且不仅仅捍卫它的存在,而且正是捍卫它在历史中的作用与效力(我们都是这历史的或多或少的积极的参与者)。

和平运动的初期在过去和现在总是感情上自发的,这最清楚地表现在西德的"不要把我们算在内"这一运动中;还有,五亿人签名响应斯德哥尔摩的号召反对原子战争,在本质上表明了群众对预谋的罪行的强大抗议。然而,这种自发的群众性的爆发行为从性质上与过去的相区别。对它的情况仅仅从量上去加以估计,这是错误的,因为群众反战情绪的增长本身就已经意味着某种性质上的新东西。如果我们考虑到爆发的时刻,那么,重要的新的特征就特别明确地表现出来。在过去,群众的反战情绪大多数处在战争的第三年或第四年,常常是严重失败的付产品,几乎总是直接由战时经济的沉重负担所引起的。然而在今天,群众运动在战前就爆发了,即使是在冷战期间;因此,群众运动具有预防的性质,它远非对已经发生的历史事实作出单纯的反应。这就已经使运动脱离单纯自发性或感情的范围。在任何的努力预防之中,都包含着要合理地有意识地支配未来事件的强大因素。所以,在这种自发性中,积累着两次世界大战的经验。它表明了根本性的新面貌:在自发性之中的理性的面貌。

世界和平运动的副主席皮特罗·内尼,在一次讲话中强调了在和平组织的第二次大的行动,即六亿人签名要求五强国订立协议与斯德哥尔摩号召之间的重要区别:道路已经从自发性走向有意识性,从感情走向有意识地运用理性,而且是在很具体的、对任何个人与人类的生活有决定性影响的任务之中。这里产生的合理的认识是双重的认识:认识客观的任务,认识自己在实现客观任务中的作用。而正是这种双重性表明:在战争与和平的问题上,人的理性——如果人类不应该灭亡的话——必须对事件掌握主动,它既不可以让事件放任自流,也不可以让罪恶的意图参与进去。

个人之间的这种联系所达到的程度与所具有的主观意识,是极不相同的,但在这里不是决定性的。六亿人签名中所具有的客观上可觉察的明显意义才是重要的。由于和平运动越来越具体地保卫和平(识别侵略,捍卫民族的独立,不同社会制度和平共处的可能性,谈判作为方法等等),它也就越益走向越来越广泛的普遍化,越益诉诸于独立的

——不为欺骗性的宣传所左右的——判断力，诉诸于许多亿人的理性。

这种理智化与理性主义不仅不会使群众感到恐惧，相反地具有极大的吸引力（人们想一下，很少一些资产阶级的理性捍卫者，在法西斯主义的非理性主义兴风作浪的时期，如何因他们的理性主义而加以辩护，或者不得不表现为孤独的奇特古怪的怪人）。重建理性和保卫和平——这两者是不可分的——的运动掌握了越来越广泛的群众，各阶层的越来越广泛的人们走到一起，联合起来，共同进军——当然，不是说甚至出现了世界观上“相一致”的思想。

和平运动的实际目的和前景，我们在此不加讨论。但是，它的单纯的存在就对人的思维具有世界史的意义：群众运动性的保卫理性。在一个世纪的非理性主义的统治之后，对理性的捍卫和对被毁灭的理性的重建，终于在群众中开始了它的胜利进军。正如和平运动在政治上旨在把数量上很少的、但今天仍有决定性影响的垄断资本家、军国主义分子、实际的和思想上的战争罪犯的集团与群众分别开，使之孤立，因而宣判它的虚弱本质，那么，在思想上就要表明这样一种倾向：使任何一种反理性的反人道的颓废的非理性主义理论的炮制者对人民的思维和感受不起作用。能使丹尼斯·德罗格蒙特抱怨他那一伙人的没有影响，这是远远不够的；只要有关匪徒的电影和雇佣文学还在钻空子，那么，那个伟大任务就不能被看作是完成了的。

群众为理性而造反，这对惊惶失措于“群体化”，对与此紧密相关的非理性主义来说，在今天构成了巨大的对立面。因此，从历史的角度来看，这种造反乃是回击了希特勒的反理性地放纵本能的暴乱。它是一场复仇战，而且还能把预谋之中的将来的希特勒式的暴行消灭在萌芽之中。

斯大林曾对和平运动所能达到的限度作了清楚的规定。由于它的目标并不在于推翻资本主义，它也就不能消除战争的根源。它的斗争针对着具体地准备着的战争，它能很有成效地阻止这类战争。马克思在一百多年前写道：“批判的武器当然不能代替武器的批判，物质力量只能用物质力量来摧毁;但是理论一经掌握群众,也会变成物质力量。”我们马克思主义者懂得,在哲学上,在理性和反理性,在唯物辩证法和非理性主义之间的重大决战,自从这一斗争早已变成围绕马克思主义的争论之后,也只有随着无产阶级战胜资产阶级,随着推翻资本主义,随着建立社会主义才能达到最终的胜利。不言而喻,这一切完全在和平运动的目标之外。因此,在和平运动中如此强有力的恢复理性、重建理性的努力也就在思想上不能产生出最后的决战。但是,这完全不减少它的世界历史意义。它以六亿人的进军而拉开了战幕,它还要动员更多的人,它是群众第一次大起义,反对帝国主义的丧失理智的冒险勾当。为理性而战的群众,宣布了他们的上街游行的权利,宣布了他们参与决定世界命运的权利。他们将不再放弃这种权利,不放弃在他们自己的事业和人类的事业中运用理性,不放弃在合理的引导的世界中而不是在战争冒险的混乱中生活的权利。

我向马克思的发展*

（1918—1930 年）

在过去一份提纲性的自传中(1933),我将我的早期发展称为《我走向马克思的道路》。收集在这一卷中的著作①带有我的马克思主义学徒期的特征。在重印这一时期(1918—1930 年)最重要的文献时,我想要强调它们的试验性质,而决不要使人认为它们对当前关于马克思主义真正本质的争论具有什么重要性。由于今天对应该如何理解马克思主义的本质内容和方法正确性还极不确定,理智的诚实要求我明确说明这一点。另一方面,如果批判性地仔细考察这些著作以及当前的情况,我们就会发现,它们在今天的争论中仍将具有某种史料价值。因此,这些著作并不仅仅说明我个人的思想发展阶段;它们同时也表明一

* 选自杜章智(编):《卢卡奇自传》,李渚青、莫立知译,社会科学文献出版社 1986 年 5 月第 1 版,第 236—271 页。这是卢卡奇 1967 年为他的《全集》第二卷新维德卢西特汗特出版社 1968 年版写的序言,曾以这个标题收入 1971 年布达佩斯出版的卢卡奇自传体文集《我走向马克思的道路》。

① 《卢卡奇全集》第 2 卷收有《历史和阶级意识》和以下著作:《策略和伦理》、《在青年工人代表大会上的演说》、《法制和强权》、《道德在共产主义生产中的作用》、《论议会制问题》、《共产党的道义使命》、《机会主义和盲动主义》、《工团主义在意大利的危机》、《论教育工作问题》、《群众的自发性——党的主动性》、《革命倡议的组织问题》、《再论幻想政治》、《列宁——对他的思想的联系的研究》、《伯恩施坦的胜利》、《布哈林:历史唯物主义理论》、《拉萨尔书信集新版》、《K.A.威特福格尔:资产阶级社会的科学》、《莫泽斯·赫斯和唯心主义辩证法问题》、《O.斯班:范畴学说》、《C.施密特:政治的浪漫》、《勃鲁姆提纲》。

般精神发展的道路,并且,只要以批判的眼光加以对待,它们对于了解今天的情况不会没有意义。

当然,不简短地提及我的早期思想发展,我就不可能描述 1918 年前后我对马克思主义的态度。正像我刚才提到的那份提纲性的自传中强调的那样,还是在文科中学学习时,我就已经阅读了马克思的一些著作。以后,在 1908 年前后,为了给我的关于现代戏剧的专著① 奠定一个社会学基础,我研究了《资本论》。当时,引起我兴趣的是作为“社会学家”的马克思:我通过在很大程度上由西美尔和麦克斯·韦伯决定的方法论眼镜去观察他。第一次世界大战期间,我再次着手研究马克思,不过这次已经是为我的一般哲学兴趣所驱使:主要不再是受当时的精神科学学者,而是受黑格尔的影响。当然,黑格尔的这种影响也同样是很矛盾的。因为,一方面,克尔凯郭尔对我的早期发展起了相当大的作用,就在战前几年我在海德堡的时候,我甚至打算写一篇文章,论述他对黑格尔的批判。另一方面,我社会政治观中的矛盾使我在思想上与工团主义,尤其是 G.索列尔的哲学建立关系。我力图超出资产阶级激进主义,但是社会民主党的理论(特别是考茨基的解释)又使我厌恶。匈牙利社会民主党内左翼反对派的精神领袖萨博·埃尔温使我注意到索列尔。大战期间,我又了解了罗莎·卢森堡的著作。所有这些造成了一种高度矛盾的理论混合物,它在大战期间和战后的头几年对我的思想起着决定性的作用。

我认为,如果我要人为地构造一种有机的内在精神发展并将其放到“观念史”的合适位置上,从而消除我在这一时期显而易见的矛盾,那就背离了事实。如果浮士德的胸中能够容纳下两个灵魂,为什么一个常人,当他发现自己正在一个世界性危机中从一个阶级转向另一个阶级时,不可以在他的内心泛起各种彼此冲突的思想潮流呢？至少,我觉得,就我能够追忆的那些岁月来说,我的思想一直在这样两端徘徊:一

① 《现代戏剧发展史》,共两卷,1911 年在布达佩斯用匈牙利文出版。

方面是吸收马克思主义和政治行动主义,另一方面则是纯粹唯心主义的伦理成见不断增强。

当我读到我在那个时期写的论文时,我觉得这一点得到了证实。当我回想起当时写的数量不很多并且不很重要的文学性质的文章时,我感到其中那种直言不讳、自相矛盾的唯心主义成分往往比我更早时期的作品还要多。然而同时,吸收马克思主义的过程也在飞快继续着。如果现在我把这种不和谐的两重性视为我那个时期的思想特征的话,那么它决不包括对立分明的极端,决没有黑白分明的画面,仿佛这种矛盾状况仅仅局限于革命的善和资产阶级思想残余的善之间的斗争。从一个阶级向另一个直接与其敌对的阶级的转变比这复杂得多。现在,当回首往事的时候,我看到了,尽管我从黑格尔那里获得的伦理唯心主义回响着浪漫的反资本主义的高调,这种唯心主义对我在这场危机后关于世界的看法仍旧起了很大作用。当然,要成为一个新的、首尾一贯的世界观的一部分,它不得不失去自己至高无上的(甚至平等的)地位,并从根本上得到改造。事实上,或许应该在这里指出,甚至我对资本主义世界的熟悉,在某种程度上也成了新的综合中的积极因素。我从来没有犯过那种我经常在工人和小资产阶级知识分子中看到的错误——这些人无论如何也不能完全摆脱对资本主义世界的敬畏。我从童年时代就开始的对于在资本主义制度下生活的仇恨和蔑视,使我不至于走到这一步。

思想的混乱并非总意味着一片混沌。暂时地,它可能加剧内在的矛盾,但长远地看,它将导致这些矛盾的解决。这样,我的伦理观要求转向实践、行动,从而转向政治。这反过来又使我转向经济学,而在理论上进行深入研究的需要最后使我转向马克思主义哲学。当然,所有这些发展都是缓慢的、不平稳的。然而,我所选定的方向甚至在俄国革命爆发后的战争期间就已开始明朗起来。《小说理论》正如我在它的新版序言中描述的①,是我还处于一种普遍绝望的状态时写的。因此,毫

---

① 《小说理论》新维德卢西特汗特出版社 1963 年德文第 2 版,第 5 页;1965 年第 3 版同页。

不奇怪，现存的一切在其中表现为费希特所说的那种绝对罪孽的状况，任何希望和出路都带有纯粹海市蜃楼的空想性质。只有俄国革命才真正打开了通向未来的窗口；沙皇的倒台使我们初见端倪，而随着资本主义的崩溃，未来便完全呈现在我们面前。当时，我们关于这些事变本身以及它们的基本原理的知识不仅十分贫乏，而且非常不可靠。尽管如此，我们——终于！终于！——看到了人类摆脱战争和资本主义的道路。当然，即使在谈到这种激情的时候，我们也不要将过去美化。我本人——我在这里只能谈我自己——就经历了一个短暂的过渡时期：直到做出我的最终的、不可更改的选择之前，我还在犹豫不决，妄图用抽象和庸俗的论证来进行自我辩解。但是，最后的决定是不可避免的。短文《策略和伦理》揭示了作出这种决定的内在人性的动机。

我没有必要浪费许多笔墨去论述写于匈牙利苏维埃共和国及其建立时期的那少数几篇论文。在思想上，我们没有作好准备（我可能比其他人更缺乏准备），去完成我们面临的任务。我们的热情成了知识和经验的临时代用品。我只需提到一件，而在这里是很重要的事实：我们对于列宁的革命理论以及他在马克思主义的这一领域内所取得的极其重要的进展几乎一无所知。当时，只有少量论文和小册子被翻译过来并能读到，而那些参加过俄国革命的人们，有的（如萨穆埃里）没有什么理论才干，有的（如库恩·贝拉）则受到俄国左翼反对派的强烈影响。我只有在维也纳流亡期间才有可能详尽研究列宁的理论。因此，在我当时的思想中也包含着矛盾的二重性。这一部分是我对当时政治中的灾难性的机会主义错误，例如关于农业问题的纯粹社会民主党式的解决方案，未能采取原则上正确的立场。一部分是在文化政治领域中，我在思想上对抽象的乌托邦主义有一种偏爱。今天，在近半个世纪以后，我发现我们当时在这个领域获得的成果相对说来不算少，感到不胜惊奇。（在理论领域中，我愿意指出，《什么是正统马克思主义？》和《历史唯物主义的变化功能》这两篇论文的第一稿在这一时期就已写出。在收入《历史和阶级意识》时做了修改，但基本方向仍旧是一样的。）

流亡维也纳是一个学习时期的开始。首先,这意味着进一步熟悉列宁的著作。不言而喻,这种学习一刻也没有脱离革命活动。当务之急是要使匈牙利的革命工人运动获得新的生命,并使其继续下去:必须提出新的口号和政策,以使这种运动在白色恐怖期间能够生存和发展。必须驳倒对无产阶级专政的诽谤——无论它来自纯粹的反动派,还是来自社会民主党人。同时,必须开始对无产阶级专政进行马克思主义的自我批评。此外,在维也纳,我们被卷进了国际革命运动的潮流之中。当时,匈牙利流亡者可能是人数最多、分裂最严重的侨民,但他们并不是唯一的侨民。还有许多来自波兰和巴尔干的侨民,或者临时、或者长期地住在这里。加之维也纳是一个国际中转站,我们与德国、法国、意大利以及其他国家的共产主义者经常接触。在这种情况下,《共产主义》杂志应运而生,是毫不足奇的。一段时期内,这家杂志成了第三国际中各种极左思潮的主要机关报。波兰、匈牙利的侨民和奥地利共产主义者们构成了刊物的内部核心和经常撰稿人,此外还有来自其他国家的同情者,如意大利的极左分子波尔迪加、特拉契尼,荷兰共产党人潘涅库克、罗兰—霍尔斯特等等。

在这种环境中,上面谈到的我的发展倾向的二重性不仅达到了顶点,而且凝聚成为一种奇特的新的实践和理论形式。作为《共产主义》杂志的核心成员,我积极参与制订了一条"左的"政治和理论路线。它基于一种当时普遍流行的信念,即伟大的革命浪潮将推动整个世界,至少是欧洲一直到达社会主义,它决没有因为芬兰、匈牙利和慕尼黑起义的失败而中断。像卡普暴动、意大利占领工厂、波苏战争、甚至三月行动这样的事件,都加强了我们关于世界革命即将到来、整个文明世界必将被彻底改造的信念。当然,在讨论 20 年代前期的这种宗派主义时,我们决不能认为它与在斯大林主义实践中所看到的宗派主义有任何相似之处。后者首先是要保护既定的权力关系,使之不受任何改革的侵犯;它的目的是保守的,它的方法是官僚主义的。而二十年代的宗派主义则有以救世主自居的、乌托邦主义的抱负,它的方法是与官僚主义尖锐对立的。这两股潮流只是名称相同,骨子里却分别代表着两个彼此敌对的极端。(当然,甚至在第三国际中,季诺维也夫和他的门徒们就已经采用了官僚主义的方法,同样,列宁在其重病缠身的晚年就一直渴望解决如何能在无产阶级民主的基础上克服苏维埃共和国日益增长的、自发产生的官僚主义化的问题。但即使在这里,我们也能看到过去和现在的宗派主义的区别。我关于匈牙利党的组织问题的文章就是针对季诺维也夫的门徒库恩·贝拉的理论和实践的)。

我们的杂志竭力通过在一切问题上都提出最激进的方法,在任何领域都宣布同属于资产阶级世界的任何机构和生活方式等实行彻底决裂,来宣传以救世主自居的宗派主义。在我们看来,这将有助于在先锋队,在共产党和共产主义青年组织中培养起一种未被歪曲的阶级意识。我反对参加资产阶级议会的论战文章就是这种倾向的一个典型例子。它的遭遇——受到列宁的批评——使我能够迈出脱离宗派主义的第一步。列宁指出了决定性的差别,甚至是矛盾,即从世界史的角度看,一种机构可能过时了——例如,苏维埃已经判定议会过时了——但这并不妨碍我们出于某种策略的原因而参加它。我马上看到了这一批评的力量,它迫使我对自己的历史观点做出修正,使其更加灵活,更少僵化,以适应日常策略上的迫切需要。在这一意义上,它是我的观点变化的开始。然而,这种变化是发生在一种还基本上是宗派主义的世界观之中。这在一年以后就表现出来了,当时,尽管我也批评了三月行动的一些策略上的失误,然而对整个三月行动却毫无批判地、以宗派主义的精神表示了赞同。

正是在这里,我的政治和哲学观点中的客观内在矛盾公开化了。在国际舞台上,我可以无所顾忌地将自己的思想热情倾注于革命的救世主义之中。但在匈牙利,随着一个有组织的共产主义运动的逐渐萌生,我发觉,不得不由自己做出决定的问题越来越多。这些问题,有的是总体性的,有的只与个人有关;有的涉及长远的目的,有的则关系着我无法忽视的当下的结果,这种结果同时构成了我的下一个决定的基础。在匈牙利苏维埃共和国中,我就已经处于这种境地。当时,无论是在教育人民委员部中还是在我负责政治领导的那个师中,我都不得不经常撇开救世主义观点,做出合乎实际的决定。这时,面对现实、对探寻列宁所说的"下一个环节"的需要,变得比我一生中以往任何时候都无可比拟地更加迫切和强烈。正是因为这些决定的现实本质似乎带有纯粹经验性质,它对我们的理论立场产生了深远的影响。因为这种理论立场现在必须适应客观的情况和趋势。如果我希望做出一个原则上正确的决定,那就决不能仅仅满足于对直接事态的思考。我将不得不找出那些造成这种事态的、经常隐蔽着的中介物,尤其是,我将不得不对那些可能由它们造成并将影响未来实践的因素做出预见。因此在这里,生活本身迫使我采取了一种往往与我的革命救世主义的唯心主义和乌托邦主义尖锐对立的思想立场。

由于当时在匈牙利党的实际领导中站在对立方面的是一个现代官僚主义式的宗派主义集团,即季诺维也夫的门徒库恩·贝拉的集团,我的左右为难的处境变得更加尖锐。在纯粹理论上,我本来可以把他的观点当作假左派的东西加以抛弃。但在实践上,他的建议却只能用极其普通的日常生活的内容来加以批判,这些生活联系着世界革命的伟大前景,但又与这种前景有着相当的距离。像我一生中常常遇到的情况那样,这时我又交了好运:反对库恩·贝拉的斗争由兰德列尔·耶诺领导。这个人不仅具有渊博的、首先是实际的知识,而且对理论问题具有很高的理解力,只要这些理论问题与革命实践有联系,不论这种联系是多么间接。他深信不疑的观点是由他与群众生活的密切联系决定的。他在反对库恩·贝拉的官僚主义和冒险主义计划时提出的主张立刻使我信服,因此,在宗派斗争开始以后,我总是站在他一边,这里,我们不可能对党内斗争的那些哪怕是最重要的细节加以论述,尽管其中有些饶有理论趣味的事情。就我而言,这些争论意味着我思想方法上的裂痕现在已经发展成为理论与实践之间的分裂:在重大的国际革命问题上,我继续支持极左思潮,而作为匈牙利党的领导成员,我成了库恩·贝拉宗派主义的最激烈的敌人。1921年初,这一点变得特别明显。在匈牙利方面,我追随兰德列尔,主张一种坚决的反宗派主义的路线,而同时在国际方面,我却从理论上支持了三月行动。因此,我思想中对立倾向的冲突达到了顶点。随着匈牙利党的分歧日益深化,随着匈牙利工人运动开始增长,我的观点也越来越受到由此产生的理论思潮的影响。然而,尽管列宁的批评动摇了我对于三月行动分析的根基,但是在这一阶段,这些思潮仍旧未能在我的思想中占得上风。

《历史和阶级意识》诞生于这个转变时期的危机之中。它写作于1922年。它一部分是经过修改的早期文章;除已提到的那两篇外,还有1920年的论文《阶级意识》。两篇关于《罗莎·卢森堡》的论文以及《合法与非法》在新集子中未做重大改动。只有两篇文章,也是最重要的两篇,是全新的,它们是《物化与无产阶级意识》和《关于组织问题的方法论》。(后者是在《革命运动的组织问题》一文的基础上写成的,此文曾于1921年三月行动后不久发表在《国际》杂志上。)这样,《历史和阶级意识》就是我从大战最后两年开始的发展时期的最后结算。自然,这种结算至少在某种程度上已包含有向更清晰状况转变的趋向,尽管这些趋向不可能真正成熟起来。

对立的思想派别之间的冲突并未结束,我们也不容易将胜利者或失败者的标签贴在它们头上,因此,直到今天,我们也仍旧难于对这本书作出首尾一贯的恰当评价。但是,至少必须简略地强调一下占主导地位的论点。这本书最突出的特点在于,与作者的主观意图相反,它在客观上与马克思主义史上一种已采取多种不同表现形式的倾向恰巧一致。这种倾向的所有各种表现形式,不论它们的哲学根源和政治影响是如何极不相同,也不论它们是愿意还是不愿意,都是反对马克思主义的本体论的根基的。我指的是将马克思主义仅仅看作是一种关于社会的理论、社会的哲学,因而忽视或者否认它同时也是一种关于自然的理论的倾向。甚至还在第一次世界大战以前,像麦克斯·阿德勒和卢那察尔斯基那样迥然不同的马克思主义者曾共同维护过这类观点。在今天,我发现,可能在某种程度上由于《历史和阶级意识》的影响,这类观点再次出现,特别是在法国存在主义和它的思想圈子之中。我的书在这一问题上持有很明确的立场。书中许多地方主张自然是一个社会范畴,而全书的要旨就是要表明,只有关于社会以及生活于其中的人的知识才与哲学有关。这种倾向的众多代表人物的名字说明,它决不是一个真正的流派。我本人当时只得悉卢那察尔斯基其名,并且总是将麦克斯·阿德勒当作康德主义者和社会民主党人加以反对。尽管如此,细加考察就可以看出他们有某些共同的特征。一方面,可以证明,正是关于自然的唯物主义观点造成资产阶级世界观和社会主义世界观之间的真正彻底区别。回避这一点,就会模糊哲学上的争论,例如,就会妨碍对于马克思主义的实践概念做出清晰的阐述。另一方面,这样在方法论上对社会诸范畴做明显的抬高,会歪曲它们真正的认识论功能。它们特有的马克思主义特征被削弱了,它们真正高于资产阶级思想的东西常常被无意识地取消了。

这里,我自然只局限于对《历史和阶级意识》一书提出批评。但是,这并不是说对马克思主义的这种背离,在有着相似观点的其他作者中就少一点。在这部书中,这种背离对我在那里提供的经济学观点产生了直接的影响,并导致一系列根本性的混乱,因为无可置疑,在这里经济必须是核心。的确,曾试图用经济基础来对所有意识形态现象作出解释,但是,尽管如此,对经济还是做了过于狭隘的理解,因为它的马克思主义基本范畴,作为社会与自然之间物质变换的中介的"劳动"被遗忘了。我的基本态度既然如此,产生这种结果也是很自然的。它意味着,马克思主义世界观的最重要的现实支柱不见了,从而,这种以最激进的方式推断马克思主义根本革命内涵的尝试失去了真正的经济基础。不言而喻,这意味着,作为这种变化过程基础的自然的本体论客观性必须消失。这也意味着,以真正的唯物主义观点来理解的劳动与劳动者的进化之间的相互作用必须消失。这样,马克思的这一伟大思想,"为生产而生产无非就是发展人类的生产力,也就是发展人类天性的财富这种目的本身",[1] 就在《历史和阶级意识》所能理解的范围之外。资本主义剥削就失去了它的这种客观革命作用,下述这种情况也没有被理解:"'人'类的才能的这种发展,虽然在开始时要靠牺牲多数的个人,甚至靠牺牲整个阶级,但最终会克服这种对抗,而同每个人的发展相一致,因此,个性的比较高度的发展,只有以牺牲个人的历史过程为代价。"[2] 结果,我关于资本主义矛盾和无产阶级革命化的论述都不自觉地带上了浓重的主观主义色彩。

上述错误也影响了我对书中的核心概念——实践——的理解,它遭到歪曲,并变得狭隘了。在这一问题上,我同样想把马克思作为出发点,企图把他的概念从后来所有的资产阶级歪曲中解放出来,并使它们适应当前伟大革命高潮的需要。当时我首先确信的是:必须彻底克服资产阶级思想的纯粹直观性质。因此,在这本书中,革命的实践概念表现为一种夸张的高调,与其说它符合真正的马克思主义学说,莫若讲它更接近当时流行于共产主义左派之中的以救世主自居的乌托邦主义。我对这一历史时期的发展是有足够理解的:我抨击工人运动中的资产阶级和机会主义思潮,它们极力推崇一种貌似客观实则完全脱离任何实践的认识方法;我正确地反对过度夸张和过高估价直观的作用。马克思对费尔巴哈的批判更加强了我的信心。然而,我没有认识到,如果不以真正的实践为基础,不以作为其原始形式和模型的劳动为基础,过度夸张实践概念可以走向其反面:重新陷入唯心主义的直观之中。当时,我想要勾画出正确的、真实的无产阶级的阶级意识,将它与"民意测验"(这个术语当时自然尚未流行)区别开来,并赋予它一种无可争辩的实际客观性。然而,我未能越出"被赋予的"(zugerechnet)阶级意识这样一种观念。这里我是指列宁在《怎么办?》中提到的同一内容。他认为,社会主义的阶级意识与自发产生的工团意识不同,它是"从外面",也就是"从经济斗争范围外面,从工人同厂主的关系范围外面"灌输到工人

① 《马克思恩格斯全集》,第26卷第2分册,人民出版社中文第1版,第124页。
② 同上书,第125页。

群众中去的。[①] 这样，我主观上所想达到的东西，以及列宁对实际运动进行真正的马克思主义分析所获得的东西，在我的说明中，却成了纯粹思想的产物，从而成了某种直观的东西。所以，如果这种“被赋予的”意识能在我的表述中变为革命的实践，那可真是一种奇迹了。

我那种本身是正确的愿望之所以会走向它的反面，仍是由于刚才提到的那种抽象的、唯心主义的实践概念。这一点从我对恩格斯所作的——又是并非完全错误的——批评中可以看得很清楚。恩格斯认为实践是检验理论的标准，而把实验和工业看作是证明这一点的典型事例。从那时起，我逐渐认识到，恩格斯的论点在理论上是不完全的，因为忽视了这样一个事实：实践的领域（在不改变其基本结构的情况下），在发展过程中已变得比单纯的劳动更加广泛，更加复杂，并以更多的过程为其中介。由于这个缘故，单是生产一种对象的活动，的确可以成为对一种理论假设作出直接地正确理解的基础。在这一限度内，它也能够成为检验上述假设正确与否的标准。然而，恩格斯想用直接实践来反驳康德的“不可捉摸的自在之物”的任务却远未解决。因为劳动本身很可能仍旧是一种纯粹操作的过程，自发或自觉地回避了“自在之物”的问题，并且全部或部分地忽略了它。历史为我们提供了这样一些实例：在某些时候，正确的行动却是在错误理论的指导下进行的。在恩格斯的意义上，这些实例意味着未能把握自在之物。的确，康德的理论丝毫也不否认这类实验是客观的、并且能够提供有价值的知识。他只是将它们归之于纯粹的现象领域，在那里，自在之物本身仍旧是未知的。现代新实证主义打算将所有关于实在（自在之物）的问题统统剔除于科学的范围之外，它将所有关于自在之物的问题当作“非科学的”东西而加以排斥，同时，又承认技术和科学的所有结论的有效性。恩格斯想用实践来驳倒康德的“自在之物”，这是正确的。但是，要做到这一点，实践必须超越上述那种直接性，并且在继续实践的同时，发展成为一种内

① 《列宁选集》第1卷，人民出版社1995年版，第293页。

容广泛的实践。

因此我当时对恩格斯的解决办法的反对，并不是没有根据的，正因为如此，我的论证也就更错误了。认为“实验是纯粹的直观”，这是完全错误的。我自己的说明就驳斥了这一点。因为创造一种环境，使自然力能够在观察下“纯粹地”，即没有外来干扰和主观错误地发挥作用，这一点完全与劳动的情况相同，劳动同样意味着创造一种有目的的系统，自然是一种特殊的系统。所以，在本质上，实验是纯粹的实践。否认工业是一种实践，认为它“在历史的和辩证的意义上，仅仅是社会的自然规律的客体而不是其主体”，同样是错误的。包含在这句话中的部分真理——充其量也只是部分真理——仅仅适用于资本主义生产的经济总体。但是它与这样一个事实并不矛盾：在工业生产中，每一单个的活动不仅代表着一种有目的的劳动行为的综合，而且它本身就是这种综合中的一种有目的的，即实践的行为。由于这种哲学错误，《历史和阶级意识》在分析经济现象时，不是以劳动，而只是以发达商品经济的复杂结构作为出发点。这意味着，从哲学上解决诸如理论与实践、主体与客体的关系这种决定性问题的前景，从一开始就落空了。

在这些以及与此类似的成问题的前提中，我们看到了未能对黑格尔遗产进行彻底唯物主义改造，从而予以扬弃的影响。我想再提出一个重要的原则问题。毫无疑义，《历史和阶级意识》的伟大成就之一，在于使那曾被社会民主党的机会主义者们的“科学主义”打入冷宫的总体性范畴，重新恢复了它在马克思全部著作中所占的核心地位。当时，我不知道列宁正沿着同一方向前进。(《历史和阶级意识》问世几年后，《哲学笔记》方才出版。)然而，列宁在这个问题上真正恢复了马克思的方法，我的努力却导致了一种——黑格尔主义的——歪曲，因为我将总体性在方法论上的核心地位与经济的优先性对立起来。“使马克思主义决定性地区别于资产阶级科学的，不是经济动机在历史解释中的首要性，而是总体性观点。”这种方法论上的谬误由于下述情况而得到进一步的加强：总体性被视为科学中的革命原则的思想体现。“总体性范畴的首要性是科学中的革命原则的支撑者。”①

毋庸置疑，在《历史和阶级意识》对以后思想界的影响中，这种方法论上的谬误起了并非不重要的、而且在许多方面甚至是进步的作用。因为黑格尔辩证法的复活狠狠打击了修正主义的传统。伯恩施坦就曾希望以“科学”的名义消灭黑格尔辩证法的一切遗迹。而他的哲学上的对手，首先是考茨基，也不过是要维护这种修正主义传统。对任何想要回到马克思主义的革命传统的人来说，恢复黑格尔主义传统是一项不难理解的义务。《历史和阶级意识》代表了当时想要通过更新和发展黑格尔的辩证法和方法论来恢复马克思理论的革命本质的也许是最激进的尝试。由于当时资产阶级哲学对黑格尔正表现出越来越大的兴趣，这一任务甚至变得更加重要。当然，资产阶级哲学家们从未能使黑格尔与康德在哲学上的决裂成为他们分析的基础。另一方面，他们在狄尔泰的影响下，企图在理论上把黑格尔的辩证法与现代非理性主义联结起来。《历史和阶级意识》问世不久，克勒讷便将黑格尔描绘成一切时代中最大的非理性主义者；而在勒维特稍后的研究中，马克思和克尔凯郭尔又成了从黑格尔主义解体中出现的两种平行的现象。只有与所有这些发展相对照，我们才能看到《历史和阶级意识》所提出的问题是多么迫切。从激进工人运动的意识形态的角度看也是如此，因为普列汉诺夫等人过高估计了费尔巴哈作为黑格尔与马克思之间的中介的作用，而这种观点在这里则被抛到了一边。当然，只有在稍后的时候，在关于莫泽斯·赫斯的论文中（比列宁后期哲学著作的发表早几年），我才明确提出了马克思直接衔接着黑格尔这一问题。然而事实上，这一立场已经隐含在《历史和阶级意识》的许多论述之中。

在这个必须简短的总结中，不可能对这本书所提出的全部问题做出具体的评判，并指出它对黑格尔的解释在多大程度上成了混乱的根源，又在多大程度上说明着我以后的活动。有能力进行批评的当代读

① 《历史和阶级意识》新维德卢西特汗特出版社 1968 年版，第 94 页。

者肯定能够找到说明两种类型的例子。在估价这本书在当时的影响以及今天的意义时，我们必须考虑一个比任何细节问题都更为重要的问题。这就是异化问题。它在这本书中，从马克思以来第一次被当作对资本主义进行革命批判的中心问题，而且它在黑格尔辩证法中有着自己理论和方法论的根基。当然，这个问题当时正在酝酿中。几年以后，随着海德格尔《存在与时间》(1927年)的问世，它成了哲学争论的中心。甚至在今天，主要是由于萨特及其追随者和反对者的影响，它仍旧没有失去这种地位。吕西安·戈尔德曼把海德格尔的著作解释成在某种程度上是直接对我的回答(但没有明确地这样提)，首先由他提出的语文学问题在此可以暂且放在一边。说异化问题在当时正在酝酿中，这在今天是完全恰当的，特别是因为不可能在这里深入讨论这种情况的原因，以便阐明第二次世界大战后特别是在法国如此盛行的马克思主义与存在主义观念的混合，这种提法显得更为恰当。在这里，谁起头，谁影响谁的问题并不特别重要。重要的是，人的异化是我们时代的关键问题，并且无论资产阶级还是无产阶级的思想家，无论是右派还是左派的评论家都看到和承认这一点。因此，《历史和阶级意识》对青年知识分子产生了深刻的影响；我知道，有一大批优秀的共产党人正是被这一事实吸引到共产主义运动中来的。毫无疑问，这一马克思主义和黑格尔主义的问题是由一位共产党人重新提出的事实，是这本书的影响远远超出了党派界限的原因之一。

至于对这一问题的实际讨论方式，那么今天不难看出，它是用纯粹黑格尔的精神进行的。尤其是，它的最终哲学基础是在历史过程中自我实现的同一的主体—客体。当然，在黑格尔那里，它是以一种纯粹逻辑的和哲学的方式提出的：通过消除异化，自我意识向自身的返回，并由此实现同一的主体—客体，绝对精神在哲学中达到了它的最高阶段。然而，在《历史和阶级意识》中，这个过程表现为一种社会—历史的过程，当无产阶级在它的阶级意识中达到了这一阶段，并因而成为历史的同一的主体—客体时，上述过程也就达到了顶点。这看起来的确已经

“使黑格尔以脚立地了”,似乎《精神现象学》的逻辑—形而上学结构已经在无产阶级的存在和意识中得到了真正的实现。这一点好像又反过来为无产阶级通过革命建立一个无阶级社会,并结束人类“史前史”的斗争提供了哲学基础。然而,这里的同一的主体—客体是不是比纯粹形而上学的构造更真实呢?真正同一的主体—客体能为自我认识(无论怎样充分,怎样真正基于对社会的全面认识,也就是无论怎样完美)所创造吗?只要我们精确地提出问题,便会看出,对此必须作出否定的回答。因为即使当认识的内容被归结为认识的主体时,这也不意味着认识活动因此便摆脱了它的异在的本性。在《精神现象学》中,黑格尔正确地拒绝了在实现同一的主体—客体问题上的神秘主义和非理性主义观念,拒绝了谢林的“理智直观”,而要求采取一种哲学的、理性主义的解决方式。他的健全的现实感使他就此止步;他的包罗万象的体系的确在这种实现的前景中达到了顶点,但是他从未以具体的方式表明这一实现的要求怎样能够达到。因此,将无产阶级看作真正人类历史的同一的主体—客体并不是一种克服唯心主义体系的唯物主义实现,而是一种想比黑格尔更加黑格尔的尝试,是大胆地凌驾于一切现实之上,在客观上试图超越上帝本身。

黑格尔之所以在这一点上表现得含糊不清,是由于他的基本概念存在着错误。因为在黑格尔那里,异化问题第一次被看作是生存于世界并面对着世界的人的地位的根本问题。然而,他在异化这一术语中却包括了任何一种形式的对象化。这样,在逻辑上,异化便最终与对象化合为一体。因此,当同一的主体—客体超越异化时,它也必须同时超越对象化。但是,按照黑格尔的看法,客体,即物,仅仅作为自我意识的异化物而存在,使其返回主体将意味着客观实在即一切实在的终结。《历史和阶级意识》跟在黑格尔后面,也将异化等同于对象化〔Vergegenständlichung〕(用马克思在《经济学哲学手稿》中所使用的术语)。这个根本的和严重的错误对《历史和阶级意识》的成功肯定起了极大的作用。如上所说,在哲学上对异化的揭示当时正在酝酿之中,很快它就成了那种旨在探讨人在当代资本主义中的状况的文化批判的中心问题。对资产阶级的哲学、文化批判说来(我们只要看一下海德格尔就可以了),将一种社会批判升华为纯粹的哲学问题,即将本质上是一种社会的异化转变为一种永恒的“人类状况”(这是一个后来才产生出来的术语),是十分自然的事情。很明显,《历史和阶级意识》迎合了这种观点,虽然它的意图与这种观点不同,而且的确是对立的。因为当我将异化等同于对象化时,我是将它看作一种社会范畴——社会主义将最终消除异化——但是,尽管如此,由于它在阶级社会中的不能消除的存在,特别是由于它的哲学基础,它就同“人类状况”的说法相去不远了。

之所以造成这种情况,是由于经常把两个对立的根本范畴错误地等同起来的缘故。因为对象化这种现象事实上是不可能从人类社会生活中消除的。如果我们记住,在实践中(因此也在劳动中)客观物的任何外化都是一种对象化,每一种人类表达方式包括说话都使人类的思想和情感对象化,那么很清楚,我们这里指的是人与人之间的一种普遍的交往方式。既然如此,对象化就是一种中性现象;真和假、自由与奴役都同样是一种对象化。只有当社会中的对象化形式使人的本质与其存在相冲突的时候,只有当人的本性受到压抑、扭曲和残害的时候,我们才能谈到一种异化的客观社会关系,并且作为其必然的结果,谈到内在异化的所有主观表现。但《历史和阶级意识》并未认识到这种两重性。这正是它在其基本哲学史观点上出现很大偏差的原因。(顺便提一下,物化现象与异化现象有着紧密联系,但无论在社会中还是在概念上,两者都不尽相同,而在《历史和阶级意识》中,这两个词却是在同一意义上使用的。)

这种对基本概念的批判不可能是面面俱到的。但即使在这个如此简短的说明中,也必须提到我对认识是反映这种观点的拒绝。这有两个根源。首先是我对机械宿命论的极端厌恶,在机械唯物主义中,宿命论总是同反映论休戚与共。我思想中当时以救世主自居的乌托邦主义、关于实践优先性的观点都对这种机械唯物主义提出了强烈的抗议——这种抗议又不是完全错误的。其次，我知道劳动怎样成了实践的起源和根基。最原始的劳动，例如原始人挖掘石头，就包含着人对他所处理的实在的正确反映。因为，如果没有对他所处理的客观实在的映象，无论这种映象有多么粗糙，任何有目的的活动都是无法进行的。只有基于对实在的正确反映，实践才能使理论得到实现并成为它的检验标准。至于在这个问题上发生的论战的细节，至于拒绝在流行的反映理论中把认识类同于摄像的看法是如何有道理，不值得在这里详细记述。

这里，我专门谈了《历史和阶级意识》的消极方面，同时，我也强调，不管怎样，这本书在当时还是并非不重要。我相信，这两者并不矛盾。所有列举在此的错误，其根源与其说是作者本人的个人品质，不如说是那时流行的、往往是错误的思潮。单是这一事实就赋予这本书以某种代表性。当时，一场重大的、世界历史性的转变正在努力寻找一种理论表述。即使一种理论未能说明这场巨大危机的客观本质，它仍旧可以提出一种典型的观点，并因而获得某种历史的合法性。我今天认为，《历史和阶级意识》一书的情况正是如此。

然而，我并不打算谎称，书中的所有观点无一例外都是错误的。例如，在第一篇论文的引言中，我为正统马克思主义下了一个定义，现在我认为，这个定义不仅在客观上是正确的，而且在处于马克思主义复兴前夜的今天能够产生相当重要的影响。我指的是这样一段话："让我们假定，现代研究已经一劳永逸地证明，马克思的每一个别命题都是错误的。即便如此，每一位严肃的'正统'马克思主义者仍旧可以无保留地接受所有这些现代结论，并因此抛弃马克思的任何一个单独命题。而且，在从事这一工作时，他完全不必丢掉自己的正统性。因此，正统马克思主义决不意味着无批判地接受马克思的研究成果。它不是对这个或那个命题的'信仰'，不是对'圣书'的注释。在这里，所谓正统性仅仅涉及**方法**。辩证的马克思主义是通向真理的道路，只有沿着它的奠基人指出的路线,它的这些方法才可以得到发展、扩充和深化,这一点已经得到了科学的证明。同样得到证明的是,任何超越或'改良'马克思主义的企图,已经或必将导致简单化、肤浅化和折衷主义。"①

我相信,还有许多同样正确的思想可以在这本书中找到,我这样说并不觉得自己过分不谦虚。我只需指出这样一个事实,我将马克思的早期著作放到他的世界观的完整画面之中,而在我这样做时,大多数马克思主义者只愿意把它们看作是一些仅仅对马克思个人的发展具有重要性的历史文献。至于在几十年后,这种关系发生了颠倒,早期著作被看成真正马克思主义哲学的作品,而晚期著作则受到忽视,那么,这不能责怪《历史和阶级意识》,因为在那里,不管正确与否,我始终把马克思的著作看作是一个不可分割的整体。

我同样不想否认,在书中许多地方,我试图对辩证范畴的真正本质和运动作出描绘,这会导致一种真正马克思主义的社会存在的本体论。例如,对中介范畴就是这样描述的:"中介范畴是一个借以克服经验世界的直接性的杠杆,因此它不是什么从外部塞入客体的(主观的)东西;它根本不是价值判断,或者说,不是与客观的'是'相对立的所谓'应该'。**毋宁说,它是客体真实的客观结构的显现**。"② 与此紧密相关的是对辩证范畴的起源与客观历史的关系的探讨:"起源和历史应该一致,或者更确切地说,它们应该是同一过程的不同方面,而这一点只有在如下两个条件获得满足时,才能发生。首先,整个人类存在被构成于这些范畴之中,这些范畴不仅描绘出了人类存在,而且,它们也必然决定着这些存在本身。其次,这些范畴的次序、连贯性、相互联系等,必然表现为历史过程本身的诸方面,表现为现实存在的结构特征。因此,范畴的次序及其内在连贯性既非纯粹逻辑的,也不是与恰好给定的历史事实相一致的。"③ 这条思路合乎逻辑地与马克思五十年代进行的著

---

① 《历史和阶级意识》1968 年版,第 58 页。

② 《历史和阶级意识》1968 年版,第 286 页。

③ 《历史和阶级意识》1968 年版,第 282 页。

名方法论考察中的一段话完全吻合。像这种预示着对马克思思想作出真正唯物辩证的重新解释的段落,在书中并不少见。

如果我在这里把注意力集中于批判我的错误,这是由于主要是实际的原因。《历史和阶级意识》过去对许多读者产生了强有力的影响,甚至今天还继续产生这种影响,这是事实。如果是正确的论点产生了这种影响,那么一切都很好,作者的反应完全无关紧要和毫无意义。令人遗憾的是,据我所知,事实是这样的:由于社会的发展以及这种发展所产生的各种政治理论的作用,这本书中那些我今天认为在理论上错误的部分往往影响最大。由于这个原因,在四十多年后重印这本书时,我认为自己有责任首先指出这本书的这些消极倾向,并告诫读者注意错误,这些错误在当时可能是难以避免的,但是今天早已不是这种情况了。

我已经说过,在相当确切的意义上,《历史和阶级意识》是对始于1918—1919年的发展时期的概括和总结。以后的岁月越来越清楚地表明了这一点。首先,这个时期的以救世主自居的乌托邦主义越来越失去现实的(甚至是看起来现实的)基础。列宁于1924年逝世。在他逝世之后的党内斗争越来越集中在关于社会主义能否在一国生存的问题上。对此,列宁自然很久以前便从理论上作过肯定的断言。但是,似乎近在咫尺的世界革命的前景,曾使得这种断言的理论的和抽象的性质显得特别突出。这时对现实的、具体的可能性进行讨论,证明在这些年代里世界革命还不能被认为迫在眉睫。(只是随着1929年的萧条,世界革命才有时作为一种可能性出现。)而且,1924年以后,第三国际已经将资本主义世界的现状正确地规定为"相对稳定"。这些事实意味着,我必须重新考虑我的理论立场。在俄国党的争论中,我站到斯大林一边,赞成关于社会主义必然在一国建成的理论,这很清楚地表明在我思想发展中已开始发生决定性的转变。

然而,决定这一转变的更直接和主要的东西,首先是匈牙利党工作的经验。兰德列尔集团的正确政策开始结出了果实。在严格的非法条件下活动的党，逐步扩大了它对社会民主党左翼的影响，结果是，在1924—1925年间，这一翼从社会民主党中分裂出来，并成立了一个激进然而依旧合法的工人党，这个党是由共产主义者非法领导的，它所选择的战略目标是在匈牙利建立民主制。它的最高纲领是要建立一个共和国，而非法的共产党本身则继续坚持建立无产阶级专政的旧战略口号。我当时在策略上同意这种做法，然而，关于如何在理论上论证这种立场的大量问题没有得到解决，我越来越为此感到痛苦。

这些思考开始动摇我在1917—1924年间所形成的思想基础。加之，世界革命发展速度的明显降低，必然导致各式各样左翼运动合作起来抗击日益增强的反动潮流。在霍尔蒂王朝统治下的匈牙利，这种合作的必要性对于合法的和左翼激进的工人政党说来是不言而喻的。但是甚至在国际运动中，也存在着相同的趋向。1922年发生了进军罗马事件，在以后的几年中，德国的国社党也得到了增强，它成了所有反动势力日渐增大的集合中心。这就将统一战线和人民阵线的问题提上了议事日程，这些问题不仅必须在战略和策略上，而且还必须在理论上加以讨论。而且我们已经不能指望第三国际来提供什么创造性的意见，它正越来越强烈地受到斯大林主义政策的影响。在策略上，它摇摆于左派和右派之间。斯大林本人在理论上灾难性地介入了这种摇摆之中。1928年前后，他将社会民主党人描绘成为法西斯分子的“孪生兄弟”。这就完全关死了建立左派联合阵线的大门。虽然在俄国党争论的中心问题上，我站在斯大林一边，但在这一问题上，我却深深厌恶他的观点。但无论如何，由于当时欧洲各国党内的大多数左翼集团都信奉托洛茨基主义(我对它始终持反对态度)，这丝毫没有妨碍我从自己早期革命年代的极左倾向中逐步解脱出来。当然，如果我反对路特·费舍尔和马斯洛夫对德国问题的态度(对这些问题我始终极其关心)，这并不意味着，我同意布兰德勒和塔尔海默的观点。为了廓清我自己的思想，也为了获得一种政治和理论上的自我理解，当时我极力寻找一种“真正的”左翼纲领，它应该提供一种不同于德国对立两派观点的第三种选择。然而,这种从政治和理论上解决转变时期矛盾问题的想法,被注定成为空想。我从未得到一种令自己满意的解决方法。因此,在这一时期,我没有在国际范围内发表任何理论的或政治的作品。

在匈牙利的运动中,情况是另一种样子。兰德列尔于1928年逝世,1929年,党准备召开第二次代表大会。我接受了为会议起草政治纲领的任务。这使我面对面地碰上了匈牙利问题中的那个使我困惑的老难题:一个党能否同时提出两个不同的战略目标(合法地是共和国,非法地是苏维埃共和国)?或者从另一个角度看:党对政府形式的态度能否是一种纯粹策略上的权宜之计(即非法共产主义运动的前景是真正目的,而合法党的前景只是策略上的手段)?对匈牙利社会和经济情况的透彻分析,使我越来越确信,兰德列尔当年提出共和国的战略口号,已经本能地接触到了匈牙利正确革命计划的核心:即使霍尔蒂王朝已经遭受了如此深刻的危机,以至为一种彻底的革命创造了客观条件,匈牙利仍旧不能直接转变为一个苏维埃共和国。因此,争取共和国的合法口号必须按列宁的精神具体化为他在1905年所说的工农民主专政。今天大多数人难以想象,这一点在当时听起来是多么荒唐。虽然第三国际的第六次代表大会的确提到这是一种可能性,人们仍旧普遍认为,由于匈牙利早在1919年就存在过一个苏维埃共和国,所以,从历史上讲,采取这种后退的步骤是没有可能性的。

这里不是讨论所有这些不同观点的地方。特别是因为这份提纲的内容,尽管对我个人说来起了改变我以后全部发展方向的作用,但作为一份理论文献,今天已经很难被认为具有什么重大价值了。加之,我的分析无论在原则上还是在具体细节上都是不充分的。这部分地是由于,为了使提纲的主要内容更易于接受,我对问题作了过于一般的处理,没有对具体细节着力加以发挥。但即便如此,它仍旧在匈牙利党内引起了轩然大波。库恩·贝拉集团把提纲看作是最纯粹的机会主义;我自己集团的支持则是很不坚决的。当我从可靠的来源获悉,库恩·贝拉正打算把我作为“取消主义者”驱逐出党时,由于十分清楚库恩在国际中的威信,我放弃了进一步的斗争,并发表了"自我批评"。尽管我当时坚定地相信自己的观点是正确的,然而我也知道——例如从卡尔·科尔施的命运中知道——被驱逐出党意味着不能再积极地参加反法西斯主义的斗争。我把这一自我批评理解为参加这种活动的"入场券",因为在这种情况下,我既不可能也不愿意在匈牙利的运动中继续工作下去了。

对这一自我批评是如何不能认真看待,下述事实可以说明:我的世界观中的根本转变构成了勃鲁姆提纲的基础(然而,提纲并没有以一种令人满意的方式将这一点表述清楚),从那时起,这种转变就决定了我的全部理论和实践活动。毋庸赘言,这里不是对这些情况作出哪怕十分简短说明的地方。为了证明我的说法不是作者的主观设想,而是客观事实,我可以引证党的主要意识形态专家列瓦伊·尤若夫在 1950 年对勃鲁姆提纲所作的有关评论。他认为,我那时的文学观点直接渊源于勃鲁姆提纲。"每个熟悉匈牙利共产党历史的人都知道,卢卡奇同志在 1945—1949 年间持有的**文学**观点是与他更早得多的时期的**政治**观点紧密相连的,这些政治观点是他在二十年代末期匈牙利的政治发展和共产党的战略决策的背景上形成的。"①

这一问题还有另外一个方面,而且对我说来是更重要的方面,它为记录在此的转变划出了更加明确的轮廓。正如这些论文的读者所了解的,我之所以决定积极投身于共产主义运动,在很大程度上是出于伦理的考虑。在作出这一决定时,我丝毫也不怀疑,在以后的十年中,我将成为一个政治家。无论如何,环境是这样决定的。1919 年 2 月间,中央委员会的成员被逮捕了,我再次认为我有责任接受在为取代它而建立的半合法的委员会中的职务。从此,一系列无法推诿的工作便接踵而至:苏维埃共和国的教育人民委员,红军的政治委员,在布达佩斯的非法活动,在维也纳的党内争论等等。只是此时,我才重新真正面临着两

① 列瓦伊·尤若夫:《文学研究》柏林狄茨出版社 1956 年版,第 235 页。

种抉择。我就勃鲁姆提纲进行的内在的、私下的自我批评,使我得出这样的结论:如果我像我坚信的那样,很明显是正确的一方,但又仍然无法避免如此轰动的失败,那么,我一定是严重地缺乏实际的政治才干。因此,我感到可以问心无愧地退出现实政治的舞台,再次集中精力于理论活动。我从未对这一决定有所后悔。(1956 年,我再次担任了部长职务,这一事实与我的决定也没有任何不一致的地方。在接受此职之前,我就做过声明,自己只是在这个过渡时期,在这个极度危急的关头接受了任命,一俟形势趋于稳定,我将立即辞职。)

至于对《历史和阶级意识》之后的我的狭义理论活动的分析,我在叙述中已经跳过了整整五个年头,现在才能回过头来稍微详细地谈谈这些著作。这种与正确的年代顺序相背离的叙述方法之所以有道理,是因为我毫不怀疑,正是勃鲁姆提纲的理论内容构成了我的发展的隐秘的目标。只是当我直接面对着一个特殊的、交织着最复杂问题的重要课题时,我才真正开始克服那种自大战后期以来一直构成我的思想特征的矛盾的二重性。也只是在此时,我的马克思主义学徒期才可以被认为是结束了。现在,我可以指出那些标志着这一历史时期的理论著作,并以此勾画出自己直到写作勃鲁姆提纲为止的整个发展线索。我想,预先确定这条线索的终端,可以使叙述变得更容易些。特别是如果考虑到以下的情况,这一点就更加清楚了,即在这一时期,我的精力首先是放在匈牙利运动的实际问题上,因此,我的理论贡献主要只是一些即兴之作。

这些作品中的第一篇,也是最长的一篇,是企图为列宁画出一幅思想肖像,这是一篇名副其实的即兴之作。列宁刚一逝世,我的出版人就要我写一部关于他的简短专著,我答应了,并在几星期之内完成了这篇短小的东西。比之《历史和阶级意识》,它有了某种进步,因为在写作过程中,我必须全神贯注于我要描绘的伟大人物,这促使我在实践概念与理论之间建立起一种更清晰、更正确、更自然、更辩证的关系。当然,我关于世界革命的观点是属于 20 年代的。然而,部分地由于我在这段短暂的间隔时间中的经历，部分地由于需要全神贯注于列宁的思想品格，《历史和阶级意识》中的最明显的宗派特征开始消退，并为其他更加接近于现实的内容所替代。在我最近为这本小册子再版而写的跋[①]中，我试图对这本书的基本论点中我仍然认为健康和现实的部分做出比初版本身更为详尽的阐述。首先，我设法看到列宁既不是一个简单地、直接地踩着马克思、恩格斯的脚印走的人，也不是一个天才的、实用主义的"现实政治家"。我的目的是要阐明他的思想的真实本质。简单地说，列宁的这幅肖像可以描绘如下：他的理论力量在于，无论一个概念多么抽象，他总是考虑它在人类实践之中的现实涵义，同时，他的每一个行动总是基于对有关情况的具体分析之上，他总是要使他的分析能够与马克思主义的原则有机地、辩证地结合在一起。因此，就理论家和实践家这两个词最严格的意义而言，他既不是前者，也不是后者。他是一位深刻的实践哲学家，一个热情地将理论变为实践的人，一个总是将注意力集中于理论变为实践、实践变为理论的关节点上的人。当然，我过去的研究仍旧带有二十年代的痕迹，它使我在描绘列宁的思想肖像时，做出了某些错误的侧重。特别是，比之他的传记作家，我在对列宁的评论中更深地探究了他的后期阶段。然而，由于列宁的理论和实践客观上与 1917 年革命的准备工作及其必然后果密不可分，我的著作的主要部分本质上依旧是正确的。在二十年代聚光灯的照耀下，我为说明这位伟大人物的独特品质而进行的努力，使他显得稍微有点陌生，但并不是完全不可辨认。

我以后几年写的一切，不仅外表是即兴之作(大部分是书评)，而且内容也是。因为我正在自发地寻找一个新的方向，并且试图使自己的观点与其他人区别开来，以此廓清未来的道路。就其本质而言，关于布哈林的评论可能是这些作品中最有分量的一篇。(我愿意为今天的读者顺便提一下，在 1925 年，布哈林是俄国党领导层中仅次于斯大林的

① 卢卡奇：《列宁》新维德卢西特汗特出版社 1967 年版，第 87 页以后。

重要人物;他们之间的冲突是在三年以后才发生的。)这篇评论最积极的部分在于,我关于经济的观点变得具体化了。这首先表现在我对当时广泛流行于庸俗唯物主义的共产党人和资产阶级实证主义者中间的观点的激烈抨击。这种观点认为,技术是一种主要的因素,它在客观上决定着生产力的进步。这种观点明显地导向历史宿命论,导向对人和社会活动的取消;它导致这样一种观念:技术就像服从着"自然规律"的社会"自然力"一样起作用。比之《历史和阶级意识》的大部分有关内容,我的批判不仅在更加具体的历史水平上取得了进展,而且在同上述机械宿命论的抗衡中,我也很少使用唯意志论的思想砝码。我试图表明,经济力量决定着社会的过程,从而也决定着技术的进步。同样的观点也出现在我对威特福格尔的著作的评论中。两处分析有着共同的理论缺陷,即都将机械的庸俗唯物主义和实证主义视为一种单一的、没有区别的思潮。尽管前者的确从后者吸收了许多内容,但毕竟不能将它们混为一谈。

我对新版拉萨尔书信以及莫泽斯·赫斯著作的更为详尽的讨论,有着更加重要的意义。这两篇评论都具有这样一种倾向:与《历史和阶级意识》相比,它们更为具体地将社会批判连同对于社会进化的理解根植于经济状况之中。同时,我试图利用对唯心主义的批判,对黑格尔辩证法的继承,去扩充我们已经获得的理论知识。这就是说,我再次拣起了青年马克思在《神圣家族》中对那些宣称已经驳倒了黑格尔的唯心主义思想家所进行的批判。马克思的批判在于,这些思想家们主观上相信,他们已经超过了黑格尔,但在客观上,他们不过是复活了费希特的主观唯心主义。例如,黑格尔思想的保守方面在于,他的哲学史只是为现存事物的必然性提供了证明。这样,从主观方面看,费希特的历史哲学后面的动力就肯定有某种革命的因素,因为这种哲学将现在规定为插在过去和它声称已在哲学上认识的未来之间的"绝对罪孽的时代"。在关于拉萨尔的评论中,我已经指出,费希特哲学的这种激进性纯粹是想象的,只要一涉及对历史的真实运动的认识,黑格尔哲学就立即显示出比费希特哲学高出一筹。这是因为在黑格尔体系中,各种客观的社会的和历史的中介因素的运动造成现存的一切,比费希特仅仅寄希望于未来的做法要更真实,更少抽象性的思想构造物。拉萨尔对费希特主义的思想倾向充满同情,是与他的纯粹唯心主义的世界观密切相关的。他并不关心那种基于经济之上的历史观以及由此而来的世俗观点。为了着力表明马克思与拉萨尔的差别,我在评论中引用了拉萨尔的一段话。他在与马克思的一次交谈中曾经说道:"如果你不相信范畴的永恒性,那么你必须相信上帝。"我对拉萨尔的这种思想倒退所作的尖锐刻画,同时也从一个侧面抨击了社会民主党思潮。因为,与马克思对拉萨尔的批判相反,在社会民主党人中间流传着这样一种看法,它将拉萨尔与马克思相提并论,把他们看做是社会主义世界观的共同奠基人。我没有明确提及这些人,但把这种倾向作为一种资产阶级偏见加以反对。这使我在许多问题上能够比在《历史和阶级意识》中更加接近真正的马克思。

关于莫泽斯·赫斯的讨论没有如此直接的政治现实性。然而,通过再次涉及青年马克思的思想,我强烈地感到,有必要对他的同时代人提出我的反对意见。这些人就是在黑格尔哲学解体时期出现的左翼,以及常常与之紧密相连的"真正社会主义者"。这也促使我着力将对经济及其社会发展问题进行哲学具体化的倾向放到突出的地位。当然,我仍旧未能摆脱对黑格尔所持有的非批判观点。像《历史和阶级意识》一样,我对赫斯的批判也没有将对象化与异化这两个概念区别开来。与早期观点相比,我此时的理论进步似乎采取了一种自相矛盾的形式。一方面,我利用了黑格尔哲学中那些强调经济范畴是社会实在的倾向,作为打击拉萨尔和激进的青年黑格尔分子的棍子。另一方面,我因为费尔巴哈对于黑格尔的非辩证的批判态度,而对他作了尖锐的抨击。这后一方面引导出过去已经提及的那个观点:马克思的理论工作直接衔接着黑格尔遗留下来的理论线索。同时,前一方面又使我想要对经济学和辩证法的关系作出更加准确的说明。举一个有关《精神现象学》

的例子，在这里，我强调了黑格尔的经济和社会辩证法的世俗基础，这种辩证法与各种类型的主观唯心主义的先验论正相反对。同样地，异化既不是被看作“一种思想的结构，也不是被视为一种‘应受到指责的’实在”，而是被规定为“直接给定的形式，在其中，现存事物以在历史过程中克服其自身的方式而存在”。这一思想连接起了从《历史和阶级意识》发展而来的客观线索，它涉及社会进化中的间接性和直接性问题。上述思想最重要的意义在于，它最大限度地表现出了这样一种要求：要从事一种新的批判，从而寻找一个明确的方向，使之与马克思的《政治经济学批判》沟通起来。一旦我对《历史和阶级意识》整个内容的错误之处获得了一种清晰的、根本的认识，这种寻找就变为一个具体的研究计划，即要对经济学与辩证法之间的哲学联系作出考察。早在30年代我就第一次试图将这一计划付诸实现。在莫斯科和柏林，我写了关于青年黑格尔的著作的初稿(直到1937年秋，才最后完成)。[①] 只是在30年后的今天，我才试图在关于社会存在的本体论中找到解决这一问题的根本方法。目前，我正在从事这一工作。

在写作关于赫斯的论文与勃鲁姆提纲之间的三年中，这种倾向有何种进展，由于没有任何文献，我不能确切地说。我只是认为，在为党所做的实际工作中，我需要经常进行具体的经济分析，这不会不对我的经济理论观点产生任何影响。无论如何，在1929年，我的体现在勃鲁姆提纲中的重大观点变化发生了。正是带着这些新的观点，我于1930年开始了在莫斯科马克思恩格斯研究院的研究工作。在这里，我交了两个意想不到的好运：《经济学哲学手稿》的手稿正好全部被辨认出来，我可以阅读它。同时，我结识了米哈伊尔·里夫希茨，而且这是一种终生友谊的开端。在阅读马克思手稿的过程中，《历史和阶级意识》中的所有唯心主义偏见都被一扫而空。毫无疑义，我本来可以从以前读过的马克思著作中发现那些与今天使我在理论上如此震惊的思想相类似

---

① 《青年黑格尔》一书收入《卢卡奇全集》第8卷，新维德卢西特汗特出版社1967年版。

的东西。然而,事实是这种情况并没有发生,这显然是因为我一直是根据我自己的黑格尔主义的解释来阅读马克思的。因此,只有一篇全新的著作才能产生这种振聋发聩的效果。(当然,另一个原因是我已经通过勃鲁姆提纲,动摇了那种唯心主义的社会—政治基础。)无论如何,时至今日,我仍旧记得马克思关于客观性是一切事物和关系的基本物质属性的论述对我产生的惊人印象。接着是这里已经提到的思想,即对象化是一种人们藉以征服世界的自然手段,因此既可以是一个肯定的、也可以是一个否定的事实。相反,异化则是一种在一定的社会条件下起作用的特殊活动形式。这就完全动摇了那种构成《历史和阶级意识》特点的东西的理论基础。正如我早年的著作在1918—1919年间所遭到的命运一样,这本书现在对于我也变得完全陌生了。我突然清楚地意识到,如果我要使现在浮现在眼前的这些理论观点成为现实,就必须再一次完全从头开始。

当时,我曾打算发表一篇论述我的新观点的文章。我的计划失败了(这份手稿已经丢失)。由于当时我正陶醉于这种新起点的前景,对此并未十分介意。然而,我也意识到,在能够希望从思想深处有能力纠正《历史和阶级意识》的错误,并对那里提出的问题作出科学的马克思主义的说明以前,我必须从事广泛的探索,走许多曲折的道路。我已经提到过这样一条曲折的线索:它从黑格尔研究开始,经过对经济学和辩证法的关系的考察,而达到我今天建立一种关于社会存在的本体论的尝试。

与此同时我还产生了一种愿望,想利用我关于文学、艺术以及文艺理论的知识,去建造一个马克思主义的美学体系。这是我同米哈伊尔·里夫希茨合作的开始。在多次讨论的过程中,我们逐渐看清了,甚至像普列汉诺夫和梅林这样最优秀、最有才干的马克思主义者,也未能足够深刻地把握住马克思主义作为世界观的普遍性质。因此,他们不明白,马克思也给我们提出了在辩证唯物主义的基础上建立起一种系统美学理论的任务。这里不是描述里夫希茨在哲学和语文学领域的伟大成就的地方。就我自己而言，我写作了一篇关于马克思、恩格斯同拉萨尔就济金根问题争论的论文。① 这篇论文虽然还是局限在一个特殊的问题上，但是这种体系的轮廓已经变得清晰可见了。这种观点起初受到顽强的抵抗，特别是来自庸俗社会学家方面的抵抗，后来为马克思主义学术界所广泛接受。然而，这里无须对这一问题做进一步的讨论。我只想指出，这里描述的我的世界观中的根本哲学转变，在我 1931—1933 年间在柏林作为批评家的活动中表现得很明显。不仅是模仿问题成了我注意的中心，而且那时我首先批判了自然主义倾向，并且还把辩证法运用于反映论。因为一切自然主义都是建立在对现实的"摄影式"反映的观点之上的。无论是资产阶级还是无产阶级庸俗马克思主义的理论，都未曾强调过现实主义同自然主义之间的区别。然而，对于辩证的反映论，从而对于一种符合马克思主义精神的美学理论来说，强调两者之间的区别正是问题的核心所在。

虽然这些意见严格说来并不属于这里讨论的范围，然而为了说明我由于意识到《历史和阶级意识》是建立在错误的假定之上而实现的那种转变的方向和内涵，是必须提到它们的。正是这些内涵使我有权利说：这是我的马克思主义学徒期、从而我的全部青年时期的发展最终结束的时刻。

现在还需要做的，只是对我那篇关于《历史和阶级意识》的遭到许多非议的自我批评作出一些说明。我必须在一开始就承认，我若一旦抛弃我的某部著作，我就终生对它不感兴趣。例如，在《心灵和形式》发表后一年，我曾给玛加蕾特·苏斯曼写信，感谢她为这本书写了评论文章。我在信中说道："这本书和它的形式对我说来已变得完全陌生了。"对《小说理论》也是如此，现在对《历史和阶级意识》也同样是如此。当我在 1933 年重新来到苏联时，当那里展现出从事富于成果的活动的前景时——1934—1939 年间《文学评论》在文学理论问题上所充当的反对

① 载莫斯科出版的《国际文学》杂志 1933 年，第 3 卷第 2 期，第 95—126 页。

派角色是众所周知的——从策略上讲,我必须公开同《历史和阶级意识》保持一段距离,因为只有如此,我对官方和半官方的文学理论的真正游击战才不会被挫败。在我看来,无论我的对手们思想如何狭隘,实行反击总是他们的正当权利。当然,为了发表一份自我批评,我必须采用流行的官方行话。然而这是我当时所作声明中唯一的违心成分。它也是对后来从事游击战的"入场券";这次声明同我早些时候关于勃鲁姆提纲的自我批评的区别"只是"在于,这一次我真诚相信《历史和阶级意识》是错误的,并且直到今天我还这样认为。以后,当这本书中的错误被改造成时髦的观点时,我抵制了那些想将时髦观点与我的本来看法等同起来的企图,今天我同样仍然认为这样做是对的。自从《历史和阶级意识》问世以来,四十年过去了,在争取真正马克思主义方法的斗争中,情况已发生了变化,我自己在这一时期也写出了新的作品,这一切也许都许可我现在采取一种不那么明显片面的观点。当然,确定《历史和阶级意识》中的某些构思正确的倾向对我以后的活动、甚至对其他人的活动在多大程度上真的造成了富于成效的结果,这不是我的任务。这里有一系列复杂的问题,对于这些问题的解答,我可以平静地留给历史去作出判断。

新本体论的若干原则问题之结论*

（1968 年）

在前面的考察中，我们已经在不同的具体场合或多或少比较深入地讨论了马克思范畴观的几个原则性问题。现在则应该从其最一般的特征方面对这些加以阐述。如果我们继续在本来的意义上探讨范畴问题，那么我们必须立即承认，马克思首先为了社会存在而十分详细地论述了范畴问题。但是，对马克思来说不言而喻的是，一方面，只有同时考察其他存在方式的特性、考察与其他存在方式的联系和区别，才能彻底考察社会存在的本体论；另一方面，如果人们想真正在思想上从对立与联系两方面把握范畴的存在特性，就必须抓住其真正的客观性，抓住其不依赖于意识的存在及其思维方式，并把它们具体化。意识就是力图用这些思想方式来把握它们。

从迄今的论述中可以看到：马克思不是从一个一成不变的抽象原则中推导出范畴问题的本质和联系的。相反，他的方法论的出发点和实施，则只有通过自在存在的对象和过程的那些各种不同且又相互具有存在性联系的、并非逻辑式前后相继的现实特征，通过当时的社会历

* 本文选自［匈］卢卡奇：《关于社会存在的本体论·上卷》的导论“一种今天已经有可能形成的本体论的若干原则问题”，是这个导论的结论部分，标题是选编者加的。原书由白锡堃、张西平、李秋零等译，白锡堃校，重庆出版社 1993 年版。选自第 313—369 页——选编者注。

史需要，才能被看到和被理解；这些社会历史需要针对着具体表现方式和形式等，以便给人的实践提供现实基础。在认识论和逻辑学中十分重要的抽象的划分原则，如具体——抽象，简单——复杂，出发点——结论等等，只有当它们表现事物本身现实的(历史的)存在规定，而不仅仅只作为思维规定，以便把现象纳入往往是事先确定好的思想体系时，才能发挥作用。马克思关于具体东西的规定是很有特色的："具体之所以具体，因为它是许多规定的综合，因而是多样性的统一。因此它在思维中表现为综合的过程，表现为结果，而不是表现为起点，虽然它是现实的起点，因而也是直观和表象的起点。"① 在这个规定中首先值得注意的是：马克思一开始就把我们已有的世界(无论是自然界还是社会)理解为过程的现实综合，而不是一种只有从思想上才能虚构其规定的"直接性"。这表明，青年马克思在干脆把对象性(最终是现实的具体性)称为存在的同义语时，是十分严肃的。对象性不是规定(或规定的总体)，因而既不能从存在方面，也不能通过认识者的意识，把这些规定强加给存在(构成规定)，相反，只能在十分严格的定义上认识它们：任何存在，只要它是存在的，它就是对象。因此，在思维中具体的东西表现为综合的过程，是一种假象，正如马克思在以后的考察中所指出的，正是黑格尔留下的观点。因此，具体的东西是符合存在的，对于符合存在的观察来说，它不是结果，而是出发点。但是，这个在本体论上极为重要的观点并不意味着，可以简单地、机械地由此出发推出科学认识过程的结论。相反，马克思在论述作为科学的经济学发展时指出，把具体的出发点简单地分解为抽象的个别规定，至多是认识的一种准备活动，而不是正确的认识本身。因为这种抽象本身如果没有具体的规定，就是空洞和毫无意义的。例如，"阶级"一词，如果没有使它得以确立的具体因素，就是一个空洞的概念。在进行分解的、抽象的认识尝试之后，思维本身必须重新转向其出发点，正如马克思所说，通过从终点到起点

① 《马克思恩格斯全集》第46卷上册，人民出版社中文第1版，第38页。

的一番重新游览，达到最初被直接感受到的总体，"但这一次已不是一个混沌的关于整体的表象，而是一个具有许多规定和关系的丰富的总体了。"① 马克思断言，经济学的历史在开始时走的第一条路，其目的是在形成概念之后形成一种"科学的正确的"方法。因此，认识的方法受客体对象的（符合存在的、范畴的）特性所制约，但这决不意味着，认识的途径和方法会成为（或应该成为）那些对象性的具体东西的过程性存在的样板或者对它们的简单模仿。科学的和哲学的认识必须从当时已成为客体的存在物的具体对象性出发，并解释其存在特性。正因如此，认识过程与存在过程决不是同一的，也决不会简单模仿存在过程。然而，正是认识途径的独立性问题中这种方法论要求，导致下述结果，即在这里能使用的方法和所获得的规定，并不具有独立的认识价值，更不用说可以作为"模式"为存在本身的特性服务了，就像由于认识论占据统治地位时常出现的情形那样。相反，只有那种接近当时所探讨的对象性存在特性的程度，才能成为说明的认识方式正确或错误的标准。

存在在其当时具体对象性中的绝对优先性，也在最一般的形式上，即作为范畴决定着对存在的认识方式。马克思在这篇著作中也十分清楚地表达了这一点。他首先指出，生产作为受社会规定的人的生产，总存在于一定的社会发展阶段。马克思在这里的问题是，带有范畴特征的"一般的生产"这种表述是否有意义？他从下述角度肯定了这个问题，即这个表达虽然包括抽象，但只要它"真正把共同点提出并定下来"，体现生产的过程性存在中具有存在性的原则，它就是一个"合理的抽象"。承认一种符合存在的一般性，即承认不可逆变化过程中重要因素的持续存在，对马克思的本体论来说是非常重要的。因此，这种发展的不可逆过程超越了在抽象的赫拉克利特动力学意义上的那种"一切都是变化着的"的抽象的能动性，它表明，新的本体论可以而且肯定会把赫拉克利特与爱利亚学派之间那种古老的、在认识论和逻辑学上无

① 《马克思恩格斯全集》第46卷上册，人民出版社中文第1版，第38页。

法解决的对立,归结为存在的不可逆过程中两种因素充满矛盾和不平衡的共同作用。因此,马克思这样做就是符合逻辑的,即在肯定"合理的抽象"后又立即使它具体化:"这个一般,或者说,经过比较而抽出来的共同点,本身就是有许多组成部分的。分别有不同规定的东西。其中有些属于一切时代,另一些是几个时代共有的,[有些]规定是最新时代和最古时代共有的。没有它们,任何生产都无从设想;但是,如果说最发达的语言和最不发达的语言共同具有一些规律和规定,那么,构成语言发展的恰恰是有别于这个一般和共同点的差别。对生产一般适用的种种规定所以要抽出来,也正是为了不致因为有了统一(主体是人,客体是自然,这总是一样的,这里已经出现了统一)而忘记本质的差别,"① 只有这样,才能具体表明那些因素的保留及其不断的自生是存在本身不可逆过程中的重要因素,然而也是纯粹的因素。

只有当人们不仅把这样的范畴关系看作过程中的彼此相承和前后相继,而且还在一定程度上把它们视为全部过程的一个横断面时,那些在原则独立的辩证法中以及在具体的相互作用时的多方面的相互依赖中的类似的动态结构和类似的相互渗透,就能表现出这种范畴关系。马克思在同一篇著作中已经为了生产(狭义的生产、消费、分配等)的范畴因素而详细地讨论了这一点。在此,我们只能从他那丰富规定的具体阐述中强调几个因素,即通过对它们的考察可以揭示马克思本体论中最重要的范畴特性。在有引导性的注释中,马克思指出了这样一种现象,即它引导一些经济学家把这些联系逻辑化,因为这些经济学家以结论的形式把它一般化。马克思说:"这当然是一种联系,然而却是一种肤浅的联系。"② 只有使思想不断地接近存在本身,把存在理解为不可逆过程和历史,才能克服这种肤浅性。显然,生产和消费行为(以最初的原始形式)的并列二重性在有机物中已经表现出来:消费"直接"也

① 《马克思恩格斯全集》第46卷上册,人民出版社中文第1版,第22页。

② 《马克思恩格斯全集》第46卷上册,人民出版社中文第1版,第26页。

是生产,“正如自然界中的元素和化学物质的消费就是植物的生产一样。”① 这种直接联系也表现在人类的社会生活中;“例如,在吃喝这一种消费形式中,人生产自己的身体,这是明显的事。”② 因此,这两种因素一开始就出现在一种直接统一中,然而,正像马克思在结束这番考察时所指出的,在这种统一中同样也保留着一种直接的二元性。在这种能够反映其前史的基础上,才形成了经济领域即生产和消费中的动态的相互联系,马克思以完全不同的方式分析了这种联系。

我们在这里不能深入考察这种分析中那些十分有趣的细节,而只能简短地概括其中本质性的东西,也就是说,由于存在基础的历史变化,不仅能从一般性上找出具体相互作用的复杂体系,而且还要直接地涉及它们,不仅使生产的个别因素处于具体的、历史的、变化着的相互联系中,而且还使它们在一般的社会联系中确定下来,并对一般的社会联系产生反作用。例如,马克思认为,分配过程是一般社会发展中极为重要的因素,它不仅仅是产品分配中的一个中间环节。这种观点就是在社会存在过程中范畴的现实作用基础之上,对范畴进行准确而具体的区分后产生的一个重要理论成果。但是,如果把马克思哲学观点在社会存在的特性、它的产生和过程、它的作用和前景等方面的兴趣绝对化,并把它局限于社会发展方面,就会忽略它对于人关于现实性思维所产生的世界历史意义。③ 马克思把关于历史的存在规定当作每个存在的基本特点,它是一种普遍的学说,在社会和自然界中都适用。然而这决不是说,马克思的全部观点是一种抽象的、一般的哲学学说(旧的意义上的),它的普遍的、适用于任何存在的原则同样可以“应用”于历史和社会(狭义的、市民意义上的),这种错误观点近几十年来,尤其在共产党人中间广泛流行。由于这种“应用”,产生了所谓的“历史唯物主义”学说。斯大林为人熟知的《联共(布)党史简明教程》第四章中论述

---

① 《马克思恩格斯全集》第46卷上册,人民出版社中文第1版,第27页。

② 《马克思恩格斯全集》第46卷上册,人民出版社中文第1版,第28页。

③ 比如,这是我的书《历史和阶级意识》的基本错误之一。

这个问题时，就采取了这种态度。他说："历史唯物主义就是把辩证唯物主义的原理推广去研究社会生活，把辩证唯物主义原理应用于社会生活现象，应用于研究社会，应用于研究社会历史。"①

据我所知，马克思本人从未用过"辩证唯物主义"这种说法，当然，他经常说到辩证方法；而恩格斯经常使用的"历史唯物主义"这种提法，始终是指学说的总体，而决不是这种学说在作为特殊领域的历史"领域"中的特殊"应用"。马克思在历史中发现了每个存在的普遍的运动原则，对他来说，"应用"这种表达与他自己的基本原理是相矛盾的。他所说的历史过程一般是指宇宙的全部不可逆过程，人类、劳动、社会等等这一历史阶段作为新的存在方式，是在一定的（说到底是偶然的）情况下从这种不可逆的总体过程中发展出来的。在《1844年经济学哲学手稿》中，马克思说："全部历史是为了使人成为感性意识的对象和使'人作为人'的需要成为[自然的、感性的]需要而做准备的发展史。历史本身是自然史的即自然界成为人这一过程的一个现实部分。"②这个历史过程既无开端也无终结。除了地球上生命可能性的终结以及我们人类历史的终结是自然观中一种极为现实的可能前景以外，马克思主义不承认这个历史进程内部有任何终点。马克思同各种乌托邦主义的对立也表现在，他严肃地指出，任何"历史的终点"都是不可能的。在马克思看来，共产主义也仅仅是人类史前史（而并非人类历史）的终点，即真正的人类历史的开端。因此，作为进程的每个存在具有的不可逆的（历史的）基本特征，可以避免下述一切标志，这些标志把迄今的理论规定为存在的可能性前提，例如意识、价值，个性的作用等等。因此，在马克思的本体论中，范畴的特征作为每个存在的定在形式、对象的实存规定性，作为每个存在不可分割的标志，都属于那些从每个存在的作为本体论特征的一般历史性中产生出来的基本规定。在此应该而且必须特别强调指出，存在与对象性之间本原的、无法消除的统一，与存在问

① 《联共（布）党史简明教程》，人民出版社版，第116页。

② 《马克思恩格斯全集》第42卷，人民出版社中文第1版，第128页。

题本身无关(任何存在都是具体的、对象性的,作为黑格尔理论出发点抽象的存在不可能是真实的存在方式,黑格尔的目的是创立一种纯粹抽象的思想体系)。从所有这些存在的基本标志中必然得出,范畴作为特定的存在形式,只不过是对象性所具有的持续、过程化的相互作用中那些存在的变化着的一般性因素,在其具体性上,对象性是单一的、个别的。

一般和个别是存在的基本规定,而不是思维抽象活动的产物,也不仅是思想对客体对象(规定对象)的说明,因此,它们是存在本身的具体而直接的规定,这个观点在资产阶级思维传统看来似乎是矛盾的。但是,如果我们引用实践中一个十分重要的例子,即实验,那么就可以看出:实验无非是从具体的、变化着的存在总体中,尽可能完全地排除那些存在因素,依照实践经验规则这些因素常常不能发挥作用,其目的是在这样一种(实际上是范畴的)"纯粹"的环境中,观察(同样是依照规则)不断发挥作用的各个组成部分之间在一种"纯粹"的相互作用形式中的相互作用,并(相应地)使它成为可以认识的结果。显然,在实验中所研究的存在实际上从未以这样"纯粹"的方式出现并发挥作用。不过,实验尽管以一种"纯粹"的形式,但它仍然像我们对待现实自然环境的普通实践行为一样,探讨了存在的联系。因此,从根本上说,在实验中出现而为思想所把握到的一般性,并不是我们思想的产物,尽管这种一般性在综合占优势的关于存在的经验中,以及在实验准备中发挥着重要作用。但是,这种作用仅仅限于对存在因素进行有目的的,"纯粹"的分类。与此相应,实验结果只是揭示存在间的联系,并不只是试图从思想上抽象地把握存在。即使思想因素在实验准备中可能起很大的作用,也无法改变作为真正的存在间联系的结果的性质。这表现在,实践只能证实或驳倒作为存在纯粹化依据的"假设"。在此,思想的真理性也是由存在本身所决定的。

我们认为,这里有许多结论对于存在的认识十分重要。首先,在对象性规定中的一般是存在着的对象总体中的一种自在存在的因素,它不是某种思想的影射物(如果不是这样,那些现实的、有效的实验就是多余的,甚至是不可能的)。第二,必须注意,这种一般性在对象性的过程总体中虽然有一定的限制性因素,但作为存在物,它同其他因素一样分享一个具体对象性的质。一般决不是纯粹抽象的一般,决不是某种简单的普遍性东西,而是具体对象性方式的一种具体存在;因此,它不是一种自在的思维一般性,而是存在着的东西的存在着的一般性,是具体对象性及其相互联系和相互作用的一般性。与此相应,这种一般的作用的一般性也是具体的东西,是每个因果联系的一个部分,一个环节。这一点对普遍的存在认识产生下述重要后果:虽然在成功的实验中这样一种一般都能以纯粹的,不受干扰的形式展开其固有的特性,但在总体存在中的这种纯粹性却往往只能作为一种有时居于支配地位的趋势而发生作用,它不再以纯粹的形式,而只是作为当时形成的总体中那些相互作用的异质因素之一。因此,它的现实存在性作用就转变为总体过程的一种因素,它在许多实验中极为明显地出现的偶然性,就转变为这个运动总体中或大或小可能性的(或许是决定性的)部分因素。当然,由于在这里出现的偏离太微小,其实际作用又延续很久,这方面对直接的实践实际上就变得无关紧要。与此相反,如果要从符合存在的本体论方面认识现实,那么不管这种偏离在几天或几百万年内才能实际有效,它在理论上并不重要。过程中这些时间间距毫无意义的实际重要性只是一个纯粹实践的问题,即这样的一种人类实践的规定。我们已经在理论上做到,在过程的时间延续中去注意那些具有存在性的因素,并把进程时间长短的差异视为人格化的解释。

显然只有在无机界中,一般的问题才以这种方式出现。在无机界中,个别性虽然也作为对象性形式而实存着,但却是作为一种在个别对象的直接存在过程中不能直接改变存在的个别性。打碎一块岩石,就会得到许多块岩石,而这些岩石同样也是无机界的现实存在物,就像它们破碎之前的整体存在一样。

当然,不能否认这样做也有与存在有关的结果。以前只有一块现存的岩石，现在却有了许多块，数量作为对象性因素无疑在存在过程中要起一定的作用。然而，如果死去一只动物或枯萎一棵树木，它们最终就要完全退出有机存在过程，而成为无机界内纯粹物理、化学过程的对象。以上两种情况主要涉及作为存在规定的个别，而抽象地看这种个别，是以两种存在方式出现的。但是(对马克思的范畴观非常重要的)，在不同的存在系统中，因而在总体过程中个别能引起不同和存在性的变化。

在此，必须首先注意两种基本差别，第一，无机存在可以(在世界范畴内)作为独立存在而存在，可以依其自身存在而发生作用，而不必与其他存在方式相对抗。而有机存在只能作为无机存在总体发展的结果而出现，作为存在它只存在于一种与无机界的不断相矛盾的联系中：这样，无机存在便成了人们称为有机界的环境的重要部分(有机界的类和个例也以有机界本身为环境并不能改变这一事实)。这是一种在无机界中根本没有的存在关系。第二，在这种存在基础上总体存在分化为两种相互影响、却又以不同方式发生作用的存在形式。在无机存在基础上产生了一种新的存在，它由一些在较短时期发挥作用，并且变化着的对象性过程组成，在这些过程中，一定的开端和终结都属于每个个别对象性的存在过程。因此，作为存在形式的个别性总是发生彻底变化，与此相应，那些与个别性相应的具体的一般性、类，也以完全不同的方式成为一切个体的总和，这与无机存在中的情形完全不同：在这里，类在其所属个例的产生和消亡过程中保持自己，因而不具有无机存在中典型的机械作用的连续性。在有机存在中，每一个体的短暂的、初始就有别的过程性，一方面在对象性表现形式的全部领域中明显地突出个体。莱布尼兹以树叶为例说明“在自然中没有两种相同的东西”这一事实，决不是偶然的。同样，人们当然也有理由说，在自然界中没有两块同样的石头，任何人都没有同别人完全一样的指纹。尽管在这三种存在形式中的纯粹个体具有范畴的直接连续性，但有机存在中的个体的种却意味着范畴史中一种质的转变。正如我们看到的那样，马克思早已在植物界中发现了一种先有的类似生产和消费的辩证关系。对存在的客观发展来说更为重要的是,一旦有机界的再生产过程不再像植物那样严格地受地点制约,就会产生一种全新的存在关系,即从物理、化学的客观作用方式转换为生物的"主观作用方式,如视觉、听觉、嗅觉等等。当然,如果在这里就谈主体性和客体性,从严格的本体论意义上说是不准确的,并且为时过早。说到底这种转变,还属于生物再生产的规律。马克思明确指出了动物和人的区别,在人那里,这种转变过程虽然构成人的存在及其实践的生物—自然前提,但它会引起更为广泛的、必然的转变。"① 而在动物那里,这种转变却永远不能超出生物性的自然水平。马克思这样谈论这种差别:"动物不对什么东西发生'关系',而且根本没有'关系',对动物来说,它对他物的关系不是作为关系存在的。"② 在这种存在水平之上就谈主体和客体,这是一种轻率的抽象。因为只有在对环境的积极适应中,才出现了主体作为自觉引导并组织这种转变的力量,也只有在这种目的性设定中,对象(无论属于何种存在方式)才成为主体的客体。在有机界中,主要问题是有生命东西的生物性再生产过程(在个例那里是直接的,并通过个例的中介到达类)如何在与环境的对立之中使自身再生产的条件得以贯彻实施,因为这种环境并不能使它们的再生产得以实现,至多只能产生实现它们的最一般可能性。再生产过程是一种发生在受生物性规定的活动中,受物理、化学性影响活动中的对现实的纯粹消极适应,因情况不同这种适应本身对有关生物的再生产过程可能有利,也可能不利。

生物再生产过程以有机体和环境在相互作用中的对立为特征,与此相反,人类通过劳动的目的性规定去社会化地、积极地适应环境,从而产生有效或失败的选择。有利与无利只是自然界内部的一种对立,而成功和失败却只有在社会与自然的物质交换中才会出现。然而,在所包含的一切对立中,两者都表现出某种在无机界中找不到类似的东

① 前面我们已经讨论过的"自然限制退却",正是这种转变过程的重要因素。

② 《马克思恩格斯选集》第1卷,人民出版社中文第1版,第35页。

西。尽管在有机自然领域中的过程、一般说来,像无机界的过程一样,显示出纯粹因果性的特征,并因此与目的性规定的存在意义形成对立,但是与无机界相比,它表现了新的特征,即生物过程力求使用它的手段和可能性来促进当时有机体的再生产,而在无机界中这种趋向找不到,直到康德才恰当地表述了这种矛盾情形,他提到"没有目的的合目的性",其中出现的这种矛盾情形表明了一种具有存在意义的特性,即在进行自我再生产,有生命的总体中,虽然没有任何自觉的设定,却具有贯彻实施自身再生产条件的内在趋向。至于有机体能否并在多大程度上获得成功,个别有机体(或类)本身能否保存下来或者死亡,这当然取决于当时内部和外部的情况。然而,尽管有机界具有新的特征,这些仍停留在纯自然性发展的纯粹自然存在的领域内。类可能会灭绝,生成新的类,但永远不会越过自然存在的界限。自我保存和自我再生产的适应方式也许会保存较长时期,但它决没有进一步发展以超越自然限制的内在趋向。

作为劳动的目的性规定的成果,只有超出自然,才能带来一种新的、趋向社会性的局面:在这个基础上出现的新类型以及构成类的个体显示出无限的发展可能性。我们在其他地方已表明,纯粹自然的、原始的个别性发展如何导致了人的个性。如前所述,不言而喻,它同时也使类型发生存在性变化,从自然界无声的类中,产生出一种能够表现合类性、并具有统一趋向的类。从存在意义看,无机界正是以类的不能扬弃的多元性为基础。正如我们所看到的那样,社会存在包含了使人类一体化为(意识到其统一的)类的趋向。同时也已指出,这是一个不平衡和充满矛盾,然而又不可逆的过程。这里所描述的有机界中的个别性和合类性,是一种客观存在的自然,是通向新的(社会的)存在特性的历史纽带。

这里所描述的范畴的转变,如一般和个别,澄清了存在运动过程中的特性,现状以及变化。那个导致并保持运动的推动原则,就是人们自非神秘化思考以来惯于称之为因果性的东西。对象性总体的内在运动、它们之间的相互物质影响以及相互作用等，产生了我们经常谈论的因果过程，并把这种过程看作是由非常复杂和丰富多彩的相互作用所构成的，而我们现在能够以思维中的统计的可能性去认识这些相互作用，这些目前已为大家所认可。自然界中的这种因果过程不以任何有生命的、构成性的、甚至决定性的意识为前提，它是一个客观物质过程，这个过程完全规定了那些对象性和过程，而它们只是这一过程的产品。我们前面说过的生物过程的特性，也不能从实质上改变这种因果过程的基本特点。（个体在生物过程中能起重要作用，会造成一些内在差别，但并不触动因果过程中带根本性的一般问题。）

由于目的性规定在社会存在中有重要作用，意识就成了社会因果性中的一个重要因素。但人们（如果人们想正确把握社会因果性的矛盾二重性）不能忘记，即使在社会存在中也不存在目的性式的过程，只有一种特殊的引起运动，它可以影响被目的性规定所推动的那种因果过程。毫无疑问，这种目的性规定能赋予社会存在中的每个过程，包括深受自然影响的过程，一种独特的特点，但并不能因此而消除这些现实过程中的因果性特征。当然，原先的因果过程在此往往会出现较大的改动，但这也不能消除过程的因果性。即使这些具体过程在自然界中还根本没有出现，即使它们的总体似乎表现为目的性规定本身的结果，也不能改变这种情况。人们也许会想到前面引用过的轮子的例子：自然界中找不到轮子，它完全是目的性规定的产物，但是，它的计划性实现运动是纯粹的因果过程，在存在基础方面它同受目的性影响的自然因果过程没有根本区别。

只有从本体论上认识因果性和目的性之间唯一的存在联系，才可能在与存在的联系中，特别在与社会存在的联系中，进一步确定它们的相互关系，社会存在是它们能清楚表现出相互决定的唯一存在方式。无论从客观上就普遍发生的过程的现实特性而言，还是从主观上就下述状况的结果而言，情形都如此。这一状况就是，被单纯视为过程的因果性，其起源和过程都不需要任何主体，因为因果性自己能够作为客观的过程发生作用,而没有主体引导的规定就不可能产生任何目的性。对认识世界来说,这种观点的结果首先在于,任何在自然过程中寻找目的论解释的企图,都必然导致设定一种与自然异在的、超验的主体。从本体论的角度看,这就势必造成科学和宗教间显而易见的分化。因为普遍的目的性的过程只能是这样一种过程,它在开始前必须已经确定了目标,在其所有阶段和环节上都能使这个目标得以实现。也就是说,在所有阶段和环节上都受设定目标的主体所引导,并超于这个目标。在此,我们的任务不是罗列或指出各种不可解决的问题,这些问题产生于对以目的性方式活动的存在过程的一种普遍幻想。从根本上说,这里只涉及两个大问题。第一,每个目的性过程都以一个能够支配存在、并与它对立、能独立行为的主体为前提。在不依赖于劳动,不依赖于实践中人的活动的那种必然的独立性中,主体会带来一种与它的独立性同时形成的社会存在,与此同时却没有足够地一再强调,这里所发生的不是开始运动的目的性过程,而只是力图对因果过程施以合目的性的影响。任何能够把因果过程转变为目的性过程的主体,必然具有一种与存在相对立、完全超验的实存,具有全知全能和无限权力,其存在方式必然像犹太教、基督教中的上帝一样。① 承认这个前提,就会使所有自然过程和社会过程在内容、内在联系和方向等方面发生根本变化,而至今还没有在真实的过程中发现和揭示类似东西。恰好相反,社会存在的形成表明,人类不断增长的对存在过程的控制(以及为它提供论证的理论),到处都在削弱着那种最初是模糊假定的客观的、超验的目的论观念。恩格斯谈了达尔文的著作后,在给马克思的信中说:"目的论过去有一个方面还没有被驳倒,而现在被驳倒了。"对一切存在问题及其历史性的联系独具特征的是,恩格斯继续说道:"此外,至今还从来没有过这样大规模地证明自然历史发展的尝试。"② 在所有存在过程中

① 古希腊·罗马的神只是被升华的人,在极为例外的情况下,才会出现对(其基本规定也在变化着的)全知全能的要求。

② 《马克思恩格斯全集》第29卷,人民出版社中文第1版,第503页。

的因果性普遍支配是来自人类和每次实践的、永远不能动摇的古老事实经验,这些实践以自然界和社会为目标,人们甚至可以说,现实认识的发展,把正确行为扩展到自己的环境,从根本上说都与不断扩大和完善的对因果过程本质的认识密切相关,与对存在的各种构成因素的揭示密切相关。不管人们在何时、在何种程度上自觉地、恰当地认识到这一点,这种认识都在不断地支配所有人类实践。这种认识之所以能够扩展和发生作用,它的基础是这样一种观念:认识和利用因果过程(无论是哪一种存在中的),可以使我们通过目的性规定支配我们的环境,或快或慢地扩大对它的积极适应。劳动的完善是以认识的具体发展为基础的,即目的性规定应在何种程度上推动哪种因果序列,并根据可能性排除或抑制哪些因果序列。因此,对因果序列的正确认识成为并始终是人的实践的基础,也是作为实践基础的、并成为有效的社会力量的那种现实认识的根据。因果过程对存在的这种不可消除的规定性,在社会存在中,与日益增长的目的性规定影响和控制密切相关,这样一来,最终便导致了一种辩证的二重性。正如我们一再看到的那样,马克思这样表述了这种两重性:人们虽然自己创造自己的历史(与纯粹的自然运动相反),但这种创造并不是在自己选定的条件下进行的。这种存在状况表现在存在的可知性及其实际认识中,从而使自然和社会的存在过程尽管有种种区别,但在最一般的方式上却仍然是统一——有规律地运动着,这种运动规律原则上是可以认识的,但从其直接本质来看,这种认识只能是一种历史的、与当时状况相联系的,并且只有在事后才能获得的认识。马克思在他那篇被人们广泛引用的《〈政治经济学批判〉导言》中,首次对自己的经济观点和社会观点作了重要论述:"资产阶级社会是历史上最发达的和最复杂的生产组织。因此,那些表现它的各种关系的范畴以及对于它的结构的理解,同时也能使我们透视一切覆灭的社会形式的结构和生产关系。资产阶级社会借这些社会形式的残片和因素建立起来,其中一部分是还未克服的遗物,继续在这里留存着,一部分原来只是征兆的东西,发展到具有充分意义,等等。人体解剖对于猴体解剖是一把钥匙。反过来说,低等动物身上表露的高等动物的征兆,只有在高等动物本身已被认识之后才能理解。因此,资产阶级经济为古代经济提供了钥匙。但是,决不是像那些抹煞一切历史差别,把一切社会形式都看成资产阶级社会形式的经济学家所理解的那样。”① 马克思的本体论的特点是,即使在社会发展成为他最关注的问题时,也不断地指出历史的总体过程和自然,以便不忘记历史过程的最终统一性。

任何认识,无论从客体方面还是从其主体方面,都必然是一种历史的认识。认识的这种“事后”特点,在理论上表明了一切实践活动的存在特性。无论是自然存在还是社会存在都是可知的,只要意识能正确把握在它们当中发挥作用的因果过程。对此,人类实践的历史就是一个实际的、无可辩驳的证明。但是,由于认识中发挥作用的组成部分具有无限性,它们在因果过程中总是形成具体而确定的综合,就使这种事后认识每次都有一个明确的界限。由于可能的组成部分具有无限性,致使不可能完全预测因果过程,这也是十分清楚的。因为过程中各个组成部分的比例,各种因素所占的比重,只有在现实的相互作用中,才能呈现给事后认识。然而这并不意味着,在它们成为现实时,那些不可预料的东西的真实形态和真正比例关系在事后也不会呈现出来。认识的这种事后特点与存在的现实运动规律相符合,这些运动作为不可逆过程能够在当时存在状况的基础上不断地产生迄今还没有存在过的存在形式、存在关系和存在方式等等。过程性存在的不可逆性就在那些符合它的认识的事后特性中表现出来。

但是,如果人们从任何认识都不可避免的这种历史指点中,得出存在具有一种未加整理的、仅仅在事实、经验中才能把握到的特性的结论,或者得出关于存在过程具有非理性的结论,那就会对新老认识论的偏见作出不可饶恕的让步。因为这种事后特点决没有把存在排除在

---

① 《马克思恩格斯全集》第46卷上册,人民出版社中文第1版,第43页。

外,因而也没有把普遍联系的认识排除在外。不过,这种普遍联系在存在过程中并不表现为永远如此的规律,即不是一种超历史、“跨时代”有效的规律,而是表现为不可逆过程中由因果性决定的阶段,在这些过程中,无论是过去过程的现实起源,还是新过程的产生,都是同样可见并且可以认识的。因此,它们只有在事后才能被把握的特点,决不意味拘泥于那种局限于登记事实的“经验主义”。相反,由于事后认识可以真正认识并把握过去的进程及其所有动态规定,因而科学便可以在思想分析和再生产中,认清其中作为存在本身现实力量的主导趋向。因此,事后认识,以及与它密不可分的能够真正把握自我发生过程的特点,就有这样一种理论观点:即对一般规定性(范畴)的认识,对过程特征的认识,它们的变化作为它们的结果,可以在正确的事后认识中一目了然。

正是发挥作用的规定中那种不可消除的一般和个别之间辩证的切实的相互关系,赋予认识过程上述特点。在上述分析中,我们已在许多地方指出,每一种起源于以往存在的存在,无论在个别性中还是在相互作用中都构成更为复杂的范畴结构。其结果便是,一方面在过程不可逆的一般性中,呈现出越来越复杂的特点,直至从自然的不可逆过程(它的历史在一定程度上是自在存在的)本身的发展进程中,产生出人类能够意识到其历史的、自为存在的社会存在;另一方面我们可以看到个别性方面的具体化在日益增长,个别性突破其直接—单一的生物性规定,在社会存在中逐渐形成个性,并在不再无声的类中实现自己的综合,在一般的不可逆过程中,这种日益复杂的范畴间相互影响,作为复杂化的过程本身表现在每个存在方式的标志中。在人们广泛引用的《〈政治经济学批判〉序言》中,马克思把社会过程的这种特点当作发展不平衡的重要问题提出来。他虽然把这种不平衡性首先描述为一种经济基础和从中生长出来的意识形态形式(法律,主要是艺术)之间的不平衡,[①] 但他的全部著作却表明,这里涉及所有社会过程的普遍特点。

① 见《马克思恩格斯全集》第46卷上册,人民出版社中文第1版,第47—48页。

人们可以想想他关于经济形态中的"古典的"实现概念,想想他对此所作的具体分析,这种分析清楚地表明,没有任何经济形态能以同样的方式建立起来,并逐步得到实现。

为根据具体情况使当时必要的实践在这些过程中得以进行,事后认识本身同样要发生分化。随着历史发展,从原始的、注重个别性(当然连同具体的、包含在它们当中的类属性)、逐渐精确并不断积累的经验中,产生了掌握一般的方法,在历史进程中这些方法同样极不平衡地作为科学和哲学发展起来。后一种趋向愈被把握,下述状况就愈加明显:这里所涉及的也是那个来自社会实践的、与存在有关的行为方式,它正如直到现在人类趋向自身合类性的一般行为仍然是以一种异化取代另一种异化一样,发展的自发不平衡性也表现为,个别性的经验、对这些个别经验的普遍化以及对存在本身一般规定的科学解释之间不是彼此符合目的地相互补充,而是形成一种彼此对立的关系,这种对立关系的发展也不平衡。指出目前的状况就足以说明这一点:现在,居于统治地位的社会操纵体系也在颇有成效地设法使科学将具体经验扩展为对每种对象的认识,以有利于不断变得抽象的普遍化活动,还把进行认识活动的人仅仅看作一台不完善的控制机器。这样一来,那些东西就不难从认识论和抽象方法论上获得"根据"了。这里却忽略了一些"小因素",例如,如果不考虑到这些因素,生物存在领域内每一有机体的个别性,就将陷入科学的死胡同(举个简单的例子,治病的目的不是诊治一般意义上的疾病,而是使病人即个别有机体那不可扬弃的个别性)。当然,现在在许多类似的问题上都有批判性的反对意见,但它们很难或根本无法反对操纵的普遍统治。

在认识现实的科学发展中,真正克服错误趋向这一行动最终又受这种现实认识引导,对此我们毫不惊奇。这正是社会存在本身的因果性(不包含任何目的)特征造成的后果,尽管与以往的存在形式有种种区别,它们同样也以那种无法消除的存在特征为基础。如果存在过程完全受一个超验推动者的目的论控制,那么,就像在所有宗教和半宗教的世界观中一样，只有这个推动者才能纠正存在本身的“错误发展”以及他的存在知识中的错误判断。超验推动者充其量只能把能力部分地委托给他所选中的人。在社会存在中也起作用的因果序列，在其过程性的存在中，并不依赖任何不断生成的、有目的的完善趋向或自我确定的趋向。但正是这种因果序列以一种十分矛盾的认识论或逻辑方式，把人类尚未认识到的系统或发展阶段的重要结果真实地呈现出来。在某种情况下，它们往往会表现出陷入死胡同的有关经济形态的特征，如在亚细亚生产关系中，在古希腊、罗马的奴隶制经济中。在那里，一个偶然事件，即与日耳曼游牧部落的争斗，为发展指出了一条客观的出路。在正在发展中的经济形态中，因果性的必然性因素也十分重要，恐怕没有人能够想到这些因素的实存可能性，然而却正是它们揭示了有关经济形态及其发展阶段的极为重要的特征。人们也许还记得1812—1929年资本主义经济危机的突然爆发。面对这种决非偶然，十分现实的现象，伟大的资产阶级经济学家李嘉图也完全不知所措。马克思甚至这样评论经济危机(当然是在事后)：“因此，危机表现出各个彼此独立的因素的统一。”① 无需深究便可以看出，在这里，如在经济的所有现象和现象系列中一样，事后认识不仅可以确认一种经济形态的新的作用方式，而且同时还可以认识那些存在于变化着的结构中的具体矛盾，透过这种矛盾，可以看到这种“令人惊奇的”转变的规律性以及新旧范畴的更替。如果认为在科学中只有预见性的(外推性的)思维方法才可以揭示和表述运动过程的规律，那无疑是一种认识论的偏见。恰好相反，只有借助事后认识才能使现实联系，即总体过程中至少暂时不变并且正在发挥作用的因素，上升为意识。例如，只有在事后认识的基础上，只有有意识地和一贯地利用，才能断定外推法在什么地方、在何种程度上揭示或掩盖了现实过程。当然，必须补充说明的是，一般原则在事后可以直接或间接地表达出来。在社会存在中，在我们纯粹社

① 《马克思恩格斯全集》第26卷Ⅱ，人民出版社中文第1版，第571页。

会活动的直接环境中,这一原则大多是以直接的方式表达出来的,尽管有时许多后来的历史发展往往在事后才能清楚表现出以往发展阶段的重要因素。

这种间接性蒙蔽了许多人,使他们认识不到事后认识的原则对自然认识也同样适用。由于社会同自然的物质交换是一种传导性媒介,因此一般说来,往往只能弄清自然过程中那些作为当时认识基础的、对于十分重要的目的性规定来说必不可少的部分。然而,生产的发展总是提出新的任务,要求在思想上把握自然过程中那些以前根本没有观察到的因素。这就涉及改变自然过程的事后观察,自然过程早就客观地在刚被发现的方式中运动着,但要发现并在思想上把握它,则需要社会与自然物质交换的高度发展。在此,事后认识的观点以一种社会性的间接形式贯彻下来。当然,在此同样不可忽视意识形态动机的作用。只有当意识形态(在认识论上)不再被理解为"错误的意识"(就像迄今所做的那样),而是(按照马克思的学说)被理解为一种认识并调解经济发展所引起的矛盾冲突的手段时,它的作用才能得到理解。正因如此,在古代社会中,关于太阳系是以太阳为中心的个别观点无法传播,而在资本主义诞生时期,日心说则得到了重大突破。广泛而重要的经济因素必然需要新的理论。我们首先看到的是,为了发展资本主义经济形态的意识形态与地心说的冲突是不可避免的。对自然过程及其范畴联系的正确科学把握,并不是总能体现这种事后认识的特点,更难于意识到过程中真正的客观变化,它更多地表现为随着社会发展而出现的对正确认识的社会需要和满足这种需要的手段。历史(也是事后)表明:中介过程同那些直接变化一样,也是社会必需的,由于它的作用,社会存在的新属性可以直接(事后)成为类的意识。客观过程及其能得到正确认识之间的直接和间接关系的区别,从根本上(一般地)说,是由直接的社会活动与社会和自然物质交换的活动之间的那种存在差别所决定的(过渡现象的实存,并不从实质上改变存在认识中的那些事后东西的一般统治的基本差别)。所有这些都清楚地表明了马克思对这些认识的新态度。当宗教超验力量在本体论上居统治地位时,最高的认识表现为超验力量在人类中的应用。随之出现了近代革命,这场革命把对世界的思想看作某种本体论似的本原的东西,看作一种不可再被推导的世界原则。即使斯宾诺莎在存在的物质性的扩展以外,还把思维也规定为“神即自然”这个实体的属性,他还是站在这种不可推导性的立场上。相反,在马克思那里问题是这样的:思想(对存在的思维认识)是怎样从存在条件中,从对这种条件积极反应的实践方式中,逐渐发展成为一种(当然最终仍然是相对的)独立性的。作为每个存在中基本的过程范畴,历史必然前后一致地贯彻到底,它必然使思维意识也具有一种符合存在的、并受存在制约的根源,这种根源又对意识的特性、甚至对一种表面上看来似乎是独立存在的东西的最高阶段产生决定性影响。

思想起源的本体出发点就是作为社会存在的基本运动方式的劳动。正是由于已经社会化的生命本质表达了自己的积极适应,就产生了对新的行为方式的新规定,而在以往的存在方式中根本没有这种新规定。在这里,我们已经深入地从存在方式及其与普通因果性的关系方面,详细探讨了这个客观上极为重要的因素,即目的性规定。它对社会存在的本体论来说具有重要的主观方面的后果:目的性规定的特点在于,“劳动过程结束时得到的结果,在这个过程开始时就已经在劳动者的表象中存在着,即已经观念地存在着。”① 马克思没有忘记同时指出,尽管从表面上看,从结果上看,人与生物具有某种类似性(例如蜜蜂),但在对环境的生物性消极适应中毕竟还没有目的性规定这一决定性因素。现实过程指南的目标设定,是一种观念性因素,它以新的方式引起物质对象和过程的运动,这是由于它可以改变它们的因果联系中重要的比例关系等等,并因此引起物质的效果。尽管这种效果同自然对象和自然过程一样是受因果决定的,但在自然界中却不会出现这种形态的效果,更没有以这种方式出现的效果。

① 《马克思恩格斯全集》第23卷,人民出版社中文第1版,第202页。

因此,一种全新的,现实运动的因素进入了过程化存在的总体。尽管这种因素不能直接影响物质存在着的过程,而只能(先是以直接的方式,后来往往以非常复杂的间接方式)通过启动某些物质因果过程来影响存在本身,但这改变不了下述事实:与无机界和有机界相比,出现了一种全新方式的运动系统。我们在比较目的性和因果性时已经讨论了这种新状况的客观存在意义,至于社会存在的独特之处则在于,这种新的过程往往会极大地加速因果性自然过程的变化。不难理解,这种加速不是作为新过程的直接结果而出现的,相反,它是从这种方式中产生出来的,个别过程与自然界不同,总是引起不断的变化,不管是外在的扩展,还是内在的完善(以成为更有效的过程),因为客观因果过程的变化只有通过目的性的因素中设定主体的积极干预才能改变自己的特性,它不同于自然界中那种自发起作用的过程的直接结果。当然,在强调这种质的差别的同时,必须指出这些变化中特定的历史连续性。如果把设定目的性因素的主体的主动作用理解为主体本原自发地发挥作用,那将是一种神话。同自然过程一样,大多数的变化的产生是由于过去自发的过程在存在本身中引起了客观变化,而只有通过存在本身的变化,才能产生新的反应。这样,(在非常抽象的意义上)就使自然过程和社会过程之间出现某种相似之处。然而,不能因此而忽视这种质的更新,因为社会存在中的反应不再是一种纯粹自发的物质的反应,它成为新类型目的性规定的发动者,它以自觉的方式,对变化本身,甚至首先对变化所引起的新现象,对随着新的目的论设定而出现的要求和任务等等作出回答。

在这种回答中,对环境的积极适应获得了自己真正的、客观存在的外观,在其具体性上,它几乎不再与自然过程类似。正因如此,对积极适应的特性来说,对由目的论设定所引起的运动的特性来说,"回答"这种因素就成为决定性的了。马克思阐明了思想起源于存在过程本身,这个观点在此所包含的典型特征就在于,它通过目的性规定从而为对存在(及其所有过程变化)进行积极反应作好了必要准备。那些规定的具体化,直至最外部的抽象,都是由此产生的,而在它们那里,似乎同具体存在形式的每种联系都消失了。然而,这种一般化的趋向(对每一客体一般合类性的把握)在最早尝试性的劳动表现形式中就已比比皆是了。

恩格斯不无道理地指出:语言是从劳动的存在前提、条件和结果中产生的。他言简意赅地论述道:人这时"已经达到彼此间不得不说些什么的地步了。"① 有些东西非说不可就意味着:把一种现象同它本身类属性的联系用一种超出直接反应的,普遍理解的方式明确而间接地确定下来。正如我们所知道的那样,既然劳动过程、劳动的物质工具和产品在其直接的物质存在中已具有社会性,而这种社会性同时又包含着这种一般间接性的需要和能力,那么,(为了劳动最简单、最普通的作用能力的发展)为了表达一般性,语言这一极为重要的手段就与劳动同时诞生了。在现代社会存在中这一点早已众所周知,但人们往往忽略了它形成的社会历史过程,即从说到写,从写到印刷,再到大众化的信息传播媒介,看作从劳动中产生的一种历史性存在过程。

随着语言产生的只是一种普遍的和可以明确得到普遍规定的间接性手段。这种间接性的历史发展导致了人类社会交往的普遍性,这不仅在直接再生产中普遍行之有效,而且还能在自身中掌握它们的极为不同和广泛的媒介,并与它的过去和未来发生联系。造成这种情况的决定性根据在于劳动本身的发展,劳动不断创造使它成为现实的更高级和更复杂的条件。正如我们所看到的那样,在劳动过程中发展成为个性的类个例,由于毁灭的惩罚不得不积极地适应这些条件。这一过程的存在性前提在于,而对现实的每次行动,即后来作为科学的活动而在社会上获得独立的行动,早在最原始和最低级的目的性规定的准备活动中,就已作为新的行为方式发挥作用了。不言而喻,在那个时代,如果没有通过经验确认石头本身重要的客观特性,就不能把石头制成劳动工具,经验能够不断地认清那些经常出现的虚假的表现形式,并把

① 《马克思恩格斯选集》第4卷,人民出版社1995年版,第376页。

它们当作非本质和干扰性的东西，从目的论设定的内容中排除出去。人们可以说，即使在以采集为生的时代，无论是动物还是植物，如果没有以往的那些还相当原始，但却是客观的经验，来弄清它们有用还是无用，那么它们都不会成为食物。当然，在这里，与(从这种观点看)动物界尚未意识到的纯粹生物学选择行为的自然式发展联系，比在劳动本身中更为明显；在劳动中，与以往阶段的任何类似都消失了，但是仍然可以从中辨认出过渡性因素。

在劳动中，思想方面的准备十分明显。劳动的全新特征在于，与纯粹生物性再生产的极端稳定性相反，与对环境的消极适应相反，积极的适应具有一个不断完善的过程。而这种完善过程作为进一步活动的工具，具有劳动本身的(根据目的论而设定的)社会性特点，它以劳动为起点，并通过劳动的中介，在劳动分工及其社会后果中推动了每个社会的一般劳动分工结构。在这种发展进程中，对劳动过程和劳动结果进行相应的批判性考察的目的性规定的那种“理论”准备，发展成为社会性的，独立出现的科学。人们可能会想到，这种发展是怎样从实质上还是直接经验性的数的范畴成为已在科学上客体化的量，并且因此为几何学和数学奠定了基础。

然而，由于以奴隶制为基础的城邦制国家意识形态的需要，这种发展过程在理论上马上以颠倒的方式反映出来。在此只要提一下柏拉图对几何学等等的每次实际应用所表示的极度轻视就足够了。不过，即使在奴隶社会中这种观点也没有成为唯一居于支配地位的理论。普鲁塔克(在关于马塞路斯的传记中)早已写道，阿基米德是怎样为力学应用于战争器械而辩护的，当然，他的辩护有点儿诡辩、轻浮的味道(作为游戏)。马克思本人也着重强调了军事生产的特殊发展。与民用生产中的奴隶劳动相反，在铸造枪炮的工场中已经出现了行会制度，并且“大规模运用机器也是在军队里首先开始的。”① 在我们多次引用过的

① 《马克思恩格斯全集》第29卷，人民出版社中文第1版，第183页。

《〈政治经济学批判〉导言》中，马克思在方法论上明确把这种观点当作未来研究的纲要，就像我们刚刚引用过的他给恩格斯的信中所提的要求一样。马克思说："战争比和平发达得早，甚至经济关系，如雇佣劳动、机器等等，怎样在战争和军队等等中比在资产阶级社会内部发展得早。生产力和交往关系的关系在军队中也特别显著。"[①] 马克思在这里令人信服地指出，科学的形式及其发展与社会再生产过程之间不可分割的联系，只有在有关社会形态发展的重要方向及其意识形态与这种趋向相矛盾，并且已发展为这种趋向的现实阻力时，才能实现。对此我们不作深入讨论，但应该指出，恩格斯在为数不多的评论中已清楚地阐明，奴隶制（以及由此产生的意识形态障碍）是怎样早在资本主义诞生以前在黑暗的中世纪就在这种联系中引起了极大的进步。[②]

在上述思路中没有涉及对科学的功利主义评价。相反，与关于科学的那些狭隘"学院式的"、"内在的"、"自我目的"的观点不同，我们更应该指出在人类趋于全面发展的、真正的合类性的过程中，科学所具有的无法取代的重要性。但是，只有根据科学的意义把科学作为重要的、富有影响的因素纳入这个人的持续活动的系统，才能做到这一点。人正在实际促进科学的发展，马克思把人类这一过程看作人类本身的活动，当然是真正的，而不是观念形态的人的活动，而只有马克思的方法和学说，才能明确而具体地表述在社会中的实际作用。如果把社会存在的历史过程看作由目的性规定而引起的人类活动以及由此引起的新的目的性规定的因果性影响所共同作用的结果，那么，关于现实东西以及它从何处来，向何处去的思想和知识就成为指导人类从内容上而不是从形式上超越动物的无声性，走向真正合类性过程中那些基本力量的组成部分。正是由于马克思把人的精神的最高成就理解为这个重大过程中推动性的积极因素，他才能够第一个真正彻底地克服摆脱超验世界观早期阶段的缺陷。如果说思想作为笛卡尔的自我，作为斯宾诺

① 《马克思恩格斯全集》第46卷上，人民出版社中文第1版，第47页。

② 参见《马克思恩格斯选集》第3卷，人民出版社1995年版，第220页。

莎“实体”的属性,相对于存在本身来说,代表了一种不可推导的东西,一个被掩盖了的先验本质,那么,在马克思那里,思想最终表现为使人成为人的世俗社会的、并真正发挥作用的因素,因为人类对自身存在的认识构成了使人成为人的不可缺少的条件。继从人的意识和自我意识中产生的对超验存在物的无限威力的信仰消失之后,对思想和知识的无限感力的迷信也随之消失了,只有在这时候,思想才能成为对自身真实特性的认识的结果。这种新学说第一次把人真正理解为自己的创造者,它是长期历史发展的产物,在这个发展中人终于能够在思想和实践两方面克服在认识的现实作用面前所面临的具有存在意义的错误困境。不论人在具体社会中是由作为个性的自己创造的,还是由外在于他的精神力量或物质力量所创造的,结局都一样。在历史进程中,这种困境被以极为不同的方式提出来,也得到极为不同的回答,自从社会发展创造了个性的存在方式以来,它特别得到了诱人又十分矛盾的解释。有一种理论把人的这种新社会生活方式当作每个真正人性的唯一尺度,也有的理论把人看作最终纯粹是客观必然性的产物。既然这两种极端学说客观上都有同样的社会基础,就可以轻易地在日常生活的水平上,以及主观上人在类存在的纯粹而又直接的个别性的水平上,使它们进行更加荒谬的精神合作。这正是现代资本主义的状况。已变得普遍的操纵不仅成功地支配了人的一切需要,而且还支配了满足这些需要的方式。然而,这种支配以这样的形式表现自己,似乎人不仅不加反抗地服从于操纵力量,而且正是在操纵中并通过这种操纵,才表现出真正的个性。由现实的人的存在而来的操纵,与对操纵所需要的认识方式的盲目崇拜,与“非意识形态化”的斗争口号同时出现并产生影响,决不是偶然的。

毫无疑问,在客观正确的思想与意识形态之间的关系上,许多广泛流行的偏见干扰并阻碍我们理解马克思对这个问题的解答。因此,进一步大概地考察一下意识形态问题,尤其是意识形态与科学的关系,还有科学思想的客观性问题,是十分必要的。本书的读者早已知道,马克思把意识形态规定为认识并抵制经济—社会存在所造成的冲突的工具。对意识形态与科学所要求的思想的客观性和正确性之间的关系来说,这一规定产生重要后果。首先,无论是意识形态还是科学思想,依其内容和方法,都有可能是正确或错误,重要或肤浅等等。一种具有意识形态的意向不能排除认识的深度、广度和对事实的正确理解等等,而从任一种"纯粹"科学的观点中也并不必然能使克服这种意向的要求得到彻底贯彻。科学和意识形态虽然(在其直接性上)有不同的目标,但为了能够长期发挥作用并保持下去,两者都以能有效地贯彻下去的趋向为前提,即在一定发展阶段所能达到的认识水平上,正确地把握存在。但是,科学和意识形态的这种共同前提能否以及在何时何地真正实现,却是一种历史事实,是一种只有在个别情况下才能决定的事后认识。在实践中,这两个领域都曾有过许多失败的情形。人们也很难在方法问题上作出精确的划分。当然,意识形态的观点为在思想上把握存在提供了不少新的、富有成效的理解,这种情况屡见不鲜,但把科学引入死胡同的见解时有发生。然而,不带任何意识形态意向的科学性也同样出现过这种情况。这(特别在具有重要社会意义的情况下)并不取决于是意识形态还是"纯粹"科学的意向在研究中居于支配地位(如哥白尼、达尔文等)。一言以蔽之,如果人们要在意识形态和科学之间划出一条精确的界限,那就是一种偏见。在此,同样是演化为冲突的社会状况使当时实践的决定得以贯彻。众多的科学研究,特别是对细节问题的研究,不仅没有成为意识形态,而且可以综合不受意识形态引起的冲突触及而存在,同样,也有许多意识形态观点,它们在客观上似乎也没有提出表达什么科学性的要求,然而所有这些无可置疑的事实并不改变下述基本事实:一方面,社会运动使意识形态得以产生,并且往往使它对科学发展产生重大影响(因内容、现实状况等不同因素,这种影响可以是有利的,也可以是不利的),另一方面,纯粹科学立场也可以成为意识形态发展的决定性因素。我们在此不能详细分析这种多方面的相互影响,而只能肯定这样一个基本事实:不管是科学还是意识形态，在对存在的社会把握中，都是具有积极影响的力量。到此，我们就可以结束我们的论述了。

以上论述最重要的结果在于，首先，通过对思维活动的作用作这样一番本体论理解，可以把思维活动理解为社会存在发展过程中必不可少的因素。人的物质活动以及精神活动，现在表现为成为社会的人积极适应(以自然为基础的)社会存在、自身合类性的独特发展而产生的广泛和直接的结果。因此，可以将马克思关于社会存在本体论的伟大成就之一概括为：思想是随着作为特殊生命的人的形成而形成的，是随着作为人的本质上全新的合类性的特殊基础和结果的社会的形成而形成的。①

由于上千年来与此对立的思维传统的影响，这种基本上全新的、真正起源—历史的观点很难得到承认。两种相互对立的世界观，无论是唯物主义还是唯心主义，都不能推导出存在中这种直接异质的因素，也不能为此目的而停留在一种中立的起源中，或在来自这种起源的过程中保持中立，也不能成为完全符合存在的。哲学唯心主义从未这样做过。对它来说，精神是作为某种不可创造和不可产生的东西而存在的。它将物质存在或者贬低为一种直观或表象，或提升为一种概念，从而自己创造物质存在。不管这样做的同时是否设定了一种不可知的、因而实际上不重要的存在，结果都一样。而在唯物主义那里，精神(至多)成了物质的简单产物，有时甚至被贬低为物质运动的一种经验现象。这些偏见不仅繁多且有影响，其目的是为理解马克思这一新的、彻底的历史本体论制造困难。

此外，传播马克思这一学说和方法的条件也加深了对它的误解和它所产生的矛盾。人们不能忘记，马克思主义正是在对黑格尔及其唯心主义影响的批判斗争中制订出自己的独特方法的。在方法上已得到发展的马克思主义，当时正在同资产阶级思想中各种唯心主义进行不

---

① 在这里，我们只能对这个问题作极其一般的说明，只有试图展开这番论述的社会历史理论才能揭示其真实的联系。

断斗争。先不说马克思主义本身要充分利用黑格尔的辩证法来反对机械的形而上学的唯心主义思维的必要性,就是它的广泛传播,它的学说和方法在革命实践和工人运动中的运用,也要求它具有这样一种表达方式,通过这种表达方式,它不仅可以(不被庸俗化地)为革命群众所理解,而且可以推动确定的、有目标的行动。如果不同时把这两种倾向理解为马克思创作活动的中心,就无法理解马克思。人们经常谈论马克思青年时代的"哲学"著作同他在《资本论》中精确而科学的、纯粹经济学思想的对立。这种对立是站不住脚的,而且也与所谓马克思从哲学向经济学的转变无关。

当然可以一再看到马克思观点中的这种差别,即在后期为了发表而写的某些著作,为了使自己尽可能详细地理解所有问题而写的著作之间的差别。但只要把所谓的《手稿》与《资本论》第一卷加以比较,就足以看清这仅仅是表达方式上的差别而不是思想方法上的差别。[①] 由于这种倾向,马克思的普遍历史理论的某些因素就必然具有特殊的、适合于发动群众的表达方式,例如社会中经济发展具有因果式的优先性,从存在方面比一切意识形态都具优先权,资本主义社会发展必然充满危机:走投无路,社会主义和共产主义作为必然取代资本主义的社会形态,等等。马克思本人总是尽可能对这种不可避免的简单化倾向作些表面的、尽量少的让步,但他自己也无法完全避免这种情况造成的后果。我只举一个例子,在《资本论》第二版的"跋"中,马克思批判了李嘉图关于"社会的自然规律"的观点,他谈道:"资产阶级的经济科学也就达到了它的不可逾越的界限。"在这篇"跋"的后面几页,他援引了一位俄国批评家对该书的评论,并把这位批评家的阐述看作是"恰当的"阐述。而这位批评家在一个重要地方这样写道:"马克思把社会运动看作受一定规律支配的自然历史过程,这些规律不仅不以人的意志,意识和意图为转移,反而决定人的意志、意识和意图……既然意识要素在文化

① 斯大林政权对马克思主义发展的极大损害之一就是对《资本论》的原稿(有人告诉我大约有十卷),从未进行全面的研究。

史上只起着这种从属作用,那么不言而喻,以文化本身为对象的批判,比任何事情更不能以意识的某种形式或某种结果为依据。"①

如果人们像我们这样从其客观总体上考察马克思的方法,那么,论述中这种附带的矛盾之处则完全无关紧要,我们完全有理由忽视它们。但是,如果人们考察到马克思主义的历史命运,考虑到至今还在广泛流传的解释马克思主义的方式,它们之中的大多数无非是外来的附加品应予以抛弃,如果人们想在真正的马克思主义基础上正确把握经济、当代社会及其矛盾、它的发展可能性等等,那情形就不同了。我们已经超过前面在其他场合作过一些说明的问题,我们现在的主要兴趣在于在社会存在的过程中揭示意识(思想、认识等等)的本质和作用:因为从马克思的本体论原则可以清楚地看到,根本没有讨论意识与自然之间符合存在的那种直接关系。在自然界中进行的客观过程,就其存在而言,同意识没有任何联系。对自然对象和自然过程的认识,是由于社会与自然的物质交换才得以产生的。对这种认识的客观正确性的要求,也是一个在物质交换中形成的目的性规定的作用所必不可少的前提。然而,就其范围、内容和形式来说,这种要求也只能在当时具体的物质交换得以进行的社会存在发展阶段上,在其经济和意识形态的特性所允许的范围内才能实现。因此,马克思关于意识与存在之间一般关系的观点,对正确的自然认识的形式也同样适用。马克思概括性地谈道:"不是人们的意识决定人们的存在,相反,是人们的社会存在决定人们的意识。"② 然而必须看到,社会存在决定社会意识作为一个社会过程,不可能像在自然界中那样,以一种通常的,简单明了的因果方式表达出来。由于自然过程一块岩石从山上滚下来,由于危机一个人出卖自己的有价证券,从抽象的认识论角度看,这两种场合都涉及因果过程。但是在第一个场合,因果过程产生于纯粹物质对象和过程之间简单的、或多或少是直接的相互作用,它们的一般规定已明确预料到其规

① 《马克思恩格斯全集》第23卷,人民出版社中文第1版,第16、20—23页。

② 《马克思恩格斯选集》第2卷,人民出版社1995年版,第32页。

律性的结果。而在第二个场合,社会存在只能促成可选抉择的必然性。当事人也很可能作出错误的决定,并走向破产。因此,社会存在的"规定始终"只是"一种对可选抉择的决定,一种可能性的具体活动空间,一种影响方式,等等,这些都是自然界中根本没有的。由此可以说明,一切在认识论上关于思维和存在何者在先的选择都是错误地提出了问题,都是消除二者本质差别的一种抽象:如马克思所说的,如果思想被看作那些过程的组成部分在这些过程中产生和发展了在社会存在中的活动,并在此范围内受存在规定,那么,一切抽象臆造的关于思维与存在之间何者在先的问题就全都成为对真正问题的偏离,因为思维能够发挥作用是以社会存在的特殊方式为前提的。

从这种观点看,这个具体的认识论问题,关于思想能否恰当地把握存在的问题,同样也是一个表面问题。社会与自然的物质交换才是它们作为过程存在的真正存在性的前提,这一过程是在人的活动中,作为现存的人的实际再生产而实现的,是以人对自己环境的积极适应的形式而实现的。思想最初是目的性活动的准备手段,在目的性活动中,(思想)这种适应方式独自得到实现,并且在人类共同生活的社会化过程中,对人的全部活动具有越加普遍的作用。在此,应该简单指出这样一个存在的事实:人对环境的积极适应并不导致人的衰落,它使人的能力得到巨大和广泛的发展(尽管我们认为这种发展还是有问题的)。这一老生常谈说明,人类征服现实的一般途径以思想上对现实进行至少非常正确(相对正确)的再生产为依据,那种以此为目的的科学认识的事后认识,也证实了这种联系的真实性,尽管这种认识的结果有一定的相对性。因此,关于思维能否正确地再生产出存在的问题,是一个多余的问题。当然,每个对象性都包含着无限的规定性,而存在过程中这些规定性相互作用的方式也自己表达出这种状况的结果。因此,正如马克思所指出的那样,每一认识都仅仅是对对象的或多或少的切近,而这种切近的物质和思想手段又受当时社会的客观可能性决定。任何认识,无论从其主观方面看,还是客观方面看,都只能是切近,即相对的东西。然而,由于产生这些问题以及答案的客观状况受客观的发展制约,而这些客观发展又产生个人的存在基础,因此,包含于其中的相对性往往直接具有一种绝对的特征,而这种绝对特征又再次被客观发展阶段及其运动条件当作绝对的东西固定下来,或者被当作相对的东西而予以放弃。

因此与自然因果性相反,每一意识过程都受到当时(发展着的)社会存在状况的规定,这种被规定的存在就意味着在人所完成的目的论设定方面为新的可选抉择的产生和发挥作用提供具体活动范围。

对马克思主义的庸俗化正是抹煞了这个重要的活动范围问题。经常以"正统"自居的庸俗唯物主义者们企图从经济过程的客观性中制造出一种"第二自然",也就是说,社会中的经济使物质规律性(主要是无机界的规律性)得以实现(类似的),而一切"精神现象"不过是现实物质力量的机械产物。这种观点决不是马克思主义的真正本质的一部分,它的产生在于一些颇有影响、据说主观上确实忠诚于马克思主义的继承者们,从经济中制造了一种机械性发挥作用的"第二自然",从马克思主义中制造了更高的自然科学(即一种具体科学)。上述对思想受其物质基础"决定"的分析,已说明了经济到底是什么,从而也清楚表明这些观点在哲学上是站不住脚的。

这种观点的唯心主义变种对马克思主义的真正方法更具破坏力和危害性,在理论上也更加露骨。也就是说,如果把马克思的经济学贬低为社会存在的"物理学",那么,就会这样来补充现在还缺少的那种总体联系,即寻找一种哲学替代品对被贬低为"精确"具体科学的马克思主义经济学进行补充、论证、扩充等等,并且在康德、实证主义那里也找到了这种替代品。不管其代表人物的主观意图如何,这种观点想让马克思主义从西方"社会主义"思想中完全消失,对此现在已不需要作更多的论证了。在哲学基础中,特别是在实证主义的发展后果中,工人运动的意识形态越来越接近于资产阶级意识形态。如果再进一步,就不难以现实的、纯粹是资产阶级的科学取代"老化的"、"陈旧的"经济学的具体学科。

在后马克思主义阶段的唯物主义变种中，经济的纯物质特征同观念性的上层建筑之间的对立作为一种绝对的对立，以及经济对上层建筑的绝对“自然规律式的”决定性，在哲学上起决定作用。因此要真正克服这种思想动机，必须提出这样的问题，即“物质性的”经济与“观念性的”上层建筑之间的这种绝对对立能否真正成立。我们相信，对每个多少了解马克思经济学的人来说会不言而喻地否认这种绝对对立。社会存在当然有其物质基础，否则根本不能将其视为存在。但是人们不能忘记，存在的自然形式根本没有什么物质基础，相反，由于其实实在在的物质特性而构成了它自己的“基础”。（至于有机界的生物存在及其发展过程也具有这种存在本质，并不改变这种基本状况）。

只有在社会存在中才因目的论设定而产生了一个个具体存在物，而观念性的自然必然是目的性规定不可缺少的基本因素。观念性的自然当然只有在（直接或间接地）使真正的社会物质过程产生运动时，才成为存在本身的因素。但是，它的观念性特征并没有因此而消失。依据马克思的方法对社会存在中的经济过程作进一步的研究，就必然会表明，这里的问题并不仅仅在于产生运动。虽然这样一来，社会存在的经济因素将不再是物理学或化学意义上的纯物质性东西，但内在的相互交错将走得更远。前面我们曾在其他问题中指出，在纯粹经济分析中马克思曾谈到经济领域内幽灵般的对象性，他以此清楚地说明，即使纯粹的经济存在方式也没有显示同样的物质特性。在从本体方面深入分析经济存在方式时，严格遵循马克思的这一提示，无疑会富有教益。在此，我只能举一个很有代表性的例子。例如，马克思把一个纯粹经济的范畴（如价格）称为一种与“实在的物体形式不同的，因而只是观念的或想象的形式。”[①] 因此社会存在的经济领域中那些纯粹而第一的物质特性似乎就成了庸俗唯物主义的神话。上层建筑的纯粹观念性似乎

① 《马克思恩格斯全集》第23卷，人民出版社中文第1版，第113页。

也同样是神话。对社会存在的物质现实性的发展来说,那些能够从社会方面直接产生物质过程的表现形式,首先是国家和法律,起着决定性作用。马克斯·韦伯对此作过诙谐的表述,他说,只有在人们拒绝执法而需要"戴尖顶盔的人"① 的地方,在需要迫使人们执行社会必要的目的性规定的地方,法律在存在。因此,即使在这里,也不能(在认识论上)在作为物质基础的经济和作为上层建筑成分的暴力之间划出一条泾渭分明的界线。我们在其他场合引用过马克思在《资本论》中的有关论述,他认为,暴力是决定工资时一种不可忽视的经济因素。

所有这些论述,丝毫没有否认马克思关于社会存在中经济具有本原性特征的学说。相反,恩格斯在马克思墓前的讲话已正确并言简意赅地表达了这种观点的本体论意义。他说:"正像达尔文发现有机界的发展规律一样,马克思发现了人类历史的发展规律,即历来为繁芜丛杂的意识形态所掩盖着的一个简单事实:人们首先必须吃、喝、住、穿,然后才能从事政治、科学、艺术、宗教等等;所以,直接的物质的生活资料的生产,从而一个民族或一个时代的一定的经济发展阶段,便构成基础,人们的国家设施、法的观点、艺术以至宗教观念,就是从这个基础上发展起来的,因而,也必须由这个基础来解释,而不是像过去那样做得相反。"② 因此,对马克思主义的庸俗唯物主义解释,一切对意识形态的机械推论,以及对已退化为社会物理学的僵化的经济学的机械臣服,作为无产阶级革命的学说,与唯心主义相比已遭到精神上的失败,也是罪有应得的。但这只能表明对马克思主义的机械唯物主义歪曲的失败,而不能表明马克思主义本身的失败。机械唯物主义在此之所以如此软弱,正是因为它(自己不知道或不想知道)在思想上已接近宗教传统,这是意识形态史上一个滑稽的现象。因为自从早期人类发展根据劳动的目的性规定的相似东西虚构了自己的神,这些神作为现实的创造者,相对于它们的产物来说,当然具有价值上的优势。而现实的经济

① 泛指国家暴力工具。尖顶盔是以前普鲁士士兵所戴的盔具。

② 《马克思恩格斯选集》第4卷,人民出版社1995年版,第776页。

以及对它的正确理解同这种价值关系毫不相关。马克思在对于他全部理论的结构和前景具有决定意义的地方,研究了自由王国的状况以及人类史前史的终结,他在谈到经济在这一伟大转变中的作用时说:"但是不管怎样,这个领域(经济——卢卡奇注)始终是一个必然王国。在这个必然王国的彼岸,作为目的本身的人类能力的发展,真正的自由王国,就开始了。但是,这个自由王国只有建立在必然王国的基础上,才能繁荣起来。"① 在马克思看来,作为存在范畴的基础与社会—人的这种价值关系毫无关系,这种价值关系不过是对存在进行宗教式理解而产生的精神异化的残余,在此还产生了信仰的意识形态需要,在价值等级体系中"造物主"必须占据比他的"创造物"更高的地位。

现实的存在过程与这样一种粗陋的价值等级体系截然无关。存在的复杂而不可逆的过程总是不断产生复杂的存在联系以及各种不同的范畴,但并不创造出价值关系。当然,在社会存在中,存在本身的改变在一定情况下能够创造价值关系,这是社会存在的内在属性(我们前面已经指出,这种价值规定早在非常原始的阶段,就是每一劳动过程中不可避免和不可消除的结果)。② 但是在马克思主义看来,并不能藉此认为相对于被变化的东西来说,能够引起变化反应的基础在价值等级体系中具有优先性。我们刚才引用的马克思关于经济构成自由王国的基础(纯粹的基础)的观点表明,每种这样的所谓必然性离他的观点是多么遥远。

因此,想在社会存在中把物质过程同"纯粹"思想的过程机械而精确地区分开来,只能是一种粗陋的、形式主义的认识论的抽象。社会越是社会化,这两个过程就越加不可分割地交织在一起,尤其是在物质生

---

① 《马克思恩格斯全集》第25卷,人民出版社中文第1版,第927页。

② 至于这种价值关系在社会存在中以什么样的途径,随着哪些极为重要的变化,才成为人的活动的重要因素,需要具体的、深入的分析才能说明。对我们目前的讨论来说,确定如下这一点就够了:价值不是高度发展的人的精神的产物。而是最简单的劳动必不可少的存在因素。

产中。当然不能否认二者之间在本体方面的区别，但在社会存在领域中（超出这个领域，就既无精神现象，也无由目的论设定所引起的物质过程），它们发生作用的基本本体论事实，便是它们二者不可分割的共存。因此在研究社会现象时，只有承认这种不可分割的共存，才能理智地提出优先性的问题。对社会存在的总体性（作为历史的推动者）来说，始终是这种共存的基本存在因素。

阻碍正确和全面地解释马克思主义的原因在于近几十年来广泛流行的一种观点，它把辩证唯物主义看作哲学上一种无所不包、绝对的基本理论，这个基本理论在社会问题上的应用才导致所谓的历史唯物主义的产生。我们前面曾引用的斯大林的观点就谈到"辩证唯物主义基本原理在社会中的应用"。它在两个基本点上违背了马克思主义。第一，它假定一种普遍而绝对的范畴学说，这种范畴学说的观点以同样方式适应用每个存在。第二，它把历史性的因素当作存在的单纯个别问题，因此，只有把辩证唯物主义的一般的、超历史的普遍原则应用于这个"特殊领域"，历史性因素才能获得自己真正的对象性内容，才能在思想上被表达出来。这种把辩证唯物主义的本质法典化的做法，表现为把它的诸原则明确化，表现为企图把范畴的明确规定一劳永逸地固定下来，这是与马克思始终立足于历史过程的观点相违背的，也是与列宁设法从多方面切近地把握历史过程的实质特征的尝试相矛盾的。[①] 这种做法事实上回到了资产阶级那种抽象而僵化、从理论上无法解决，而在实践上又无用的古老对立上去。如果我们现在（为了揭示真正本体论的历史具体性及其与过程必然相异的认识论的抽象性之间的根本对立）举康德的例子，虽然它离我们相当遥远，但仍然可以看出它与斯大林观点中的具体类似之处。归根到底，这里所说的是关于具体的历史过程性与具体范畴规定中抽象的一般之间的对立这个最一般的问题，黑格尔早在青年时代就对康德方法论上的这种样式规定作过批判，按

① 参看列宁《哲学笔记》，人民出版社版，第 154 页。

照康德的观点,从存放东西的认识论概念中,必然能够导出它所侵吞的绝对的道德律令。从方法论上看,黑格尔的批判(在这方面也适用于斯大林的观点)必定导致如下结局:即社会实践的多样性过程作为逻辑统一的结果,被从属于抽象的概念规定,这样一来,它就不再是一个具体历史过程的真正本质,也不再是它的具体因素和进行交换的社会实践因素。①

这种方式的过分抽象极易成为社会历史的抽象诡辩术的工具,这一点已是众所周知的历史事实。早在这种僵化抽象形成体系之前,列宁就清楚地看到了这种危险。即使列宁总是遵循马克思主义关于社会历史发展的主导趋向的基本学说,作出自己的所有决定,他也总是不断要求把"具体问题具体分析"作为应用普遍规律的必要手段,作为对这样一种活动范围的显示,在这种范围中,历史发展能够随着实践空间的变化,使它的客体也或多或少地发生历史变化。与此相反,在斯大林的实践中(正如我们在许多场合试图指出的那样),最高部门的策略决定总包括一种教条主义的绝对化。从本质上看,作为历史性范畴的抽象规定成了斯大林方法的理论性辅助工具:被普遍化为思想教条体系的马克思主义理论(在保持它的教条主义的、抽象的僵化同时),还获得肆意专横的、抽象的唯意志论特征。② 因此,对正确理解马克思的方法来说,(由于在关于实践的理论中强调策略的优先性)对辩证唯物主义和历史唯物主义的这种理解,目前所造成的障碍,丝毫不亚于以前社会民主党对之所作的歪曲。

如果我们排除对马克思的方法所进行的歪曲,并回到他的本体论的基本问题上来,那么,我们必须概括地重复一下已经提到的内容。对

① 在我对青年黑格尔的研究中,我曾试图对这里出现的这个问题作具体论述。见《青年黑格尔》,载《卢卡奇全集》第8卷,柏林—诺威德1976年版,第369—378页。

② 人们会想起,斯大林在同希特勒签订条约以后,是如何把反对希特勒的世界战争与第一次世界大战等同起来,并把李卜克内西式的策略强加给法国和英国的共产党人的。

象性是每一物质存在的非创造出的(因而无法从思想上推导出的)本原形式,这一点是我们的出发点。在马克思看来,存在是对象性的同义语。没有任何"外在的力量",不管是物质的还是精神的,能够"从外部"给本身无形式的(混乱的)存在强加上一种对象性,就像马克思以前的许多人在内容和形式方面以各种不同的方式所主张的那样。如果我们从这种基本形式出发开展研究,那么,我们就会看到马克思的另一句名言:范畴存在形式,是存在规定。在这个一般性阶段,马克思同他的先驱之间的对立表现得更为明显。仅仅"范畴"这个术语就表达了这种对立:范畴是对存在世界中持续存在的东西、本质性的东西的语言表述,也就是思想的表述。由于这种本质性,范畴就成了存在世界中持续的、恒久的规定。因此,思想可以接近现实,并给现实打上本质性印记,这似乎是不言而喻的。而按照马克思的观点,对象的一般和最一般的本质标志,是客观的、不依赖于思想意识而存在的存在规定,更确切地说,是对象性总体的一般因素,我们是将其作为每个存在物中与存在本身不可分割的因素加以认识的。因此,范畴的存在特性直接导致对特定具体范畴的理解。在这里首先将一般和个别,类和个体例理解为从所有存在物的不可被引导的对象性中直接产生出来的规定性。①

范畴问题范围内最细微的具体化会直接涉及马克思理论的中心问题,即涉及作为每个存在基本原则的历史。马克思很早(在《德意志意识形态》中)就概括而准确地论述了这个原则。事实上这个原则在马克思关于存在的论述中贯彻始终。马克思的这些论述具有天才预见性特征,因为在他论述它们的时代,还不能把存在看作一个持续的不可逆过程,不能把存在看作自然界里的基本存在特性,就更谈不上对存在的普遍承认了。黑格尔确实早在马克思之前就已经提出全部存在的共同历

① 为了不使这种说明多余地复杂化,这里只提到了一般和个别。我在这里略去了对作为一般和个别中介的特殊性的讨论,因为我在专门的研究中已讨论过这个问题。《关于作为美学范畴的特殊性》,见卢卡奇《美学问题》,载《卢卡奇全集》第10卷,柏林—诺威德1969年版,第539—786页。

史性问题,在回顾黑格尔在澄清这些复杂问题方面的伟大功绩时,人们不会忘记他在展开自己构思时所明确划定的界限。我们在迄今的论述中一再指出,他的构思首先确认逻辑联系和存在联系之间的持续共存,并且肯定在多数情况下,逻辑联系居于支配地位。这一点使黑格尔的整个体系带有一种目的论特征。只要逻辑范畴是"上帝关于创造的思想",并在全部过程中实现自身,那么,就无法从全部过程中排除这种目的论成分。这种目的论成分以及唯心主义的逻辑至上主义的因素,在黑格尔体系和方法的构造中起着十分重要的作用,使马克思把黑格尔哲学颠倒过来的这一通俗表述,极易成为把对马克思方法的理解引入歧途的诱因。毫无疑问,马克思从黑格尔那里得到许多极为重要的启发,但他在《资本论》第二版的"跋"中已经向我们表明了他与黑格尔的关系:他的方法不仅不同于黑格尔的方法,"而且和它截然相反",这句话清楚说明了他们的关系。①

当马克思以一种完全不受束缚的思想方式,把不可逆性视为过程最本质的标志,作为过程总体而得到保持和发展的存在就在这些过程中表达出来,他是直接从人类日常生活的最基本经验之一出发的。已经发生的事,既然已经发生,实际上就不能再被当作未发生的事看待,这是人类最基本和最无可辩驳的生活经验。当然远离认识客观存在过程的不可逆性还相当遥远。在此当然不是谈论原始阶段以神秘和宗教的手法在个别场合从世界上排除这种事实的尝试。但即使在后来相当发展的阶段上,在把自然存在从整体上理解为一成不变的存在,把它的总体性理解为永远如此时,"发生过的就是发生过的"这种原始经验也未受到任何猜疑而保存下来,并被认可为不可逆过程。例如,在生命过程中,虽然承认个别类个体再生产过程的不可逆性,但认为类存在中的这种过程始终不变的观点却长期居于支配地位(如林耐、居维叶)。经过长期的意识形态斗争,自达尔文开始,不可逆过程才得到普遍承认。

① 《马克思恩格斯全集》第23卷,人民出版社中文第1版,第24页。

无机界的有关情况就更为复杂。虽然借助于对这种过程的事后认识，不断获得关于这种存在方式的重要事实(只要想想地质学的成果就够了，我们的行星存在就是一个不可逆过程)，但直到今天，也还谈不上一幅像有机界那样的全面、清晰的图景。当然，原子研究的结果在本质上已经比以前更加清楚地揭示了我们的“物性”世界的真正存在方式。但是，我们的认识仍然面临这样的任务，即通过不断深入的观察，更加接近我们所能掌握的过程的总体图景。由于这里涉及对已发生的事实过程进行事后认识，上述观点在今天就具有一种一般的、前景性的特征。

在构成社会存在的那些过程中，认识的状况还要复杂。一方面，在发达的存在形式中，无论是个别的还是总体的不可逆过程，都以比存在的低级阶段更为明显的形式显露出来。另一方面，在有些社会系统中出现了意识形态的需要，它们要求使自己的思想具有恒久性，例如或者否认作为存在本质的那种不可阻挡的不可逆发展过程(有时甚至要求“历史的终结”)，或者把复辟旧的社会制度视为出路。与这种观点相应，客观过程的不可逆性往往遭到否认。虽然过程本身的现实运动以及对它的事后认识日益清楚地表明，否认不可逆的过程就无法理解社会存在，但是，只要阶级社会还存在，这种否认意识形态思潮的出现和喧嚣就是不可避免的。只要社会运动的不可逆性不被这种“纯粹科学性”所排除，上述认识将不断成为正确实践的目的性规定的基础。正因如此(尽管有许多响亮的关于“批判”和“非意识形态化”的口号)，科学陷于一种直接依赖占支配地位的经济、政治等力量的状态，而在长期的历史进程中，从神秘主义到新实证主义的操纵，都没有注意到这一点，就更谈不上对它进行批判考察了。[①]正如人们所期望的那样，现在出现

① 当然，认识方法的批判是一个严肃而重要的问题，只有通过与存在本身的对照才能正确提出和解决这个问题。仅仅看到以下现象，例如，从作为存在规定的量的抽象均匀化中出现的数量化，作为数学的基础，以其所有量的规定把存在的因果过程从自己的方法中排除出来，那还不能深入研究这个问题。例如在这个思想领域中，产生了外推法的无限可能性，虽然它往往使重要的认识成为可能，但在对它的无批判的普遍应用中，却可能导致对具体存在过程的根本忽视。“技术理性批判”不仅对思想、科学的整体

的操纵制度的实际危机,将有助于从理论上说明这些问题。

马克思指出认识和实践密不可分,社会实践既是每一真正有效的认识活动的实际前提,又是社会存在本身的重要因素,还是促进社会存在内在和外在的自我发展及其持续过程的重要因素,认识与实践的不可分割性因这种社会实践而更加明显和纯粹的趋于社会化,并受到特殊社会力量的推动。上述这些观点充分展现了马克思的历史存在观。上帝可以随心所欲地创造教授,他们可以凭借没有任何存在性的纯粹思想随心所欲进行思想操作。但是,只有存在的不可逆过程产生了一种使思想活动作为推动力量变得可能和必要的存在时,存在的不可逆过程才能产生一种作为实践的基本因素的思想。无机存在只能在因果性的相互作用中认识不可逆运动着的总体;而在有机存在中,自我再生产的有机体(以及以此为中介的类)及其对环境消极适应的相互作用构成发展动因。这里已经体现出一种新的存在方式,其中单个有机体(类)的适应能力作为自身存在、发展或衰落的客观可能性,已表现出比无机界更为复杂的推动存在发展的条件。可以说,一定的主体因素(严格说来,只是自在存在的、还没有自为存在的迹象)在这种存在过程中已经以萌芽的形式出现了。这种说法固然有些不妥,但也没有偏离存在过程本身的客观动因。我们所描述过的这种存在过程中特殊有机规定的发展过程,最终产生了个例(类),它们从客观上使向积极适应环境的过渡成为可能。

为了能够理解向新的存在方式飞跃的可能性,必须对社会产生以前的存在方式进行上述考察。我们曾多次试图从不同的角度来理解这

观点极为有益,而且也防止了实践中的许多错误决定。当然,正确理解技术在社会存在(主要是经济)中的真正作用,是首要前提。早在几十年前,在当时还不能深入研究这些具体问题的情况下,我已经对布哈林关于技术在经济中的地位的错误观点作过历史性的批判。我认为,他把真正的存在联系颠倒了,"不是技术的不完善发展使奴隶制成为可能,恰好相反,而是奴隶制作为起支配作用的劳动形式使劳动过程的合理化以及理性技术的出现成为不可能"。见卢卡奇《早期著作》第二部分,载《卢卡奇全集》第 2 卷,柏林—诺威德 1968 年版,第 603 页。

种更新,为避免重复,可以尽量简短地作如下表述:表达这个新的存在方式的新范畴,一方面和以往存在发展阶段上的范畴一样,是客观地、现实地、物质地产生的。但是另一方面又与过去的范畴相反,它完全是有意识的目的性活动的结果。这种统一着的二重性,或者这种在对象和过程性中具有主体和客体双重外观的统一性,客观上表现为从目的性活动的普遍性中始终只能产生出因果过程的普遍性,主观上则表现为,这种存在中新产生的中心角色是一个思维着的行动者或行动着的思维者。马克思在《关于费尔巴哈的提纲》中就此作过如下表述:环境的改变与人的活动、人本身的改变是一致的[①]。我们在分析人类实践的特征时,把人称为能够作出回答的存在物,我们的意思是说,人能够通过改变对象而得到自我发展。

这样,我们便论及了在社会存在中发挥作用的范畴的中心问题(不管按其起源和本质来说范畴属于何种存在方式)。正是对人是能够作出回答的存在物的认识,使人在这一存在发展阶段上有机地进入了范畴的存在和作用方式中,这些范畴是客观的、不依赖于任何意识、并作为存在着的对象规定性的一般因素而实存着、自我保持并发生变化。显然(我们在许多重要场合已经指出),如果存在本身具有不可逆过程的特点,那么,它的最本质规定也就必然以变化的形式参与这一过程。历史特征通过实现自己的存在,使总体存在的历史特征规定着范畴的历史特征。同样,这种一般的联系也规定着存在的每个形式,只不过(完全可理解)不同存在形式的相对简单或复杂的特性在范畴的简单特性或复杂特性中表现出来。与此相应,历史的普遍性也表现为范畴的普遍历史性。

在这种抽象的一般性水平上,社会存在及其他的思想性、目的性规定的推动力量,与以往不太复杂的存在方式并没有根本区别。把这个观点具体化,这种情形就更加明显。范畴只有在社会存在中才能具体

① 见《马克思恩格斯选集》第1卷,人民出版社1995年版,第55页。

地表述出来,而在自然界中只能作为盲目的因果性规定发生作用,这一点并不能产生什么实质性区别。虽然依据范畴认识的目的性规定对过程的进展往往产生决定性的影响,但是,只有当目的性规定,当进行回答的存在物的活动,能够从本质上正确理解他们力图施加影响的存在过程的每个因素时,这种决定性影响才能出现。我们越是接近现象,就越清楚地看到:这里的问题并不仅仅在于把认识论和逻辑学方面正确的认识应用于有关的活动的对象。人类历史的无数事实表明,应用的理论本身可能是错误的,但却获得正确的结果。这里并没有什么"奇迹"或令人吃惊的东西,因为任何目的论设定都是具体的,也就是说,它力图使某种具体的特定联系对具体的个别的目的设定有利。由于理论是在这种相互联系的经验基础上形成并发挥作用的,因此,很容易出现(新学史上也不乏其例)下述情形:虽然一般理论本质上是错误的,但它却能够比较正确地把握住有关总体的个别因素,就像后来的发展经常表明的那样。在这种情况下,不正确的理论也可能获得正确的结果。历史上确实有这样一些先例:不靠任何理论,只凭积累的经验,就能够在目的性活动中获得真实的结果。

但是,不能因此贬低正确的思想认识的价值,为了能够正确地评价人同现实的关系,评价人把握存在规定(范畴)的特点,必须强调指出的是,最终只有一种评价正确思想的真正标准,即与对象性规定相符合,这种对象性规定在存在本身中出现并发挥作用,它不取决于我们能否以及在多大程度上正确地把握它。只有在这种意义上人的范畴认识才是一种现实的、真正的认识,范畴也只有在它这种一般的、包罗万象的历史性中成为实践和理论的基础。

不言而喻,马克思主义并不是刚才提到的那些最重要的、关于存在的一般规定性的简单并列。相反,它只想说明,所有这些规定在其动态的相互作用中,产生了一个最终(也只能是最终)统一的过程,而这一过程不断地为人类克服自己史前史的障碍、为人类真正历史的开始创造条件。正是在这种意义上,现实过程,即历史,在马克思的世界图景中居于主导地位。从这种观点出发,自然过程(它比社会存在要早,正是它的真正形成,才创造了社会存在的前提)才必然被看作存在过程,它的历史进程包括所有发生作用的偶然因素,才使社会存在的产生成为可能。因此,根本没有一种把我们的历史看作其简单应用的普遍的辩证法学说。相反,在自然界中早就有一种广泛的、客观的不可逆过程,正是它使我们星球上的有机自然成为可能,而如果没有这种有机自然,社会存在就不可能出现。因此,各种得到不同发展的存在形式,决不是从一种一般的、抽象的范畴体系中推导出来的,也不是被理解为这种范畴体系在"特殊领域"的应用,相反,它们是依照自身规律演变的存在过程,在特定的发展阶段,这种存在过程能够使更为复杂的存在形式的产生成为可能。

因此,我们所了解的不过是这样一些独特的一般规定的历史,由于这些规定不断地共同作用,各种存在形式才得以发展,转变为新的存在形式。在此必须反复强调,所有这些过程(在其最一般的规定上)首先是存在的形式,如果这些过程不是无一例外地在各种存在发展中作为存在方式发挥现实作用,思维就不能从观念上产生这些过程,也无法将其视为一个本身无规定的存在。因此关于存在的认识所具有的事后特征,就是从现实中成长的马克思方法论的一个基本组成部分,这种方法论致力于按其真正的进程从思想上尽可能清晰地再现出现实过程。过去的经验一再提醒人们,对过于大胆的一般化要采取谨慎态度,但可以肯定,正是无条件地承认存在比任何纯粹理论都具优先性,才能产生并已经产生了对各种宏大存在过程中根本趋向的重要认识。

在这里可以十分清楚地看到这些过程中的两个存在因素。第一,这些过程不会实现任何一般的、不是从自身动因而来的趋向。它的这种非事先规定的、与每一目的无关的、纯粹因果性的特点,表现在与每一存在方式的总体过程具有联系的个别过程所具有的那种多种多样、非均一、始终包含不平衡运动、并充满偶然性的特性中。第二,对存在的认识来说,存在的优先性表现为,在深入考察存在的事后认识还没能从思想上把握过程的最终因果性基础时,它却能够正确地注意到存在的本质过程。范畴在被认识之前,就发挥着现实的作用。我们在前面的考察中已经指出,范畴作为存在规定,作为运动和运动趋向,在复杂的阶段上甚至能产生适应方式,即使由于相关现象的存在特性,对于一种错误意识来说,存在的基础还没有出现。在现代比较发达的认识阶段上,我们也必须满足于在事后确认重要发展趋向的存在和作用,分析它们的联系和发展方向,把它们作为趋向予以把握,尽管还不能从因果性上准确解释那种最终起作用的推动力量。人们不相信我们的思想之所以局限于只把握那些不依赖于思想而存在的东西,是受到自然和社会的客观关系的限制,甚至于每个人的自我意识似乎也同样受此限制。只要人还没有准备行动,每个人都会(或深或浅地)思考自身:在这种尝试中(不管是自发的还是被迫的),自己的意识会产生什么东西。然而,一旦他想把这种认识付诸行动,就常看到:那些使人成为个性的东西是一种十分复杂的、只有通过实践经验才能真正确认的对象性方式。这里的活动范围当然比有机界要灵活得多。尽管日常实践常常显示,有机体是如何以完全不自觉的方式把太多、太丰富的食物当作外部自然的总体而作出反应的,但在特定方式上这仅仅只是最细微的内部问题。不言而喻,恐怕没有人能够像我们观察一块石头那样清楚地了解自己的能力。但在那些天资聪颖的人身上,也能发现在生活中无法发展的"错误趋向"。我这里指的是歌德、戈特弗里德·凯勒,他们一段时间曾深信自己会成为画家。许多人生活方式之所以遭到失败,原因就在于不能把自己的自在个性发展为一种自为存在,反而稀里糊涂地度过了一生,他们意识不到自己的个性到底是什么,应该怎样根据个性去安排生活。因此,像歌德这种思想活跃的天才,始终对理论上的自我意识采取怀疑和拒绝的态度,从而在实际生活中只找到一条可行的、能够接近正确自我认识的道路,并不是偶然的。

我们已多次强调,迄今为止我们在无机存在中,只能在事后确定那些重要的个别过程的不可逆性。在此人们只能暂时具体地依据类似我们的地球这样的过程,它使我们被迫从事实中接受对象性的“物性”逐渐地、过程性地、不间断地产生这一过程,而在其他天体那里,通过对它们联系的事后感知来揭示这种过程,这一前景似乎是具体而现实的。但这些过程仍然是个别过程。至于在我们过去只能感知那些状态的地方,借助原子科学的方法作为确定过程的工具,对我们的认识所能达到的宇宙予以考察,但这种考察能否使我们的认识得到前进,或取得什么成果,现在还无法对此作出预言。

与此相反,(即使还缺乏说明)下列事实早已众所周知:由于个体在有机自然的存在过程中,不仅再生产自身,也中介性地再生产类,并由那些必然产生和必然灭亡的、相对依赖自身的个体过程所组成,因此,有机自然就符合存在地创造了有机体与其环境界的不断对立,以此作为存在的基本过程方式。然而,正是自我再生产的个体与其环境之间的存在关系的运动,屈服于(从中产生出来的)一个重要发展。具体说,只要这种个别再生产的过程还只是表现为地域性的个别过程,环境的影响趋势就依然是直接的、即物理和化学的过程,只不过这种过程已相应地受到具有新的适应方式的有机体的生物性改造。一旦生物的再生产超出这个严格机械性的地域限制,就会发生当时自然过程中从未有过的转变:物理、化学过程转变为感官感受,借助感官感觉,那些个体存在中已不再受地域束缚的有机体,已经能够完成自己对环境的适应过程。在这里我们不能具体论述这种转变的意义,而只能在这种转变中(事后)看到一个极为重要的发展趋向:有机存在的存在领域向着这样一种方向发展,它不断导致那些范畴的内在统治,这些范畴在自己的存在方式中固定下来,即使把它们当作详细过程来考察,它们也具有生物性特点,但却不再是把无机界的范畴世界的无机力量直接加到生物界中。视觉、听觉、嗅觉、味觉越来越成为普遍起作用的反应方式(它们的一般性即范畴),而这些反应方式作为自我规定,在无机界的范畴结构中还根本不存在。

毫无疑问,社会存在也以有机存在的这样一种转变为基础,它对环境的消极适应方式是积极适应所必不可少的基础。对社会存在的一般特征来说，还有一个同样不可排除的因素，即从中产生的新的人类个性，从其直接存在上看，也是一个生物学意义上的生命。然而，这两个存在领域之间主要的存在联系，同时也是它们之间不断明显分化的存在原因。这种分化的原因就在于，在对环境的积极适应中，出现了一些全新的范畴，这些范畴（这里有一条有趣的与以往历史发展相似的平行线）通过自己的构成、发展，通过它们在社会存在的特殊生活方式和再生产方式中占据支配地位，遂形成了一种独特的、完全从属于自身存在规定性的存在方式。马克思的天才就表现在，他通过对作为目的性活动以影响和改变因果过程的劳动进行分析，正确地认识到这个新的存在方式的基本范畴。如果人们看不到在劳动过程中，在劳动的准备和结果等等之中，已包含着后来被充分发展了的定在的最重要、最高级的范畴的萌芽，那么他们就无法从存在方面理解人的发展。这里，我们只能指出，无论是活动本身还是对之进行思想准备的必要性，无论是价值还是愿望作为活动性的尺度和内在调节器，都在劳动过程和劳动产品中一起被设定了。①

如果我们想从社会存在的动态结构和过程方面更加切近地考察那些独特的社会范畴居优先地位的形成（这个过程更是因果性的，而不是目的性的）过程，那么，我们能够非常幸运地简单重复马克思的观点和论述。如前所述，马克思已经在通过重要发展途径显示了这种趋势如何占支配地位。如我们所知，在此，不断增长的劳动生产率是首要因素，（尽管消费需要显著增长）在发展进程中它使用于再生产的社会必要劳动不断降低。（撇开其他一切差别和对立，人类与生物存在阶段的一个重要区别在于，人以不断的发展过程取代了那种生物性再生产的需求及其满足的原地踏步）。马克思明确把第二种趋势称为自然限制的不断退却。人是、并始终是自身必须生物性再生产的生命。但是人

① 只有对人类活动加以系统分析，才能比较细致地探讨这些问题。

的有些需要和活动与人的生物性只有比较松散的关系,而且也根本不能从生物性中推导出来(如听觉和音乐),即使暂且忽略这些活动和需要的或快或慢的增长,就是那些本质的、无法消除的生物性生命现象也日益强烈地社会化了(如饮食、性等等)。原始的狭小社会群体出现一体化,最终将导致统一的人类,这个第三种趋势同样也体现了特殊的社会对象形式和过程的增长。正如马克思同时指出的那样,劳动使自然界中无声的合类性发生终结,并被可以通过语言而自我表达的新的合类性取代,即使暂不考虑这一点,单单在自然界中那种只是作为自在存在出现的合类性(任何类个例都属于一个类,而这个类正是这些类个例的总和),已在社会存在最原始的表现形式中,显示了一种存在性的、被意识到的共同联系,也就是说,共同体中的每个成员不仅必须意识到它隶属于这个集体,而且要使这种隶属性成为他全部生活方式的根本规定性。人类这种统一合类性的经济基础,即世界市场,尽管直到现在仍然出现在一种极为矛盾的形式中,因为世界市场不仅没有削弱和消除个别团体之间的矛盾,反而加剧了这种矛盾,正是通过这种矛盾方式,通过甚至渗入个人生活的现实相互作用,世界市场仍然是当代的社会存在中一个重要的存在因素。我们的上述考察也就是为了再次突出这一过程的纯粹因果性特点。正是(作为定在形式的范畴)根据存在的规定性本身及其存在性的相互关系,使社会存在的不断社会化过程得以实施。人的认识可以(在事后)把这种发展趋向看作事实,也可以从这种事实中推导出关于这种存在方式触动性特征的结论,它还可以而且必须(同样是事后)确认,这样产生的新的、纯粹社会性的社会存在形式,同样也是人类本身活动和社会性活动的结果。

在社会存在的客观发展中,越来越具有纯粹社会性的范畴在决定性的过程中获得了客观的支配地位。正是这种客观发展把我们引回到马克思关于人的意识的社会起源和作用的观点的问题上,引回到意识同社会实践具有不可分割的联系的问题上,社会实践是每个客观过程中最重要的因素,这些客观过程的共同作用构成社会存在。意识与实践在起源和作用方面不可分割的联系是关于社会存在的最重要和最根本的客观存在性之一。哲学常将客观现实和思想认识的总体分开予以把握,实际上它们是具有历史本质的最终统一过程中不可分割的因素。因此,决不能将对现实的意识仅仅理解为关于某物的正确思维,相反,必须把这个关于某物的思维看作虽然是一个不可缺少,但却是思想总体过程中的因素,这个思想总体过程必然从人类的社会性活动出发,并回到其中。马克思很早就认识到思想的基本存在基础,认为它是思想的作用及其结果的真实基础。他在《关于费尔巴哈的提纲》中谈到:"人的思维是否具有客观的真理性,这并不是一个理论的问题,而是一个实践的问题。人应该在自己的实践中证明自己思维的真理性,即自己思维的现实性和力量,亦即自己思维的此岸性。关于离开实践的思维是否现实的争论,是一个纯粹经院哲学的问题。"① 与当时的论战相适应,马克思的批判主要针对那种抽象的、唯心主义的、并带有学究式傲慢气息的观点,这种观点总是把有关思想的最根本、最高的哲学问题,从被庸俗理解的因而遭到蔑视的实践中孤立出来。② 但是如果人们把这种批判理解为对技术主义和事务主义等等的批判,那与马克思批判的真正意图也是相符的。因为在技术主义和事务主义那里,人为地被孤立看待的具体运动排斥了总体过程,因而真正的实践因素也从人的思想中消失了。其结果便导致了思维与存在关系中那种最本质的因素消失了,思维与存在的全部关系被贬低为某些认识手段的直接应用。这样一来,思想和科学就仅仅被当作解决日常技术问题的工具,它的必然后果是把对现实存在的所有思考当作"非科学的"东西排斥在科学领域之外。范畴的存在特性决不是人类思维的限制和障碍,人如果想真正认识自己,就必须把自己还原为自身具有范畴特性的自在存在,还原

① 《马克思恩格斯全集》第 3 卷,人民出版社中文第 1 版,第 3—4 页。

② 在全面说明马克思批判观点的正确性时,应该指出真正伟大的哲学,即使它以一种唯心主义的、即夸大事实的、并因而往往曲解实践问题的形式出现,也与社会实践的重大问题有着深刻的、有机的联系,只有深入分析人的活动,才能准确把握它的意义。

为通过自身实践对这些特性的检验。因为对人本身来说,人到底真正是什么这个问题,同样也是作为一个自在存在而被给定的,它不是人关于自身的想象和思维的产物。人只有在自身的实践中才能正确认识自己,并且只有通过实践才能真正促进实践的发展。在此,单凭激情说明不了存在。想想歌德和戈特弗里德生活中的错误趋向,如他们曾想成为画家,将是很有意义的。毫不奇怪,正是非常怀疑“理论性”自我认识的歌德,只把实践视为认识自我的手段。当埃皮美修斯问普罗米修斯如何看待自己的真实存在时,普罗米修斯大声回答说:

就是我的力量所及的范围,不多也不少!

因此,如果我们要具体说明马克思关于历史性对范畴学说所具有的本体论意义这一方法论方面的基本思想,就必须说,历史就是范畴转变的历史。马克思以前的哲学把自己的主要任务视为:想出一种范畴体系,只有在这个体系内,并被它所决定的东西才可以实存,(只要这种哲学承认历史是一种存在方式)才可以成为历史的。而马克思认为历史就是那个普遍的不可逆过程本身,在这个过程的进展中,范畴可以同时从继承和变化方面,完成那些由不可逆过程所决定的个别过程。范畴只有在主体的思维中才能被意识到,这是社会存在的一个极为重要、本质上无法消除的存在因素,但这改变了总体过程以及范畴的客观的、自在存在的特性,范畴中的对象性形式的历史变化总是在这个总体过程中具体存在着。

劳动中的主客体关系及其结果*

（1968 年）

第三节　劳动中的主客体关系及其结果

我们虽已说了这么多，但还远远没有彻底阐明人类特有的生活的表现形式，这些表现形式——无论通过多么广泛的中介作用——都是从劳动中产生出来的，因而在本体论和发生学上也只有从劳动出发才能把握它们。不过，在我们能够更详细地研究一些从表面上看似乎同劳动相距甚远、但其根本基础却仍在劳动之中的问题以前，我们还必须先较为详细地考察一下我们在前面已经略为谈及的一个直接的劳动结果现象，即主客体关系的产生以及其中现实地发生的主体在客体面前所保持的距离。由于主体在客体面前保持距离，这立即就为人的社会存在造成了一种必不可少的、具有独立生命的基础，即语言。恩格斯正确地指出，语言的产生是由于人们“已经到了彼此间有些什么非说不可的地步了。需要产生了自己的器官……”[①]但是，“有些什么非说不可”究竟意味着什么？我们在比较高级的动物那里就已发现了它们就诸如危险、食物、性要求等等极其重要的信息而进行的交往。恩格斯就曾恰

---

* 选自[匈]卢卡奇：《关于社会存在的本体论·下卷》第一章劳动，本文是该章的第三节。该书由白锡堃、张西平、李秋零等译，白锡堃校，重庆出版社 1993 年版。选自该书第 102—139 页。

① 《马克思恩格斯全集》第 20 卷，人民出版社中文第 1 版，第 512 页。

当地指出这种从高等动物的信息交流到人的信息交流的飞跃，恰恰就在于主体在客体面前保持距离。人总是谈论“有关”某种确定的东西，这样，他就从下述双重意义上把这种东西与他的直接的此在区分开来：第一，这种东西是被当作独立实存的客体而设定的；第二，——这里，主体对客体保持的距离可能表现得更明显，——人虽然力求弄清客体乃是具体的东西，但他所使用的表达手段和名称却具有这样的性质，即每一个符号在完全不同的关联中也是完全有效的。这样，文字符号所反映的东西就脱离了它所表示的客体，因而也脱离了表述它的主体，因而就成了对于一大群确定现象的思维表达，在完全不同的关联中，完全不同的别的主体可以以类似的方式使用这些思维表述。动物传达信息的形式却不包含主体对客体保持的距离，它们构成动物的生物学上的生命过程的一个有机的组成部分，而且即使这种形式有一种清楚的内容，那么这种内容也是受相关动物所处的具体规定的场合制约的；因此，尽管一个具体的生物总是力图传达关于某一具体现象的信息，尽管这种具有无法摆脱的场合依赖性的信息传达通常总是极为明确的，然而我们在此还是只能在一种非常引申了的、使人容易误解的意义上谈论主体和客体。正是在这里所指的这种意义上，在劳动以及在从劳动中产生的语言中，对主体与客体的同时设定就使得主体与客体之间产生了距离。同样，也使得具体的客体与表达它的概念等等之间产生了距离。只有这样，人才能从趋势上说是无限地扩展自己对客体的理解和统治。因此，过去很长一段时间里，给客体的命名以及说出它们的概念和名字曾一直被视为一种巫术和奇迹就毫不足怪了；甚至在《旧约》中，人对动物的控制就表现在亚当给它们起名字，这同时也清楚地说明语言是从自然中产生的。

然而无论在劳动自身中还是在语言中，这种制造距离始终都在日益发生分化。我们已经看到，就其客观本质而言，通过劳动而实现的每一种需要满足本身就已经是一种间接的满足了，这样，甚至最简单的劳动，也通过目的与手段的辩证关系而实现了一种直接性与间接性的新关系；

而且,一件劳动产品一旦制成,那么对于使用它的人来说,它就具有了一种新的——不再是自然的——直接性,劳动产品与使用者之间的这种无法扬弃的对立性,加强了上述事实。(煮肉或烤肉是一种中介,但是从这一意义上说,吃煮熟的或烤熟的肉同吃生肉一样,都是直接的,尽管后者具有自然性,而前者则具有社会性。)随着劳动向更高阶段的发展,劳动总是把一系列中介置于人与他努力最终实现的直接目的之间。这样,劳动中就产生了一种早就出现的直接的目的设定与具有广泛的中介的目的设定之间的分化。(请大家想想武器的生产,从发现和冶炼矿砂直到制成武器,这需要进行一系列异质的目的论设定。)只有当人同现实的这种关系已经具有了社会普遍性时,才有可能进行社会实践。当然,随着劳动经验的扩展,会产生与之相对应的新的关系和结构,这是不言而喻的,但这丝毫也不能改变这样的事实,就是直接的目的设定和间接的目的设定虽然在它们的必然关联、先后顺序、支配和隶属关系等等方面是同时并存的,但它们之间的差别却毕竟是从劳动中产生出来的。只是由于主体通过语言而在思维上同客体保持了距离,才使得这种现实的保持距离成为可传达的,成为一个社会的可能的固定的共同财富。请大家只要想想下述事实就够了:假使语言中没有对时间的明确划分(当然,谈到这一点,只是为了强调最最重要的环节)等等,那么不同的操作在时间上的衔接以及它们从本质上说是相应的种种中介(例如先后顺序、间歇等等),就不可能获得社会可行性。在语言中和在劳动中一样,也实现了从自然存在到社会存在的飞跃;在劳动和语言中,这种飞跃都是一个缓慢的过程,它的开端我们虽然永远无法知晓,不过我们却能够借助于工具的发展相当准确研究这个过程的发展方向,并且作为一种事后认识而比较全面地了解这种发展的全局。当然,同最早的工具所提供的关于语言发展的启示相比,人类史能够提供给我们的关于语言发展的最早的里程碑,在时间上也要靠后得多;不过,假使有一种语言学把考察劳动和语言之间真正存在的关联当作研究对象和方法指南,那么它将特别有助于扩展和加深我们对于这个飞跃的历史过程的认识。

我们已经详细阐明,劳动必然也在改变着从事劳动的人的本性。这种改变过程所采取的方向,乃是随着目的论设定及其实际实现而自动给定的。我们已经说明,人的内在变化的中心问题就在于他获得对自己的有意识的控制。在进行劳动之前,劳动目的及其物质实现虽均已存在于意识之中,但从时间上说,前者先于后者;不仅如此,劳动的这种充满活力的结构还延伸到每一个个别的动作中去:劳动者若想在劳动中达到具体可能的最佳结果,他就必须事先计划好他的每一个动作,并且不断批判地、有意识地检验这一计划的实现。甚至对最原始的劳动来说,人的意识对自己的肉体的这种控制(这种控制也涉及部分意识,例如习惯、本能、情感等)也是一种基本要求,由于这是任何一种劳动都要向人提出的要求,而且这种要求标志着人同自身的一种关系(这种关系和动物同自身关系的那种状态有质的差别,是与之完全异质的),所以这种要求必然也在根本上规定着人关于自身的表象。

从客观本体论上说,于是就产生了我们已经从各方面描述过的人类意识的新性质,这种意识已不再是生物学意义上的伴随现象,而是构成新产生的社会存在的一个根本的、能动的要素。我们已从许多不同方面谈到了由于劳动的发展而造成的自然限制的退却,意识作为为实践进行目的论设定的承担者而执行的这种新功能,在这方面就起了极为重要的作用。然而,如果我们想以严格的本体论的批判态度来对待这一综合问题,那我们就必须认识到,这里所说的只是自然界限的不断退却,而决不是对于这种限制的彻底扬弃;人作为能动的社会成员,作为社会变化和向前运动的动力,在生物学意义上始终无法扬弃地是一种自然存在物。从生物学意义上说,他的意识——尽管在本体论上发生了种种根本的职能变化——受始终不可分割地基于他的在生物学的基础上进行的再生产过程;由于这样一种联系乃是一个普遍事实,所以就是在社会中,生命的生物学基础也始终保持不变。所有譬如通过认识来延长生命过程之类的可能性,都不能改变意识对肉体的生命过程的这种最终的本体论上的依附性。

从本体论上看,两种存在领域之间的关系的这种性质,在结构上并不是什么新东西。即使在生物学意义上的存在中,物理的和化学的关系、过程等等也是无法扬弃地给定的。这些物理和化学的关系、过程所能执行的职能(有机体的发展程度越高,这种职能也就越多),是那些没有有机联系的、纯物理或纯化学的关系、过程不可能执行的,这个事实不能扬弃有机体对于自己的正常功能所依赖的那种基础的无法解除的联系性。无论社会存在和生物存在之间的关系与刚提到的有机物和无机物之间的关系如何不同,比较复杂的、比较高级的系统对于"从下面"充当自己的基础的那个系统的实存、再生产等等的这种联系性,乃是一种不可改变的本体论事实。就其自身而言,这种关联也是毋庸置疑的;然而意识的发展创造了许多在社会性上具有重要意义的设定,仅在日常生活中,这类设定就能把本体论上的"直线意图"引入歧途。由此产生的对于社会存在本体论的这些基本事实的诸多偏离所以难以看清和克服,首先因为它们能够显得足以无法扬弃的直接的意识事实为基础的。只要人们不想把这种情况的复杂性庸俗地加以简单化,那就不应拘泥于"显得"这个词,而是应该始终牢记,这种"显得"在这里表现着人类社会存在的一种必然的表现形式,孤立地看,它作为这样的"显得"必然是以无可辩驳的东西的面貌出现的;只有通过对这个具有充满矛盾的活力的具体整体进行分析,才能揭示这种"显得"作为毕竟是纯粹的现象而具有的特征。

这样,我们就面临着两种显然是对立的事实:首先是这样一种客观的本体论事实,即意识的存在及其影响不可分割地系于活的有机体的具有生物学性质的过程,而且每一种个人的意识——不可能有其他的意识——都是随着个人的肉体一起产生和消灭的;其次是这样一个事实,就是在劳动过程中产生的意识对于肉体的起着主导、指引和决定的作用,在这样给定的关联中,肉体表现为为目的论设定服务和执行目的论设定的器官,而这些设定只能来自意识并由意识决定。意识支配肉体这一似乎无可怀疑的社会存在基本事实,以某种程度的必然性在人的意识中造成了这样一种观念:就其实体而言,意识或被认为是其实际载体的"灵魂"若不是独立于肉体的,若不是具有在质的方面不同于肉体的性质,若不是具有独立于肉体的实存,那就不可能在上述的程度上指导和支配肉体。如果对这个综合问题作一番不怀偏见的、不受兴趣和利益支配的考察(当然,人们极少会作这样的考察),那么显而易见的是,无论这种独立性的意识多么确定,却仍然不能为这种独立性的现实存在提供任何证明。任何一种存在之物,只要就在存在上而言它是能够独立的——这种关系总是相对的——,那么这种独立性就必然是可以从本体论和发生学上推导出来的,而在一个整体中的独立功能是不足以充当证明的。必须对整个的人,即作为个体和个性的人来进行这样的证明(当然,这只是在社会存在范围内进行的证明,因此在这里也只是相对的),而决不能对被孤立地看作是各自独立的肉体或意识(灵魂)来进行这种证明,因为这两者在客观本体论上是作为无法扬弃的统一而给定的,如果没有肉体的存在,那么同时也就没有意识的存在。从本体论上必须加以说明的一点是,必须承认,肉体可以在没有意识的状态下存在,例如由于某种疾病,意识在失去其生物学基础的情况下就不可能拥有一种存在。这与意识对肉体所起的独立的、指导性的、规划性的作用绝不矛盾,反而是这种作用的本体论基础。可见,现象与本质之间的矛盾在这里是以一种非常显眼的形式存在的。当然,不能忘记,这里出现的这种现象与本质之间的对立决非罕见;大家只要想想太阳和行星的运动就足以明白这个道理了,在这些运动中,对于地球上的居民来说,那些在本质上截然相反的表现方式在他们对现象的感官的直接反映中是根深蒂固的,所以就连最坚信哥白尼世界观的人看来,在他们的直接的感性的日常生活中,太阳总是早上东升,傍晚西落。

在人类意识中,现象与本质的这种矛盾比较容易——尽管是缓慢地——失去那种主要是本体论上的矛盾的特征,并且能够被意识为是它所是的现象和本质之间的矛盾,所以产生这种情况,固因这种矛盾必然只涉及人的外部生活,而并不直接涉及人对自身的关系。当然,在宗教本体论瓦解以及以本体论为依据的宗教信仰变成纯主观的宗教需要的过程中,这个问题是起了某种作用的,不过在这里,我们不可能更详细地深入研究这种作用。相反,就我们现在所感兴趣的这个问题而言,它所涉及的乃是活跃在每个人的日常生活中的那种自己关于自身的精神图景的兴趣。另外,下述事实也进而突出了这种局面,就是尽管认为"灵魂"对肉体享有客观本体论上的独立性的观点是建立在没有根据的假设和对整个过程的孤立的、错误的抽象考察的基础之上的,但是意识的独立活动、从意识中产生的目的论设定的本质性以及意识对实施这些设定的控制等等,却毕竟是本体论和社会存在的客观事实。因此,如果意识把其对肉体的独立性理解为一种本体论的绝对真理,那么这不像在行星系的运动那样,是意识在现象在思维中的直接固定方面出了差错;这里的错误仅仅在于,意识把自己的——在本体论上的必然的——表现方式当作以意识自身为直接的和相应的基础了。克服一个在本体论上归根到底是统一的力量整体的这种必然的二元论的表现方式是非常困难的,这一点不仅表现在宗教领域,而且在哲学史上也屡见不鲜。甚至那些本来是一直认真地和成功地致力于使哲学摆脱超验的神学教条的思想家,在这儿也跌了跟斗,并且不得不用新的措辞继续表达这种旧的二元论。大家只要想想 17 世纪的伟大哲学家们就足以明白这层道理了。在他们那里,这种表现方式在广延和思维之间的无法扬弃的二元性中作为一种本体论上的终极之物而保存下来了(笛卡尔)。而斯宾诺莎的泛神论,则把这个问题的解决推到了一种超验的无限中去,他的"神即自然"这一观点的双关性,就极其明确地表明了这一点。而整个偶因论则无非只是这样一种企图,就是在不真正从本体论上澄清这个基本问题的情况下,求得思维上的某种妥协。要想认清本体论上的"直线意图"在日常生活和哲学中何以失去方向,这是困难的,而且随着社会存在的发展,这种困难也在不断加剧。当然,生物学这门科学的发展提供了许多越来越新和越来越好的证据,说明意识和存在是不可分割的,说明作为独立实体的"灵魂"是不可能实存的。

但是,以越来越高级的形式组织起来的社会生活的其他力量,却在起着相反的作用。这里,我们指的是可以将其概括为生活的有意义性这个综合问题。这种意义是由人为了人、为了自己和他人同社会地设定的;这个范畴在自然界是根本不出现的,因而也不作为意义的否定而出现。在自然界,被理解为自然生活现象的是不受意义约束的,既不是充满意义的也不是违反意义的。只有当社会中的人为他的生活寻找一种意义时,才随着这个企图的失败而同样设定了其对立面,即无意义。在初级社会,这种作用方式还只是以一种自发的、纯社会性的形式表现出来的:符合一定社会要求的生活就是有意义的;例如斯巴达人在温泉关英勇就义就是如此。后来,社会发生了分化,于是人可以作为个体而把自己的生活塑造成有意义的,也可以让它无意义地放任自流,这时,这个问题才作为一个普遍问题而出现,人们关于"灵魂"独立的观点也随之进一步加深了,这种独立不仅明显地是对肉体而言,而且也是对人自己的自发的情感而言。生活的不可改变的事实,首先是死亡,无论是自己的死亡还是他人的死亡,把这种有意义性的意识形成了社会信仰的事实。追求生命意义这种努力本身,本来无需必然地强化这种灵肉二元论;我们只要想想伊壁鸠鲁的思想,就可以看出这一点。然而这种情况并非这种发展的常规。前面我们曾经谈到人们自发地把日常生活的目的论投影到外部世界中去,这种投影帮助人们建立了这样一些本体论体系,在这些体系里,个人生活的有意义与否,表现为一种在世界目的论的基础上进行的拯救事业的部分和因素。构成这一目的论链条的光辉顶点的,是在天堂中享受的极乐,或是在一种极乐的非对象性中、在一种带来拯救的非存在中获得的自我解脱,不过这些对我们现在的这些考察都是无关紧要的。重要的仅仅是这样一点,就是人们保持自己的有意义的完美的个性的愿望(从某一社会发展阶段开始,这就成了一个重要的社会生活问题),从由这样的需要所促成的那种虚构的本体论当中获得了一种精神支柱。

我们有意识地谈到了我们这里所考察的这种现象,即人们从本体论上对一种基本的人类生活的事实所作的错误解释而产生的非常深远和非常间接的结果现象。因为只有这样,我们才能看到,劳动在人变成人的过程中创造了一个在外延方面多么宽阔的领域。从整个一部人类史中,我们都可以看到设定目的的意识对人的其他方面(首先是肉体)的支配,以及由此产生人的意识对人的自身所采取的保持距离和进行批判的态度,当然,这种支配和这种行为所采取的形式始终在发生变化,而它们所具有的内容也在不断更新和分化。而这种支配和这种态度的根源无疑是劳动。对劳动进行分析,必然地、自然地使得人们认识到这一群现象;而人们在试图从其他途径来解释这些现象时,却不知道,所有这些尝试都要以人在劳动中获得的那些自我体验为前提。例如,若是想从梦的经历中去寻求"灵魂"独立性的根源,那是错误的。某些高等动物也做梦,但它们的意识所具有的动物性的和伴随性的特征,却不能因此而出现这种独立性的趋势。另外还有一点,梦作为体验而具有的可怕性,恰恰就在于被解释为梦的主体的灵魂,采取了与它在生活中进行正常的支配时似乎多少有些不一致的支配途径。然而,由于人在清醒的时候经历的劳动体现,"灵魂"的独立存在一旦成为人的图像的固定之点,那么这时(而且也仅仅是在这时),梦中体验就会导致"灵魂"的超验存在的另一种思维结构。这一点在巫术中就已发生了;在后来的宗教中,这一点也发生了,不过又有了一些相应的变化。

然而不应忘记,无论是人们通过巫术所追求的对其他未被征服的自然力的支配还是人们关于诸多造物之神的宗教观念,归根到底都是以人类劳动这种模式作为基础的。恩格斯偶尔也涉及这个问题,但他对唯心主义哲学世界观的产生更感兴趣,他试图从这样的事实中推导出这种产生,就是"……能计划怎样劳动的头脑在社会发展的初期阶段(例如,在原始的家庭中),已经能不通过自己的手而是通过别人的手来执行它所计划好的劳动了。"① 恩格斯的这段话对这样的社会来说肯

① 《马克思恩格斯全集》第20卷,人民出版社中文第1版,第516页。

定是正确的,在这样的社会中,统治阶级已经完全不再自己劳动了,因此,在这些社会中,奴隶所干的体力劳动遭到社会的歧视,例如在发展了的古希腊城邦中就是如此。然而,在荷马史诗里的英雄世界中,人们原则上还不晓得歧视体力劳动。在那里,劳动和闲暇还没有在阶级分工中被专门地分配给不同的社会的人类群体。"激励着他(指荷马——卢卡奇注)和他的听众的并不是对于满足的描绘,而是他们感受到了人做事的喜悦,感受到了人有能力获得和准备一餐饭并以此充饥的喜悦……。在荷马史诗中,人们还是从劳动和闲暇之间的具体关联来看待它们两者在人的生活中的划分的。人是必须劳动的,因为他要吃饭,还要通过牺牲而同众神和解;如果他吃了饭并用牺牲祭了神,那么他就开始自由地欢乐。"①在我们上面引证的恩格斯的那段话之后,他接着又说,所指的这种意识形态过程"特别是从古代世界崩溃时起,就统治着人的头脑。"他的这句话指出了基督教唯灵论所起的那种世界观作用;然而,基督教,特别是初期的基督教(当时,它的唯灵论或许达到了顶点),决不是那种脱离了体力劳动的高等社会阶层的宗教。我们继续坚持这样的观点,就是意识对于肉体的客观有效的,但在本体论上却是相对的独立性乃是在劳动中产生的,而且——就其表现而言——意识是完全自主的,这种自主性在主体的体验中被反映成为"灵魂";不过我们坚持这种观点,远远没有想直接从中推导出关于这个整体的以后的、比较复杂的观点的意图。我们在劳动过程本体论的基础上提出的论断,只是我们所描述过的那种简单事实。如果这一事实在不同的发展阶段上和不同的阶级形势中有非常不同的表现,那么一定内容的这些常常是截然相反的差异乃是从一定的社会形态的一定结构中产生出来的。但这决不排除这样一条真理,就是这些多种不同类型的现象所依赖的基础,正是那种随着劳动以及在劳动当中必然客观产生的本体论事实。

---

① E.Ch.韦尔斯科普夫《古希腊的闲暇时间问题》,柏林1962年版,第47页。

“灵魂”的独立性所得到的是一种此岸性的还是彼岸性的解释呢?我们再也不能从起源中去推导这个问题了。大多数巫术的表象肯定基本上都是此岸性的;人们应该通过巫术来控制那些未知的自然力,如同人们通过正常的劳动来控制已知的自然力一样;而且那些防止由于死亡而变得独立的“灵魂”,对活人的危险影响的巫术措施,其内容无论怎样富有幻想性,但就其一般结构来说,它们毕竟完全符合日常劳动的目的设定。对彼岸生活(在那里,在人世间中断的、未完成的生活意义,通过在天堂享受极乐或者在地狱遭受罪孽而得到实现)的要求,是——作为一种普遍的人类现象——从那些不能在此岸完成自己未定的生活的人们的状况中产生出来的。马克斯·维贝尔则正确地指出了另一个完全相反的极端,就是譬如,对于武士英雄来说,彼岸显得是不高贵和不尊严的:“在内心经受住死亡和人生命运的诸多非理性的考验,这对于武士来说乃是很平常的事情。此岸的机会和冒险充满了他的生活,所以,除了使他免遭厄运的保护以及某种宗教所具有的那种典仪上的、同武士阶层的尊严感相适应并且成了等级习俗的组成部分的礼拜仪式,充其量还有祭司为胜利或使武士升入英雄天堂的死亡而作的祈祷之外,他什么也不要求,什么也不接受。”① 人们只要想想但丁笔下的乌勃提的法利那太*或者马基雅韦利所称赞的佛洛伦萨人(他们更关心自己的城邦的福祉,而不关心自己的灵魂的安宁),就足以看出马克斯·维贝尔上述思路的正确性。这样的多样性只是那种在社会存在中实现的多样性的很小的一部分,当然在每一种新的历史形态中,都要给予它以一种特殊的解释。但这并不排除这样一层道理,就是假使没有意识和肉体这两者在本体论上的分离(在劳动中,获得了它的第一个普遍存在的、基本的和为更复杂的东西奠定基础的职能),那么任何这类新的形态都不能成为现实。因此,人们可以在劳动中,而且只有在劳动中,

① 马克斯·维贝尔:《经济与社会》,图宾根1921年版,第270页。

* Farinata degli Uberti,见但丁:《神曲》中的《地狱篇》(朱维基译),上海译文出版社1984年版,第70页。——译者注

才能寻求并发现后来的更为复杂的社会现象的本体论形成过程。

劳动如何是人成为人的基础,还在下述事实中表现出来,就是劳动的本体论性质构成了我们考察另一个生活问题的发生学上的出发点,在人的整个历史进程中,这是一个一直令人深思的问题,这就是自由的问题。在考察这个问题的时候,我们同样必须运用迄今所用的方法:在揭示原始结构(它既是后来的诸多形式的起点,又是这些形式的无法扬弃的基础)的同时,也要说明在后来的社会发展过程中自发地、不可避免地表现出来的诸多质的差别,这些差别必然也从许多重要的规定性上使原始的现象结构发生决定性变化。对于——从一般方法论上——对自由所作的考察来说,特别困难的地方恰恰就在于自由乃是诸多最多样化的、最多方面的、最令人眼花缭乱的社会发展现象之一。可以说:在每一个个别的变得具有相对独立性的领域,都在产生着自己的自由形式,而且随着社会历史的发展,相关领域的这种自由形式也在同时发生诸多重要变化。和政治、道德、伦理等等领域的自由相比,司法意义上的自由意味着某种根本不同的东西。因此,只有在伦理学中,才能对自由问题进行相应的考察。作这样的区分在理论上是格外重要的,这首先是因为唯心主义哲学不惜一切代价去寻求一种统一的和系统的自由概念,而且有时还自认为已经找到了这样的概念。人们试图用逻辑学和认识论的方法来解决本体论问题的普遍倾向所造成的混乱结果,在这里也显示出来了。这样,一方面,诸多异质的存在整体被错误地、往往是偶像化地同质化了;而另一方面,正像我们以前所指明的那样,比较复杂的形式被当成比较简单的形式的模式,因而既不能从方法论上正确地理解前一类形式的发生过程,也不能从方法论上对后一类形式进行正确的价值分析。

在作了这些必不可少的保留性的说明以后,如果我们现在试图澄清劳动中的自由在本体论上的形成过程,那么我们自然就得从劳动中的目的设定所具有的选择特征出发。这就是说,只有在这种选择中,对自然界来说是完全陌生的自由现象,才第一次以一种明确规定的形态表现出来:意识以选择的方式决定了它要设定何种目的,以及怎样把实现目的所需的因果系列变成被设定的因果系列,这样就产生了一个充满活力的现实整体,而在自然中是找不到任何与之类似的现实整体。因此,只有这样,我们才能从它的本体论形成过程中来揭示自由现象。通过对它的初步考察,我们可以说,自由是这样一种意识行为,作为其结果,产生了一种新的被它设定的存在。仅从这一点来看,我们的本体论发生学的自由观就已同唯心主义的自由观大相径庭。因为首先(如果我们想把自由当作现实的因素而有意义地对其加以讨论的话),自由的基础在于对诸多不同的具体可能性所作的具体抉择之中;如果把这个选择问题再进一步加以抽象,那么它就完全脱离了具体的东西,因而它也就丧失了同现实的任何联系,并且变成了空洞的思辨。其次,自由——归根结底——乃是一种改造现实的意愿(当然,在一定情况下,这也包括对现实的给定的成分的保持),同时,作为这种改造活动的目的,还必须在最抽象的意义上将现实保持下来。当然,我们迄今的考察还表明,以通过中介作用改变他人或抉择主体的意识为意图的抉择,同样意味着这样一种改造。可见,这样产生的目的设定的范围是很大的,它包括了很大的多样性,但是,在每个个别的情况中,这个范围又有着确切规定的界限。因此,只要尚不能证实确实存在着这种改造现实的意图,那么诸如思考、计划、愿望等等意识状态都是同现实的自由问题没有任何直接关系的。

至于能够在多大程度上把抉择行为的外部的和内部的规定性理解为衡量抉择自由的标准,这个问题就比较复杂了。如果对规定性和自由这一对对立作抽象的逻辑主义的理解,那就只有万能的和全知的神才能是内在的、真正自由的,但就其神学本质而言,这样的神又只能在自由领域的彼岸才能存在。作为在社会中生活与行动的人的一种规定性,自由从来不能完全没有被决定性。我们只想请大家回忆一下我们先前的这样的论述(就是甚至在最简单的劳动中,也要出现某些抉择交点),而在这时所做出的这样的而不是那样的决定,能够引出一个"产生结果的时期”,在这个时期中,进行抉择的回旋余地是极其有限的,而且有时实际上等于零。甚至在游戏中,例如在下棋时,也可能出现这样的(有时是由于自己走的几步棋而造成的)局面,就是棋手只能走棋局给定的招数,等等。关于最深刻的人的关系,黑贝尔(Hebbel)在《赫罗德斯和玛丽安娜》这部悲剧中作了很好的表述:“每个人都有这样的时刻,/就是他的命运的主宰会把命运的缰绳交给他自己,/糟糕的只是,/他看不出这样的时刻,/也不知道每个匆匆而过的时刻都可能是这样的时刻!/”

在诸多抉择构成的链条之中客观存在着抉择交点,这个因素对确定于具体的自由观来说是十分重要的;不过除了这个因素之外,上述局面所作的分析,还表明了决定着主体进行抉择的又一个重要的规定性,即抉择所产生的后果、或者至少是部分后果必然的不可知性。任何一种选择都在某种程度上固有这种结构,而且这种结构的量的方面的性质必然会对选择本身产生质的方面的反作用。显而易见,不断地要求人们作出选择的首先是日常生活,这些选择总是意外地出现,而且常常要求人们必须立即作出回答,否则就会遭到毁灭的惩罚;这时,人们必须在对大多数因素、情况、结果等等尚不了解的时候就作出决定,这乃属于这些选择本身所具有的基本规定性。但即使在这样的时候,决定中还是包含了最低限度的自由;即使在这时——作为不占主导地位的情况——所涉及的仍然是一种选择,而不是由纯粹自发的因果性决定的自然发生。

从一定的,对理论十分重要的意义上说,甚至最原始的劳动也代表着一种同刚才所描述的趋势相对立的趋势。“产生结果的时期”在劳动过程中也能出现,这个事实并不能改变这种对立的基础。因为在劳动中所作的每一个设定都在思维中有其具体而确定的目的,假使没有这样的目的,那么任何一件劳动都将是无法进行的;然而刚才所讲的那种日常生活中的选择却不同了,它往往只是具有极为混乱的、不明确的目的。当然,在这里也和前面一样,我们一直把劳动定为纯粹是创造使用价值。由此我们可以得出这样的结论,就是把选择定为为了人和自然之间的物质交换而进行的选择的主体,仅仅受主体自身的需要及其对客体的自然规定性的认识的限制;有许多范畴,例如由社会结构所造成的对某些劳动方式(譬如奴隶劳动)的无能为力,以及为了反对劳动的实施而作出的社会性的选择(例如在高度发展的社会生产中的破坏活动),在这个原始劳动阶段上还没有出现。这时,对于成功地实现劳动的过程来说,唯一重要的首先是对物质和劳动过程的相应的客观的认识;这时,几乎谈不上主体的所谓内在动机。因此,当时的自由的内容,同比较复杂的劳动形式的自由的内容有着重大的区别。这种内容人们可以对当时的自由的内容作出这样的极好的概括:主体对一定的相关的自然关联的认识越恰当,主体在相关的物质世界中活动的自由就越大;换句话说:主体在一定情况下发挥作用的因果链条的认识的越是具有较大的恰当性,那么这种因果链就越能相应地被转变成为被设定的因果链,主体对这些因果链的统治即主体在这里所能获得的自由也就越有保障。从上面的阐述可以清楚地看到,每个可选的抉择都构成了一个社会整体的中心,这个整体的诸多充满活力的组成部分中,既有决定性也有自由。目的设定(社会存在作为本体论上的新的存在形式,就是随着目的设定而产生的)乃是产生着自由的行动,因为满足需要的途径和手段已不再是自发的生物学的因果链条所起的结果,而已经是有意决定并加以实施的行动的结果。然而与此同时和不可分割的是,这种自由行动是直接由需要本身——通过造成这种需要的类型、品质等等的那些社会关系——决定的。在实现目的过程中,也可以确认到决定性与自由的这种两重性同时存在和相互关联,所有劳动手段最初都是自然地给定的,它的这种对象性决定着——正如我们已看到的那样是——由一系列选择构成的劳动过程的所有行动。最后,实施劳动过程的人,终于在他作为迄今发展的产物而他的此时此地的定在中给定地产生了;无论劳动可以使人发生怎样的变化,这种变成异在都是在人的种种能力的基础上发生的,这些能力有的是自然地,有的是社会地形成的,作为共同起作用的因素,作为亚里士多德的潜能意义上的可能性,它们在人的劳动能力中就早已存在了。我们在前面曾提出这样的论断,就是就其本体论本质而言,每一选择都是具体的,而且一般的选择只有作为逻辑的和认识论的抽象过程的思维产物才是可以想象的;现在,从下面这样一点来看,我们的上述论断变得更清楚了,即就其本体论本质而言,必然同样是具体的,而不是抽象的普遍的。这种自由标志着在一个具体的社会整体中的诸多抉择所构成的一个一定的力场,在这个社会整体之中,诸多自然的和社会的对象性和力量与这个整体同时发挥作用。因而,只有这种具体的总体性才能具有一种本体论的真实性。在发展过程中,这个社会整体中的诸多社会因素,从绝对和相对意义上说都在不断增长,不过这并不能改变上述基本状况。在劳动中更是如此。在我们这里所规定的那种意义上的劳动中,无论自然限制怎样退却,自然的统治这个因素必定始终是决定性因素。只要在劳动选择中表现出自由,那么对这种自由来说,人在物质世界的自由运动现在是、而且永远是跨界性的因素。

但是人们又不能忽视,就是即使劳动早已脱离了它的原始的、我们这里所定的那种基础状态,自由本身仍将在形式和内容上始终保持这种表现形式。请大家首先想一想,日益普遍化的劳动经验中产生出来的科学(数学、几何学等等)。当然,在科学的发展过程中,科学同个别劳动的一次性的具体的目的论设定的直接联系变得松散了。然而,下述两种事实始终没有发生彻底的变化:首先,科学归根到底仍是要(尽管有时要通过广泛的中介)用于劳动,而且这归根到底仍是证实科学的手段;科学的最终意图仍是(尽管是以极其普遍化的方式)把现实的关联转变成为被设定的,可以在目的论设定中加以运用的关联,因此,在物质世界中的自由运动,这种在劳动中的独特的自由表现形式,也始终没有发生任何彻底的变化。甚至在艺术生产这个领域,情况也和在科学领域里类似,只是同劳动本身的直接联系相对来说很少那么明显罢了(例如,像播种、收获、狩猎、战争等等至关重要的活动,被编成了舞蹈、建筑)。不过在科学和艺术方面出现了许多复杂情况,我们后面还会回过头来再谈这些问题。出现这些复杂情况的原因,一方面在于,在科学和艺术领域的直接现实,劳动本身中的那些直接实现目的的活动要通过许多十分不同的、往往是极不同质的中介;而另一方面则在于,在物质世界的自由运动,作为自由的形态出现于其中的那种物质世界,已不再仅仅是自然本身,而常常是社会和自然之间的物质交换,或者甚至是社会存在过程本身。一种真正广泛的全面的理论,当然必须考虑到并且深入地分析这些复杂的情况,而这仍然只有在伦理学中才能做到的;这里只要指出这种可能性就够了,同时还要强调,在这些复杂情况中,自由依然保持着它的基本形式。

我们已经看到,在这种整体中,决定性与自由之间的不可分割的相互关系在起作用,因此,对这个问题的所有哲学考察一般都从必然与自由之间的对立出发,这就不足为怪了。首先如此表述的这种对立有这样一个漏洞,即有意识地大抵以逻辑学和认识论为准的哲学,特别是唯心主义哲学,总是简单地把决定性和必然性同一起来,这里面包含着对必然性概念的理性主义的普遍化和夸大化,但却忽视了必然性在本体论上所具有的那种真正的“条件——结果”特征。其次,在马克思主义以前的大多数哲学中,尤其是在唯心主义哲学中,我们所熟知的那种在本体论上不允许的把目的论扩展到自然和历史中去的做法居统治地位,因此,这些哲学就很难再从具体本来的、真正的存在形式中去把握自由这个问题。因为要想这样地去把握这个问题,那就必须正确地把握在人变成人的过程中所完成的质的飞跃,对于包括有机界和无机界在内的整个自然界来说,人之成为人乃是一种崭新的东西。须知,就连唯心主义哲学也想通过必然与自由的对立来强调这种新东西;但是,唯心主义哲学不仅把目的论即自由的本体论前提投影到自然中去,而且还把必然和自由本体论和结构上的这种对立变成了对于自然和自然范畴的否定,从而削弱了这种新东西。黑格尔就自由和必然之间的关系所作的著名的、变得很有影响的规定就说:“必然性只有在它尚未被理解时才是盲目的。”①

毫无疑问,在这里,黑格尔把握住了这个问题的一个本质方面:对自在地存在着的自发的因果性进行正确的反映、正确的把握所起的作用。然而,光是“盲目的”这个词就已经表明了我们刚才提到的那种唯心主义观点的漏洞。因为“盲目的”这个词只有作为看这个词的对立面才有真正的意义;就其本体论本质而言,如果一个对象、过程等等永远不会变成有意识的、能看的,那么这个对象、过程等等就是盲目的(充其量也只能在不确切的、比喻的意义上是盲目的);毋宁说,这种对象或过程倒是处在看得见和看不见这一对立的彼岸。从本体论上说,黑格尔此处所说的东西当中的正确之处,应是意味着:一个因果过程,如果我们已经正确地掌握了它的规律性(必然性),那么它就可能失去那种对于我们来说的不可控性(这里,黑格尔想将其称之为盲目性。)然而,从事情本身来看自然因果过程本身并未发生任何变化,不过,它现在已经可以被转变为一种由我们所设定的因果过程了,正是从这个——而且也仅仅是从这个——意义上说,这个因果过程才终止作为“盲目的”过程而起作用了。就连恩格斯在论述这个问题时,也曾说到动物的不自由,这一事实表明,上面所使用的“盲目的”这个词,仅仅是一种形象的说法而已(否则,任何论战性说明都将是无益的)。之所以说恩格斯的说法也是形象的,乃是因为:只有一个已经丧失或者还未获得自由的生物,才能是不自由的。动物并非是不自由的,而是它们的充其量也只是处在自由与不自由这一对立的彼岸。然而从另一个更重要的着眼点来看,黑格尔对必然性所做的规定也是错误的和令人困惑的。这与他认为整个宇宙都具有逻辑性和目的性这一观点是密切相关的。他这样概括了他对必然与自由之间的相互作用的分析:“因此,**必然性的真理就是自由**。”② 我们从对黑格尔的体系和方法的批判阐述中知道:一个范畴是另一个范畴的真理这种说法指的是这些范畴的先后顺序的逻辑结

① 黑格尔:《小逻辑》,第307页。

② 黑格尔:《小逻辑》,第322页。

构,也就是它们在实体转变为主体的过程中,在走向着主客体统一化的道路上所占的位置。

由于黑格尔这样抽象地把必然和自由上升为形而上学的东西,所以它们两者(而且尤其是它们的相互关系)就失去了这样一种具体的含义,而这种含义正是黑格尔所力图给予它们的,而且正像我们所看到的那样,也是他在对劳动本身进行分析时所多次言中的在这种普遍化中,一方面产生了一种必然与自由相同一的幻象;而另一方面,必然和自由却变成了它们的概念的不真实的体现。黑格尔总结性地指出了它们的关系:"作为彼此抽象地对立着的自由和必然,只属于有限世界,而且也只在有限世界内才有效用。一种不包含必然性的自由,或者一种没有自由的单纯必然性,只是一些抽象的因而是不真实的规定性。自由本质上是具体的,它永远是为自身规定的,因此同时它又是必然的。一说到必然性,一般人总是首先把这理解为来自外部的决定性,例如,在有限的力学里,一个物体只有在受到另一物体的撞击时,才有运动,而且运动所循的方向也是被另一物体的撞击所决定的。但这只是一种外在的必然性,而非真正内在的必然性,因为内在的必然性就是自由。"①人们现在才看到,对必然性来说,"盲目的"这个说法是多么的错误。在黑格尔那里,凡是这个词有一种真正的含义的地方,黑格尔所看到的"只是一种外在的必然性";然而,这种必然性并没有由于被认识到而在本质上发生什么变化,正像我们所看到的那样,即使它——在劳动过程中——被认识到,它也仍然始终是"盲目的",只有在主体为实现一个具体的目的论设定而认识了它并且把它转变为被设定的必然性时,它才在给定的目的论关联中完成自己的职能。(风帮助人在风磨或帆船上完成被设定的运动时,它仍然是"盲目的")黑格尔称之为与自由相同一的本来的必然性,始终是一种宇宙的奥秘。

当恩格斯在《反杜林论》中追述黑格尔的这一著名定义时,他当然

---

① 黑格尔:《小逻辑》,第105页。

有理由把黑格尔的这些构想不屑一驳地简单地搁置一边。恩格斯的观点是严格地和清楚地以劳动为依据的。他对黑格尔的名言作了这样的评论:“自由不在于幻想中摆脱自然规律而独立,而在于认识这些规律,从而能够有计划地使自然规律为一定的目的服务。这无论对外部自然界的规律,或对支配人本身的肉体存在和精神存在的规律来说,都是一样的。……因此,意志自由只是借助于对事物的认识作出决定的那种能力。”①

这样,黑格尔的阐述就切实地“被颠倒过来了”;不过这里还有一个问题,就是由于恩格斯在这里毕竟还是遵循了黑格尔的表述,并且用必然性这个显得较为确切的、在哲学史上传统给定的概念取代了决定性这个一般的、在这种一般性中自然就显得较为含混的概念,是否他就真正地澄清了这个概念的本体论上的实际情况了呢?我们认为,自由和必然的传统对立,并不能充分地把握住这里所出现的问题。如果我们把被逻辑至上主义所夸张了的必然性概念(当然,无论在唯心主义哲学和神学中,还是在反对它们两者的旧唯物主义哲学中,这个被夸大的概念都曾起过重要的作用)排除在外,那么我们并没有理由在本体论上也完全不考虑其他模态范畴。劳动以及在目的论的基础上设定的劳动过程,乃是以现实为准的;目的的实现不仅仅是同现实本身进行斗争的现实的人在劳动中所获得的实际结果,而且也是与对象在自然过程中单纯地变成在截然不同的社会存在在本体论上所具有的新的品质。与劳动中的现实的人相对立的,乃是同这种劳动相关的全部现实,不过我们同时必须提醒一点,就是我们从来不是把现实仅仅理解为诸多模态范畴之一,而是始终把它理解为它们的现实总体在本体论上的体现。在这种情况下(被理解为“条件—结果”关联、被理解为一定的具体的规律性的)必然性,只是这里恰恰相关的那个现实整体的一个(当然是极重要的)组成部分。然而,一定的诸多关联等等的条件必然性,还远远没

① 《马克思恩格斯全集》第20卷,人民出版社中文第1版,第125页。

有构成这种现实(在这里,它被理解为在给定的情况中进行的劳动想利用的那些物质、过程、条件等等的现实)的全部。

这里,请大家只要想一想可能性就足以明白这个道理了。要进行劳动应有一个前提,就是劳动的人要认识到某一对象的一定属性对于他所设定的目的的适用性。这些属性虽然必定是客观存在的,它们虽然是属于相关的对象的存在的,但它们大抵是在该对象的自然存在潜在着的,是一些纯粹的可能性。(请大家回想一下,我们在前面就曾指出过属性和可能性在本体论上的共体性。)一定的石头经过一定方式的磨制可以当刀或斧用,这乃是这些石头的客观存在的属性。不把自然物中存在着的这种可能性转变为现实性,那么任何劳动都注定是徒劳的,是不可能进行的。这里,并不是某种盲目的必然性被转变成了有意识的必然性,而是通过劳动,一种潜在的、而且若是没有劳动过程仍将永远是潜在的可能性,被有意识地提升到了现实的领域。不过,这还只是劳动过程中的可能性的一个方面。每一个真正懂得劳动的人都强调劳动主体要促成上述转变,从本体论上看,这个因素基本上就是系统地唤醒迄今只是作为可能性而蕴藏在人身上的那些可能性。看来,在劳动中所用的那些活动、操作等等,只有很少一些动作、操作等等,是人们在劳动过程之前就已认识和做过的。正是通过劳动,它们才由纯粹的可能性变成了技巧,而在不断的发展当中,这些技巧又总是使存在于人身上的新的可能性成长为现实性。

最后,偶然性所起的积极的和消极的作用也是不应忽视的。自然存在的受本体论决定的异质性造成了这样一种情况,就是人的每一项主动行动都不断地碰到种种偶然情况。要想成功地实现目的论设定,劳动者也必须不断地考虑到这些偶然情况。他可以从消极的意义上做到这一点,就是注意排除、抵消不利的偶然事件可能造成的后果,使它们不致造成损害;他也可以从积极的意义上做到这一点,就是在偶然情况允许的条件下提高劳动的效果。即便是对现实所进行的科学的把握发展到了非常高级的水平,也有不少这样的事例,就是许多偶然情况导致人们获得许多重要的发现。甚至——偶然的——不利的情况也能成为杰出成就的出发点。这里,请允许我用一个——表面上似乎是——风马牛不相及的例子来说明这一点。当时,拉斐尔为梵蒂冈宫廷的房间绘制湿壁画,但这些房间的墙壁布满了窗户,而这些窗户的形状,大小等等,对绘画布局很不利;原因是偶然的:这些房间是早就有的,而拉斐尔饰以壁画却是在其后。可是在《巴那斯山》、《彼得的自由》这些杰作中,拉斐尔却恰恰能够利用这些不利条件,进行了极其独特的和非常感人的空间造型。我们看来,这一点是不言而喻的,就是在简单的劳动中(尤其是当这种劳动——例如打猎、驾帆船等等——必须在非常异质的条件下进行时),也会不断出现与上述情况相似的问题。因此我们相信,应该这样去理解人们关于自由就是被认识了的必然这一传统规定:只有正确地认识了一定的相关现实的全部模态范畴形式并将它们正确地付诸实践,才能在物质中进行自由的运动——我们暂时只谈劳动——。

如果我们想从本体论上恰当地把握劳动现象以及它同在它当中显示出的那种自由之间的关系,那么把恩格斯关于自由的上述规定加以扩充不仅是不可避免的,而且这种扩充还通过一个重要的事例指明了彻底克服黑格尔唯心主义的方法论。恩格斯以批判的态度清楚地认识到了黑格尔关于必然与自由的规定中的直接可见的唯心主义要素,因而,他确实用唯物主义把黑格尔这一规定颠倒过来了。可是这种批判的颠倒只是间接地进行的,所以恩格斯没有发现:黑格尔由于自己的体系,赋予了必然性范畴以一种在逻辑至尚主义的基础上夸张了的意义;因而,黑格尔没有看到现实本身的这种在范畴上也享有优先地位的特性,由于这个原因,他也没有对自由与整个现实状况之间的关系进行考察。把黑格尔的辩证法变成唯物主义的辩证法,这曾是马克思——而且在大多数情况下也是恩格斯——的哲学实践的目的,然而,实现这一转变的唯一可靠的途径,乃是在于以不怀偏见的本体论的批判态度,根据每一辩证联系所依赖的存在事实来对这种联系进行考察,因此,在这个如此重要、如此通俗而又变得广有影响的问题上，必须明确地揭示这样一点，就是仅仅"用唯物主义"把黑格尔哲学以及全部唯心主义"颠倒过来"还是远远不够的。

这里，除了这种方法论上的缺陷以外，恩格斯倒是清楚而准确地认识到了在劳动中产生的那种我们称之为"在物质中的自由运动"的自由。他说："意志自由只是借助于对事物的认识来作出决定的那种能力。"在恩格斯写下这段话的那个时代，他对自由所作的这一规定似乎完全足以说明当时那个阶段的自由了。他的这一规定产生时的时代条件还解释了这样一个疑点，即恩格斯为什么没有发现这里所存在的下述问题：通过劳动而获得的认识在得以向更高的水平发展时，为什么能分化成为真正的、无所不包括的科学和进行纯粹的控制的技术。正像我们已经指出的那样，这种分化从一开始就包含在通过劳动获得的对自然的认识中；然而在文艺复兴和19世纪科学思维迅猛发展之间的那段时间里，这种分化好像失去了现实性。当然，就其自身而言，朝着科学和技术分化的这种双重趋势始终是存在的。最初，人们对自然过程的规律性的认识很少具有普遍性，所以，人们那时认识自然的意图只是集中和局限在可以直接认识的那一小片领域里，这是非常可理解的。后来，劳动的发展导致产生了最初的科学，然而即便是在这时，科学的继续普遍化也必须适应当时可能的——先是巫术的，然后是宗教的——本体论观念。一方面，在劳动本身当中产生了有限的、有时是具体的、高度发展了的这样就产生了一种似乎是无法扬弃的二元性：理性；另一方面，认识被扩充成为对世界的认识并在人们认识世界的过程中得到应用，而且还成了人们在现实本身之中获得普遍性时所依据的指南。这里，我们只要想想，许多相对来说高度发展了的数学运算和相对精确的天文观察是如何被用来为占星术服务的，就足以明白这层道理了。在哥白尼、科普勒和伽利略时期，这种二元性经历了它的决定性的危机。我们已经提到过，在这个时代，在贝拉明诺大主教那里，出现了有意识地对科学进行"科学的"控制的理论，这种理论原则上仅仅限于对已被认识到的事实、规律等等进行实践主义的控制。有很长一段时期——甚至包括恩格斯在写作《反杜林论》的时候——贝拉明诺大主教所代表的这种企图似乎注定失败了；而现代自然科学的突进及其普遍地发展成为一种科学的世界观，似乎是不可抗拒的了。

只是到了20世纪初，与上述趋势相反的运动才重获影响。正像我们已经指出的那样，著名的实证主义者迪昂有意识地以贝拉明诺的理论观点为依据，吹捧它是与伽利略的观点相对立的符合科学精神的观点，这决非偶然。在第一章中，我们已经详细阐述了这些倾向在新实证主义那里的充分发展，所以这里我们就不必再对各个具体问题予以阐述了。不是从我们现在这个问题的立场来看，这样就产生了一种自相矛盾的局面：在原初阶段，劳动和知识的不发达阻碍着人们对存在所做的真正的本体论考察；而今天却恰恰相反，正是对自然的无限扩展的控制本身，为人们在存在中把知识加以推广设置了障碍；而且，知识所必须反对的，并不是种种幻象，而正是在它自己在实践中的普遍性的基础上产生的那种狭隘性。关于造成这种以新的形式出现的对存在的认识与对存在的纯粹的控制之间的对立的那些决定性的动机，我们只能在以后再予以详述。这里我们只能满足于确认这样一件事实，就是从物质上说这种控制的根源在于生产力的发展；从观念上说，它的根源在于人们的宗教需要的新形式；而且，这种控制不再仅仅局限于反对一种现实的本体论，而且还要从实际上反对纯科学的发展。美国社会学家W.H.怀特在他的《人组织》这本书中就指出，进行科学研究、计划的新的组织形式即协作等等，在本质上是以技术为基础的，光是这些形式，就已在妨碍着独立的、在科学上富有创造性的研究工作的进行①。这里顺便提一下，早在20年代，辛克莱·刘易斯在他的小说《马丁·阿罗史密斯》(《Martin Arrowsmith》)中就非常清楚地警告过这种危险。我在这里所以不得不指明这种危险，首先是因为它的现实性，使恩格斯关于当

---

① W.H.怀特：《人组织》(《The Organization Man》)，企鹅出版社，伦敦，第190页以下。

时那个阶段的自由就是“借助于对事物的认识作出决定的那种能力”这一规定变得特别成问题了。因为——与魔术等相比——对认识进行控制是绝不能脱离对事物的认识的。现在,这个问题在这样一点上变得具体化了,就是对事物的认识要以什么为目的;唯一能够提供一种现实标准的,正是这种意图的目的而不是对事物的认识,因此,就是在这里,仍然应该到同现实本身的关系中去寻找这种标准。若是把经过逻辑至尚主义的论证的直接的实践性当作指南,那么无论这种论证怎样坚实有力,这样的实践性都会在本体论上把人引入死胡同。

我们早已指出,目的论设定一旦不再仅仅以改造自然对象和利用过程,而是以促使人们自己进行具有这样的规定性目的论设定,那么最初的劳动结构立刻就会发生重大的变化。如果目的论设定是以改变他人的行为方式和内心思想为对象,那么这种结构变化就会在质的方面显得更为明确。这样的目的论定逐渐地、不平衡地和充满矛盾地进入生活,乃是社会发展的结果。因此,人们决不能藉助思维推导,以最初的形式中简单地得出新的形式,从简单的形式中得出复杂的形式。不仅这类目的论设定的一定的具体表现方式是受社会历史制约的,就连它们的一般形式和本质也是依赖于一定的社会发展阶段的。所以,在我们还没有根据这些目的设定的最一般的特征而认识它们的规律性(我们将试图在下一章里阐述再生产问题时做这件事)之前,我们还不能就它们本性、关于在诸多个别阶段的本质性、关联性、对立性以及它们在诸多个别整体中的内在矛盾性等等,谈出什么具体的东西。因此,要真正地论述这些问题,同样只有在伦理学中才能进行。这里(在我们迄今所提出的全部保留看法仍然有效的情况下),我们只能尝试着揭示这样两点,即:目的论设定固然有了种种复杂的结构,目的论设定的客体因而固然出现了目的和手段的种种质的对立,但这些目的论设定所具有的关键性,却毕竟是在发生学上从劳动过程中产生出来的;即使就自由这个问题而言,劳动过程也仍然可以充当社会实践模式——尽管这里存在着诸多能够转化为对立性的差异性——。

这些重大的差异所以存在,乃是由于实现目的论设定的活动所涉及的客体和所依赖的中介变得日益具有社会性所致。我们知道,这并不意味着目的论设定所依赖的自然基础消失了,而是仅仅意味着那种唯以自然为准的意图(这乃是我们这里所定的那种劳动的特征),被那些就客体而言更具混合性、更具社会性的意图取代了。这就是说,在这后一类设定中,自然虽然降格成了一个因素,但人们毕竟必须始终保持在劳动中必须采取的那种态度。但是,这里还出现了第二个因素。归根结底,社会的过程、形势等等,固然是由人的可选抉择引发的;但我们又决不应忘记,这些可选抉择只有把许多因果系列(这些因果系列或多或少总是独立于设定者的意图,按照自己本身固有的规律运动)发动起来,才能具有社会意义。所以,在社会中实际行动着的人面对着一种第二自然,如果人想成功地控制它,就必须首先直接地、像对待第一自然那样对待它,也就是说,他必须努力把不以他的意识为转移的事物的进程变成被设定的进程,并且通过对它的本质的认识而把自己的愿望加给它。任何合理的社会实践至少必须从原初的劳动结构中接受这些东西。

这已经不少了,但仍非全部。因为劳动基本上是基于这样一点就是自然中的存在、运动等等,它们对我们的决定采取完全漠不关心的态度;人们只有正确地认识它们,才有可能实际统治它们。社会发生固然同样有一种内在的、"自然的"规律性,从这个意义上说,社会发生也像自然一样,是独立于我们的选择而运动的;但人若是通过行动来干预这种社会发生过程,那么他不可避免地要对这种过程表态:要么肯定;要么否定。至于这种表态是自觉的还是不自觉的,是以正确的还是错误的意识进行的,这个问题则是我们这里尚无法讨论的;不过对于我们这里可能进行的这样一种一般阐述来说,这个问题并不具有决定意义。无论如何,在实践整体中出现了一种崭新的因素,它在很大程度上恰恰影响着这里表现出来的自由的本质性。我们在谈到劳动时已经强调,对于我们这里所规定的第一劳动形态来说,主体的内心态度几乎根本不起任何作用。然而现在(即在第二种劳动形态中),主体的内心态度却变得越来越重要了(当然,在不同的领域,这种重要性是以不同的方式表现出来的)。在这里,除了其他因素之外,自由还基于主体对社会全过程,或者至少是对它的局部因素的这类态度。因此,在这里,在社会化的劳动的基础之上,产生了一种新型的自由,我们已不能直接从纯劳动中去推导它,也不能再把它仅仅归结为在物质中的自由运动。但正像已经指明的那样,这种新型自由仍然保持原型自由的一些基本规定性,只是在不同的实践领域,这些规定性各具不同重要性罢了。

目的论设定及其所包含的选择尽管变得细致化和深刻化,但从根本上说,这种设定和选择每一项实践中都必然地保持下来了。甚至连决定性与自由之间的密不可分的相互作用关系(这种关系体现着目的论设定和选择的特征),也必然地在每一项实践中保留下来了。虽然两者的比例可能发生很大的甚至是质的变化,但它们的一般基本结构却不会发生决定性的改变。这里最重要的变化或许是在目的与手段的关系当中发生的。我们已经看到,早在最低级的阶段上,在目的和手段之间就曾存在着某种潜在的矛盾关系,当然,只有当在目的设定所及的对象中,起跨界作用的因素已不再是对自然的改造而是对人的影响时,这潜在矛盾关系才会在外延和内涵方面得到发展。当然,受社会现实制约的决定性和可选抉择中的自由,这两者始终是不可分离地共存着的。然而,究竟是选择仅仅以单纯从认识上判定正误为内容,还是目的设定本身乃是在人类社会中产生的选择结果,这两者之间有一种质的区别。因为在阶级社会产生之后,由于人们从不同的阶级立场出发寻求解决现实难题的答案,所以每个问题都会导致人们从不同的方向去寻求解决办法,这是十分清楚的事情。而且随着社会的社会性日益加强,人们在为自己选择的设定提供依据时,这些选择的广度和深度必定会不断增加,这也是不言而喻的道理。这里还不可能对目的设定的这种结构变化进行具体分析。但我们只要指出这里必然要出现这样一种发展方向,就足以说明人们不能再用简单劳动的标准来衡量这里的目的设定了。

这种情况的必然结果，就是目的设定和实现手段之间的矛盾必定会相应地尖锐化，直到转化为质的区别。当然，即使在这里，手段是否适合于实现设定的目的这个问题仍处于突出的地位。但是，首先，在这个问题的明确可定性方面，这里产生了一个同以前极不相同的差别，以致这种差别必然立刻作为一种质的差别而表现出来。因为在设定简单劳动的因果链时，是要认识不变地起作用的自然因果性。这时的问题仅仅在于主体在多大程度上正确地认识了这种自然因果性的持久本质及其受自然制约的变异。但现在，为实现目的的手段而进行的因果设定所涉及的“材料”却具有社会特征，也就是说，乃是人们可能作出的可选抉择；因此，这种“材料”乃是某种在原则上不同质的东西，而且还是处在连续的变化之中的东西。这自然意味着这种因果设定具有很大的无把握性，所以我们理所当然地可以说它同本来的劳动有质的区别。这种质的差别确实是存在的；当然我们也知道，历史上有许多抉择，由于抉择者认清了实现抉择的手段，所以他们成功地克服了这种无把握性。另一方面，我们也常常看到，有许多现代的尝试企图用进行控制的方法来克服这种无把握性，在许多比较复杂的情况中，这类尝试都证明自己是成问题的。

我们觉得，目的设定与手段的长期有效性之间可能产生的矛盾这个问题更为重要。这里出现了一个如此重要的社会问题，以致它很快就经历了一场普遍的哲学探讨，而且人们甚至可以说，它一直不断地排在思维的议事日程上。无论是社会实践的经验主义者还是它的唯道德论的评论家，都不得不反复地研究这种矛盾性。这里，我们不能深入研究具体的个别问题，这样的事同样只有在伦理学中才能做；但我们至少必须针对唯实践是从的经验主义和抽象的道德说教，再次强调一下对社会实践的本体论考察在理论上所具有的优先地位。历史常常表明两点：一方面，有许多手段，它们在理性上本来显得适于用来实现设定的一定的目的，但它们却“突然”表明自己完全地、糟糕地失灵了；另一方面,人们不可能——即使从一种真正的伦理学的立场来看也不可能——先验地提出一份理性化的表格,标明哪些手段是允许用的,哪些手段是不允许用的。只有从这样一种立场出发,才能驳斥上述两种极端错误的观点,从这种立场来看,人的道德的、伦理的等等动机表现为社会存在的现实因素,它们总是在充满矛盾的、但在这种矛盾性中又是统一的社会整体中或多或少地切实发挥作用,由于这样的性质,它们在这样一个问题上起着决定性的作用,即对于某一目的实现来说,某一手段(也就是在促使人们这样或那样地决定自己的选择方面所施加的影响)究竟是适用的还是不适用的,究竟是正确的还是应予摒弃的。

为了使这样一种暂时的——而且惟其是暂时的所以必然是抽象的——规定不致导致误解,还必须补充从我们先前的阐述中必然得出的这样一点:伦理的等等方面的行为在本体论上的现实性无论如何不意味着,承认了这种现实性就能够彻底认识这种行为的本质。相反,这种行为的社会现实性还在于这样一点,就是它同从社会发展中产生出来的哪些价值现实地联系着,它同这些价值的保持、长存等等究竟有着怎样的现实关联。假使人们以不允许的方式把这个因素绝对化,那就定然会得出一种唯心主义的社会历史过程;如果简单地否认这个因素,那么人们就会落到这样一种无思想性的地步,那种唯以实践是从的"现实政策"(尽管这种政策在口头上也以马克思为依据)就明显地体现了这种无思想性。因此(甚至在这种只能还是十分抽象和一般的表述中)必须注意这样一点,就是主体在进行选择时作出的决定所具有的明显的、增长着的意义,首先是一种社会现象。这里,并不是通过主体主义而把发展过程的客观性相对化了——这只是这种过程的直接性的一种受社会制约的表现形式而已——,而是客观过程自身在朝着更高阶段的发展时提出了任务,只有通过主体抉择所具有的这种日益增长的重要性,才推动这些任务并使之保持在运动中。但是,在这些主体决定中所体现出来的全部价值判断,都深深地基于这些价值的社会客观性中,都深深地基于这些价值对于人类客观发展所具有的意义之中,而且无论是正面的价值或是反面的价值,无论是这些价值所起作用的强烈性和持久性,归根到底都是这种客观社会过程中的结果。

不难看出,这里所产生的那些行为结构同简单劳动的行为结构有多大差别。尽管如此,但每一个不怀偏见的明眼人都会看到,——从本体论上看,——这些冲突和矛盾的萌芽(当然也仅仅是萌芽而已),早已孕育在最简单的目的与手段的关系之中了。价值若是在社会历史中变得具有现实化,那就会引起许多在质的方面具有崭新性质的综合问题,不过这一事实只会使这样一些人感到意外,他们不是把历史理解为社会存在的本体论现实,因而要么把价值夸大为"无时间性的"、纯精神性的实体,要么则把它们看作仅仅是主体对不受人类实践影响的客观过程的反思。

至于说到劳动在它的实施者身上造成影响,那么情况和上面所说的十分相似。这是所产生的差别也可能并且必然是十分重大的;然而这个过程的本质的最重要的方面,即使在最重大的具体变化当中也总是保持下来。我们指的当然是劳动在劳动者本人身上所产生的那些影响,即他必须控制自我,必须不断地同自己的本能、情感等等进行斗争。我们已经指出但在这里还必须再次特别加以强调的是:正是在这种斗争中,在这种同他自己的自然给定的性质的斗争中,人才成之为人,而且他的进一步发展和完善,也只能在这条道路上并且用同样的方法才能实现。早在原始民族的习俗中,这个问题就已成了人的正当行为的中心,这并非偶然;同样,每一种伟大的道德哲学,从苏格拉底斯多噶派和伊壁鸠鲁直到斯宾诺莎和康德这些不同的思想家,都不断地把这个问题当作真正的人类行为的中心问题来加以思考,这也不是偶然的。当然,在劳动本身当中,还只是涉及一个合目的性问题:在劳动过程中,主体只有不断地实现克服自我,劳动才能获得成功,才能产生出使用价值和有用的东西;在其他任何一种实际的目的设定中,但这只能被理解为实践中的纯形式上的类同。

然而,即使在劳动本身当中,所涉及的问题也远不止于此。不论劳动的实施者在多大程度上意识到这一点，他在这种劳动过程中总归都在生产着作为人类一员的自身，因而也在产生着人类本身。甚至可以说，从克服自身的自然本能决定性到自觉地控制自我，这条充满斗争的道路乃是达到真正的人类自由的唯一现实道路。人们尽可以就在自然和社会中实现人的决定的可能性的大小进行争论，尽可以高度评价在每一个目的设定、每一个可选抉择当中的决定性这个因素，但是人能够做到控制自我，控制自己的本来的纯有机的本质，这无疑是人的生活的一种行为，无疑是人的生活自由的基础。这里，人的存在的合类性和自由这两个问题相遇了：克服作为纯有机体的类的无声性，把这样的类进而变成能表达自己意志的、发展着的——把自我改造成社会存在物的人的——类，从本体论和发展学的立场来看，这和自由的产生是同一种行为。当存在主义者说人"被抛入"自由之中，说人注定为自由"遭罪"* 时，他们认为是在思想上拯救并提高了自由。其实，任何一种自由，只要它不是植根于人们社会性之中，只要它不是——哪怕是飞跃式地——从人的社会性中发展起来的，那么这种自由都是一种幻象。假设人没有在劳动中并且通过劳动而使自己成为一种社会的类存在物，假使自由并不是人自己的活动的结果，不是他自己克服自己的纯生物性的结果，那就不可能有任何现实的自由。在最初的劳动中所获得的自由，必然还是一种低级的、有限的自由，但这丝毫也没有改变这样的事实，即：最具精神性质的和最高级的自由必须像在最初的劳动中获得的自由那样，也用同样的方法去获得，而且，无论这种自由达到怎样高级的悟性阶段，它的结果总归有着同样的内容：合类的个体对自己的纯自然的局部的个性的控制。从这个意义上说，我们相信，劳动确实可以被理解为每一种自由的模式。

不过，这些考察——甚至早在指出一些比较高级的人类实践表现形式时——已经超出了我们这里所定的那种意义上的劳动范围。但我

---

* 手写稿中还有："E' te et neant"（法文"存在与虚无"）。

们这里不得不作这样一些考察,因为作为使用价值的纯生产者这种意义上的劳动,虽然是人成为人这个过程的发生学上的起点,但它的每一个方面都包含着许多必然导致超越这种最初状态的现实趋势。但是,这种最初的劳动状态虽然是一种历史现实,而且这种历史现实的组成和扩充曾经持续了似乎是无限长的时间,但我们毕竟有理由把我们的假定称作一种抽象,一种马克思所说的合理的抽象。这种抽象就在于,为了确定劳动本身的尽可能纯粹的规定性,我们常常有意地忽略了必然同劳动一起产生的那种社会环境。当然,假设不是一再地揭示了劳动与那些比较高级的社会整体之间的密切关系和矛盾,那是不可能做到这一点的。现在我觉得我们已达到了这样的地步,就是这种抽象可以而且必须被最终地扬弃了,这样我们就能着手分析社会的根本动力即社会再生产过程。这将构成下一章的内容。

作为整体的社会的再生产*

（1968年）

第五节　作为整体的社会的再生产

通过前文的阐述，根据个人朝着自己的自为存在和意识到的合类性的方向发展的这种关联，我们就看到了社会发展的一个极端，即人自身。对从本体论上决定着这种发展的那些力量的分析表明，这些力量始终是一定的社会形态与人们（他们在该社会形态所提供的活动余地和该社会形态所提出的可能性和任务的范围之内具体地实现着自我）自己的行动可能性和行动必然性之间的相互作用所产生的合力。我们还已看到，为了理解这一发展，我们不需要先验地去设想什么“人的自然”的本质。历史本身揭示了这样一个极其朴素的基本的本体论事实：劳动能够在人身上唤起新的能力和需求，劳动结果能够超越在劳动中直接和有意识地设定的东西并造成新的需求和满足这些需求的能力，而且——在每一种确定的社会形态的客观可能性的范围之内——并没有为“人的自然”的发展预先规定任何先验的界限。（关于伊卡罗斯的故事并不表示“人的自然”本身的限制，而是表示古代奴隶制经济中的

---

* 选自［匈］卢卡奇：《关于社会存在的本体论·下卷》第二章再生产，此处所选是该章的第五节。该书由白锡堃、张西平、李秋零等译，重庆出版社1993年版。选自该书第303—360页。

生产力的限制)

我们恰恰从这里可以看到对作为社会存在物的人的本体论具有决定性意义的问题,即我们经常提到的自然限制的退却,它有着自己的具体的辩证法和活力。就像每一种生物一样,人天生是一种要对周围世界作出回答的存在物:周围世界为生物的生存、再生产提出了条件、任务等等,而生物为了保持自我和保持类而进行的活动,都是以对这些条件和任务作出相应的(与自己的最广义的生存需求相应的)反应为中心。劳动着的人不仅像每一种生物一样,必须对自己的周围世界作出反应,而且他还在自己的实践中把这些反应当作回答表现出来,从这个意义上说,人不同于迄今为止的任何生物。在有机界,生物对周围世界的反应从纯粹自发的、物理化学的反应一直发展到在某种程度的意识的伴随下所引起的反应。而人则始终是在受意识引导的目的论设定基础上,尤其是在每个目的论设定内在地包含的原则上的新颖性的基础上表达自己的反应的。这样,单纯的反应就表现为回答了,人们甚至可以说,只有这样,周围世界的影响才具有了提出问题的性质。

问题与回答之间的这一辩证的相互作用具有无限的发展可能性,它们基于下述事实:人的活动不仅包含着对自然环境的回答,而且由于人的活动在创造着新东西,所以它们本身也必然要提出新问题,而这些新问题已不再是从直接的环境,从自然界当中直接产生出来的,而是人类自己创造的环境即社会存在的组成部分。但是,问题与回答的结构并没有由此而终止,它只是获得了一种越来越复杂、越来越社会化的形式。这第一个步骤在原始劳动中就已开始推动自然限制的退却,并从自己必然的活力中造成进一步的发展:劳动首先逐渐成为人与满足需要之间、劳动着的人与自然环境之间的诸多中介作用的一个独特领域。这时仍有许多向人提出的问题,它们要求人以实践的形式对它们作出回答,但这时的提问者已越来越不是自在的直接自然界本身,而是越来越广泛、越来越深化的社会与自然界之间的物质交换。不过,人类自己创造的中介作用所具有的这个新产生的中间环节,也改变了这些回答的直接结构和活力:回答越来越不再是以直接的方式产生的,而是由在某种程度上独立化的问题准备、引起并赋予效用的。由于这类问题都倾向于获得回答,所以他们就变得独立起来了;人们在回答这类问题时,往往不能从它们的直接的自身活力的背后直接找到那种具有广泛中介的解决问题的出发点,不能直接看出应该如何准备对这类问题作出人们的社会存在为了人们的生存和再生产而要求人们作出的那种回答,这样,上述那种独立化就逐渐形成了科学。这里我们必须清楚地看到,人们的这类回答已在质的方面离开了它们的根源,同样,我们还必须明白地意识到,人的存在的再生产这时——归根到底——仍在向他提出种种要求,他要以自己的劳动并通过现在已是极其复杂的、具有广泛中介的劳动准备工作来对它们作出相应的(使自我再生产得以进行的)回答。

为了现在能够相应地把握人类再生产的另一个极端即整个社会,所以我们前面必须首先指出人类活动与客观经济发展之间的这种关联。这里,我们仍然必须针对两种极端错误的观点作出第三种明智的选择,才能正确地阐明这里的真实的本体论事实。在这个综合问题存在着种种唯心主义观点——从神学的历史哲学直到一些精神科学和现象学的理论构想,它们到头来都把人变成自己文化的神话式的创造者;我们根本不想和这些观点进行论战。同样,在庸俗马克思主义看来,人及其活动也显得是被神话化的客观经济"自然规律"的机械产物,因此,在这里对这种庸俗马克思主义详加分析,那也是多余的;在这种庸俗马克思主义观点中,生产力和技术被同一化了,所以这种拜物教式的神话化达到了登峰造极的地步。(在下一章中,我们将较为详细地阐述庸俗马克思主义机械论观点在方法上的错误)现在只是应当指出,上述充满活力的结构即人对社会、社会与自然界的物质交换为了他的生存而向他提出的那些问题的回答,只是对我们前面曾经指出的马克思下述论断的一种解释、一种具体化:人类自己创造着自己的历史,但不是在自己选定的条件下,而是在对他们来说是客观既定的条件下创造自己的历史。只有弄清楚这种关联,才有可能根据作为它们的基础的本体论事实和趋势来相应地把握经济发展的主线。

在我们能够研究这里具体出现的问题之前,我们至少必须一般地搞清这种两极运动是在具有怎样的结构和活力的条件下进行的。前面,我们已经了解了作为活动的、自我发展着的整体的人这个极端。同样,作为整体的社会必然地构成了另一个极端,这也是很清楚的。在《哲学的贫困》中,马克思针对普鲁东说道:"每一个社会中的生产关系都形成一个统一的整体。……谁用政治经济学的范畴构筑某种思想体系的大厦,谁就是把社会体系的各个环节割裂开来,就是把社会的各个环节变成同等数量的互相连接的单个社会。"① 我们必须无条件地坚持整个整体对其各个部分、对构成它的那些局部整体所具有的这种优先地位,否则就会——有意无意地——用外推的方法使那些在现实中仅仅对整个整体之内的某个局部整体的特殊性起规定作用的力量变得独立化:它们成了独立的、不受任何东西阻碍的固有力量,因而人们无法再理解从各个局部整体之间充满活力的相互作用中,尤其是由于这些局部整体在整个整体内部所处的地位而产生的发展的矛盾性和不平衡性。这些问题恰恰表明,若是坚持以认识论或逻辑学为基础去从思维上构筑这种局部整体并认为这种结构在方法论上拥有优先地位,那对相应地理解现实来说将是何等危险。当然,我们在前面已经反复指出,每个局部整体都有自己的特性,假使没有这种特性,那么它的本质就是无法理解的。但是从本体论上说,这种特性不仅是由局部整体的自身规律性,而且同时并且首先是由它在整个社会整体中的地位和职能规定的。

这种规定性决不是纯形式上的、可以独立地——在思维中——贯彻到底的、并且只有在同其他力量的相互作用中才能加以考察的决定性,而是深刻地、决定性地影响着每个局部整体的范畴结构及其充满活

---

① 《马克思恩格斯全集》第4卷,人民出版社中文第1版,第144—145页。

力的发展并在许多情况下恰恰改变着它的最重要的范畴的规定性。例如我们已经研究过的个别例子。和所有的局部整体一样,战争这个局部整体也以它在其中得以表现出来的那个社会的社会经济可能性为基础。在此基础上,产生了像战术这样具有核心性重要意义的范畴。它以特殊的方式表现着战争这个局部整体一定的水平、特殊性。但是人们苦想以同样的方式来规定战略这个大的军事概念,那就也会犯我们在上面批判过的那种外推法的错误。克劳塞维茨在考察这个问题时,清楚地认识到战略这个概念主要具有政治性质并超出了纯军事性的东西,光是这一点就足以证明他具有真正的哲学头脑。战争理论和战争实践都表明,如果用认识论或者逻辑学的方法并以思维推导的形式从战术概念中内在地形成战略概念,那将产生何等灾难性的——也包括实践上的——影响;反之,如果从这样构成的战略概念中去机械地推导战术概念,那么结果当然也好不了多少。从局部与整体的关系当中产生出来的这两个范畴在本体论上的异质性,乃是从理论和实践上正确地把握战略和战术关系的唯一现实基础。法的领域中的内容与形式的关系也与此相似(但仅仅是相似,而不是相同);在法这个领域内部产生过许多无法解决的问题,在历史进程中,它们作为法的产生、天赋人权等等方面的问题而以不同的形态、不同的解决办法同样显露出这种本体论上的异质性。在伦理学中,这个综合问题将起重要作用。

这里无论怎样强调也不会过分:在考察本体论问题时,必须始终把诸多对象和关系的此时此地的定在当作存在基础;因此,对于相应地认识诸多现实客体来说,方法论上的平均主义倾向意味着一种严重的危险。我们在黑格尔那里就已经可以看到,由于他把本体论的东西逻辑化了,他的许多常常是天才的洞见就被歪曲了。他在以敏锐的眼光把他称之为绝对精神的那些东西(艺术、宗教和哲学)明确地与客观存在(社会、法、国家)区分开来的时候,也非常清楚地表明了这一点。但是,他立刻又掩盖和扭曲了自己的直觉。他虽然认清了宗教的特殊的此时此地的定在,但却把它与艺术和哲学归入一个同质的发展系列,光是由于这种做法，他就忽略了宗教的此时此地的定在，并且——就事情的本质来说——实际上把它贬成了纯粹的宗教哲学。他——从世界史着眼——让绝对精神在自己的体系中所占的总体位置，具有更大的重要性并产生了更加严重的后果。早在《精神现象学》中，绝对精神就已表现为内化，表现为事后对外化（异化）的收回，表现为现实的过程，表现为实体和主体的同一化。但是这样一来，绝对精神不仅成了整个过程的圆满的顶峰，而且同时也被从现实的过程中排除掉了：绝对精神是在世界历史上发生的，而作为理念在现实自身中的体现而产生的国家，则是绝对精神的现实的圆满实现。这里，黑格尔十分敏锐地看到了他称之为绝对精神的那种东西的两面性：它一方面是在历史中现实发生的最高的精神综合；然而另一方面，它又是一种并不参与现实过程、不能直接影响这一过程的客观化。无论这种独立性、这种对直接现实影响的脱离就其最终本质而言可能包含了多少正确的、深刻的东西，但在黑格尔的体系结构中，却毕竟产生了这整个领域既是万能的同时也是无能的这样一种无机的、无法自相统一的（不是充满有益的辩证矛盾的）二元性。

马克思在《神圣家族》中尖锐地批判了这种“不彻底性”。他说：“早在黑格尔那里，历史的绝对精神就在群众中拥有它所需要的材料，并且首先在哲学中得到它相应的表现。但是，哲学家只不过是创造历史的绝对精神在运动完成之后用来回顾既往以求意识到自身的一种工具。哲学家参与历史只限于他这种回顾既往的意识，因为真正的运动已被绝对精神无意地完成了。所以哲学家是 post festum〔事后〕才上场的。”其结果是黑格尔“仅仅在表面上把作为绝对精神的绝对精神变成历史的创造者。既然绝对精神只是 post festum〔事后〕才通过哲学家意识到自身这个具有创造力的世界精神，所以它的捏造历史的行动也只是发生在哲学家的意识中、见解中、观念中，只是发生在思辨的想象中。”①

① 《马克思恩格斯全集》第2卷，人民出版社中文第1版，第108—109页。

黑格尔的这种不彻底性，就在于他通过把本体论事实逻辑化而耍了花招，从而落入一种僵死的、错误的自相矛盾之中，即落入了万能性与无能性的自相矛盾之中，而这与真正的本体论事实是毫不相干的。我们已经指出并且在下一章中还要更为详细地指出，意识(也包括哲学)对现实的反映决不是对物质的历史的无能陪衬，正像马克思的例子所表明的那样，对这种物质的历史的哲学思考也决不具有纯粹"事后"的性质。舍勒尔及其以后的哈特曼设想在本体论中有严格的等级，其中那些最高级的形式的特征就在于无能干涉现实世界，他们这样做乃是由于对理性的影响力失去了信念，在改变了的历史条件下，从一定的方面更新了黑格尔绝对精神学说中所表现出来的那种模棱两可。他们对这些最高级形式的这种无能所作的这种确认，不仅表明他们不相信存在着一种固有的历史发展(这种历史发展在自身中蕴藏着自己的——当然纯粹是本体论上的——理性，并且历史地发展着这种理性)，而且这种确认在方法论上和内容上还是对纯粹本体论事实的错误的、不能允许的价值判断。且不谈马克思思想的影响，单是由于在并不损害纯粹存在的真实性的前提下，把存在问题与价值问题泾渭分明地区别开来，毫无偏见地从本体论上考察它们的现实的相互作用，让价值从现实中现实地产生出来并在其中发挥作用，它就比黑格尔的思想更具有真正的本体论性质。因此，马克思并不让存在和价值模棱两可地相互混杂，以便最后——高兴地或者失望地——肤浅地把握整个存在。对马克思来说，重要的问题就在于根据社会存在本身从自身的存在活力中形成的那些重大的发展趋势的本体论客观性来描述和把握这些趋势。至于种种价值、评价、价值体系在这个全过程内获得何种意义，则是一个应该在一定条件下予以解决的、具体的问题，是处在发展当中的社会存在的一个重要的本体论问题。然而，如果把它上升为在逻辑学的基础上对整个过程所作的一般评价，那么这种绝对以客体为意向的评价就会转变为纯粹以主体为意向，它只能说明评价者的而不能说明被评价者的特性。

我们已经多次提到了现在所要讨论的基本问题,这涉及具有越来越纯粹、越来越独立的形式的社会性的产生过程,涉及一个具有本体论的本质性的过程;只要存在条件的格局发生某种变化因而从一种具有较简单的性质的存在类型中产生出一种较复杂的存在类型时,就会发生这样一个过程。从无机物质中形成生命的过程如此,人从纯粹的生物变成社会的成员的过程也是如此——只是这个过程进行的方式更加复杂得多罢了。因此,关键之点在于考察这样一个问题:那些最初只是单个地、分散地构成社会性的范畴要素(我们看到,它们在最原始的劳动中就已在起作用了)是怎样越来越增多、越来越需要中介并形成自己的、独特的整体的,以便在一定阶段上再从所有这些力量的相互作用中形成社会。我们还指出,比较复杂的存在形式历来是建立在比较简单的存在形式之上的:在生物自身中进行的、构成生物的生存和再生产的那些过程乃是无机界的、物理和化学存在世界的过程,不过生物的生物学意义上的存在为了生物的生存条件而改变了它们的职能。我们这里无意研究在这方面出现的那些问题(这是生物学和由此产生的生命本体论的任务),但我们可以说:社会存在始终意味着改变有机存在和无机存在的范畴的职能;社会存在绝对不能摆脱这一基础。当然,这并不排除社会存在中产生一些特定的社会范畴,它们同自然界的范畴没有,甚至不可能有任何类似之处。劳动资料和劳动对象只是由于它们所依据的固有的自然规律才改变了这些范畴的职能;在劳动过程中,决不可能出现作为运动而本身又不具有生物学规定性的运动。尽管如此,但在劳动中毕竟产生了一个充满活力的整体,对于自然界来说,这个整体的那些决定性的范畴——这里只要想想目的论设定就够了——意味着某种在质上全新的东西。我们还指出,劳动总是在创造着新的、越来越复杂的、具有越来越纯粹的社会中介的形式,以致人的生活越来越明显地是在由作为社会生物的人自己创造的周围世界中进行的,而在这种生活中,自然界主要是作为社会与自然界进行物质交换的客体而出现的,这一点乃属于劳动自身的本质,尤其属于从劳动中产生出来的其他社会实践的本质。

如果我们下面描述一下这一发展的一些本体论原则，那我们必须从一种双重的但又是统一的观点出发来作这件事。一方面，我们的途径必须始终对准整个社会整体，因为诸多范畴只有在这个整体中才表露出自己真正的本体论本质；我们虽已反复阐明，每个局部整体都具有自己特殊的对象性形式，认识这种形式对全面理解社会来说是必不可少的，但如果孤立地考察这种形式或是把它置于考察的中心位置，那就很容易歪曲整个发展的真正的、重大的线索。另一方面，我们在进行这种描述时，必须以经济范畴的产生和变化为中心。从这一点来看，经济作为人的生命的实际再生产，它在本体论上有别于其他任何局部整体。到现在为止，我们一直是从个人的立场出发来考察整个再生产的，因为人的生物学意义上的和社会意义上的再生产构成了整个社会的直接的、不可扬弃的基础。我们还在劳动本身中揭示了它的社会本质(它的合类性):经济作为由所有中介作用构成的充满活力的体系，乃是人类及其个例的再生产的物质基础。这同时恰恰表现出劳动朝着我们现在所研究的那个过程的发展，即从基本的、未经歪曲的本体论本质性上表现了社会的以及现实地构成社会的那些人的社会化的过程。因为我们已经多次指出，人们的一切比较复杂的生命表现都以这种个人和类的再生产作为有意义的前提。然而，如果真要根据存在去把握社会发展与社会中人的发展之间的关系，那就必须也注意到我们过去称之为这一过程中的本质与现象之间的充满矛盾的辩证法的那种东西。我们下面将经常并且具体地谈到这里产生的矛盾性，所以现在我们只要回想一下这样的事实就够了，即:生产力的发展——就其自身而言，就其本质而言——与人的能力的提高是同一的，但前者在其表现形式上却能够——同样以一定的社会必然性——使人变得卑微，变得扭曲和发生自我异化。而且我们在这个问题上过去和现在都要强调指出，在马克思那里，现象世界构成了现实的一个领域，构成了社会存在的一个真正的组成部分，它不可能与一种纯粹表面上的主观性质有任何关系。因此,当我们现在谈到社会存在发展中的总的路线的时候,我们必须把主要的注意力集中到这样一个问题上,即:社会存在的这一现实本质在发生一定的社会历史变革时究竟选择什么样的道路和方向。当然,我们同时也决不应否认存在现象之间的必然矛盾;但本质考察必须以确定本质的运动为主。

由于我们的一般本体论考察,我们还认识了这一发展的决定性趋势:特定的社会范畴在社会存在的结构和再生产中日益占支配地位;同时,自然限制在不断退却。如果我们现在打算比迄今为止更详细地考察一下这一趋势,那我们就必须通过一些说明把这个趋势本身与它在人的意识中的反映确切区分开来。我们已经强调指出,这种区分乃是对一定的自在存在的客观性与该存在在人的意识中的主观的(尽管就整个社会而言往往是一般的主观的)反映这两者之间所作的区分。由此可见,这里的这种客观存在与主观反映之间的对立与前面的本质与现象之间的对立毫无共同之处,因为在后一种对立中,两个对立的因素都是客观存在的。这里所以特别指出这个主观因素,乃是因为就连人的最自然的生活职能,也会在历史的进程中逐渐被社会化。原来的自然的东西所发生的这种变化对人的体验来说既然持续得这么长久,于是它在人的意识中就表现为某种就其存在本身来说可以被看作是自然的东西。但是在进行本体论考察时,我们决不应考虑这类意识表现。我们所应考虑的仅仅是自在的客观过程,因为在这个过程中,纯粹的自然性随着劳动事实本身就已开始消除了。由此可见,那些意识形态上的对立所表示的大多是处在较低阶段的自然限制的退却与处在较高阶段的自然限制的退却之间的对立。人们若是为了反对某种“纯社会性的东西”而从意识形态上维护某种被称作“自然”的东西,那么这种东西仅就相对历史意义而言才称得上是“自然”;因此,人们尽可以形象地谈论某种“准自然”(Quasi-Natur),就像人们经常——当然是在别的关联中——把具有自己的客观规律的社会称作“第二自然”一样。从性关系直到种种纯意识形态观念(例如天赋人权),这种准自然涉及的面很广,而且它在感知和思维的历史上发挥过颇为可观的作用。因此,为了避免误解,我们前面曾不得不对这个问题作了一些粗略的考察。

经过我们上面就发展和进步所阐述的一切,有一点已经是不言而喻的了,即我们这里所考虑的主要是社会存在的日益社会化这个本体论事实,而且我们在确认与此相关的社会存在事实本身时必须彻底防止对此作出任何价值判断。然而——仍然是为了避免混乱——我们还是不仅必须防止自己作出评价,而且也必须不去理会许多个别的文化对现在应予以考察的社会发展所作的那些在历史上极其重要的哲学的、宗教的、科学的以及艺术的反应。从我们已经多次谈到的不平衡发展中会产生这样一种现象,就是在早期的低级的社会发展阶段上必然会有一些完美的实现,它们是后来的社会发展所无法超越的;前面,我们曾详细地引述了马克思对荷马的评判。它远远地超过了一个确切的个别评判,它是一个在方法论上极有影响的一般陈述;它虽然是具有深远意义的真理,但它决不是用以否认以后的时代在社会本体论上的更高的发展的凭证。这里,马克思所确认的乃是一种不平衡的发展,所以他并没有违背这样的事实规定性;相反,不发达的经济基础与不可超越的史诗创作之间所形成的对照,恰恰构成了从理论上把握住这种不平衡发展的基础。这种不平衡的发展固然在艺术中表现得特别鲜明,但我们决不能由此得出结论,说这种不平衡发展必然只是局限在艺术这个领域里。在人类的、理论和实践的文化的一切领域中,都存在着早期的完美实现,而经济的发展必然要瓦解和毁掉这种完美实现的一次性的社会前提。至于在这些情况中所表现出来的那种进步所具有的客观的本体论的性质,则始终与这种矛盾性无关,这类情况甚至还更加突出了纯粹客观的社会存在运动中的不可抗拒性。

如果我们现在想要考察社会性朝着独立的自我完美实现方向的这种发展,那我们就必须从这样一个问题出发,即往往还主要是受自然规定性制约的生产力增长(例如人口的简单增长——当然,就连这种增长也不再是简单的自然的——)是如何对整个社会的结构产生影响的。

换句话说:生产力的发展给社会的结构和活力造成了怎样的后果。就人类原始公社的状态而言,我们在历史进程中看到了两种具有重大差异的类型。关于恩格斯在《家庭、私有制和国家的起源》中详细探讨了的这个出发点,马克思在《经济学手稿》中作了如下的概括:“自然形成的部落共同体,(血缘、语言、习惯等等的共同性),或者也可以说群体,是人类占有他们生活的客观条件和占有再生产这种生活自身并使之物化的活动(牧人、猎人、农人等的活动)的客观条件的第一个前提。土地是一个大实验场,是一个武库,既提供劳动资料,又提供劳动材料,还提供共同体居住的地方,即共同体的基础。……通过劳动过程而实现的实际占有是在这样一些前提下进行的,这些前提本身并不是劳动的产物,而是表现为劳动的自然的或神授的前提。”① 这里可以清清楚楚地看出,这样的共同体中的“自然的东西”的本质究竟何在。它首先在于,劳动固然是使如此发挥职能的共同体得以组织和凝聚在一起的力量,但它却是这样一种劳动,这种劳动的前提还不是劳动本身的产物。马克思在作出这一概念规定时,理所当然地着重指出了应该继续加以分析的原始公社同以后的社会形态的对立。因此,他把自然前提这个在当时尚起跨界作用的因素置于中心地位;但他已经暗示,在当时的人们看来,这些前提的起源不仅是自然的,而且是神授的;他还指出,这些前提在客观上已不可能再是纯粹的自然,它们里面已经投入了人的劳动,但当时的人还不能正确地把握这些前提是如何给定的。大家譬如可以想想关于普罗米修斯的神话,它典型地表达了这样一种情况:只要那些最重要的、(客观地、通过劳动)调节着人与自然界之间的关系的因素还只是个别地出现的,因而还不能贯穿整个再生产领域,那么它们就一直显得是神授的。但是,无论自然地起作用的那些生命因素客观上已经具有多少社会基础(就拿一群牲畜来说吧,即便人们当时还没有有意识地进行饲养管理,但畜群本身在客观上就已经不再是纯自然对象了),

① 《马克思恩格斯全集》第46卷上册,人民出版社中文第1版,第472页。

当时毕竟已经出现了对世界历史具有决定意义的可选抉择，即：这种状态究竟能够——当然是在相对的活动余地的范围之内——在多大程度上巩固自己即进行简单的自我再生产；当这种状态瓦解时，究竟能在多大程度上以及朝着何种方向产生出新社会形态的发展趋势。

现实的历史为开端时期的这种可选抉择提供了肯定的和否定的回答。马克思称作亚细亚生产方式的那种东西，以在许多方面发生了变异的形式，具体地表明了这种再生产方式得以在再生产中保持下来的诸般可能性①。在《资本论》中，马克思具体地从印度的形式出发，详细地分析了这种生产方式。他这样写道：这样的公社"是建立在土地公有、农业和手工业直接结合以及固定分工之上的，这种分工在组成新公社时成为现成的计划和略图。这种公社都是一个自给自足的生产整体，……产品的主要部分是为了满足公社本身的直接需要，而不是当作商品来生产的，因此，生产本身与整个印度社会以商品交换为媒介的分工毫无关系。变成商品的只是剩余的产品，而且有一部分到了国家手中才变成商品，从远古以来就有一定量的产品作为实物地租流入国家手中。"② 这些村庄内部有非常明确的分工，有各种不同的手工业者，还有高高在上的国家（计划用水）、宗教等等的代表。"如果人口增长了，就在未开垦的土地上按照旧公社的样子建立一个新的公社。公社的机构显示了有计划的分工，但是它不可能有工场手工业分工，因为对铁匠、木匠等等来说市场是不变的，至多根据村庄的大小，铁匠、陶匠等等不是一个而是两个或三个。调节公社分工的规律在这里以自然规律的不可抗拒的权威起着作用，而每一个手工业者，例如铁匠等等，在他的工场内按照传统方式完成他职业范围内的一切操作，但是他是独立

① 在斯大林时期，曾有人试图把亚细亚生产方式从马克思主义当中排除出去，并用挖空心思想出来的所谓"亚细亚封建社会"取而代之。遗憾的是，近来乃至直到目前为止，只有匈牙利汉学家费伦茨·托凯（Ferenc Tokei）撰写了一部论述亚细亚生产方式的马克思主义专著：《亚细亚生产方式问题》（匈文版），布达佩斯1965年版；（德文版），诺伊维德/柏林1969年版。

② 《马克思恩格斯全集》第23卷，人民出版社中文第1版，第395—396页。

的,不承认任何权威。"①

然而必须特别强调指出,在亚洲公社的这种经济基础之上,有一种特殊的国家上层建筑,它主要是以征收地租(相当于税收)的形式,通过调节灌溉,通过防御外敌的军事入侵等等,同这些公社保持着极其松散的相互关系。正像马克思指出的那样,从这些社会的整个特性来看,于是就使得这种经济基础不断得到重建,就是说,形成了这种经济基础的充满活力的稳定性,同时整个国家的上层建筑又往往会以灾难性的形式出现不稳定性。马克思这样写道:"这些自给自足的公社不断地按照同一形式把自己再生产出来,当它们偶然遭到破坏时,会在同一地点以同一名称再建立起来,这种公社的简单的生产机体,为揭示下面这个秘密提供了一把钥匙:亚洲各国不断瓦解,不断重建和经常改朝换代,与此截然相反,亚洲的社会却没有变化这种社会的基本经济要素的结构,不为政治领域中的风暴所触动。"② 托凯的研究表明,在中国的发展中也可以发现这种基本结构。这一现象中最引人注目的、同时也让人感到最具自然性的东西,就是村社不断得到重建、它们在自我建立方面所表现的非同一般的稳固性以及与此紧密相连的对深刻的结构变化的免疫力。因此毫无疑问,这样的过程显示出与类在个体发生学意义上的保持有某些类似之处,从而使人觉得这类过程具有一种自然性。然而马克思的分析表明,这些相似之处在很大程度上仅仅是表面上的相似。它们让人忽略了这样一个事实,譬如印度村庄的存在就是建立在一种已经相对先进的(农业和手工业的)社会分工的基础之上的;当然,这里还缺少把这种分工卷入社会发展长河之中的特殊范畴和力量,尤其是缺少那种强大的、渗透到整个社会的每一个毛孔中去并且决定着人们的命运的商品流通的力量。当时的分工主要还是由直接的消费需求决定的,它没有生产出本身再对它产生反作用的新要求。同样,就连经济基础与国家上层建筑之间的关系也是通过地租(相当于税收)这种形式

① 《马克思恩格斯全集》第23卷,人民出版社中文第1版,第396页。

② 同上书,第396—397页。

静态地加以调节的,不过在经济基础与上层建筑之间并没有产生复杂的相互作用(若是在其他的社会形态中,这种复杂的相互作用会把经济基础和上层建筑都推动起来,会在这两个领域造成解体和进步),尽管这里不用多加说明就很清楚,无论是地租或者税收还是二者的合而为一,都决不是自然范畴,而是社会存在规定性。由此可见,亚细亚生产方式问题不是表明亚洲社会尚处在一种自然状态,它只是表明了社会范畴与客观经济进步之间的内在关系的一个——就其反面意义来说极富教义的——特例。

古代希腊和罗马的原始共产主义结构的变迁,则表现出一种截然相反的命运。这种形式早在城乡分离的基础上就已产生了,不过在希腊和罗马并不像在东方那样,城市与直接的经济再生产相脱离并仅仅通过占有地租来参与这种再生产,相反,个别的小土地占有者的生存与他的城市公民权是不可分割地联结在一起的。马克思说:耕地表现为城市的领土,“并非村庄表现为土地的单纯附属物”。此外,对于单个的人来说,他与土地的关系虽然是从他的部落成员身份中产生出来的,但并不是作为与直接公有的部落财产的关系,而是作为与他的私人财产的关系;“作为公社成员,每一个单个的人又是私有者。”这里不再存在“单个人的财产在事实上只靠共同劳动来利用(例如像东方的灌溉渠道那样)……”这个问题,而这个问题在东方却是具有决定意义的。由于迁徙、占领等等,旧的部落形式或多或少变得松散了或者被打破了,从而使得征服、占领以及对所征服和占领的东西的保卫成了核心性的生活问题。“因此,战争就或是为了占领生存的客观条件,或是为了保护并永久保持这种占领所要求的巨大的共同任务,巨大的共同工作。”这样就产生了一种独特的社会形式:“集中于城市而以周围土地为领土;为直接消费而从事劳动的小农业;作为妻女家庭副业的那种工业(纺和织),或仅在个别生产部门才得到独立发展的工业(fabri〔古罗马的匠人〕等等)。这种共同体继续存在下去的前提,是组成共同体的那些自由而自给自足的农民之间保持平等,以及作为他们财产继续存在的条件的本人劳动。他们把自己看作劳动的自然条件的所有者;但这些条件还必须不断地通过亲身劳动才真正成为个人的人格的、他的个人劳动的条件和客观因素。"① 毋庸赘言就非常清楚,这样就产生了一种比东方的社会远为社会化得多的社会形式。这尤其是这样一种社会形式,它绝对不必局限于对已经产生的东西的简单再生产、重建;对它来说,发展、前进、进步等,从一开始就包含在自身实存的再生产活力之中。

问题仅仅在于,在这种情况中,建设结构与运动活力之间的关系是怎样的?

如果就我们在下面马上就要阐述的内容预先作一番扼要的概括,那么可以这样说:进行扩大再生产、大大地超出自己开初的给定性,乃属这种社会形态的本质;然而这样唤起的那些力量只能在一定的阶段之内继续维持自己的社会基础和出发点;它们必然要逐渐转变成瓦解它们赖以产生的那种社会结构的趋势。马克思联系罗马这样描述了这种形势:"尤其是由于战争和征服的影响(例如在罗马,这一点本质上属于公社本身的经济条件),作为公社基础的实际联系遭到破坏。在所有这些形式中,发展的基础都是单个人对公社的原有关系(或多或少是自然形成的或历史地产生但已变成传统的关系)的再生产,以及他对劳动条件和对劳动同伴、对同部落人等等的关系上的一定的、对他来说是前定的、客观的存在,——因此,这种基础从一开始就是有局限的,而随着这种局限的消除,基础就崩溃和灭亡了。"② 在《资本论》中,他这样规定了在这个过程中对社会经济起决定作用的因素:"自耕农的这种自由小块土地所有制形式,作为占统治地位的正常形式……在古典古代的极盛时期,形成社会的经济基础……。"③ 这时所解放出来的所有经济力量,最终造成了这个社会的不可避免的、无可挽救的瓦解。我们在另

① 《马克思恩格斯全集》第46卷上册,人民出版社中文第1版,第475—476页。

② 《马克思恩格斯全集》第46卷上册,人民出版社中文第1版,第485页。

③ 《马克思恩格斯全集》第25卷,人民出版社中文第1版,第909页。

一些关联中曾经引述过马克思的相关论断。他认为,就其反面表现形式而言,英国的农民阶级瓦解过程和古希腊罗马的农民瓦解过程颇为相似,两者都使农民离开了田园和土地,但前者作为原始积累而导致了资本主义的巨大发展,而后者却只能造成寄生的城市流氓无产者。这一基本对立有着综合性的原因,但这些原因都与上面阐述的古代城邦的社会发展阶段密切相关。初期的经济繁荣造成了广泛的商品交往,造成了巨大财富的集中。然而,这一切一方面是仅仅以商业资本和货币资本的形式表现出来的,而另一方面则是以奴隶经济的巨大发展的形式表现出来的。关于作为独立的经济力量的商业资本,马克思强调指出:"商业资本起初只是不受它支配的两极之间、并非由它创造的两个前提之间的中介运动。……因此,商业对各种已有的、以不同形式主要生产使用价值的生产组织,都或多或少地起着解体的作用。"① 至于这条道路将导向何方,那就不再取决于商业本身了。货币资本的扩展所产生的影响也是如此,不过当劳动关系处在这种阶段时,货币资本主要还只能采取高利贷形式。"因此,一方面,高利贷对于古代和封建的财富,对于古代的和封建的所有制,发生破坏和解体的作用。另一方面,它又破坏和毁灭小农民和小市民的生产,总之,破坏和毁灭生产者仍然是自己的生产资料的所有者的一切形式。"在古代城邦中,这种作用特别具有妨碍性和瓦解性,"因为在那里,生产者对生产条件的所有权,同时是政治关系即市民的独立地位的基础。"②

因此,事实表明,在这样的基础上,商品交往固然可以发展到造成最早的、最外部的、最原始的资本主义社会化形式,但它归根结底必然会对这种基础起破坏作用。这种发展所以会走进社会死胡同,其重大原因就在于:所有真正变革的社会核心,即劳动本身以及从劳动中直接产生的人与人之间的社会关系,它们的社会化程度还很低,在很大程度上还是由"自然的"范畴决定的,以致不能形成真正的社会组织。对于

---

① 《马克思恩格斯全集》第25卷,人民出版社中文第1版,第369—371页。

② 同上书,第674—675页。

这种局面，马克思也进行了深入的分析。他把“活的和活动的人同他们与自然界进行物质交换的自然无机条件之间的统一”看作是理所当然的起点，由于这种本来的统一的“分离”而出现的社会存在本体论问题即社会存在的真正社会化，就是从这里产生的，而且这种“分离”只有“在雇佣劳动与资本的关系中”才能获得相应的形式。在早先的、初期的社会形态中，这些内在地起作用的社会力量还不能实现这一分离。马克思说：“社会的一部分被社会的另一部分简单地当作自身再生产的无机自然条件来对待。奴隶同自身劳动的客观条件没有任何关系；而劳动本身，无论采取的是奴隶的形态，还是农奴的形态，都是作为生产的无机条件与其他自然物同属一类的，是与牲畜并列的，或者是土地的附属物。换句话说，生产的原始条件表现为自然前提，即生产者生存的自然条件，正如他的活的躯体一样，尽管他再生产并发展这种躯体，但最初不是由他本身创造的，而是他本身的前提；他本身的存在(肉体存在)，是一种并非由他创造的自然前提。”① 这些主观的和客观的——“自然地”给定的、并非人自己创造的——劳动存在条件只能开辟极其有限的发展可能性，这是人们非常熟悉的道理了，所以不必再详加说明了。这里只需指出，建立在奴隶制基础上的劳动只能在处延上发展，而且主要是通过增加奴隶的数量；但是，这一方面要以打胜仗从而不断补充大量的奴隶为前提，另一方面这同时却会不断瓦解古代城邦的特殊军事基础即自由小农阶层。由此可见，经济和政治上的扩张瓦解着它自己的基础，从而越来越陷入走投无路的死胡同。在这个过程中，我们已经叙述过的货币资本和商业资本的影响则会起到加剧这种瓦解的作用，但主要的瓦解因素还是奴隶制经济为整个发展所设置的不可克服的限制。

于是就产生了一种在质的方面与亚细亚生产方式截然不同的社会存在发展类型。这里，我们所考察的首先是被大大地强调了的社会在

① 《马克思恩格斯全集》第46卷上册，人民出版社中文第1版，第488页。

内涵和外延方面的较高的发展,然而恰恰是当这一发展似乎在每一方面都达到其顶峰的时候,它却开始在所有的领域里都以危机的形式暴露出自己的问题。但是,这种危机是极其漫长的,它不仅没有使旧的光辉立即黯然失色,而且还似乎一再导致新的繁荣,导致对这种基本的危机状态的虚假的克服;只有到了比较后期的阶段,经济上的瓦解才作为明显的没落而在一切生活领域里表现出来。而且这恰恰是这样一个阶段,在这个阶段上——从经济上来看,——奴隶制经济已经开始从自己的瓦解当中必然地自发地形成这样的劳动秩序和劳动方式的初步要素,经过许多灾难性的过渡时期以后,这些要素将构成克服危机而达到封建社会这个新阶段的基础。这里,我们所指的乃是那种马克斯·维贝尔曾这样加以概括的过渡:在这种过渡当中,"就整个社会而言,奴隶将上升成为不自由的徭役农,而佃农却下降成为依附农。"① 过去完全异质的社会阶层的这种日趋同等化的新形式是从社会解体趋势中产生的,但我们只有在事后才能把它理解为克服危机的趋势。在具体的、现实的历史关联中,它则表现为从紧急的危机向缓慢的衰败过程的过渡,因为它与古代社会的整个结构是非常矛盾的,所以不可能成为推动社会和国家朝着新的阶段发展的基础。只有当罗马帝国在民族大迁徙中彻底瓦解和衰亡时,它才随着日耳曼部落的特性为当时产生的新社会所提供的那些新的推动而表明自己是未来事物的萌芽。(至于古代奴隶制经济通过它的上层建筑而在对人类发展的认识、异化以及克服异化等方面所提出的那些极其重要的问题,我们只有在以后的章节里才能予以阐述。)

欧洲发展与亚洲发展的区别还在于,在欧洲的发展中可以看到各种不同的社会形态的彼此并列和相互产生;它们的相互取代表现出一种历史连续性,一种前进方向。要想从本体论上正确地把握这种连续性和方向,那就必须彻底抛弃一切——哪怕只是隐蔽地——包藏着目

---

① 马克斯·维贝尔:《社会经济史文集》,图宾根 1924 年版,第 301 页。

的论要素的观念。单是由于下述事实,彻底抛弃这类观念就是极其重要的:这些观念甚至也在某些马克思主义者的思想里作怪,例如他们有这样一种想法,即认为从原始共产主义的解体经过奴隶制、封建主义和资本主义直到社会主义,这条道路必然可能包含着一种先定性(从而包含着某种至少是神秘目的论的因素)。我们在黑格尔那里就可以清楚地看到这类观念的方法论基础。由于黑格尔试图从逻辑上而不是首先从本体论上把握范畴的相互产生,由于他在很大程度上把这种逻辑发展序列不知不觉地变成了历史的本体论的发展序列,所以他的历史观就必然地获得了一种目的论的特征。因此,我们在前面就曾指出过黑格尔理论的可疑性,并且让大家想到这样一点,就是甚至恩格斯也把经济范畴的先后顺序看作是某种逻辑的东西,并且把理论上把握到的、排除了偶然性的历史与它同一起来。这里,我们必须防止设定在存在中有一些纯逻辑至上主义的抽象,从而不致接近于认为在存在中具有目的论性质的东西,哪怕只是些微的接近。我们必须坚持范畴是"存在的形式、存在的规定"这种观点,因此,范畴在彼此并列存在中的相互关系以及它们在社会历史上的先后存在中的演变、职能变化虽然有着严格的因果的、但主要却不是逻辑的规定,这种相互关系和变化倒是取决于一定的社会存在的此时此地的定在,取决于它的充满活力的作用的此时此地的定在。在这方面,人们到处都会遇到一些处在具体关联中的规律性;但这些规律性始终仅仅具有一种"条件—结果"式的必然性;而且这种"条件"在一定情况下是否存在?如果存在,那么它们存在于何种关联之中?具有何种充分程度?等等,人们绝不能从虚构的(逻辑学的或者按照逻辑学加以理解的)经济必然性的体系中去推导这些问题,而是只能从这些具体规律在其中起作用的那个整个的社会存在的此时此地的定在中去解决这些问题。此外还有一点,就是这种此时此地的定在本身乃是现实本身在现实中完成的对于各种局部存在整体及其相互作用的各种"条件—结果"必然性的综合。

为了过渡到阐述封建社会形态这个问题,我们把晚期罗马衰败的城邦及其奴隶制经济的发展看作是对封建社会形态的一种准备，不过我们这样做并不是想要确认这两种社会形态之间存在着一种逻辑的或者历史哲学的关联。罗马的农业状况是一种衰败现象，而日耳曼人的状态则表现了本部落在民族大迁徙中的发展结果。纯粹抽象地看，这两者处在一种无法扬弃的偶然关系当中。当然，两者都是曾经彼此处于数百年之久的现实的相互关系之中的发展的结果；请大家不要忘记，一方面，克尔特人以及后来是日耳曼人曾不断入侵意大利，另一方面，罗马人譬如曾试图在高卢推行殖民，而他们在日耳曼的殖民尝试则大体上是失败了。因此，从罗马和日耳曼各部落的此时此地的定在的立场来看，这种运动的纯偶然性在实践中有些被扬弃了，它表现为一种变得具有历史必然性的相互关系，在这种相互关系中，那些超越古代奴隶制经济的趋势作为现实中的诸多现实性而相遇并汇合了。毋庸置疑，这里的奴隶制和农奴制都具有我们引用的马克思的阐述中所说的那种意义上的一些"自然的"特征。农奴制，特别是处在初始阶段、瓦解时期以及复辟危机时期的农奴制，往往和奴隶制有许多近似之处，这肯定并非偶然。

和古代社会一样，整个封建社会形态也具有局部发展能力这种特征，即具有这样一种属性，它不能把自己造成的进步运动纳入自己的体系，这种进步运动反倒必然会瓦解和冲破体系本身。不过，在封建社会中不会再产生标志着古希腊罗马解体的那种彻底的死胡同。封建社会的特点在于，它一方面努力使城市附属于乡村，但是另一方面，由它引起的现实的较高的经济发展主要是城市的经济发展。这是直接的理由，说明对于封建社会形态来说也存在有一个顶点，它标志着经济发展与以农奴制为基础的生产这两者的可容性程度；不过这里所涉及的并不是字面意义上的一个点，而是一种社会活动余地，它在各个不同的国家不会必然绝对地同时同样地出现，但这丝毫不会改变这一事实的本体论意义。恩格斯把这一顶点定在 13 世纪。他承认直接造成这种顶点的原因可能是非常多种多样的，并对这一状况的社会经济本质作了这样的概括:对于封建领主来说:“支配农民们的成果要比支配他们的人身重要得多。”① 封建社会与造成这一特殊现象的奴隶制经济之间在经济上的差异是显而易见的:奴隶使用自己主人的工具进行劳动,全部劳动产品归主人所有,而属于奴隶本人的只有极少的一部分,即只要使他能以某种方式进行自己的肉体存在的再生产就行了。于是这就造成了这种剥削方式的原始性及其在经济上的无效益性,并且不可能在自己的范围之内提高生产率。但是在封建社会中,无论就产品地租还是就劳动地租而言,——虽然这里也和在奴隶制中一样,超经济的强制乃是把经济可能性转变为现实性的最终保障② ——,劳动者在有利的条件下都具有这样一种可能性,即通过改善自己的劳动方式也把自己的生命的再生产提高到一个较高的水平。他是在自己的土地上用自己的劳动资料从事劳动的,所以他在提高自己的劳动生产率——并向领主交纳定额的劳动产品——的同时也可以提高自己的生活水平。

这一发展方向表现了封建社会形态对奴隶制所具有的优越性,它是人们的劳动关系当中的纯“自然性”的,虽然是很不完全的、但毕竟是存在着的削弱的结果,是社会范畴缓慢地、矛盾重重地、不均衡地渗透入劳动关系的基本结构的结果。但是,这种发展具有明确划定的界限,而且恰恰是这种社会形态的整体结构的界限,即其他社会化因素与此处确认的各种趋势交错对立时所产生的界限。

我们指的是对于任何一种社会形态的结构来说都极其重要的城市与乡村的关系。我们已经强调指出,封建社会形态的特点是乡村对城市的至上地位。城邦繁荣时期的基础,在于人们的全部社会活动都集中在城邦中;无论就经济和政治而言还是就军事和文化而言,人们的生命及其再生产的所有线索都汇合在城邦中。城邦之所以没落,盖因它的发展摧毁了它自己的经济基础,并使城邦逐渐成为一种寄生的社会构造物,这最终就造成了城邦的没落,使之实际上失去了对乡村的至上

① 《马克思恩格斯全集》第7卷,人民出版社中文第1版,第330页。

② 《马克思恩格斯全集》第25卷,人民出版社中文第1版,第891页。

地位。(从经济意义上说,亚细亚生产方式的城市本质上一直是寄生的。)在封建社会形态开始形成时,城市是被规定为附属于农村的,它的内在生存一开始就是以经济事物为中心的。当然,这是以附属于封建结构的这种形式发生的;就拿行会来说吧,它就是一种典型的封建的分工形式。尽管如此,但与古代社会相比,封建经济在其乡村中心地区的上述发展仍意味着商品市场的扩展,而在古代社会,除了极少的例外,商品市场仅仅是由上层统治阶级的奢侈需求决定的。于是,生产、商业、交通等等的发展就对封建经济的中心地区产生了反作用:农奴制的"黄金时代"在15世纪至16世纪终结了;地租转变为货币地租使农民遭受越来越无限制的剥削,封建领主试图以此战胜城市有产者的竞争,这样他们在客观上反而大大推动了封建制度的瓦解。因为从这时开始,就在各个不同的国家里以各种不同的方式产生了封建社会的重大的进退维谷的危机:它要么实行第二农奴制,从而进一步加深、延长它的危机;要么通过进行原始积累,从而使整个封建制度瓦解。

毋庸赘言,城乡之间的斗争并不是现在才开始的,它只是在这时达到极点罢了。我们在前面曾以某种暂时的普遍化的口吻说过,城市所具有的社会形式是由封建乡村赋予的。我们马上就会在行会问题上看到,这与事实大体上是一致的,但却远远还不意味着城市对乡村的这种适应曾是一种没有斗争的适应。恰恰相反,整个中世纪始终贯穿着围绕城市在封建社会体系中的地位而进行的斗争。在此,即使对这种变化多端的斗争的各种不同的阶级和结果只是作一番提示性的阐述,那也是无法做到的。不过,我们只要指出这样一点就够了,就是在一些地区,这种斗争是以城市获得独立地位而告终的(例如意大利、汉萨同盟诸城市等等)。这个事实作为封建结构的瓦解,对于为了向资本主义过渡作好准备是非常重要的,但它决不能为建立任何永久的新社会形式提供基础。在这方面,随着朝君主专制制度(在封建主义和资本主义达到暂时势均力敌的状态的基础上,君主专制曾是最终建立作为贯穿整个社会的制度的资本主义的典型的过渡和准备形式)发展,争取解放的城市结成的同盟获得了决定性的意义。只有这样,城市作为政治、文化的中心,才能把作为自己蕴藏的那些充满活力的可能性发展成为现实性。

行会是封建社会形态能够迫使工业生产接受的一种分工和劳动方式的形式。从我们现在所定的目标的立场来看,在这个问题上我们必须首先强调指出这样一个环节:对劳动力成为商品这个过程的阻碍,即对这样一个过程的暂时的阻碍,这个过程试图把劳动组织,把对于不断朝着剩余价值发展着的、不断超越着劳动者的自身再生产之所需的剩余劳动的提高与占有纳入纯粹受社会控制的轨道。马克思在谈到封建社会中的这种劳动形式时说:"行会的规章严格限制一个行会师傅所能雇用的帮工的人数,有计划地阻止了行会师傅变成资本家。同样,行会师傅只能在他本人是师傅的那个手工业中雇用帮工。行会竭力抵制商人资本这种与它对立的、唯一自由的资本形式的任何侵入。商人可以购买任何商品,但是不能购买作为商品的劳动。"① 这里还作了这样的暗示,就是在封建社会里,商业资本(和货币资本)也起着与它在以往的社会中所起的作用大体类似的作用。当然,这里有一个很重要的区别,即这种瓦解作用在封建社会并不像在古代社会那样绝对。这时有一个过渡时期,在这个过渡时期,在资本主义劳动组织形式的产生过程中,商人资本获得了一种至少是起局部推动作用的意义。人们譬如可以想想中转商这种形式,其中商业资本的份额有时是相当大的。但就拿所产生的手工工场来说,商业资本所占的份额也是不可低估的。在此无法更详细地阐述这一发展的具体细节,而是只能强调指出,在资本主义作为真正的社会存在范畴在社会的结构和活力中取得支配地位的那种社会形态而产生的过程中,商业资本(尤其是货币资本)所起的主导作用只是过渡性的、暂时性的。随着真正的社会范畴决定性地打入生产本身中,于是就——当然是在激烈的斗争中,在长期而复杂的过渡

① 《马克思恩格斯全集》第23卷,人民出版社中文第1版,第397页。

中——产生了工业资本的最终统治地位。商业资本和货币资本仅仅成了工业资本再生产过程的环节。后来，这几种资本所占的比重发生了许多变化，所以许多经济学家颇有几分理由地说在20世纪初有一个特殊的金融资本时期，但所有这些变化都再也不能扬弃整个资本再生产过程的这一基本结构。

如果我们现在进而分析以资本主义方式占有剩余价值这个决定性的问题，那么很清楚，这个核心性的社会存在范畴的社会化，是由社会在一定条件下是如何贯彻对剩余劳动的支配这个事实决定的。在奴隶制中，赤裸裸的暴力对保障让奴隶们履行剩余劳动义务起着决定作用；而且就是在农奴制中，情况也是如此。只有资本主义才使情况发生了变化，即促使劳动关系朝着具有社会（经济）规定性的方向发展；在资本主义社会中，劳动者的劳动力成为商品，他把这一商品出卖给资本家，从而也就把对剩余劳动的支配权转让给了资本家。我们知道，在出现这种状态之前，先是不受限制地用种种暴力手段进行的原始积累。只有这样才产生了资本主义的日常经济生活，马克思对此作了这样的概括："在通常的情况下，可以让工人由'生产的自然规律'去支配。"① 在整个社会上造成这样一种状况，就使得人们的一切社会处境、社会关系等等大体上都社会化了。在近乎自然的情况下，对于那些除了自己的劳动力之外所剩无几或者一无所有的人来说，他们除了出卖劳动力之外总还有各种不同的聊以为生的可能性，光是由于这个原因，暴力在这种情况下就不可避免地具有主要意义。（发展中国家向一种比较发达的物质文化过渡时所以面临着很大的困难，其因盖在于这种近乎自然的情况，而不在于缺少技术设备。）资本主义的日常生活——始终仅仅是相对地——放弃暴力，这首先在于这种日常生活通常已经失去了一切自然性，因此，在这种日常生活中，一切日常生活必需品都只有通过商品交往的渠道才能获得。这样就形成了在使用劳动力方面的经济特

① 《马克思恩格斯全集》第23卷，人民出版社中文第1版，第806页。

征,即暴力在正常劳动关系中的削弱。如果从这一社会存在本体论的立场出发来考察这个过程,那么有一点就是有目共睹的了:从奴隶制到雇佣劳动的发展主线乃是日益纯粹的社会化,乃是对自然限制的逐渐克服。

但是,借助这种完全一般的阐述,尚不能彻底认识这个事实。一方面,劳动关系本身在资本主义社会内部经历着一种发展,使它越来越具有日益纯粹的社会基础;另一方面,资本主义正是在雇佣劳动的基础上使广义的生产过程发生了革命,就是说,它使这一生产过程也越来越社会化。因为毋庸置疑,无论是已经客体化了的劳动在劳动过程本身中所占的日益增长的份额,还是劳动过程和整个社会之间的同样在不断增多和日益复杂化的中介作用,都意味着它们在越来越明确地朝着这样一种方向发展,即从外延和内涵方面不断地使整个经济再生产社会化,也就使生产、消费、分配等等社会化。鉴于我们所定的目标,我们必然只能局限于阐明这个过程,否则将会突破这部著作的方法论框架。如果我们现在考察劳动的资本主义化的第一个重要形式,即手工工场,那么我们就会发现,它虽然尚未引起任何劳动方式的变革,但却引起了相当彻底的分工变革。而以前的行会劳动只有很小规模的分工。总的来说,至少在行会繁荣时期,每个劳动者所受的教育,应使他能够全面而彻底地掌握他的行会所承担的那种生产。马克思这样描绘了行会制度对生产和消费中的发展的反应:"如果外部情况引起进一步的分工,现存的行会就分为几个亚种,或者在原有行会之外建立新的行会,但是各种手工业并不联合在一个工场内。"这清楚地表明了行会分工所具有的依然是"有机的"、"自然的"性质:"总的说来,工人和他的生产资料还是互相结合的,就像蜗牛和它的甲壳互相结合一样……。"①

企业中第一种真正的资本主义分工即手工工场,是同上述协作方式的彻底决裂。抽象地来看,它确实是一种协作形式,然而人们如果停

① 《马克思恩格斯全集》第23卷,人民出版社中文第1版,第397页。

留在它与行会的这种抽象的相似性上,那就会完全认识不到它的新本质。协作大多只是诸多单个的劳动力在量上的简单联合,是通过这种联合而使单个的劳动力得到量的提高,因此,协作乃是一种古老的、因而依然是"自然的"形式。与此相反,在手工工场的劳动中,过去由单个的工人完成的统一的劳动过程分解成在质上彼此不同的局部操作。这样,每一个劳动者都被指定进行这样一种局部操作作为自己固定的、唯一的任务,所以这一方面能够极大地减少为制造整个产品所需的社会必要劳动,另一方面又能使在行会中尚能从事多种工作的工人变成了只是重复进行一些操作的头脑狭隘的技术能手。马克思就此说道:"工场手工业分工通过手工业活动的分解,劳动工具的专门化,局部工人的形成以及局部工人在一个总机构中的分组和结合,造成了社会生产过程的质的划分和量的比例,从而创立了社会劳动的一定组织,这样就同时发展了新的、社会的劳动生产力。"① 尽管手工工场在技术上还没有或者几乎没有超越手工劳动,但是手工工场的分工却包含了劳动过程的革命。当然,任何劳动都建立在实施者的目的论设定因而也建立在他们的可选抉择之上,这属于任何一种劳动的本质。这是一种如此强烈、如此根本的联系,以致它不可能从任何一种劳动形式中完全消失。在手工工场的分工中,毕竟出现了一种重要的质的变化:最终产品不仅仅是作为被分解的诸多局部劳动的联合结果而产生的,每一个单个的工人只能各自从事一种局部劳动并且总是重复这种劳动,因此,本来的目的论设定就转移到对劳动的领导上来了;而由单个的工人进行的设定却成了纯粹的习惯,成了纯粹的熟练动作(成为条件反射),因此,它们只是支离破碎地、畸形地存在着。马克思把这一过程与过去的阶段加以对比,对它作了这样的描述:"独立的农民或手工业者所发挥(虽然是小规模地)的知识、判断力和意志,——他发挥这些东西,正如野蛮人把全部战争艺术当作他的个人机智来施展一样,——现在只是对整个

① 《马克思恩格斯全集》第23卷,人民出版社中文第1版,第403页。

工场说来才是必要的。生产上的智力在一个方面扩大了它的规模,正是因为它在许多方面消失了。局部工人所失去的东西,都集中在和他们对立的资本上面了。”①

阐明究竟是哪些经济力量造成了从手工工场到机器劳动的进一步发展,并不是我们的任务。对于我们来说,重要的仅仅在于针对今天的技术拜物教强调指出这样一点:对这种进一步发展的推动,首先来自手工工场生产的经济局限性。与此紧密相连,我们还必须理解,发明和采用机器能够突破人的劳动力、劳动能力的限制。马克思在分析机器时着重指出,使用机器这个问题所涉及的首先不是不再使用纯粹的人的动力,而是涉及对工具的新的使用方法。马克思写道:“在真正的工具从人那里转移到机构上以后,机器就代替了单纯的工具。即使人本身仍然是原动力,机器和工具之间的区别也是一目了然的。人能够同时使用的工具的数量,受到人天生的生产工具的数量,即他自己身体的器官数量的限制。……同一工作机同时使用的工具的数量,一开始就摆脱了工人的手工工具所受的器官的限制。”② 因此我们可以看到,虽然机器是手工工场劳动的延续,因为它使劳动继续“非自然化”;然而机器对手工工场劳动来说意味着一种质的飞跃,因为它还“非人格化地”组织劳动,彻底突破了随着人作为有着具体规定的(因而也是有局限的)生物的存在一起给定的身心限制。

为了避免任何误解,这里我们必须指出:非人格化本身与异化问题毫不相干。就像马克思所指出的那样,异化是人的此在在一定的社会发展方式下,特别是在资本主义发展方式下的一种重要的、不可避免的表现形式。在本书的最后一章中,我们将详细地探讨这个综合问题。然而,就像我在《审美特性》这本书中所阐明的那样,非人格化无非意味着人类自己形成的一种对现实的反映(及其在实践中的运用),以便根

① 《马克思恩格斯全集》第23卷,人民出版社中文第1版,第400页。

② 《马克思恩格斯全集》第23卷,人民出版社中文第1版,第411页。

据现实的自在存在尽可能相应地认识现实[①]。由此可见,异化属于社会存在本身,而非人格化则是一种反映各种现实的形式。因此,非人格化地认识现实这类趋势很早就产生了(例如在几何学和数学中),而且它们在古代就已经获得了高度发展的形式。然而奴隶制经济从根本上说没有怎么被社会化,因此,在认识中所产生的那些结果只能对生产起到非常有限的影响。(我们前面已经说明,为什么战争工具在这方面占有优先地位。)封建社会形态代表一种比较发达的社会化形式,这在下述事实中就已表现出来,即与古代相比,生产与非人格化的科学这两者之间的相互作用已经表现出巨大的进步。为了针对意识形态上的历史观而突出强调这一区别,恩格斯曾经把科学对生产的这种影响的最重要的新成果加以总结[②]。文艺复兴时期带来了决定性的突破;只是在文艺复兴时期,才产生了一种真正的自然科学,它从一开始就强烈地影响着经济生活。然而,由于使用了机器,人们把工具以及对工具的使用和人的可能性分离开来,单纯地把机器视为自在地存在着的力量体系,为的是在最大限度地发展机器的水平上进行目的论设定,于是,一定的劳动着的单个的人的具体的、起决定作用的职能就从作为社会与自然界的物质交换的劳动过程中消失了,他成了执行纯粹的社会性的目的论设定的工具。让单个的劳动着的人从属于普遍的、纯经济的、因而是社会的目的论的设定,这种情况在手工工场的分工中就已经出现了。由于机器把劳动过程非人格化了,所以劳动过程就在社会性方面有了质的提高:人的任务越来越限于“用眼看管机器和用手纠正机器的差错”[③]。可见,单个的人进行的目的论设定于是就成了一个在社会上已经被发动起来的整个目的论过程的单纯组成部分。社会化作为这一发展的结果,它还在下述事实中表现出来:有许多目的论设定,它们从一开始就具有纯粹的社会性,它们不是直接着眼于人与自然界的物质交

① 卢卡奇:《审美特性》,诺伊维德 1963 年版,第 1 卷,第 139 页以后。

② 《马克思恩格斯全集》第 20 卷,人民出版社中文第 1 版,第 360 页以后。

③ 《马克思恩格斯全集》第 23 卷,人民出版社中文第 1 版,第 411 页。

换,而是旨在影响他人本身作出原设定主体所期望的单个的目的论设定,无论就其数量还是就其意义来说,这类纯社会性的目的论设定都在不断地增长。

在社会存在的社会化过程中的这种重大转变,不可能作为孤立的现象出现。我们在这本书的框架之内虽然不可能就这个过程的错综复杂性对它做一番哪怕只是简单的勾勒,但我们还是必须提示性地谈谈这个过程的若干环节,虽然这些环节并不能表明这个充满活力的整个过程的全部关联,但它们毕竟能够在一定程度上说明这一整体关联的若干因素。让我们先从一个表面上的外部环节开始。人的最初的占有或者最初的财产或多或少是"自然地"同他个人联系着的;遗产虽然已经是一个纯粹的社会范畴,但它大多同家庭联系着,所以它长期保持着这种最初的性质的某些成分。在这里,我们不能阐述这个领域中的社会化的各个不同的阶段,但是必须指出:自从文艺复兴时期以来,个人财富虽然并未终止其为个人财富,但却以簿记的形式获得了一种不依赖于个人的、独立的、社会的形态。出现了具有特别财富的商行、公司,而这种特殊财富"是与股东的私人财富不同的"。[①] 至于从这里一直到股份公司等等的发展是如何进行的,那就不需要在这里再加以阐述了。重要的仅仅是财产和财富所获得的那种越来越明确的纯社会性的形态。

自从商品交往的普遍化得以使各个极其不同的生产部门发生彻底变化以来,社会存在的这个社会化过程一直在不可阻挡地向前推进。这里我们仅仅指出两个彼此紧密相连的因素。毫无疑问,和通过以劳动创造的使用价值直接满足需要相比,简单的商品交换乃是更加具有社会性的形式。由于这种商品交往达到了一定程度的普遍性,于是它就生产出自己的社会中介环节即货币,而从牛等等经过黄金直到纸币,货币经历各种越来越新的中介形式的发展乃是众所周知的。但是,资

① 马克斯·维贝尔:《经济史》,慕尼黑/莱比锡1924年版,第202页。

本主义社会中社会存在的日益增加的社会性,还在商品交往中造成了一种新的、更加具有社会中介作用的形式:平均利润率。当然,任何交换活动在本质上都是社会性的,因为最终规定价值(价格就是围绕价值运动的)的乃是社会必要劳动时间。然而随着资本主义的发展,成本价格加上平均利润率变成了现实地执行职能的商品交换的核心。① 所以每个行为(也作为单个行为)都是由整个发展、由整个经济的一般水平规定的,都被当作一个纯社会性的运动的终结行为而纳入该运动的普遍关联之中。如果考虑到平均利润率所占的这种统治地位的经济前提,即资本从某一经济部门自由转移到另一经济部门的可能性,那么,上边那幅图像就会进一步具体化并且表现出社会性的日益增长的力量的其他特征。这产生了这样的结果:资本的整个运动的那些普遍的、复杂的规律作为终极原则而规定着经济生活中的每一个单个活动的此时此地的定在,规定着每一个人的经济生存。我们在其他关联中已经阐明,朝着世界经济发展的趋势如何以外延的方式造成了个人的实在与正在自我实现着的人类的物质发展阶段之间的这种密切联系。单个的商品交换活动是由资本从一个领域向其他领域的运动、由因此而造成的平均利润率的规定力量决定的,在这种决定性中,我们面临着上述那种密切联系的一个强有力的对应物。

对于马克思所体验并且科学地加以描绘的那种生产关系,这一切就已经适用了。自那以来,已经过去了几乎一个世纪,这一个世纪里发生了引人注目的结构变化,这些结构变化是如此引人注目,以致许多卓有影响的资产阶级经济学派甚至否认了今天的资本主义所具有的资本主义性质;而且就连那些并没有走得这么远的流派,也经常否认能够用马克思的方法、范畴去把握当前占支配地位的经济体系的可能性。这类倾向得到了斯大林时期的官方经济学的支持,这种经济学把列宁就帝国主义时代的经济所作的常常是杰出的、但在某些方面又是成问题

① 《马克思恩格斯全集》第25卷,人民出版社中文第1版,第155页以下。

的阐述(1916)当作解释当前和未来所有现象的教条主义基础,但通过这种途径是不可能正确地把握这些现象的,于是这种官方经济学就任意地指责自己的反对者,说他们不具备关于这个综合事实整体的相关的马克思主义权威知识。① 把列宁的那些最正确的论断(在列宁本人那里,这些论断始终具有具体的历史意义)僵化成为教条,这使得官方马克思主义一再作出错误的分析并得出错误的预言,从而——理所当然地——迫使它的反对者们采取一种简单易行的立场,就是把官方的观点视为与马克思主义的本质是同一的,并宣布马克思主义已经过时了,已被科学超越了。

在这方面,我们认为借助马克思的方法可以毫不困难地把握资本主义发展的新趋势。我们相信,可以极其简单地这样概括马克思那个时代的资本主义与当今的资本主义之间的质的差别:在马克思活动的那个时代,资本主义大工业首先掌握的是生产资料的生产;当然,采矿、发电等等也属于此。在消费资料工业中,虽然重要原料的生产(纺织、面粉、制糖等等工业)是由大资本主义机器工业掌握的,但是其他的、直接与直接消费相联系的原料加工却大抵依然是由手工业、小生产承担的;同样,大部分的所谓服务行业的情况也是如此。从 19 世纪末到今天,所有这些领域里都发生了一场剧烈的、迅猛的彻底资本主义化、大工业化的运动;从服装工业、制鞋工业等等一直到食品工业,到处都可看到这一运动。例如,如果把作为交通工具的马车与汽车、摩托车等等加以比较,那么差别就会清清楚楚地表现出来。一方面,进行小手工业

---

① 在此只能指出一点,当然也是非常重要的一点:列宁认为,经济垄断组织(毫无疑问,在当时那个阶段,这种组织具有决定性意义)"必然要引起停滞和腐朽的趋向"。此外他还强调指出,日益严重的食利寄生性乃是他那个时代的资本主义发展道路上的一种主要倾向。(《列宁全集》第 22 卷,人民出版社中文第 2 版,第 268 页以下。)我不是专门的经济学家,但我觉得这两个论断都是以对时代现象的重要观察为基础的。然而问题首先在于,暂时的停滞是否确实总是垄断的必然结果。无论如何,尤其是第二次世界大战之后的发展并没有表现出任何停滞。同样,众所周知,在第一次世界大战之前数十年中确实起过重要的社会经济作用的食利生活,在最近几十年中大大失去了普遍的经济意义。

企业生产的可能性已不复存在；另一方面，随着摩托化，消费者的范围大大扩展了。此外还有消费者的日常用具的机器化；电冰箱、洗衣机等等进入了大多数家庭，至于收音机、电视机等等就更不用说了。化学工业的迅猛发展——大家只要想想塑料就够了——，在广大范围内使古老的半手工或者完全手工式的小生产消失殆尽。同样，众所周知，例如旅馆业也成了一个重要的大资本主义部门，这不仅对城市的旅客往来是如此，而且对逐渐产生的在很大程度上是彻底资本主义化的度假业也是如此。最典型的非资本主义的服务性行业形式，即家庭佣人这个领域，正在普遍地消失。就连文化领域也被这一运动所掌握。当然，早在19世纪就有了这种苗头。但是，报纸、杂志、出版社、艺术品贸易等等被大资本主义化的那种规模，却显示着整个结构所发生的质的变化。

这些论断并非意味着肯定的或者否定的价值判断，并非意味着"文化批判"，而只是对诸多事实的承认。我们只是要指出，资本主义作为第一种具有内在的纯粹的社会性趋势的社会形态，它的经济范畴是如何在广度和深度上越来越强烈地贯穿整个社会存在的。如果我们现在有点超出了这一描述，那么我们这样做同样不是为了对事实作出评价性的表态，而是仅仅为了指出客观经济发展的一些趋势，这些趋势从比较普遍的水平上表现出同一种日益增长的社会性。用纯粹的经济学的语言来表达，我们可以说：事实表明，就对于剩余劳动的占有方式而言，对相对剩余价值的占有越来越大于对绝对剩余价值的占有。相对剩余价值从一开始就是一种特定的资本主义的占有剩余价值的要素。这种要素的可能性早在手工工场中就已经出现了①，但在发展主线上占支配地位的是绝对剩余价值，以及通过延长劳动时间或者降低劳动工资来提高绝对剩余价值。第一个机器工业时期加强了这种方法所占的支配地位；大家只要想想童工在这个时期的重要性就够了。只是由于有了逐渐发展起来的工会的反抗，才为绝对剩余价值所占的绝对支配地

① 《马克思恩格斯全集》第23卷，人民出版社中文第1版，第403页。

位设置了某些界限，迫使资本家在一些情况下侧重相对剩余价值以避开工会的反抗。然而直到在客观上使得整个资本家阶级对工人阶级的消费产生经济兴趣之前，相对剩余价值未能成为居支配地位的范畴。这恰恰是我们粗略地阐明的那种发展所带来的东西：以资本主义方式组织起来的对于广大群众日常所需的那些商品的生产。没有工人来作有购买能力的消费者，这种新的资本主义生产的普遍性就不可能实现。今天，这个事实本身已是如此显而易见，以致没有人能够再否认它；但人们在对这个事实进行解释时，却往往躲到人民资本主义等等空话连篇的烟雾中去了，而不是清醒地从经济的角度——本着马克思的旧的论断的精神——承认这样一个事实：在提高工资、缩短工时的同时，相对剩余价值仍然提高了资本在剩余价值中所占的份额。（很清楚，服务行业的资本主义化，把工时的缩短变成了新市场的扩张。）由此可见，向相对剩余价值对于绝对剩余价值的优势地位过渡，越来越强烈地成了对资本家本身至关重要的利益；这样一来，资本主义转入一种更高级的、更纯粹的社会性的生产方式和占有剩余价值的方式，就成了一种自发地、合规律地产生的经济必然性。马克思在从《资本论》中删去的、只是在他死后才发表的一章中总结了这个发展环节。他对与相对剩余价值相对立的绝对剩余价值作了如下的概括："我把这称为劳动对资本的形式上的从属。它是所有资本主义生产过程的一般形式；但是，它同时又是与发达的特殊资本主义生产方式并列的特殊形式；因为特殊资本主义生产方式包含劳动对资本的形式上的从属，而劳动对资本的形式上的从属则完全不一定要包括特殊资本主义生产方式。"紧接着，他把通过延长劳动时间来提高剩余价值称为一种"强制关系"①。按照马克思的观点，只有相对剩余价值的统治地位才能使劳动对资本的形式上的从属成为一种实际上的从属②。

不言而喻，无论这种质的变化在资本主义社会形态内部是如何重

① 《马克思恩格斯全集》第 49 卷，人民出版社中文第 1 版，第 78—79 页。

② 同上书，第 84 页。

要,它毕竟不是社会形态自身的改变。这进一步表现在,尽管对于绝对剩余价值的占有方法在比较发达的国家里失去了它的统治地位,但它绝对没有消失;它有时会以非常明确的方式一再出现,但同时又不会彻底动摇这种新状况的基础。在这里也和在其他一些重要的领域里一样,发展的纯自发性受到了某些调节,这一点与这样一种情况是互相关联着的,就是我们描述过的资本主义普遍化的过程,以一定的方式使整个资本的性质变得具体化了。众所周知,从经济学的意义上说,资本的整个发展乃是许多因果性的结果所造成的自发的合乎规律的产物,而这些结果本身则是从单个资本家的单个目的论设定中产生的,它们一旦产生之后就脱离了自己的起点并且凝聚成一定的客观趋势。这就是说,这个总过程的统一性达到了一种自在存在,但这种自在存在暂时还并不包含任何可能性,足以从自身中发展出一种自为存在以及对这种自为存在的意识。因此,马克思这样表明了这里所产生的特殊状况:正是危机表现出资本主义生产的彼此独立的因素的统一性①。就他自己那个时代而言,马克思正确地表述了这种关联。然而,相对剩余价值发展到在所谓消费领域里占统治地位(我们刚才就概述了这种发展),这使得上述状况发生了某种变化。这就是说,在资本主义的这种普遍性中,整个资本的利益比以前更加直接地表现出来了,因此它就更容易得到客体化,而且——恰恰就其与单个资本家或资本家集团的利益对立而言——能够被把握到并被贯彻到实践中去。今天,人们在研究经济繁荣时能够观察到某些初始的危机征兆并采取经济对策,这一事实就清楚地表明了这种新状况。罗斯福和肯尼迪所造成的那种巨大影响,其中就与他们本能地不顾单个集团(这些集团在一定情况下甚至可能乐于爆发一场危机)的特别利益而致力于贯彻资本的整体利益这一点相联着。当然,这里所能获得的认识乃是相对的和有局限性的,而它们的实际可行性就更成问题了。然而若要评价资本主义发展的现状,那

① 《马克思恩格斯全集》第26卷第2册,人民出版社中文第1版,第571页。

就必须也正视这种新产生的现象。

当然，为了保持理论上的明确性，就必须理解这样一点，就是这里应予以认识的现实对象并不是整个社会经济过程本身的自在存在，而只是整个资本在每一种具体情况中的利益所在。由此可见，不是客观的总过程可以通过对它的相应的认识而被变成它的自为存在，而是人们只能以这种方式比过去更有效地感知并切实利用它的自发进展。今天还难以让人们具体看到这里客观存在的资本主义经济的局限性，因为它的本体论上的真正的对立面即社会主义计划经济，至今尚未以相应的形式得到实现。我们只有从马克思率先获得的对于社会化经济中的再生产过程的认识当中，才能获得这种形式。但是，我们必须用自马克思那个时代以来的发展来检验马克思所设计的模式，以便确定是否需要对此作出一些补充、修正等等。此外，由于马克思所了解的社会性经济仅仅是资本主义的社会经济，所以我们还必须考察一下，这种社会经济在社会主义社会中是否在范畴结构、关联、活力等等方面发生了许多变化。时至今日，这样的考察尚未起步。人们就罗莎·卢森堡的资本积累学说所开展的讨论，在这一方面也没有作出多少贡献。就连苏联的经济实践，也未能给我们提供多少原则性的东西。在经历了世界大战和国内战争的严重破坏之后，苏联在没有找到重大的理论基础的情况下，就为了“日常的要求”和不惜一切代价地开展生产而直接掀起了“新经济政策”的重建事业。就连后来的计划经济，也是在没有作出马克思主义理论论证的情况下，作为——依然是不惜一切代价地——完成某些实际给定的任务的尝试而产生的。（在希特勒的侵略战争迫在眉睫的时候作好卫国战争的准备。）我们承认完成当时所提出的那些任务的历史必要性，但我们还是必须强调指出，从当时的那些观点和做法当中产生了一种官僚主义的唯意志主义和主观主义，即一种教条主义的事务主义，它不断把各种不同的日常内容僵化成为教条。

斯大林在1952年的观点表明，他的那些理论论证很少和马克思有什么联系。他引用马克思的价值规律，想反对一些经济学家的主观主义观点。但是,他认为这一规律只在直接意义上同商品流通相联系,所以他把这一规律在社会主义社会中的有效性限制在“个人消费的商品的交换[①]”上。因此他认为,社会主义社会中具有决定性意义的那部分生产,必须脱离价值规律予以计划。按照斯大林的观点,由于生产资料不是商品,所以对它们来说客观上也就不存在价值;人们只是为了经济核算和外贸才谈论它们的价值[②]。斯大林对经济中的主观主义的“克服”就是这个样子[③]。当然,斯大林的这一著作今天已受到多方批判或者甚至被宣布为过时了;然而在人们当前关于改革建议的讨论中,被马克思置于中心地位的整个经济的再生产过程却尚未起到任何作用。人们都说应该改善所谓机构的组织形式;然而在原则问题上必须彻底回到马克思的再生产理论上去,这个问题大家却闭口不提。但是这样一来,现实中就缺少了与当前资本主义发展相抗衡的现实的理论上的对立面。本书所作的这些考察不是要在经济理论方面提出具体的认识,更不是要根据当前的状况提出未来的发展前景,所以我们只能在这里打住。上面这段题外之谈,只是为了防止人们从对当代资本主义与社会主义所作的对比中得出草率的理论结论。目前,一种符合马克思思想的社会主义计划经济(在这种经济当中,通过具有理论基础的计划设定,整个经济过程将能够成为客观的自为存在)还是未来的事情。这里只想非常一般地指出达到这种计划的可设定性的理论和方法论途径。

本书所作的考察具有本体论性质,所以我们必须停留在当代的存在上,然而即便如此,我们还是不得不简略地指出今日资本主义的一个

① 斯大林:《苏联社会主义经济问题》,莫斯科 1952 年版,第 24 页。(参见《斯大林文选》下卷,人民出版社 1962 年版,第 585 页。——译者注)

② 斯大林:《苏联社会主义经济问题》,莫斯科 1952 年版,第 62—64 页。(参见《斯大林文选》下卷,第 587 页以下。——译者注)

③ 详细地批判斯大林的这种“马克思主义”,不是我们这里的任务。我们已经看到,在价值学说中,斯大林让价值本身在交换价值背后消失了,以便使它成为一个纯历史性的范畴。斯大林在阐述所谓的资本主义基本规律(他所说的这种规律与马克思已经毫不相干了)时却露了马脚,说明他自己对马克思的平均利润率的辩证法一窍不通。

环节,即控制问题。这种控制是因为必须把大量的消费商品卖给亿万单个购买者而产生的,它还因此而成了一种瓦解每一个人的私人生活的力量。这里,我们仍然不把以"文化批判的"方式评价如此产生的状况看作是我们的任务。我们只是要指出我们在别的相关场合已经讨论过的东西:在经济存在中有本质与现象之间的区别,这种区别往往可以发展成鲜明的对立,例如我们前面考察过的——作为人的能力的同步发展的——生产力的发展(本质)与它在资本主义社会中的表现方式(这种表现方式导致了人的卑微化和异化)之间的对立就是如此。马克思与其庸俗化的所谓学生们恰恰相反,他把本质与现象之间的这种对立看作是整个客观发展的一个标志,它在各个不同的时代、在各个不同的领域里常常以各种不同的方式出现,但总是反复地出现。为了说明马克思对这个综合问题的态度,我们只要引证一下他对机器的著名分析就够了。在这一分析中,他与那些辩护士们相反,恰恰坚决地强调了现象的现实性:"同机器的资本主义应用不可分离的矛盾和对抗是不存在的,因为这些矛盾和对抗不是从机器本身产生的,而是从机器的资本主义应用产生的!因为机器就其本身来说缩短劳动时间,而它的资本主义应用延长工作日;因为机器本身减轻劳动,而它的资本主义应用提高劳动强度;因为机器本身是人对自然力的胜利,而它的资本主义应用使人受自然力奴役;因为机器本身增加生产者的财富,而它的资本主义应用使生产者变成需要救济的贫民,如此等等,所以资产阶级经济学家就简单地宣称,对机器本身的考察确切地证明,所有这些显而易见的矛盾都不过是平凡现实的假象,而就这些矛盾本身来说,因而从理论上来说,都是根本不存在的。"① 这种思维模式乃是对于那些必然产生的本体论结构的一种映像。我们在评价今天占支配地位的控制时,也必须遵照这种思维模式。这种控制本身乃是消费资料(和服务)的大量生产和由单个消费者组成的群众之间的中介。在这一生产阶段上,作为关

① 《马克思恩格斯全集》第23卷,人民出版社中文第1版,第483—484页。

于商品质量等等的必要的信息，这样一个中介体系在经济上是必不可少的，可是在当今的资本主义的条件下，这些信息必然会形成今天占支配地位的控制，它逐渐扩展到一切生活领域，尤其是扩展到政治领域。倘若要简略地概括这一过程在本体论上的本质性的东西，就会发现一个内在统一的双重运动。一方面，控制以及与之极其紧密地结合在一起的信誉消费，在尽可能地从人们的日常生活中排除他们对合类性的追求，尤其是排除他们克服自己的局部性的趋势；这种控制和信誉消费在客观上主要就是要努力把自己的活动的对象的每一个人的局部性都永远固定下来。另一方面而且与此不可分割的是，如此被孤立起来的个人的局部性获得了一种抽象的、一种——归根结底是——千篇一律的特征；直接的、直接以感性为基础的日常生活的局部性，越来越强烈地具有一种表面上直接的、在本质上是僵化不动的、然而在现象世界却是在不断变化的抽象。这种通过控制而实际地塑造日常生活的方式与新实证主义所使用的方法在本体论上何其相似乃尔，这种相似性是无需再加以特别的说明就有目共睹的。

但是，由此是否就应得出结论，说控制成了人类生活的一种命运呢？如果客观地从本体论上分析这一状况，那么，我们必须把我们的“思维模式”首先限制在正确提出问题的方法论上，而不得把这种“思维模式”当作用以具体地理解一定的单个事例的样板。这里的根本差别在于，机器在生产本身中扮演着改造生产的角色，而控制却是一个在经济上对流通起决定作用的范畴，即像马克思所说的那样，是一个对“全部的”交换起决定作用的范畴。很清楚，尽管生产本身是从单个的人的目的论设定中产生并且是在它们当中、通过它们而进行再生产的，但生产本身却在目的论设定面前获得了一种无可置疑的、客观存在的独立性。对人们的单个活动来说，这种独立性乃是一种不可改变的现实，若仍然用马克思的话来说，它集中体现了人们自己创造自己的历史的那些条件。因此，它只有在整个社会的水平上才能发生根本变化，而且只有当经济本身的内在发展客观上使得有可能发生这些变化时，这些变化才会发生。当然,我们在前面已经看到,交换和流通与生产是处在相互作用之中的,而生产则是在其中起跨界作用的因素。由于交换和流通依赖于生产,所以这种依赖性赋予前两者的形式以某种程度的社会客观性。由此可见,就连对这些形式来说,任何"捣毁机器"的做法都是从一开始就是毫无希望的反抗;就连交换和流通的形式也只能在整个社会的水平上才能随着生产、社会结构的变化而变化。但是,马克思在看到这种相似因素的同时也看到了相异因素:"只有在最后阶段上,当产品直接为了消费而交换的时候,交换才表现为独立于生产之外,与生产漠不相干。"① 既然这些经济生活形式(按照马克思的观点,它们属于人们在自己创造自己的历史时无法自己选择的条件)已经具有一种尽管是必然的、但却绝不是宿命论的性质(因为可以通过整个社会——当然也只有通过整个社会——而改变它们),那么这里就由于交换所具有的经济特性而出现了一个新的扩大了的采取主动的回旋余地,而且对于单个的人来说也是如此。控制借助比较粗鲁,或者比较细致的手段对个人施加持久的压力,但是这种控制仅仅以人际间对它的认可,而不是以一般的经济以及整个社会对它的认可为基础。由此可见,就连单个的人也可以反抗这种控制,当然,这要以他愿意承担自己行为的某些后果,愿意承担某种风险为前提。不过我们早就指出,马克思主义虽然比它以前的任何一种世界观都更加明确地强调人类活动的社会性,但它一再强调,即使从整个社会的立场来看,也不应把单个人的行动的意义等同于零。更何况,从一方面来说,这类单个行动可以自发地在社会上积累起来;从另一方面来说,特别是在个人生活领域,我们不应低估榜样所起的社会作用。至于这里所产生的具体问题,我们只有在以后的关联中才能具体地考察。在这里,我们只能指出这样一些一般的社会存在基础,它们驳斥了一种流行的宿命论的控制观。对与控制紧密相关的单个的综合事实——例如时装——所作的无偏见的考察很容

① 《马克思恩格斯全集》第16卷上册,人民出版社中文第1版,第36页。

易就表明,在人们的愿意或者不愿意当中,这种“命运”有着非常明确的界限。

我们既然考察了社会存在朝着越来越纯粹的、当然也是越来越复杂的、具有越来越多的中介的社会性的这种发展,那么我们就可以断定,社会对经济力量增长的反应乃是确定这一运动方向的决定性标准。从严格的意义上说,亚细亚生产关系在这方面没有任何进步,当然,与此相联系的是,这种生产关系具有一种似乎是无限的再生能力(这种再生能力——并非偶然地——随着资本主义的侵入而终止了)。就像已经指出的那样,古代社会和封建社会各以不同的方式具有使各自固有的经济能力发展到一定高度的可能性。可是从这个一定的高度开始,财富的增长就会转过来反对自己的社会形态的基础,瓦解这种基础,向前发展的运动就会转入社会经济的死胡同。其所以如此,在这两种社会形态中各有不同的具体原因,而且仅仅从最终走进死胡同这一点来看,这些原因才具有相似性;这些原因在于:这两种社会形态都有这样的再生产条件,从整个社会来看,这些条件都具有“从外部”给定的、“既成的”前提,所以它们可以被称作是“自然的”,它们的再生产过程不仅不能再生产出自己的前提,反而必然会摧毁这些前提。而资本主义则是第一种这样的社会形态,在它里面,再生产条件能够不断地和越来越大规模地再生产出自己的前提。马克思就资本主义制度说道:“资本在自身的再生产中生产出它本身的条件。”① 当然,在马克思那里,这一论断不仅仅是声明式的;在《资本论》中,马克思还通过生产过程本身中的再生产具体地描述了资本主义生产条件的这一再生产过程。当然,他的这一描述仅仅局限于资本主义生产的两个决定性因素,即资本和所谓“自由的”劳动力;但是,这样他就充分地概括了资本主义社会在经济上的基本的、使之明确地有别于以往的任何社会形态的特征以及资本主义社会的特定的社会性。马克思的这一证明甚至在简单再生产的

---

① 《马克思恩格斯全集》第 46 卷下册,人民出版社中文第 1 版,第 188 页。

条件下也可以进行，这只是提高了它的理论价值。因为在扩大再生产的条件下，资本关系只会更加坚强地固定下来，只会更加充满活力地表现出来，这是不言而喻的。（这里请大家想想我们过去的分析，它揭示了资本主义社会中的简单再生产乃是在理论上具有重要意义的介乎两种社会形态之间的情况。）关于这一再生产问题，马克思有以下的论述："但是，起初仅仅是起点的东西，后来通过过程的单纯连续，即通过简单再生产，就作为资本主义生产本身的结果而不断重新生产出来，并且永久化了。一方面，生产过程不断地把物质财富转化为资本，转化为资本家的价值增殖手段和消费品。另一方面，工人不断地像进入生产过程时那样又走出这个过程——是财富的人身源泉，但被剥夺了为自己实现这种财富的一切手段。因为在他进入过程以前，他自己的劳动就同他相异化而为资本家所占有，并入资本中了，所以在过程中这种劳动不断物化在别人产品中。因为生产过程同时就是资本家消费劳动力的过程，所以工人的产品不仅不断地转化为商品，而且也转化为资本，转化为吸收创造价值的力的价值，转化为购买人身的生活资料，转化为使用生产者的生产资料。可见，工人本身不断地把客观财富当作资本，当作同他相异化的、统治他和剥削他的权力来生产，而资本家同样不断地把劳动力当作主观的、同他本身物化的和实现的资料相分离的、抽象的、只存在于工人身体中的财富源泉来生产，一句话，就是把工人当作雇佣工人来生产。"①

我们在马克思的阐述中可以看到这样一种经济结构和活力，它们为参加生产的人分配了他们在社会中的地位。我们在各种不同社会形态的再生产过程中，都能揭示出这一过程（当然，在这些社会形态中，这个过程会有许多重要的变异）。不过我们这里有一个非常重要的保留，就是这个过程的纯社会特征只有在资本主义社会中才能以纯粹的形式得到实现；而且在资本主义社会中，在那两个在经济领域起决定性作用

① 《马克思恩格斯全集》第 23 卷，人民出版社中文第 1 版，第 626—627 页。

的阶级那里，这种特征的实现要比在其他阶级那里来得更加直接，更不需要通过什么中介。当然，这一论断并不排除，在其他社会形态中——归根结底——同样是再生产过程在给个人指定他们在社会体系中的地位；而且就像前文中所指出的那样，由于人是对周围世界作出回答的存在物，所以这样就在一切场合都为人的实践以及他的始终是具体的目的论设定规定了具体的回旋余地；这些目的论设定必然具有一种可选性，这恰恰形成了每个时代的无穷的历史财富，但却不能扬弃它们自己所具有的那种归根结底是由经济决定的此时此地的定在。资本主义的特定的社会特征就表现在，这一切都主要是纯粹通过经济（当然是直接或者间接地通过经济）而发生的，而不是通过“自然的”中介体系把个人束缚于社会再生产过程的。和过去一样，我们在这里也给自然性加了引号，因为在那些曾经影响深远的、而且现在也依然存在于人们的感情之中的“有机的”社会生活观念之中，种姓、城邦公民、贵族等等和单个人之间的关联往往显得是某种（不加引号的）自然的东西。既然我们现在要排除这些幻想，那我们就必须同时看到，就其本质而言，种姓、等级等等与个人的联系，乃是某种与个人同一个阶级之间的联系不同的东西。这种“自然的东西”就在于，就像有机生命对于单个的人本身具有无法扬弃的必然性一样，由于习惯、传统等等东西的缘故，对于人们——不仅是个别的人，而且是广大群众甚至有时是整个社会——来说，一种本身是社会性的构造物也会获得一种无法扬弃的必然性的性质。每个人都必须把自己的出生时间、性别、体形当作一劳永逸地给定的东西接受下来；但对于诸如种姓、等级等等社会形式，人们也采取同样的态度，并把由于自己的出生而形成的对于这些社会形式的隶属关系也看作是某种自然的不可改变的东西，就像自己的天生的存在一样。当然，这首先是一种错误的意识，然而，由于这种意识——在社会中常常必然地——死板地固定下来并因同样的条件而具有长久的普遍性，所以它就造成了影响深远的现实后果，因为它从当事的人们出发，加强了某些从社会分工中产生的生活形式的“自然的”稳定性所依赖的基础。

这样,经济增长与在这方面以同样的方式自我再生产着的社会结构之间的对立关系就进一步尖锐化了,因为即便在这类(错误的)意识形式所依赖的社会基础瓦解之后,它们仍然能够(当然同样是被歪曲地)继续活在人们的心中。

在这一切背后,直接就是人的生物学意义上的自然存在与他们的社会存在之间的关系。而纯粹从本体论上来看,这种关系以两个完全异质的存在领域在一个结合部上相遇时的无法扬弃的偶然性为基础:从社会存在来看,任何一个人的生物学上的状况必然始终具有无法扬弃的偶然性;同样,从有机生命来看,任何一个人的任何一种社会状况也都包含着一种无法扬弃的偶然性。然而,我们这样说并不是要否认我们多次阐述过的社会存在所起的现实存在着的影响作用或者贬低它们的意义(这些影响作用包括教育、社会环境和生活方式,乃至包括对人的身体发展、免疫力的影响等等,等等)。然而,社会对人的生物学存在的这一整套作用,并不能扬弃人的身体素质的此时此地的定在与他的社会个性的社会回旋余地的此时此地的定在之间的关系具有偶然性这一事实。不过,人们绝不应把这种关系理解为若干异质的存在方式的被割裂开来的并列存在。须知,每一个单个的人的生命恰恰就在于,他作为社会存在物能够从自己的给定的身心条件中发展出什么东西。我们越是能够详尽地把握这一相互作用,就越是可以清楚地看到,在这一相互作用中并且通过这一相互作用,诸多异质的成分就可以被综合成为一种本来并不实存的、甚至本来无法设想的无法割裂的统一的整体。在这个整体内部,各种成分正是由于作为它们的基础的那些存在方式具有这种无法扬弃的异质性,所以它们永远不会彻底消除自己的基本的本体论上的偶然性。这里涉及一个基本的本体论上的社会存在事实,而且无论是从社会存在的整体方面(我们多次提到的人的新型的、不再是无声的合类性的问题,就是从这个整体方面表现出来的)来看,还是就人从纯粹的个别性(即人类的个例)到被意识到的、连续地存在着的个性(它不可分割地总是既是自在存在着的同时又是被设定的)

的社会本体论的发展而言，情况都是如此。我们在前面阐明的那些“自然的”社会存在形式，在人们从意识形态上掩饰这种本体论上的对立方面帮了大忙。在这种本体论上的对立被掩盖的那个时期，人们由于出生而直接获得的那种社会地位所具有的被设定性，几乎从所有的当事人的意识中都消失了。这里且根本不说种姓中的存在。作为自在存在，这种存在在宗教、哲学、伦理等等当中获得了理论和感情上的根据；就是在古代社会中，我们也能找到这种根据，在古代社会，人们在很长一段时间里一直把人的存在与他作为城邦公民的存在想作是完全同一的；同样，等级社会等等社会中亦是如此。

马克思在《德意志意识形态》中强调指出：“贵族总是贵族，roturier〔平民〕总是 roturier，不管他们其他的生活条件如何；这是一种与他们的个性不可分割的品质。”① 这样，资本主义社会以前的社会结构中的“自然性”就掩盖了两个存在领域在每一个人身上相结合的偶然性，因为他对某一个阶层等等的纯社会性的隶属关系，获得了一种直接延续他的真正的自然存在的虚假形式。马克思接着我们上面引用的他的反思继续强调指出，只是到了资本主义社会，这种假象才消除，因为单个的人与他在社会中取得的地位之间的关系暴露了自己的纯偶然性。从文艺复兴时期到在法国大革命中达到顶点的启蒙运动，人们一直试图让人摆脱这些“自然的”社会束缚，以便确立关于自主自立的自由人的思想，从表面上看，马克思所作的上述规定就继承了这一主线。然而，马克思在结束他的上述思路时看到了这种关于自由人的思想中固有的自我迷惑，即一种关于如此产生的自由的幻想。马克思说：“因此，在资产阶级的统治下个人似乎要比先前更自由些，因为他们的生活条件对他们说来是偶然的；然而事实上，他们当然更不自由，因为他们更加受到物的力量的统治。”② 马克思藉此提醒人们注意，让“自然的”社会形式瓦解并代之以纯粹的社会形式，这与让人赢得自由根本不是一回事。

① 《马克思恩格斯全集》第3卷，人民出版社中文第1版，第86页。
② 同上。

即使在一个已经变得纯粹社会化的社会中,这种自由同样必须通过特别的斗争才能赢得。这样,马克思的思路又反过来指出了我们的本体论问题。在一个纯粹社会性的社会形态中,人的生物学存在与人的社会存在之间的关系当中的偶然性清楚地暴露出来了:从活生生的单个的人的立场来看,他的出生把他置于何种社会地位,这纯属偶然情况。当然,在这之后,马上就产生了他与他的社会环境之间日益增长的相互作用,在这里,必须从确切的字面的意义上去理解这种相互作用,因为对人(包括对儿童)的任何影响都会引起他的可选抉择,以致所产生的影响效果很可能会与影响意图相反,而且往往也确实如此。由此可见,如此作出反应的主体,包括儿童,无法分割地既是某种生物学意义上的存在者,同时也是某种社会性的存在者。因此,社会产物、人与人之间的关系的纯粹的社会特征不能造成人的存在的任何社会性,反而倒会无法掩盖地体现生物学存在和社会存在在每一个单个的人身上的本体论上的偶然的、但毕竟又是无法扬弃的联系。

由此可见,这两种存在成分在本体论上的偶然性,决不会割裂人的统一性,它只是给人提出了这样一种独特的任务:如何使自己成为个性,如何找到并且实现自己的个性。一般地说,在这方面,社会性的趋势似乎起着塑造者的作用,生物学上的倾向则似乎起着被塑造的材料的作用。然而,若是一贯地坚持这种普遍性,那将会歪曲这种状况的特定的本体论上的矛盾性质。这一方面是因为,假若作上述那样的坚持,那么在具体的个人身上,在他的纯粹的本体论上的给定性中无疑存在着的这种二元论将会成为某种不可认识的、无法把握的东西。即使要求人们极其严格地以"纯粹的精神性",以需要解脱的灵魂对"软弱的"、"有罪的"等等的躯体的绝对统治为指南,那么在没有被社会化的基础上,对任何具体的东西的拒绝也不可能获得某种真正的形态;在这个问题上,人们或许会想到耶稣和那个富有的年青人,或者想到康德的绝对命令,但结果总归将是同样的:就连"最不情愿的肉体"也已经是社会性的了。另一方面,从构成人这个整体的这种处在自己的纯粹的自在存在之中的成分所具有的异质的偶然性出发,绝不能从它们上述的作为塑造者和被塑造者的一般关系中得出这样的结论,说真正的个性可能而且必然总是无条件地和人的生物学上的给定的可能性(这里仍然是指亚里士多德所说的那种潜能)处在对立之中。恰恰相反,小孩有时自发地表现出来的对自己的教育者的反抗,就足以表明,对一个人的个性起决定作用的某些因素,乃是同他的生物学存在的某些特征不可分割地联系着的。在存在中,人的生活必然充满了这类冲突。许多基本的社会调节职能形式(例如风俗、传统这些初级形式,以及法、道德这些更纯粹的形式)毫无个人例外地向所有的人提出了社会要求,(这里只要指出摩西十诫就够了),这一事实就足以说明,某个人类个例开始在本体论上朝着个性发展时,需要有一个社会机构,以便他能够在实践中把社会禁令与自己现实地联系起来,并通过这样一种中介而把对社会生活的道德调节变成对自己个性的促进。很清楚,这指的是伦理学。

但是,同样清楚的是,在这里不能陈述伦理学本来的具体内涵。在此,我们必须停留在纯粹的、一般的本体论的基础上,因而只能就其简单的、基本的本体论性质对伦理学中产生的情况作一概述。我们在前面列举的所有社会调节原则都具有这样一种职能,就是让人们的社会性,让人们对于在社会发展过程中形成的那种人类的隶属性,对人们各自的局部性的追求发挥影响。只有在伦理学中,由社会以这种方式必然地设定的二元性才被扬弃了。在伦理学中,对个人的局部性的克服获得了一种统一的趋势:伦理要求恰好击中行动着的人的个性的要害,恰好击中他在那些在社会中必然是互不相容地对立的诫令之间作出何种选择这个问题。如果一个人感到把符合自己人格的东西当作自己的义务加以承认乃是来自内心的命令,那么他在这样的命令的驱使下所作出的选择,乃是把人类与克服着自己的局部性的个体两者联系起来的纽带。现实的社会发展进程造成了人类社会存在的客观可能性。在通向这种社会存在的道路上把自己客体化为相互对立的社会秩序形式的那些内在矛盾本身,它们构成了这样一种基础,使得向着个性发展着的纯粹的个人同时也能成为整个人类的有意识的承担者。由此可见，人类的自为存在乃是一个既在整个客观经济再生产中、也在单个的人的再生产中进行的过程的结果。

我们已经看到，一方面，生物学存在和社会存在的二元性构成了人作为人的存在的基础，另一方面，社会的发展又把人身上的新的二元性即局部性与合类性之间的斗争变成了决定性因素，这时人们必须首先防止使这两个在本体论上紧密联系着的二元性在形式和内容上彼此过于接近，或者干脆设定在它们之间存在着目的论的关系。使人们得出这样的错误结论的那种诱惑，部分地是从最初的——但不断重新得到再生产的——统一性所具有的偶然性当中产生的，部分地是从下述似乎类似的事实中产生的：人的局部性是不能被彻底扬弃的；同样，人的生物学存在也不能被彻底扬弃。正是由于人的局部性和人的生物学存在在它们被克服的过程中不断地被重新再生产出来，所以它们恰恰构成了每一个人的整体统一。但人们决不应忘记，无论就局部性而言还是就合类性而言，人始终是以生物学存在与社会存在的统一体的面貌出现的，当然，无论在形式上还是在内容上，人总是受各种极其不同的价值决定推动的；这些价值决定决定着他在保留、再生产和克服自己的局部性之间作出选择。然而就存在而言，价值在人的这一发展中具有重要意义，正因为如此，所以我们必须始终坚持生物学存在与社会存在的关系所具有的那种最初的偶然性。宗教总是试图把一种超验的意义投影到这种偶然性中去，从而歪曲了人的发展，并且通过从形而上学上割裂肉体和灵魂而歪曲了人的存在。因此，宗教就必然得出了这样的结论，即只能认为对于这种二元性的扬弃乃是一种超验的目的论的过程的结果。我们只有无条件地认可这种偶然性，才有可能把人在整个社会再生产过程的范围之内从纯粹的个别性到个性的发展理解为对人类的产生具有决定性意义的因素。因为只有这样，人们才能把价值选择和价值决定理解为由客观发展必然造成的整个过程的积极组成部分，这样，在存在共属一体的人类发展的两个极端才能清楚地展现在我们眼前。

我们无论怎样重复也不会显得过分，就是这里所涉及的乃是一个历史过程，作为整体，它在任何方面都决不具有目的论性质。因此，我们同样可以而且必须总是历史地去理解这个过程的各个阶段。我们前面引证的马克思的论断就是如此：对于资本主义社会中的人来说，生物学存在与社会存在的关系中出现的纯粹的偶然性只能造成自由的假象，但不能造成自由本身。因为在人们的生活的起点、发展可能性等等方面存在的由经济决定的实际差别虽然失去了“自然性”，但就其自身来说，这种差别却以纯粹的社会的形式继续实存着。同样，只有从这里出发，才能正确地理解马克思对人们在合类性方面的“自然的”早期的完美实现所持的完全不是感情用事的态度①。马克思在这里谈到狭隘的完美实现，他指的不仅是经济生活的不发达性、不完善的社会性，而且也指的是这样一个与此紧密相连的事实，即人在主观方面以高超的、典范的方式塑造的合类性与真正的合类性还相差很远。(但正像我们引用过的马克思对荷马的分析所清楚表明的那样，这丝毫也没有贬低它的客体化的审美价值)。另一方面，马克思在谈到狭隘的完美实现的时候，还把人们在资本主义社会中产生的任何满足都称作是平庸的，因为它满足于资本主义社会框架之内的纯社会性所能设置的限制。这就是说，对现象与本质之间的辩证矛盾性的认识开辟了这样一种社会存在前景，在这种社会存在中，生物学存在与社会存在的偶然性将只是作为个人的这样一种生活任务、生活问题而在社会中实存：他应把自己的个别性塑造成真正的个性，把具有局部的给定性的自己塑造成不再是无声的合类性的代表、器官。而这一前景并不是单个的人的前景：只有当客观的经济发展在存在中创造出产生自为存在的人类的可能性时，这一涉及个人的发展趋势才能在社会范围内实现。

然而，前景这个词需要从两方面加以说明，一方面，这涉及认识客

① 《马克思恩格斯全集》第46卷上册，人民出版社中文第1版，第486页。

观经济运动中的现实发展方向。因此,前景不是像希望那样的主观情感,而是意识对客观经济发展本身的反映和进一步的补充。但另一方面,客观的经济发展虽然有一个可以在经济和历史方面加以认识的趋势(前景恰恰就是对这一趋势的反映和表达),但是,它的实现本身却既不具有宿命论的必然性也不具有目的论的必然性,毋宁说,它的实现倒是取决于人们自己的行动,取决于人作为对周围世界作出回答的存在物而愿意并且能够对这一趋势所作出的那些可选抉择。同样,正是由于这一趋势是无数目的论设定所产生的结果,而它的客观进程却偏偏不是有目的地以达到某种状态作为预定的目标。只有对于单个的人的或者群体的目的论设定来说,这种前景才可能是被设定的目标,而在这时,这些目的论设定所引起的因果系列,也就有可能成为促使这种前景得以实现的客观因素。马克思在共产主义中把这种前景说成是第二个社会主义阶段。因此,像我们这样的本体论考察只能把它理解为前景,这样一种社会结构能够在社会存在的两个极端现实地产生作为不再是无声的类的人类,如果仅仅从这个意义上说,那么我们对这种前景有了具体的理解。

意识形态问题*

（1968 年）

第三节　意识形态问题

葛兰西有一次谈到意识形态这个词具有双重意义①。他的阐述固然饶有趣味，但有一点不足，就是他只把必然的上层建筑同个别的人的任意想象进行对照。不过他还是明确地说出了意识形态这个极其重要的术语的始终在潜滋暗长的双重意义，这是他的一大功劳。遗憾的是，他在这方面立即陷入了人们惯用的抽象。从一方面来说，马克思主义者把意识形态理解为在经济基础上必然形成的思想上层建筑，这固然是正确的；但是从另一方面来说，把被人们贬义地使用的意识形态概念（它代表某种不容置疑地存在着社会现实）理解为个别的人的任意的思维构造物，这又是错误的。这首先是因为：只要某种思想仅仅是某个个人的思维产物或思维表现，那么无论它是多么有价值或者反价值的，它都不能被视为意识形态。某种综合的思想即便在社会上得到比较广泛的传播，它甚至也不能直接变为意识形态。某种思想或思想整体若要

---

* 选自［匈］卢卡奇：《关于社会存在的本体论（下卷）》的第三章《观念的东西与意识形态》，为该章第三节。该书由白锡堃、张西平、李秋零等译，重庆出版社 1993 年版。选自该书第 486—613 页。

① A.葛兰西：《实践哲学》（编者：C.里歇尔斯），美茵河畔法兰克福，1967 年，第 168 页及其后。

变成意识形态,它必须执行某种规定得非常确切的社会职能。马克思在把下面两者准确地区别开来的时候,描述了这种社会职能:一种是生产的经济条件方面所发生的物质的变革,"一种是人们借以意识到这个冲突并力求把它克服的那些法律的、政治的、宗教的、艺术的或哲学的,简言之,意识形态的形式。"① 马克思在这个地方说的虽然是伟大的经济变革,但这不应妨碍我们将他的这个规定用于整个社会生活、整个社会发展。在马克思的著作中,没有哪个地方有一座万里长城,把巨大的社会危机同经济再生产过程的正常运行不可逾越地分离开来。相反,马克思的经济学倒是表明,譬如在商品交换的两种正常的基本形式之一即 W—G—W 这种形式当中,其实已经包含着危机的萌芽和可能性;从这个关联来说,究竟还必须出现哪些辅助因素,才能使这种危机可能性变成现实,这对我们是没有什么意义的。问题的关键在于下述两点:第一,某种社会形态的经济结构和活力,建筑在归根到底——当然仅仅是归根到底——是具有同一结构的范畴关系的基础之上;第二,只有在社会存在中完成了从某种社会形态到另一种社会形态的过渡,或者现有的社会形态开始进入一个具有决定意义的新时期的时候,社会形态的经济结构和活力才会发生彻底的变化。这种变化决不是什么"突然"发生的"灾难",而是正常的发展本身的必然结果。因此,我们相信我们有理由把马克思的上述规定的实质也用于一定的社会形态的日常生活,有理由把意识形态形式看作也是人们借以意识到日常生活中充满的诸多问题并力求把它们克服的手段。

只要这样去理解这个问题,那么把葛兰西提到的那两种意识形态概念联系起来的那种东西就会立即显现出来。意识形态首先是人们对现实进行思想加工的形式,它用来让人们意识到自己的社会实践并使这种实践富有行动能力。这样,为了克服社会存在的冲突,就产生了种种观点所具有的必然性和普遍性;从这个意义上说,各种意识形态都有

① 《马克思恩格斯全集》第 13 卷,人民出版社中文第 1 版,第 9 页。

其社会的此时此地的定在:它是从那些在社会中采取社会性的行动的人们的此时此地的社会存在中直接而必然地产生出来的。一定社会历史的此时此地的定在规定着处在这种社会存在中的人的一切表现方式,这种规定性导致了一个必然的结果,就是人们对自己的社会经济环境的每一种反应,在一定情况下都有可能成为意识形态。这种普遍可能性在存在中以这样的事实为基础,就是意识形态的内容(以及在许多情况下还有它的形式)中保持着意识形态形成过程的无法磨灭的标记。至于这些标记究竟是变得模糊不清还是变得鲜明可见,这就取决于意识形态在社会冲突过程中——可能——执行的职能了。因为与此密不可分,意识形态乃是一种社会斗争手段,而这种社会斗争则标志着每个社会(至少是人类"史前史"的每个社会)的特征。在历史上变得如此重要的意识形态的贬义,就是在这样的斗争中产生的。互相论战的各种意识形态实际上是互不相容的,在历史过程中,这种不相容性获得各种各样的形式,它可以表现为对种种传统、宗教信念、科学理论和方法等等东西的解释,而这些东西又始终首先是斗争手段;这些手段所要抉择的问题将始终是一个"怎么办?"的社会问题,而"怎么办?"的社会内容则对这些手段的实际对立起决定作用。意识形态在论证自己具有这种指导社会实践的资格时所依赖的那些手段,它们的具体使用方法以及它们所具有的性质等等,总是取决于此时此地的社会斗争以及其中所包含的"怎么办?"这个问题的类型。

不过这样我们才只描述了对意识形态起核心的规定作用的那个方面。大多数支持和反对意识形态学说的人所以犯错误,就在于他们都把这个核心的方面,当作对于意识形态指导下的行动及其理论根据以及对于在意识形态斗争中产生的诸多整体问题的唯一的规定而加以对待。因为在现实中,这个核心方面在充满活力的整体里虽然是起支配作用的因素,但它毕竟只是诸多因素当中的一个因素,而且是一个只有从它在整体本身所执行的职能当中才能被理解的因素。无论是资产阶级当中反对意识形态学说的人还是那些捍卫这种学说的教条主义者,他们通常所忽视的恰恰就是这一点。上面所说的整体就是作为一个充满矛盾的整体的一定的社会,它不仅是人类实践的客体,同时也是人们采取行动的唯一现实基础。当然,纯粹客观地说,这两个现实的整体方面——说它们是现实的,这不单单是因为它们是意识所反映的现实的对象,而且首先是因为它们作为实践基础而在上述行动的总体中所起的各种作用——从任何一点来看都构成一个不可分割的统一体,它们所以成为独立发挥影响的因素,那只是由于它们在目的论设定所组成的那些整体中执行不同职能的结果。因此,当人们在一定的具体的现实情况下采取行动时,他们把而且也必须把改变这种情况定作自己的活动的目的,他们的目的论设定的内容不仅表现着上述的自在的统一性,而且还表现着上述不同职能的差别性。(必须从极其一般的意义上去理解这里所说的改变,它甚至还包括对一定现状的保持。)这样,一定情况的具体的历史的此时此地的存在恰恰以这种一般性表现出来,因为只有当一定的现状显得受到内部和外部的威胁时,就是说,只有为了保护现状而反对某种被想象是可能的改变的时候,保持现状的意图才会作为目的论设定的意图而出现。这里,无论这种情况被理解得具有多大的一般性,它都清楚地表明,只有人们的行动才能威胁现状,因此,为了保护现状而产生的那些目的论设定属于我们在批判偶像时所分析过的那种类型的目的论设定。

现在,这种共同的结构说明我们在前面的广泛而抽象的阐述是有道理的。这个道理就在于,只有对一定的目的论设定(这些目的论设定意在促使他人根据既定目标作出相应的目的论设定)的存在结构进行哪怕是非常抽象的分析,才能够奠定预先就摒除意识形态学说中的庸俗自然主义观点的本体论基础,持这些观点的人谴责人们根据自己的利益采取行动。当然,我们的抽象性的考察只是澄清了最最一般的结构,因为这样地行动着的人们的社会性虽然是他们所采取的每一个步骤的不言而喻的前提,虽然是人们达到或者偏离自己的目标、认清或者忽视现实所依赖的各种具有一般结构的基础的不言而喻的前提,但只是现在,也就是当我们把社会实践当作社会实践而放到核心位置加以考察时,才能比较具体地阐明这种社会性。为了能够作到这一步,我们必须看清,同从认识论上进行的偶像批判相比,抽象的偶像批判尽管采取了截然不同的途径,然而在对个别设定的正确或错误(及其结构性原因)进行分析方面,它必然还是停滞不前,不过无论正确也罢,错误也罢,都还不能把观点变成意识形态。不管是某个个人的正确的或者错误的观点,还是某种正确的或者错误的科学假说、理论等等,它们本身都不是什么意识形态;我们在前面已经看到,它们只是可能成为意识形态。它们只有在变成克服社会冲突(无论是较大的还是较小的社会冲突,也无论是命运性的还是插曲般的社会冲突)的理论或实践的工具之后,才能成为某种意识形态。这一点在历史上是不难看清的。以太阳为中心的天文学说和有机界的生命发展学说都是科学理论,不管它们正确与否,它们本身以及人们对它们的肯定和否定,当时都还并未形成任何意识形态。只是在有了伽利略和达尔文以后,人们对他俩的观点的态度变成了克服社会矛盾的斗争手段,这些观点和表态才——在这一关联中——作为意识形态而发挥作用。在对具体情况进行具体分析时,这种观点和表态的真理性或谬误性同它们作为意识形态而执行的这种职能之间的关联当然(也从意识形态上)起着重要作用,但只要是在谈论社会对立,那么这种关联就丝毫也改变不了这样的事实,就是必须把这种观点和表态当作(至少是也当作)意识形态加以考察。即使这些观点和表态从执行进步社会职能转变为执行反动社会职能,也改变不了它们这种社会意识形态的地位:信奉赫伯特·斯宾塞思想的自由派把达尔文主义变成意识形态;同样,帝国主义时期的"社会达尔文主义"的反动追随者们也把达尔文主义变成意识形态。

从意识形态的形成过程中,我们可以重新看到上面简略提到的社会整体的双重职能:正是这个整体的一定的发展水平以及由此产生的发展问题,在人——我们在前面曾经把他概括为对外界事物作出回答的存在物——的身上引起了那些有时表现为意识形态的反应。从这个意义上说，光是意识形态在本质与职能上的到目前为止一直还是抽象的统一，就又把我们引到了意识形态的形成过程这个问题上来。从直接意义上说，提出和解决意识形态的过程甚至可能具有纯科学的性质；然而与此决不矛盾的是，提出和完成某种意识形态的那种具有特定的特殊性的可能余地，却只有在当时的此时此地的定在的基础上才能发挥作用。科学思想变成意识形态的过程，正是在这种思想对这种此时此地的定在发生影响的时候形成的；这种影响作用可能、但却并非必须是直接有意的，因为某种思想可以通过多种中介途径而变成意识形态的东西。有时还有这样的情况，就是这种转变只是在中介过程中才成为事实。

可见，意识形态的具体涵义比严格的意识形态概念的涵义要广。这种具体涵义只是——似乎同义反复地——说明，社会存在中所发生的任何一件事情，其产生过程除了受其他因素的规定，还在关键的程度上受这种具体涵义的规定。这个朴素的事实涉及各种类型的存在及其所属的各种对象。因此，对作为生物的人来说，这个事实决不排除这样一点，即人的那些基本上是生物学的生命表现也都具有生物学规定性。不过正如我们已经看到的那样，这类生物学规定性虽然永远不会彻底消失，但它们却愈来愈强烈地被社会化，它们的此时此地的定在愈来愈鲜明地表现为是由社会规定的，这却是一条社会发展规律。所以，从饮食和性生活开始直到最抽象的思想表现，人的社会存在的任何一个组成部分的具体的此时此地的定在，除了受其他因素的影响之外，基本上都是由它赖以形成的那种社会情况规定的。对意识形态的最一般的规定只说明这些，它没有说明更多的东西。它说明的这些东西似乎相当少，因为这些东西显得太一般化、太言之无物和不言而喻。其实，这里面有着对于社会存在物的人来说是唯一可能的最高的具体性：人本身及其全部生命表现的普遍的社会性。前面，我们曾经能够从个别的、关键性的社会生活事实中看到这种普遍性。我们曾经确认，对象化和外化乃是劳动和语言这种基本的社会生活事实的必不可少的基本结构成分，这样我们就笼统地说出了上述那种规定。因为同所有重要的社会范畴一样，对象化和外化也具有这样一种双重特征：一方面，它们普遍地因而是一般地规定着人的一切生命表现；另一方面，它们同时又构造着这些生命表现各自特有的个别性。

当然，个别性同样也是一切事物和过程的一种一般本体论属性。不言而喻，从这个意义上说，人也是一种个别；大家可以想想人的指纹，它们就个别性而言是互不相同的，就像譬如某种植物的叶子是互不相同的一样。社会水准上的个别性乃是一种复杂的综合形式，它表现着个人在调节自己特有的目的论设定与调节自己对他人反应作出反应时所保持的那种个性统一。因此，如此产生的个性统一同样具有一种在客观上不可分割的统一的双重特征。一方面，人的社会统一及其作为个性的存在，表现在他对生活向他提出的选择所作出的反应之中；个人在作出此种抉择之前而进行的那些考虑和权衡，对构成他的完整的个别性图像固然决不是全然无足轻重的，但表现着人的社会个别性的真实本质、人的个性的东西的，却毕竟还是由这类抉择所构成的生活链。另一方面，人对其作出抉择的所有的可能的选择，它们同时又是他在其中生存和活动的那种此时此地的社会存在的产物；这种社会环境不仅提出这些要他作出一定回答的问题，而且每个这样的问题又都具有某种由社会具体规定的，使他可以作出多种现实回答的回旋余地。可见，由于人自己对这些可能性作出选择，所以他是有特性的人。他所具有的真正的独特性，甚至能够让他找到某种从未被他的同代人使用过的回答；然而就连这样的回答，也总是证实自己仍是上述的回旋余地的必然的组成部分，这种回旋余地愈是复杂，愈是分成广泛的分支系统，那么社会就愈发达；因此，在对社会环境提出的问题作出回答的全部力量中，个人所占的比重也愈大，他的个性也就愈发展。

抉择总是由人本身作出的，这是事实；但若由此得出结论，说作出抉择的这个人是独立于社会的，这就是一种现代浮浅病了。人在一定社会条件下诚然可以独立行事，但这些条件本身以及他对它们作出的那种反应,却毕竟都是纯社会性的。从这个意义上可以说,作一个有特性的人,成就某种个人事业和对社会历史的此时此地的定在作出相应反应,这些乃是同一个整体问题的两个共同关联的方面。因此——这番话是针对某些偏见说的——,个性愈是发展,他所成就的事业就愈是伟大,就愈多。马克思说得对:“个人的真正的精神财富完全取决于他的现实关系的财富。”[①] 经常发生这样的事情,就是有人把历史的东西同社会的东西分割开来,肯定其一而否定其二,根据存在来说,这样的做法是错误的。历史和社会学在大学里是分开讲授的课程,这确是事实,但由此决不能得出结论,说在人类发展过程中,历史和社会可以是彼此独立的因素。从日常生活直到最高级的客体化,上面简述的那种双重规定性在人类王国里到处都是有效的。这种双重规定性说明了我们应该如何理解最广义的意识形态这个词,也就是说,这种规定性说明,每个人的生活以及他的实际的、思想的、艺术的等等的全部作为,归根到底都是由当事的个体在其中生存和活动的那种社会存在规定的。

这是一个非常重要的认识,是每一门社会科学的基础。马克思说:“不是人们的意识决定人们的存在,相反,是人们的社会存在决定人们的意识。”[②] 不过,这种双重规定性还只是非常一般地提出了关于社会存在这个巨大领域里的所有个别现象、整体等等所具有的现实社会意义的模糊的、在许多方面是不明确的想法。为了在这个问题上获得明确的认识,我们必须再回到较为狭义的、但却较为准确的意识形态规定上来。我们在前面已经看到,根据马克思的观点,这种较为狭义、但较为准确的规定就在于,人们借助意识形态去意识到自己的归根到底是以经济发展为基础的社会冲突并且克服它们。我们将会看到,对这个较为狭隘的领域的分析同时会提供更加具体地理解那个较为广泛的领域的钥匙,这首先是由于这种分析将揭示这两个领域在现实存在中的联系。因此,意识形态在社会上的实存似乎以社会冲突为前提,这些冲

---

① 《马克思恩格斯全集》第3卷,人民出版社中文第1版,第42页。

② 《马克思恩格斯全集》第13卷,第8页。

突归根到底固然必须在它们的主要形式即社会经济形式中得到克服，但它们在每个具体社会中还会形成许多特定的形式，这也就是一定意识形态的具体形式。当然，在存在中，每一种社会活动（其中也包括冲突）的直接承担者总是个别的人，因此，一切冲突也都直接表现为许多个别的人之间的、许多个别的人和群体之间的或者两个群体之间的利益冲突。很清楚，一定情况下的群体是这样产生的，就是组成这个群体的那些个别的人的生存利益是相同的或者非常相近的，这种生存利益同其他群体的生存利益表现出对立性。这种局面在一定程度上包含着产生意识形态的最一般的模式。因为一个群体的全体成员若能让自己相信他们的生存利益同整个社会的主要利益是一致的，相信他们每个人若为这种利益努力也就是为整个社会做了好事，只有在这样的条件下，才能在社会上有效地克服上述那种对立。至于究竟是通过说服的手段还是使用公开的或者隐蔽的暴力手段来贯彻这种信念，这固然会使信念本身发生一些重要的细微变化，但对它作为意识形态的规定性却没有决定影响，而且对下述问题也不会起决定作用：这种信念的内容是符合社会事实和时代趋势抑或是与之相违？在个别的人身上以及他们的群体当中指导受意识形态规定的行为的那种思想是真诚的抑或是虚伪的？等等。在对个别的意识形态进行具体的社会历史评价时，这类问题倒是起着决定作用；但是对一般的意识形态来说，它们却不能构成任何对它起规定作用的特征。因此，这类意识形态得以产生的前提乃是一定的社会结构，在这种社会结构中，不同的群体以及它们的对立的利益相互发生作用，而且每个群体都力图把自己的利益当作全社会的普遍利益强加于社会，这就是主要问题的所在。总而言之：意识形态的产生和传播表现为阶级社会的普遍标志。

一般地说，而且也仅仅是一般地说，这无疑是正确的。我们在前面曾经不无理由地指出，利益虽然是由社会结构规定的，但这种规定性只有在一定条件下才能变为实践动力，那就是个别的人必须体验到这种利益乃是他们自身的利益，并且努力在对他们来说是生命攸关的同其他人的关系的框架内去实现这种利益。从这一基本现象过渡到上述的群体实践和群体意识形态,这是容易领会的。但这里同时又表现出另一种情况,就是在尚不广泛存在群体利益对立的社会,意识形态这种东西通常也总是起作用,所以我们将看到,在并不扬弃我们迄今就意识形态所作的那些阐述的同时,这个概念却得到了某种扩展,因而意识形态的形成过程也就显得出现了某种变化。请大家想想人类以猎取和采集食物为生的时代,那时还不可能有任何生产资料所有制,不可能有人剥削他人的现象,也不可能形成任何阶级。我们固然不应把这种状态美化为“黄金时代”;我们只是必须明白,在那个阶段,形成阶级的那些社会存在规定性还不可能存在。另一方面,人们又不应通过把原始性这个概念纯粹地一般化,来夸大和歪曲这种——社会经济意义上的——初始的、尚深受自然限制的、因而是原始的状态。因为在这里,原始性这个词一方面表示当时的劳动的水平,这种劳动作为社会对自然界的统治,尚未达到生产的水平;另一方面,它还表示当时的人的水平,当时的人同现实的关系尚未达到在最初的阶级社会中就已存在的那种多面性和多样性。采集食物、打猎、捕鱼等活动的内容,尚不包含对自然界的改变(即本来意义上的社会与自然界的物质交换);当时的人的这些活动紧紧地系于一定的自然状态(就这一点而言,他们和动物一样),这样才能获得自然界的即成产品,用以维持自身生存的再生产。从这一点来看,人类发展——从我们的意义上说,就连人的生物学的自我实现,也只有在人类发展的最后阶段才能完成——的这个漫长的初始时期确实是“原始的”、纯“自然性的”。但是大家在这里还必须现实地想象,当时的人已经在哪些方面超越了自己的生存的纯自然性质。戈登·柴尔德在他的著作里小心翼翼地和批判地描述了那个时期的情况①。当然,我们的意图不可能是哪怕只是粗略地概括一下这种状态。我们只要指出这样一点就够了,就是当时的人已经学会了取火和磨制石器

① 柴尔德:《人自己创造自己》(德文版),德累斯顿 1959 年版,第 4 章。

(以及后来的骨器),这类器具变得日益完善,而且弓弩和飞镖等等东西还达到了类似机械性设备的初步水平;他们在打猎时学会进行集体合作,学会使用同样以劳动和有意识的规划为前提的计谋(陷坑、圈套等等)。人类以猎取和采集食物为生的时代还有一个特点也是我们不应忘记的。正是由于在当时,本来意义上的劳动在某种程度上还只是处在次要地位(制造猎具);由于在当时,本来意义上的劳动还不像在农牧时代那样,构成了整个社会的决定性的生存基础;由于打猎特别要求人们对凶猛的野兽采取完全不同的反应方式,所以至少在进行劳动的同时,人们产生了由这类反应方式像命令一样规定的必要的行为方式,就其社会重要性而言,这种行为方式甚至在此之前就已产生,而且更强烈。我们所说的这些行为方式首先是指勇敢、坚定和必要的牺牲精神,没有这种品质,石器时代常有的、而今又可以证实的那种打猎劳动是不可能进行的。后来,这些品质甚至被当作统治阶级的美德而变成他们的意识形态的重要组成部分。所以,这里让大家想到这样一点是有益的,就是这些品质在人类形成阶级以前靠采集和打猎为生时就已产生了;而且扼要地指出下述事实也是适宜的,即这些后来(在政治、道德等等方面)获得了意识形式的行为方式,本来是从采集食物和打猎这种劳动形式(当时,这些是唯一可能的社会再生产过程)中产生出来的。

对于我们的问题来说,这里面具有关键意义的是,采集食物的劳动只有在对象化的形式中才能实现。这种基本社会性的有效范围,比那些物质文献所直接显示的程度还要广泛得多。因为就拿采集植物来说吧,这要以对可食的和有毒的植物的知识为前提,而这种知识本身就已包含着极其丰富的词汇。因为人们总要给认识到的东西起名字,这样才能把它们确定下来;对于动物等等东西的种类、习性、生活方式的认识也是如此。可见,人们决不应低估一个"原始"人的语汇(因而还有思想世界);当然,人们同样不应不加批判地过高地评价当时所达到的、广泛存在的生活领域的分化性,从而忽视当时人类的现实存在的原始性,譬如在极端非历史的结构主义理论中就总是出现这种情况。具有决定意义的只是这样一点，就是在原始状态中，人的每一项活动都获得了对象化和外化的形式，因此，当时的人的——尽管大抵上只是被今人用纯经验实用主义的方法加以把握的——生活范围，将比人们根据实际存在的劳动器具等等实物而直接料想出来的规模要广泛得多，也分化得细致得多。还有一点，就是当时人们进行交往的外化形式，即那些应该用来规定他人行为的目的论设定，想必已是广为通用的了，否则无论是采集还是猎取食物，都是无法进行的。当然，在原始状态阶段，无论是社会经济群体利益之间的对立还是在个别人同他们的社会环境之间有时出现的对立，都还不能成为固定的普遍的和持续的对立，不过这一点丝毫也改变不了上述结论。为了协调譬如像分配猎物这样的共同行动，当时只要产生一些被人们普遍承认的行动方式就够了。可见，后来的意识形态的一个方面，当时想必业已存在了；人们的行为规范虽然还不是在群体利益的斗争中对抗性地贯彻的，但它们想必已经达到了一定的社会普遍性。我们固然不能具体了解那个时期的这类表现方式，但我们却能从中设想集体和个人之间的冲突的萌芽，因为假使以为每个人的社会意识都是完全一样的，那将是一种形而上学偏见。光是当时的教育（不管这种教育具有怎样的“原始性”，也不管它受着多么严格的传统限制），就要以一定的个人行为为前提，而这种个人行为则可能已经包含了构成意识形态的最初的因素。因为在教育过程中，必然要为个人规定他将来的个人行为所应遵循的一般社会规范，必然要把个人行为的反面教训和正面榜样深深地刻在他的心中。个人行为的这种社会化直接作为继承下来的习惯而发挥作用；不过人们又不应忘记，即使是在人类发展的最原始的阶段，这种社会化也必定是以目的论设定为基础的各种外化形式的产物。

然而，意识形态赖以形成的那种基础在社会上的产生，并不限于我们迄今所阐述的那些情况。我们曾经在以前的关联中指出，实施目的论设定的人每当作出一个引起行动的抉择时，他决不能预先在思想上对自己所处的情况完全了若指掌，因而也决不能完全控制这些情况。

在人类发展的初期阶段,未知事物的领域就质的规模而言,必定比后来任何一个阶段都更加广大,这是无需深入说明就很清楚的道理。以上固然是基本的实践事实,但在这样的形势下,当时的人类毕竟还是必须——冒着毁灭的惩罚——采取这样或那样的行动。实践是人有意识地——依照目的论设定并借助对象化——进行的,这属于人类实践的本质。因此,恰恰是在人类发展的初始时期,让人们意识到自己在未知和不可知领域里的实践,必然起着某种极其重要的作用。在这方面有一种双重的、自身充满矛盾的发展。一方面,人类通过实践经验,攻克了愈来愈多的未知领域。这里,我们同样决不应把劳动概念理解得过分狭隘;除了直接劳动所揭示的一切以外,人们在从事基本劳动时还进行种种观察,这些观察积累起来譬如就形成了最初的天文知识。另一方面则还存在着这样一个行动环境,即使是对于最广义的普遍化的劳动经验来说,这个环境也必然显得是无法揭示的,但人们又必须在每次实践中都考虑到这个环境,所以他们就把从其他领域获得的知识搬到这个环境里去,于是就显得从思想上掌握了这个环境。

当然,我们对人类发展最初阶段的这些思想领域的具体情况简直一无所知。考古学和民族学文献所表示的所谓人类之始,所涉及的其实已是人类发展的相当高级的阶段了。尽管如此,但我们还是相信可以从上述认识中反过来得出关于人类之始的思维形式的结论,因为在当时人类的思维和行动的社会环境方面,我们已经拥有了某些具体依据;当然,我们只能得出极其一般的结论,决不能声称它们有资格澄清当时的具体的此时此地的定在。这首先意味着,上面简略提到的当时的人类在把握现实时所出现的那种双重发展,决不代表两种截然分开的趋势,而是说这两种发展趋势之中的任何一种趋势都可以突然转化为似乎与自己彻底对立的另一种趋势。所以后来,数学便在一定条件下成了人们试图在毫无客观科学基础时用以把握极端的不可知领域(天文学)的思想工具,这样,还可以从就其实质而言是非科学性的趋势中形成在客观上是科学的很有价值的发现(炼丹术)。我们援引的这些示例表明,在人类发展的比较高级的阶段,可以产生上述这种不断的相互渗透,所以人们可以提出这样的论断:在人类发展的比较低级的阶段,这种渗透很可能更为密切。

产生这种渗透的那种原因是持续有效的原因。任命一个社会的社会生活都是在一种——归根到底是——统一的现实中进行的,这个社会中的任何一个个人的本质,也总是构成一种统一的存在,因此在社会中,到处都必然产生我们先前称为日常生活本体论的那种东西,个人和群体的生命再生产切实必须的那些趋势,会在这种本体论中综合成为一个无法直接分割的思想感情统一体。历史证明,只要这种本体论是由社会的基本趋势承担的,那么同这种本体论相矛盾的科学真理就往往要在意识形态的大墙面前碰壁;但这样的真理若能从这种本体论中获得支持,那么它们就会突然具有摧毁偏见的万钧之力,并且成为当时社会的日常生活本体论的核心。马克思认为,分析较高级的社会形态的结构可以提供认识较低级的社会形态本质的钥匙。遵照马克思的方法,我们可以提出这样的假设:在人类发展初期阶段,这样一些因素在当时整个发展中占主导地位,这些因素总是让人们把在现实地把握自身环境的过程中获知的、在他们造成的对象化的客体中始终存在的形式投影到未知领域里去,并力图以此去把握未知领域。这样的事后考察或许使我们可以一般地——当然不是具体地——略为接近这类投影的基本范畴。历史地看,类比思维居人类用思维把握世界之始,它作为人类把握客体的初步尝试甚至是永远无法排除的,这一点似乎是毋庸置疑的。不过,如果把类比思维用于不同的生活质料,那么它的实际效果就有质的差别。在现实中究竟是否以及在多大程度上存在着某种马上会产生物质后果的类比结论的对应物,这立即会在劳动结果中表现出来。因此,这时,类比基本上是达到构成那些真正表达物质世界的情况、关联等等的现实范畴的跳板。就连这样的过程往往也要持续数百年甚至数千年之久,而且至今尚未结束。这表明,这里所涉及的乃是人们从思维上反映现实时所使用的一种基本形式。我们由此可以得出结论：凡是由于所反映的内容的缘故而不可能进行这种直接控制的地方，凡是只有通过批判的日常生活本体论才能揭示类比中的纯形式性的东西的场合，上述过程都必然持续得更长。社会与自然界之间的物质交换在帮助人们日益深刻地揭示自然界的客观规律方面所起的作用愈小，那么类比法的作用就必然愈是具有决定性。

但是，类比还只是表示一种从形式上认识现实的手段。根据日常生活本体论的变化，类比的内容也在发生巨大变化。随着人们在日常生活本体论中产生了较具批判性的态度，有些领域便整个退出了类比范围，而自我与外部世界之间的类比尤为如此。不过这里人们决不应忘记，历史上的这类净化过程进展得何等缓慢和充满反复，而且这种类比至今一直还在自发的日常生活中起着某种作用，只是不能对整个社会的世界图像起决定影响罢了。然而，这种类比法并不总是这样直接地明显地出现的。人类生活的某些特殊方面能够获得某种独立的形态，这样它们就间接地奠定了让人们通过类比去把握世界的基础。这里我们——略过生命、死亡、完美、永恒等等重要示例——仅仅突出强调目的论这个范畴。进入19世纪到马克思和达尔文为止，目的论一直作为客观的自然范畴而保持下来，其实它过去只是人们通过类比而把劳动过程投影到自然界里罢了。这样的歪曲含义的例子真是不胜枚举，不过我们这里的关键只能在于说明，有许多的意识形态要素，它们其实早就以某种方式存在于最初的社会发展阶段之中了；至于后来产生了用意识形态加以克服的社会对抗，人们也不必为这种新的需要创造全新的手段，因为他们本已拥有这方面的丰富遗产，只要按照新的任务将其加以适当的改造就成了。在现实中，这种局面当然就更加一清二楚了。因为甚至出土文物（特别是古墓中的出土文物）也表明，就连尚未划分成阶级的社会，也被迫提出并且解决许多特定的意识形态问题。在石窟壁画中，纯意识形态的东西表现得更明确。这类壁画清楚地证明，人类社会发展处在最初阶段而且尚未形成阶级时，如果良好的条件带来相对富足和一定的闲暇，那么社会甚至能够创造出具有高度价值的意识形态产物，当然，这是发生在这个发展阶段的末期但还没有过渡到农业和畜牧业这种本来意义上的生产阶段的时候。

因此可以概括地说，一些意识形态的形成方式可以追溯到人类社会最初的发展阶段。从阶级斗争当中产生出来的本来的意识形态问题乃是后来的时代的结果，不过这一点同上述概括并不矛盾，而是像我们在阐述这些思路的开头时就已指出的那样，这只是要求我们把意识形态的社会职能、形成过程和作用规定得较为广泛些罢了。克服社会冲突这个基本问题始终是核心之点。但事实还表明，意识形态的社会范围决不仅仅限于这种冲突。我们在这里的这些考察中，曾经指出了个人和社会的关系这个问题。上述那样的冲突在发达阶段是经常发生的，但是人们在研究这类冲突时决不应忘记，就是只要它们真是有意义的，那么它们总是作为客观的社会阶级对抗的一定的重要表现形式才获得这种意义的。在原始社会，主要是由于生产关系所起的规定作用，每个人的个性都没有得到发展，再加上传统、教育等等因素的影响，更从意识形态上使得个性的不发展成了一种标准的社会一律状态，因此，当时的社会冲突只能表现为潜在冲突。我们还不应忽视当时存在的另一个冲突领域。当时，人类无法控制的自然环境力量时刻危及整个社会，因而也时刻危及构成社会的所有个人，所以，进行没有客观依据的类比，在没有经过客观论证的前提下把已知的东西投影到未知的现实中去，在时刻受到威胁并在无法估料的环境中求生存的人们的思想中，这类做法必定起着特别重大的作用，这是完全可以理解的。

就连恩格斯也曾毫无顾忌地粗鲁地把这样产生的意识形态的内容称为“原始谬论”，并且拒绝为所有这类表现方式“寻找经济上的原因”。[①] 只要他指的是从准确规定的个别经济形式中得出的被直线式地和直接地决定的推论，那么他无疑是对的。可是这不单单涉及这几种意识形态。一个社会的一般经济本质决不会以某种片面和单义的规

① 《马克思恩格斯全集》第37卷，人民出版社中文第1版，第489页。

定性(据称,人们可以用某种——准逻辑的、准科学的——方式从自己的考察中直接推导出这种规定性)的形式,产生出自己的存在和发展的全部具体表现形式。恩格斯在自己的活动的最后阶段,曾经以批判的态度用对整个社会现象世界起支配作用的偶然和必然去反对那些庸俗化的"推论"①,从而为历史唯物主义建树了伟大的功勋。恩格斯还指出,"科学史就是把这种谬论逐渐消除或是更换为新的、但终归是比较不荒诞的谬论的历史。"② 可见,在我们刚才援引的恩格斯关于"原始谬论"而发表的断然措辞中,他仍然没有忽视这样产生的意识形态发展所具有的历史特征。这种措辞中值得怀疑的地方只是在于,恩格斯在这里只是片面地从科学和认识论的角度,而没有从本体论和实践的角度来考察意识形态问题。他所揭示的固然是整个真理的一个重要方面;可是,科学地针对这类意识形态而进行的持久斗争不仅是人类发展的一个要素,而且从社会本体论的立场来看,这种斗争还是意识形态史本身的一个重要组成部分。当人类社会到了较为发达的阶段的时候,一种意识形态对于另一种意识形态的揭露便在意识形态斗争以及意识形态领域里的阶级斗争中起着重大的、有时甚至是决定性的作用。在这方面,被认作是敌对的意识形态大抵因其违反宗教、传统等等而遭到攻击,它们所包含的真正的科学趋势往往成了主要的攻击点。然而这种情况并没有改变这样的事实,就是对于那些在意识形态斗争史上居主导地位的趋势来说,恩格斯所作的那种概括大体上是正确的。

作为对于意识形态是什么这个问题的认识,恩格斯的这种概括有令人迷惑之处,这主要是因为它具有认识论特征。有一点肯定是正确的,就是绝大多数意识形态都基于一定的前提,而这些前提是经不住严格的认识论的批判的,特别是如果长期地坚持进行这样的批判。不过这样的批判乃是对于错误意识的批判。但是第一,有许多被实现的错

① 只要指出这样一点就够了:恩格斯强调,普鲁士作为大国而产生乃是一种偶然。《马克思恩格斯全集》第37卷,人民出版社中文第1版,第376—377页。

② 《马克思恩格斯全集》第37卷,人民出版社中文第1版,第489页。

误意识却从未变成意识形态;第二,已经成为意识形态的东西又决非必然就是和错误意识相同一的。因此,意识形态其实是什么这个问题,只能从意识形态的社会效力和社会职能中去理解。马克思早在自己的博士论文中就已从本质上正确地看到了这里的这个基本问题,尽管他当时尚未找到历史唯物主义的根据。马克思在尖锐而富有洞察力地批判人们从本体论上证明上帝的存在(以及康德对这种证明的批判)时,曾经这样雄辩地问道:“古代的摩洛赫不是曾经主宰一切吗?德尔斐的阿波罗不是曾经是希腊人生活中的一种真正力量吗?”① 这就一针见血地指出了意识形态这个基本事实。从认识论上来说,人们尽可以把摩洛赫和阿波罗概括为“谬论”;然而在社会存在本体论中,他们却是作为现实有效的——即作为意识形态的——力量而发挥作用。当然,这样的对照还远未触到真正的对立。因为,只有社会发展的此时此地的定在与社会本质的发展的基本要求趋于一致时,意识形态才能成为力量。正像历史所表明的那样,即便在存在着这种趋同的时候,其中也还是有许多细微的差异,衡量这种相同或相异的尺度在认识论上不一定非得是正确的东西,在社会历史上也不一定非得是进步的东西,但它却是一种动力,促使人们对一定的社会发展的此时此地的定在和这种发展本身的冲突所提出的问题作出及时的回答。马克思后来在《资本论》中曾经根据生产的发展,结合真正以历史为基础的工艺史的要求,较为详尽地谈到了宗教。他在那里固然只提到了宗教,但我们把他的阐述的方法论结果用于一般意识形态问题却不是很难的事情:“事实上,通过分析来寻找宗教幻象的世俗核心,比反过来从当时的现实生活关系中引出它的天国形式更容易得多。后面这种方法是唯一的唯物主义的方法,因而也是唯一科学的方法。”② 我们相信,只有对一定历史时期所产生的意识形态作出上述那样真正的解释,人们才会看到,作为经济基础与从中产生的意识形态之间的中介,我们在前面曾经称作日常生活

① 《马克思恩格斯全集》第40卷,人民出版社中文第1版,第284页。

② 《马克思恩格斯全集》第23卷,人民出版社中文第1版,第410页(注解部分)。

本体论的那种东西必然起着决定性的作用。原始社会的人类何以在“谬论般的”意识形态的基础上却能大体上按照自己的利益直接正确地行事呢？这个似乎是从恩格斯对当时的意识形态进行的认识论的批判中推导出来的“谜”，于是便迎刃而解了。马克思还阐明，在资本主义社会，恰恰是在我们称之为日常生活本体论的那种东西的土壤上，也能产生某种“谬论”，作为某种本来是合理的行为的意识形态形式。马克思确认，货币地租作为剩余价值的一部分，它对土地的比率是不合理的。他说，货币地租对土地的比率“就如同说一张5镑银行券对地球直径的比率一样”。而且，他恰恰是按照这一方法，澄清了这里面的情况：“然而，表现并在实际上概括一定经济关系的那些不合理形式的中介作用，对这种关系的实际承担者的日常事务毫无影响；并且，因为他们已经习惯于在这种关系内活动，所以他们一点也不觉得其中有什么难于理解的地方。一个完全矛盾的现象，对他们来说也决不是什么不可思议的。他们对于那些没有内在联系并且孤立地看是不合理的表现感到如此自在，就像鱼在水中一样。”①

只有让意识形态的存在和实际作用不再从属于人们在认识论和历史哲学的基础上所作的价值判断，我们才能不怀偏见地对意识形态进行考察。恩格斯在另一个地方曾经非常严肃地试图对此作出规定。他在为马克思的《哲学的贫困》一书所写的前言中谈到社会主义应用李嘉图的理论时这样写道：“李嘉图理论的上述应用，——认为全部社会产品，即工人的产品属于唯一的、真正的生产者，即工人——”无疑将“直接引导到共产主义。”但他同时强调，这种解释“在经济学形式上是错误的。”因为人们从李嘉图的理论中可以得出的那些道德的结论，“同经济学没有什么直接关系。”而且，他在结束自己的考察时还说了这样一番正确而饱含内容的话：“但是，在经济的形式上是错误的东西，在世界历史上却可以是正确的。如果群众的道德意识宣布某一经济事实，如当

① 《马克思恩格斯全集》第25卷，人民出版社中文第1版，第877—878页。

年的奴隶制或徭役制,是不正确的,这就证明这种经济事实本身已经过时,其他经济事实已经出现,因而原来的事实已经变得不能忍受和不能维持了。因此,在经济学的形式的谬误后面,可能隐藏着非常真实的经济内容。"① 这样,意识形态从一开始就具有的那种充满矛盾的双重特征,就变得昭然若揭了。对于被剥削者来说,无论是从客观的、社会经济的状态中还是从李嘉图的具有高度科学价值的进行把握的尝试中,他们都无法根据自己的需要,看出这种发展的进程、方向和前景。尽管如此,然而——就社会经济的客观性而言——问题本身却是内含地存在着的,而且既存在于现实本身之中,也存在于这种现实在当时的最好和最客观的映象之中,并且在许多人的心目中都产生了这样一个生活问题,就是为这个问题找到一个恰当的答案。

我们已经多次说过:人是对周围世界作出回答的存在物。无论是直接再生产的问题(首先是劳动的问题),还是对这种再生产起支持、补充和推进作用的科学的问题,都可以从人的这一基本性质中得到解释。现在我们仍然不应离开这一基础,只是必须把生活问题这个概念进一步加以具体化。每一劳动和每一直接实践都有其直接目的。因此,这种直接性以及人的自身生命的维持和再生产,直接地必然地在人的身上贯彻着。不过我们已经知道——人作为人的存在恰恰就基于这一点——,这种直接性若要作为人的生存的直接基础而实现,那么这种直接基础的直接性本身就得扬弃自己。在需要和满足需要之间必然要有目的论设定来充当中介,它本身就包含了这样的扬弃。然而,每个目的论设定又都包含着一种(我们多次指出的亚里士多德的"潜能"意义上的)可能性,就是在引出进一步的目的的同时,还通过那些实现目标的行为所具有的对象化特征而促使人的能力适应新的要求,这样,上面说的那种扬弃就超出了最初的矛盾的范围,而这种情况并不在设定主体的意愿之内。

---

① 《马克思恩格斯全集》第21卷,人民出版社中文第1版,第209页。

对于我们的问题来说，这里最重要的东西就在于，这种发展引起以促使他人采取新的行动为宗旨的目的论设定，并且使这类设定在外延和内涵方面、在量和质的方面都变得对生产过程和整个社会日益重要。这里只要指出两件事实就够了：风俗、习惯、传统、教育等等，它们都毫无例外地基于上述的目的论设定，它们发挥影响的范围以及它们的意义，始终在随着生产力的发展而发展；为了满足整个社会的需要，必须产生特殊的意识形态领域（首先是法）。我们在前面的考察中已经阐明，对这类目的论设定来说，决不会像劳动本身所表现的情形那样，能够直接地并且愈来愈正确地实现存在对表象的直接控制。这固然意味着某种质的差别，但不言而喻，即便在这里，这也决不意味着目的论设定绝无任何把握，绝无任何理性。这样就产生了为了社会经济目的而必须施之于人的种种影响，而施加这类影响所采取的各种不同形式也一直都或多或少地执行了自己的职能；较大的保险系数范围只是产生了这样的结果，就是偶然性和不平衡性在这个以影响他人为宗旨的目的论设定领域的发展中所起的作用，要比它们在严格意义上的劳动领域的发展中所起的作用更强大、更明确和更有效。为了比较准确地把这个整体现象加以具体化，我们必须首先考虑到这样一点：在这方面执行职能的那些目的论设定是为促进经济发展而产生的，并且——归根到底，当然也仅仅是归根到底而已——从未放弃过自己的这一使命，然而它们从一开始就决不可能机械地直接地完成这个任务，而且生产力愈是向前发展，它们机械地直接地完成这一任务的可能性就愈小。因为最初的分工产生的最初的劳动效率和最原始的结果向人们提出的任务，就已经不同于本来的劳动过程本身向人们提出的任务，而完成这类新任务则要求并且发动着人们身上的新型的智力（请想想个人的勇敢、富于发明精神的策划以及某些集体劳动所要求的无私的合作精神）。因此，——社会分工愈是发展，——这里所产生的那些目的论设定——就愈是明确地——直接以唤起、加强和巩固人们心中的这类已是不可缺少的感情为准。这就说明，这类设定的客体不可能像在同自然界进行物质交换时通常所做的那样，直接地控制和纠正现实：无论是这类设定所及的客体还是它们应付诸实施的地点，原则上都不可能像在同自然界的物质交换中那样是明白确定的。这时，下述差别就会发挥作用，即：这样一个目的论设定到头来究竟引出一个因果系列还是引出一个新的目的论设定。这首先产生这样的结果：一方面，同另一种类型的目的论设定相比，对于这类目的论设定来说，人们不可能认清自己采取行动时的全部条件这个事实（这是人们在作出任何抉择时都要面临的共同局面），会以更加严重的程度出现；另一方面，这时，所设定的意图的针对性必须是更加多义的。人们不可能认清自己的全部劳动条件（这是必然的），这固然也要对劳动本身产生影响，不过这种影响大都具有较大的表面性；我们譬如知道，不但在远古时代，就是在进入了有文字记载的人类历史以后很久，许多劳动过程仍然曾经在经验上同许多巫术礼仪等等联系在一起。然而，那时这仅仅在劳动者的意识当中表现出来；但劳动过程本身的进行，在客观上却不以劳动者的这类信仰原则为转移。可是在我们现在考察的这类目的论设定的领域，情况就完全不同了。在大多数情况中，这类目的论设定同巫术的以及后来首先是宗教的表象等等东西的联系，几乎难以同设定主体企图达到的感情、想象方式等等的现实性质分离开来。因为每一种感情，每一种行为方式，它们在内容和形式上永远都同自己的形成过程的方式联系着；而自然对象却相反，它们的形成方式仿佛在它们的直接的此在中消失了。最后，这里还要简短地预先提一下意向水平问题（以后将对此作详细阐述）。劳动过程在客观上往往会超出主体为它直接设定的目标，但主体在目的论设定中所确定的意向作为实践的尺度和劳动过程的依据，却始终明确地针对着一个具有固定轮廓的目标。而那些以指导人们的行为为宗旨的目的论设定则相反，它们往往事先就以让人们在某种选择余地的范围内对社会事实、形势、任务等等作出设定者所希望的（或者所不希望的）反应为目的。

这样，纯粹客观地、从一定程度上说是在劳动中自在地进行的人成为人的过程,才变得完善了。然而,人对于自己有意识地进行的与自然界的物质交换的反应,必须在他自身中上升为社会意识,而这种社会意识又能逐渐提高为人类自我意识,只有在这样的条件下,上面说的那种自在才能获得自己的有意识的、因而是最终确定下来并且有发展能力的形态,才能在人的身上产生出他自身的自为存在,才能走上形成全人类的社会自为存在的道路。这里,我们同样必须认清这类目的论设定所包含的作为上述过程的决定因素的外化。这首先是因为:随着对象化,客观现实中产生一种具有新形式的连续性,它只有在社会存在中才能发挥作用。任何一种存在在其同时存在的变化中都具有一种客观连续性,它是该存在的自在存在的本质标志之一,但决不会超出自在存在(在有机自然界也是如此);它是一种对于任何为我存在都永远漠不关心的存在范畴。通过对象化和外化,连续性获得一种独特的自为存在。对象化的自然客体虽然必定保持着自己的漠不关心的自在存在,但除此之外,在对象化中,这些客体还在成为一个过程的因素,这个过程一方面与存在着的外化主体永远无法分离地联系着,可是另一方面,这个过程却一再脱离这些主体并且获得某种独立于他们的社会存在,这种存在固然始终在与主体的实践发生相互作用并且唯此才能表现出自己的社会存在,但是它在这种相互作用中却毕竟保持着某种坚定的独立的影响力。这里所涉及的不单单是发生在人们的思想、体验、记忆等等之中的向着为自我存在的变化。思想、体验、记忆等等虽然构成每个主体的外化基础,但是外化在变成了客体之后,它就超越了这种基础,并且作为一个特有的对象化了的"世界"而与主体相对立,这个"世界"将对主体的未来的抉择产生决定性的影响,这是由于:这个"世界"常常现实地——至少是潜在地——把个人经验变成人类群体的共同精神财富;这个"世界"不是直接通过事实,而是通过向人们提供正面的榜样和反面的借鉴来完成这件事情;这个"世界"把某种客观存在的、但同时又是被人们体验到的思想、感情、行为等等的连续性,既变成个人意识的、也变成人类群体意识的充满活力的运动的组成部分。

无论个人意识还是社会意识,都只有在这种对象化、外化作用的基础上才能产生。社会现实虽然归根到底是基于对社会和构成社会的人的再生产的物质方面的设定;然而,一个(也是通过矛盾)协调组成的社会实践整体,它若不是时时处处都在这种对象化和外化的气氛的包围之内并被这种气氛所承担,那么它就永远也不能执行自己的职能。请大家不要忘记,我们在前面已经指出,对象化把一切对象,无论是物质的还是意识的,都自发地社会化了。通过对象化这种中介作用,人的实践自发地变得是社会性的了,这个目的并非是人预先有意设定的,况且它在实践之初也根本不可能作为有意设定的目的存在。这个整体现象的诸多基本事实,我们在讨论劳动和语言的时候就已经指出来了。现在的关键首先在于看清,在实践和实践意识被社会化的过程中,享有历史优先性的乃是社会这个方面。若有人要问——从《鲁滨逊漂流记》式的经济学著作直到实存主义,一直都有人这样问过——,已经成为个性、已经变成个体的人,怎么又变得有社会性了呢?那么这种问题只是当前的、高度发展的个体化状态的一种投影。在人成为人的过程中,通过人的每一实践的外化特征所起的中介作用,首先产生了人的社会意识,至于这种意识中一直存在的那些具有自然性质的个别成分转化为个性,这只是经过一个长期的社会经济发展过程才产生的结果,在这个发展过程中,日益增长的社会分工的复杂性以及分工整体对个人提出的日益复杂的任务,把个人的自然的个别性逐渐转变为具有社会性质的个性。因此,青年马克思在《德意志意识形态》中就曾说,人的原始意识曾经是“纯粹畜群的意识”①。

对于人类发展的每一次真正的事后认识都证明了上述事实;但我们还拥有一个关于这一事实的明确文献,这就是语言。我们在前面谈到语言的基本特征时就已指出,语言所能直接表达的只是普遍性的东西,唯其如此,最简单的字词才变成人的社会性的对象化和外化;在同

① 《马克思恩格斯全集》第3卷,人民出版社中文第1版,第35页。

自然界进行物质交换时，人们在自己的工具、劳动产品等等本身当中作为社会性的东西而创造出来的东西，恰恰在语言的这一基本属性中才获得了自己在人的意识中的第一个具有社会性质的形态。这种基本的必然性把这类普遍化变成人们相互交往的基础，于是，这种具有社会普遍性的东西就成了每一原始实践的规范；衡量一件工具制造得成功与否的标准，只能是看这件工具是否能广为人用。然而，这要在人们的总的实践中达到固定化和普遍化。马克思在《德意志意识形态》中与上述引言紧密相关的地方，谈到由于分工而结合成为一个原始的小型社会的人们的共同利益时说："同时，这种共同的利益不是仅仅作为一种'普遍的东西'存在于观念之中，而且首先是作为彼此分工的个人之间的相互依存关系存在于现实之中。"当然，他立即指出，就连这种原始的社会分工，也必然造成"私人利益和公共利益之间"的分裂①。

因此，每个社会不仅都会产生利益矛盾（社会分工达到一定阶段时，这种矛盾是必然要产生的），而且也必然都会产生克服这种矛盾的——必要的意识形态的——形式。青年黑格尔就已看到了这个方面的问题。他在《德国宪制》里说，社会冲突虽然是用暴力，虽然是作为此一特殊者反对彼一特殊者的斗争而得到克服的，然而这种斗争的哲学基础却在于："一定的统治者不会把自己的统治建立在此一特殊者反对彼一特殊者的暴力的基础上，而是建立在普遍性基础上；它赋予自己的这一真理，这一权利，必须被剥夺，而将它们给予所要求的那部分生活。"② 这里，黑格尔触到了若干最基本的整体问题之一，在阶级斗争进程中，这些整体问题是用意识形态克服的，而这种阶级斗争的武器，则往往是揭露某种被宣布为普遍利益的利益乃是特殊利益，或者宣布某种作为特殊利益而存在的利益乃是真正的社会利益即普遍利益。这种现象本身，可以在社会实践的所有领域里和各个阶段上得到证实。

---

① 《马克思恩格斯全集》第3卷，人民出版社中文第1版，第37页。

② 《黑格尔全集》，美因河畔法兰克福，1970年以后，第1卷，第459页；参见《黑格尔政治著作选》（薛华译），商务印书馆1981年版，第117页。

人们正是惯于通过把特殊的东西上升为普遍的东西，来从意识形态上为自己的所作所为，为自己的阶级利益（只要这种阶级利益作为动力而在他们个人的生活中发挥作用的话）乃至纯个人利益进行辩护；从教育直到经济和政治的实践，各个领域无不贯穿着这样一种倾向，就是声称自己的行为才能真正实现这类一般规范，谴责他人的行为违背这类规范或者不体现这种普遍性。

这样，普遍性和普遍化就都染上了某种意识形态色彩；正如我们已经看到的，它们得以作为意识形态而执行职能，并不取决于它们是正确的还是错误的，是具有科学根据的还是带有神话性质的，而是主要取决于是否有某个社会阶层发现它们乃是用以克服自己的社会冲突（当然，这种社会冲突也涉及个人最关切的东西）的适当手段。因此，这种普遍性和普遍化在社会中的实存，也不取决于人们把它们用作意识形态手段时所怀的那些动机的道德特征。马克思譬如在概括资产阶级的日常生活道德时就曾这样说过："资产者对待自己制度的规章就像犹太人对待律法一样：他们在每一个别场合只要有可能就违反这些规章，但他们却要所有其他的人遵守它们。"① 不言而喻，资产者这样的行为并未造成对这里起作用的那些意识形态所具有的意识形态特征的怀疑。另一方面，在一定的历史时局中，各种各样的普遍化能够在广大群众中点燃真正的和持久的热情，能够有助于让人类发展的命运问题获得非常合乎逻辑的、非常广泛的解决，乃至假若不发动这样一种相应的意识形态，而是单靠直接着意于实现客观的经济目标，那么就整个社会而言，使问题获得这样的解决简直是不可能的。所以，恩格斯在论及法国大革命的意识形态与现实结果之间的差距时，说那次革命所追求的乃是与被认为是不公正而又违背理性的封建专制主义相反的理性王国。他说得对："现在我们知道，这个理性的王国不过是资产阶级的理想化的王国。"② 马克思这样描绘了在这里起了作用的意识形态过程："但是，

① 《马克思恩格斯全集》第3卷，人民出版社中文第1版，第195页。

② 《马克思恩格斯全集》第20卷，人民出版社中文第1版，第20页。

不管资产阶级社会怎样缺少英雄气概,它的诞生却是需要英雄行为、自我牺牲、恐怖、内战和民族战斗的。在罗马共和国的高度严格的传统中,资产阶级社会的斗士们找到了为了不让自己看见自己的斗争的资产阶级狭隘内容、为了要把自己的热情保持在伟大历史悲剧的高度上所必需的理想、艺术形式和幻想。”①

人们若要理解马克思和恩格斯的这些阐述的全部意义,那就必须把当时的社会发展和社会变革的真实图像当作引起抉择的关键而展现在自己眼前。这就意味着要同以下两种主要的庸俗马克思主义思潮决裂:一种思潮坚持拉普拉斯式的严格的经济决定论,同时把意识形态仅仅看作现实的、严格的必然发生的虚假的、归根到底是毫无影响的表面;另一种思潮则截然相反,宣称意识形态,特别是那些比较高级的意识形态(哲学、艺术、伦理、宗教等等)完全独立于历史发生所依赖的经济基础。为了用正确的第三种思想来反对这两种极端错误的观点,我们必须回过头来再谈谈我们在论述马克思的那一章里就已提到的社会和社会发展的特点,即本质与现象的辩证法。在本质和现象的相互关系中,我们必须始终清楚地想到它们两者都是现实,就是说,一方面,与康德的自在之物(在这里则是作为本质的经济)相对的,并不是一个纯粹由认识主体规定的现象世界;另一方面,不能借助抽象地获得的、以认识主体为基础的“模式”表象(本质),去理解和控制唯一现实的经验世界。从本体论来看,即便在社会存在中,本质和现象同样构成一个统一的、由诸多现实整体组成的、在这些整体的相互作用中自我演变和自我保持着的整体。黑格尔就曾认识到这种辩证法的一些最主要的规定性。这种辩证法一方面表明,本质乃是一定的存在特性、一定的存在阶段,它脱离并且——相对地——独立于存在以及它的普遍性,表现着存在本身的某种运动;这种辩证法另一方面还表明,本质和现象的联系乃是一种必然的联系,产生种种现象乃属本质的本质。

① 《马克思恩格斯全集》第8卷,人民出版社中文第1版,第122页。

同那些较为简单的存在形势相比，上述状况在社会存在中在质的方面获得某种升级。我们已经知道，这首先是基于这样一点，就是社会存在的一切方面的形成过程以及它们的规定性，都是取决于目的论设定，而作为现实的因果系列的引发者，这类目的论设定把现实地发挥作用的本质和现实地产生的现象统一在一种特殊的相互作用之中，这和在纯粹以因果方式产生的整体中通常发生的情况并不一样。其次，这类目的论设定必然产生对象化的、外化的形式，并且在它们的进一步的结果中又引起进一步的对象化和外化。同较为简单的存在形式相比，由此就在社会存在的两大基本整体之间，即在整个现实社会和构成这个社会的全体个人之间形成了一种全新的联系。光凭这一点，社会存在中就产生了某种全新的东西。我们曾经看到，马克思在阐明这种新东西时说，人的合类性正在终止为无声的(而动物的合类性却依然是无声的)，就是说，在个人与类之间正在产生一种不断的相互作用关系，并且正在不断地转变成人的内心的悟性。这里，我们从意识形态的形成过程和职能的立场出发，对此进行考察。我们已经看到，纯对象化事实本身固有一种普遍化趋势，如果把这一点用于社会存在，那就意味着，这种趋势把人们的思想和行为的社会性、合类性等内容当作实行普遍化的对象。由此可以进一步得出这样的结论，就是在社会存在中，社会性和合类性这两大内容整体固有一种整化(直至实际融为一体)趋势。当然，这只是一种趋势而已。因为我们知道，人类只有在历史过程中才能实现自己完美的现实，而对于我们这个问题来说，这就意味着，社会性和合类性的整化和分化，不断向人们的物质活动和意识形态活动提出新的、必须予以解决的任务。

由于这个问题，我们又面临着一个这里必须加以澄清的过程。因为我们当时曾经阐明，经济发展势不可挡地朝着社会性和合类性整化的方向前进，而世界市场本身更是为可以实现人的合类性奠定了物质和经济基础，这是不依人们在自己的目的论设定及其社会总和中表现出来的个人和集体的意志决定为转移的。当然，我们同时还已经看到，这种必不可少的经济一体化先是加剧了人们在社会生活中的对立，因而——从意识形态上——妨碍着社会性和合类性的结合。光是这样一个当然具有关键意义的重大问题就足以说明，在社会存在领域，我们绝对不能把现象世界当作本质的发展所形成的一种简单的、消极的产物来加以考察，而是应该看到，恰恰是本质和现象之间的这种相互关系，构成了社会发展的不平衡性和矛盾性的若干最主要的现实基础之一。然而，若是在承认这种矛盾性的同时，却把本质和经济相同一、把现象和上层建筑相同一，那将是一种极其错误的简单化。与此相反，本质与现象的划分刚好是在纯经济领域里进行的。根据一个基本的、业已熟知的经济现象，我们很容易相信这一事实。我们曾经阐明，剩余劳动与维持一定的劳动者自身生命再生产所需劳动之间的区别，在不同的社会形态中各有不同的表现形式。与此类似的本质与现象的关系，在所有经济领域里随处可见。这就意味着，本质与现象的对立绝对并非简单的就是经济基础与上层建筑的对立；在经济领域内部，同样包含着本质与现象之分，这不仅涉及个别的经济范畴，而且也涉及它们的总体。无论哪一种社会形态，情况都是如此。在马克思看来，例如从概念上把握属于资本主义本质的那些方面，并不是一件很难的事情。不过这时，人们会立即碰到这样一个事实，就是这些属于同一资本主义本质的诸多方面，到了资本主义发达阶段会显示出许多极其不同的、就其明确的存在而言是纯经济性的特点。我们只要想想英国和法国这两个资本主义国家在农业发展和农业经济方面的巨大差异，就足以说明这个事实了。我们在本章开头时曾经证明，经济基础和上层建筑在许多方面具有本体论的同类性，就是说，它们两者都基于目的论设定及其产生的因果性结果。如果想起这一点，那么我们现在再说在社会存在中，本质和现象之间的界限往往变得不易分清；再说只有借助概念的、科学的分析，才能在事后略为准确地确认它们之间真正存在的差别，听起来就不那么难于接受了。因此，一定的生产关系制约着一定的法制形式，两者的共同关联在直接社会存在中是非常强的，所以采取行动的人必须把它们两者当成一种统一的对象性,作为自己的实际的目的论设定的前提或对象。当然,这并不妨碍生产关系和法制形式同为两个各自——相对地——独立发挥作用的、极其不同的社会存在整体;也不妨碍生产关系在生产力的发展的推动下,不依赖法制系统而发生变化,从而必然促使法制系统本身发生完全的或局部的变化,或者至少必然促使人们对法制形式作出相应的新解释。这种变化一旦完成,于是对于直接的新对象性实践来说,通常总是产生一种或多或少和旧局面相似的新局面。

我们虽然已经说了这么多,但还是没有达到近乎概括了本质与现象的关系的地步。不过,我们的这些初步的说明,或许还是能够让我们更进一步地认识人们受意识形态的驱使而在本质与现象的关系当中采取的行动。我们首先必须认识到:对行动者来说,本质和现象构成了一个就其直接性而言是不可分割的统一体。这里,关键的部分在客观上总是以推动本质的运动为准,因为这恰恰是直接引起人的自身再生产的那个人生方面。如果我们说,这个本质领域是不依赖它的创造者的意志和企图而发展的,那么这同时也是说,这个领域虽然也是由目的论设定推动起来的,但是这些目的论设定产生的因果性结果(尽管它们只是由于这些设定才能产生的)在质的方面同设定者本来的意图有着别样的、更加彻底的差异,而这样的差异在其他目的论设定中是不可能产生的。生命再生产所需劳动时间的缩短,自然限制的退却以及随之日益增长的社会的社会化程度,社会存在的本来的自我实现以及社会日益发展成为所有活着的人的统一的社会整体,所有这些,都不在那些以直接和有意识地推动这一发展过程为意图的目的设定之列。所以,本质是不依赖目的论行为中的目的设定而产生的,它本身乃是一个——具有种种不平衡性的——客观的必然的存在过程,这个过程的途径、方向和速度等等,同客观目的论毫无关系。

可见,个别的目的论行为——它们的充满活力的整体客观地构成了本质——中的目的设定和现实的本质之间,实际上并不存在任何有意识的联系。这个道理在下述事实中即可表现出来:每个个别的设定都是具体的,就是说,都是从本质与现象的统一出发,并且企图在这种统一中作为个别利益而获得实现。即便是在发达的资本主义社会,缩短社会必要劳动时间虽然日益成了纲领性的措辞,然而利润却毕竟还是所有个别的现实设定的内容,而其余的一切都属于实现利润的经济的和技术的手段的范畴。至于所有非直接性的经济设定,它们同社会存在的现象世界的联系自然就更加明显可见了。所以,这类设定对于本质的影响,只是更加间接地、更少地包含在个别设定的有意识的意图之中。

然而,只要完整地把握整个过程,那就会变得很清楚:独立于人的意志的本质的运动虽然是每一社会存在的基础,但就这一关联而言,基础同时还意味着客观可能性。马克思曾用这一论断证明任何乌托邦思想都是不现实的。但他同时又指出:——所以——人类自己创造着自己的历史;不以人的思想和意志为转移的本质的发展,对人类来说并非就是注定要发生的灾难性的、对一切事物都起着预先的规定作用的必然。这种必然总在不断地重新产生出许多现实格局,而这些格局又会为人类实践造成在一定条件下唯一现实存在的回旋余地。人们可以在这种现实的实践中为自己设定目的,而这些目的的内容所涉及的范围却是由本质的发展的必然性规定的,但这样的范围仅仅被规定为人们在其中进行现实可能的目的论设定的范围和回旋余地,而不是一种普遍的、任何一种行为内容都必须遵从的规定。在这个回旋余地之内,每个目的论设定都是在对它来说是唯一可能的可选形式中产生的,这样就排除了任何预先规定;这样,对于个别的人的实践来说,本质的必然性就不可避免地获得了某种可能性的形式。不过此外这里还必须强调一点,就是在这个意义上被本质发展所规定的设定,已经不单单是中介(借助这些中介,必然应该发生的事情就会顺应必然之势而发生);它们还能够通过直接和间接的影响来决定本质,因为它们可以帮助规定某一现象世界的表现形式,而假使不通过这个现象世界的现实体现,那么本质就不可能获得自己的完整的、自在着的现实。我们同样已经看到，这种表现形式不但就是绝对的现实，而且还是极其具体的历史现实，唯其如此，所以这样地完成的目的论设定也在影响着具体的本质发展进程本身。然而这里的这种意义上的影响，不是说这些目的论设定能够持续不断地阻挠、扭转、破坏……这个具体进程，更不是说它们能够赋予它另一种内涵，而是说：这些目的论设定影响着本质的具体表现形式，并且给本质的具体发展进程打上不平衡性的烙印。(请想想前面提到的英国和法国资本主义之间的差别)可见，本质的发展规定着对人类历史起决定作用的基本存在特征；然而本质的发展本身，又只有通过现象世界(既包括经济基础也包括上层建筑)发生的一定的变化才能获得自己的具体存在形式，而这些变化则只有作为人的目的论设定(意识形态作为克服一定的问题和冲突的手段，也在这些设定中表现出来)所产生的结果才能实现。

马克思认为，充满矛盾的经济发展(作为改变和突破着生产关系的生产力的发展)所引起的冲突是借助意识形态手段而加以克服的。如果把马克思的这一思想思考到底，那么通过我们刚才说明的社会存在中的本质与现象的关系这个中介，人们就会得出同庸俗马克思主义的决定论截然相反的结论，因为这种结论表明，经济本质所发挥的作用不以人的任何意志为转移，而对整个社会即归根到底是对整个人类来说，这只是为实现现实的进步创造了客观的可能性。这些可能性是无法抗拒的必然的，同时又是必然地朝着日益社会化的社会存在形式、朝着日益不被歪曲的存在本身发展着的，然而不管怎样，对人类命运来说，它们永远只是客观可能性而已。若要使它们当中的某种可能性作为最适当的人类发展阶段而得到实现，那还需要人们自己在诸多可能性中作出目的论的抉择。这里，客观可能性和必然性只是表面上处在对立关系中。因为在人类发展的各个阶段上，人们只能把当时的客观可能性所允许实现的那些真正符合人类的东西变成存在。从这个意义上说，这种可能性乃是一种绝对必然性：一种有着严格规定的回旋余地。人类在其中只能实现处在一定阶段的真正的合类性。对整个人类发展来说,这里所表现出来的矛盾乃是一种基本矛盾,它既规定着某种社会形态在缓慢的再生产和逐步的发展过程中的日常的经济基础与意识形态的关系,也规定着处在从某一社会形态向另一社会形态过渡的重大危机之中的经济基础与意识形态的关系。

这里决不像庸俗马克思主义可能会说的那样,包含着对意识形态因素的过高估计。马克思在第一次阐述自己的思想体系时,就是说在《德意志意识形态》这部著作中,就曾这样谈到分工:"分工只是从物质劳动和精神劳动分离的时候起才开始成为真实的分工。"① 当然,每个阅读这些考察的人都必须清楚:精神劳动(即便是作为社会分工的一个方面)和意识形态决非同一。两者的联系所以非常紧密,正是因为:在一定的社会场合,每一种精神劳动的结果都能转化成意识形态,社会分工甚至还在不断地创造出这样的场合,使这样的转化变得是必然的和持续不断的。在这样的情况下,这一点在社会分工本身当中就有所表现。解决在生命再生产过程中产生的问题的这种不断的社会需要,一旦变成了随着再生产过程而同时自我更新的需要,那么这种精神劳动活动就成了社会必要的了,这就表现在,许多个人或群体可以把这种活动当成自己维持生活的专门工作。社会的社会化是一个始终都在加强的过程,这一点在这里表现得一清二楚。生产本身获得了一种非常复杂的特征,所以许多设施显得与用物质手段创造财富很少或者毫无关联,但它们对整个过程来说却是必不可少的。经济领域本身就在发生这样的分化。请大家想想贸易和货币资本在生产中所起的作用。它们的职能固然同本来的价值和剩余价值的生产不再有任何关系,但是从

① 《马克思恩格斯全集》第3卷,人民出版社中文第1版,第35页。这又证明了我们早先的阐述是有道理的,就是意识形态要素在最原始的社会发展阶段就已显示出来,当然首先是在克服社会和自然界的冲突当中显示出来的,而且大抵是充当常常是人们幻想出来的解决办法的手段。但意识形态的萌芽则很早就有了,甚至还在分工中获得了相对独立性。柴尔德就曾证明,旧石器时期的石窟壁画已经是受过特殊训练和培养的专门人才的作品了。见柴尔德:《人自己创造自己》第68页。

一定的分工阶段开始，这些职能就是整个再生产过程所不可缺少的了。对法的解决问题的职能来说，情况也是相似的。法的职能同物质生产本身无关，但到了一定的阶段，假使没有法来处理交换、流通等等事宜（处理这些事宜，同样需要一批人，而这些人则可以以此为生），那么物质生产就不能有条不紊地进行。可见，社会的社会化和生产的发展在经济上也是基于这样一点，就是使得社会和生产有能力足以维持这个非生产者阶层，而要做到这一点，不缩短社会必要劳动时间是不行的。就这一关联而言，社会化在社会中的表现就在于，有许多人无需参加到直接的物质的生命生产中去，就可以维持个人和类的生命的再生产。综上所述可以得出这样的结论，就是上述社会活动领域必须逐渐分化成社会分工中的独特的生活。起初，当这类冲突在一定情况下变得具有现实性时，它们是由整个社会集体克服的；后来，必须委派一些个人或群体来偶尔或长期地解决这类问题；最后，社会分工中的这种分化便依照上面说明的那种方式完成了。从实事求是的意义上说，这就意味着必须制定出许多或多或少有着合理的共同关联的系统，以便根据整个社会的利益克服在日常的社会生活中反复出现的冲突。社会一旦真的划分成若干阶级，那么从趋势上看，整个社会的利益和统治阶级的利益是吻合的，这乃是不言而喻的事情。而"从趋势上看"这个词语恰恰把我们引到了阶级斗争的核心问题上，因为这个词汇所表达的内容在很多情况下将决定，用以克服冲突的普遍方式究竟应该具有怎样的、根据何种原则而定的等等的性质。（请大家想想争取罢工权利的斗争）

光是从克服冲突的方式所具有的这种普遍性中，我们就可以得出这样的结论，就是法这个领域要想完成自己的分工系统中承担的任务，它就必须把社会生活的全部事实都归结为某种极端尖锐的外化，而且分工愈是发达，法这个领域就愈是必须明确地这样做。我们已经知道，纯经济行为本身的基础中就包含着外化，而且这些行为也在产生着外化。可是这必然会造成冲突，而且从它们的直接性来看，这些冲突仿佛是个别情况。若以社会名义克服这些冲突，那就必须让克服手段获得某种新的、进一步形成的对象化和外化形式,它按照一定的社会意义扬弃对象化和外化所具有的独特性。光是由于作为整体过程的经济再生产所发挥的作用,就已自发地发生了这样的扬弃。不过,这样产生的规定性也和个别行为的独特性一样,无非都是被社会化了的内容,只是还得获得某种法的形式罢了。正像恩格斯所说的那样,这样,法就成了“不因内在矛盾而自己推翻自己的内部和谐一致的表现”①。法的这种系统特征表明,法和自发地产生的经济再生产过程的系统性相反,它预先就是一个被设定的系统。不过使法得到扩充和变得和谐的原则,并不就是把法变成经济过程本身所规定的有意识的东西,而是说这些原则必须具有这样的性质,就是使得法适于用来以一定的现存社会的名义、按照社会中存在的一定的阶级权力比例、根据当时可能达到的最高限度的普遍性水平,克服当时的冲突。因此,恩格斯非常正确地继续阐述了上面提出的思想:“而为了达到这一点,经济关系的忠实反映便日益受到破坏。”② 我们在另一些关联中已经阐明,法必须歪曲地反映经济现实。这再次表明,用认识论标准去考察意识形态问题是何等错误。因为意识形态问题所涉及的,不是要把思维对经济的映象抽象地加以真伪之分,而是要确定某种——有时是错误的——反映的此时此地的定在是否具有这样的性质,就是使这种反映适于执行完全确定的社会职能。

对于认识论所确认的法的这种“谬误性”来说,情况正是如此。法的设定对整个社会现实进行对象化抽象,这个过程所依据的准则,是看能否将重要的社会冲突加以适当的排列、定义、系统化等等,从而使法制系统能够让这些冲突在当时的社会形态发展阶段上得到相对圆满的解决。(这只能根据一定的统治阶级的利益进行,这是不言而喻的)恩格斯在方法论上把无矛盾性,即把形式逻辑对于这个领域的统治置于突出地位,他这样做是完全有道理的。可是法这个领域里的专家们往

① 《马克思恩格斯全集》第37卷,人民出版社中文第1版,第488页。

② 《马克思恩格斯全集》第37卷,人民出版社中文第1版,第488页。

往非辩证地过分夸大这种要求,这同样会导致对于这里所形成的社会存在结构的错误认识。因为在这里,逻辑的东西永远只是纯粹用来从思想上赋予内容以形式的手段:应该被视为与法同一或不同一的某种东西的内容,不是取决于这种自在着的社会对象性,而是由统治阶级(或者阶级妥协)在如何以一定的方式处理并且克服一定的冲突方面所追求的利益规定的。这时,有共同社会关联的东西很可能被割裂开来,而互不相关的东西却很可能被合在一起;至于这样的事情是否以及究竟何时发生,至于割裂或合并是否以及究竟何时才是正确的,这不取决于逻辑标准(尽管一切都是在逻辑形式中表现出来的),而是由具体社会历史情况的具体需要决定的。当时,黑格尔就已正确地看到了在这里起作用的"逻辑"的界限。费希特想从"观念"中推导出法制系统的全部细节;但黑格尔却相反,他认为譬如不可能按照逻辑去推导量刑标准,这种标准必然包含着无法排除的偶然成分①。对黑格尔的这种立场只需再补充一点,就是这种偶然性总是只在确切规定的社会回旋余地中出现。在一定的具体情况下,偷窃行为究竟会被判处几年徒刑,这诚然包含着偶然性的成分;但是在资本主义原始积累时期和资本主义达到彻底形成的时期,对偷窃行为各有怎样的评断,这当然是由社会明确规定的。

这里当然不可能详细地分析这个领域里的结构。我们只能局限于进行一些原则性的说明,并且主要是针对这个领域里产生的目的论设定的存在基础以及它们作为意识形态而具有的最一般的性质进行说明,而不是着重对那些极其相左的观点进行批判的审查,这个意识形态领域里的著名代表人物,曾力图通过这些观点从理论上为自己的活动的本质找到某种自我谅解。在我们前面援引过的恩格斯的那封书信中,他还指出,社会分工的分化不仅产生了法律学说,而且还同时造就了职业法律家。这样才完成了法作为意识形态而存在的特殊形式;而习俗、传统等

① 卢卡奇:《青年黑格尔》,柏林1954年版,第342页。

等许多重要的意识形态形式却相反,它们都是自发地产生的。即便在社会分工发生分化的过程中,这些自发地形成的意识形态领域也会有特定的意识形态专家,而且他们有时还能起到重要作用,然而由社会本身自发地造成的他们的再生产,却毕竟是他们的社会实存、连续性和变化的主流。法在刚产生的时候,它同这些意识形态形式并无根本差别。人们甚至还必须补充一点,就是法同这些意识形态形式的相互关系以及它们对法的内容的影响,从未停止过从内容和形式上影响法的发展。这一关联必须予以特别强调。因为从直接的假象来看,法这个领域似乎具有完全的独立性,似乎是纯粹建立在自身基础之上的("fiat justia, pereat mundus""法应自行其是,哪怕这会毁灭世界")。但只要揭示上述那种相互作用关系,这种存在假象立刻就会得到彻底的纠正。

法假使不能不断呼吁人们坚持他们在社会上自发地产生的关于同一内容的信念,那么它也就不可能成为克服在他们的日常生活中产生的社会冲突的手段。因为,只有让广大群众人人都来避免发生这样的冲突,就是说,每个人都因自发的禁令——从习惯的禁令直到道德的禁令——所起的作用而放弃那些可能与一定的社会再生产发生冲突的行为,这样才能产生进行法律调节的现实的社会可能性。偷窃、欺骗等等行为所以能够作为法律范畴有效地执行职能,就是因为它们基本上都涉及一些——当然是典型的——例外的实践事例。假使每个人都偷窃一些其所有权在法律上不受他自己支配的东西,那么实际上就几乎不可能用法来处理这类行为。只有在伦理学中,才能对这些关联所具有的极其复杂的机制进行相应的分析。然而,正是这种多方面的相互作用的基础,才把法这个领域造成一个基本上是被设定的、与自发地形成的习惯和道德的调节原则相反的领域,而又恰恰是法的这种社会性质,进而造成了社会对于法律专家阶层的需要,让他们对这个设定领域进行管理、控制、发展等等。这样,法的意识形态特征就获得了一种特定的印记。凡属这样的专家阶层,都力图让自己的活动在整个过程中显得是一种尽可能重要的活动,这乃是这些阶层的基本生存利益。因此,由于专家们进行这样的设定加工而产生的法与经济现实的意识形态差异,便日益强烈地表现出来。正像恩格斯所说,这种活动"仍然"反过来影响经济基础,并且能在一定的界限内改变这种基础,唯其如此,所以法的特定的意识形态着眼点会不断获得升级。是的,在那些在这个领域里进一步形成的专门化(法学、法哲学等等)的自我表述中,法的内容和形式往往被专家们用树立纯粹偶像的手法僵化成为人类的自主自决的力量。对于由此而产生的许多问题,我们在这里同样不能作进一步的阐述。这里值得指出的只是,针对根据存在正确地把握意识形态的努力而进行的最强烈的反抗,通常恰恰是来自这些专家阶层。一方面,这些专家认为,以目的论设定规定意识形态这种行为,既不是人作为人的存在的一个不可分割的组成部分,也不是达到一定阶段的社会分工所产生的纯结果现象;另一方面(当然,这与上一点有着密切的关联),他们把本质与现象的现实联系当作非实存的东西搁置一旁,认为只有"纯精神的"意识形态领域的行为方式才应充当本质,却把现实的人为争取自身实存而进行的现实斗争当作人的存在的可鄙的罪恶渊薮而置于次要地位。这样,法所作的价值规定才变成某种贬义的意识形态。因此,必须让被专家们美化地歪曲了的法还其本来面目,必须把法理解为意识形态的意识形态化(当社会分工指派专家阶层专门从事这种意识形态工作时,这种意识形态化是必然要产生的),才能确定法的现实特征。

至于从思维上近乎准确地确定政治实践在意识形态领域本身的地位,那就更加复杂了。这里,同样必须首先回到本体论的基础事实上来。任何一个人类集体,不管它多么小、多么原始,都在不间断地产生着许多问题,到了发达阶段,我们惯于把这些问题称为政治问题。在这方面下一个定义,就是说,用思维形式给政治自何处始、于何处终规定一个界限范围,乃是不可能的。戈特弗里德·凯勒说一切都是政治,这话有一定的道理。对这话的正确的理解意味着,很难设想有某种类型的社会实践,能够在一定的情况下不发展成对整个集体来说是重要的、有时甚至是决定命运的问题。当然,这只是一种极少变成现实的可能性。有许多问题,它们直接或者通过密切的中介作用而与整个社会的命运息息相关,在正常情况下,这些问题与个人的行为和境遇有着相当明确的差别,因为在整体看来通常显得很明白,就是个人行为和境遇的存在与否是无关紧要的。不过如果把政治当作一个社会生活领域来谈论,那就必须懂得,政治不同于——譬如像法那样的——由社会分工划定出来并充以必要的专门人员的社会生活领域,而完全是另一种意义上的社会生活领域。光是为了认清并且确认这一点,就必须同时考虑到我们开始时的思路。另一方面,假使过于从字面上去理解政治这种与生活直接交织在一起的普遍事物,那同样是一种夸大。在整个社会中,政治是个无所不在的整体。但它是一个实践整体,而且是一个间接的实践的整体,所以它不可能具有譬如语言所具有的那种自发的和持续的普遍性(这里,语言是把握世界的首要工具,它把客体对象化,而且还把外化地设定并把握客体的主体也加以对象化)。

政治是一种实践,而且归根结底是一种针对整个社会的实践。不过政治所采取的方式,是直接推动社会现象世界发生变化,就是说,维护或者摧毁这个领域里的一定的事物;然而通过中介作用,这样引起的实践也会受本质的推动并以本质为意向,所以政治(仍然是通过中介作用)也是针对本质的实践。社会中本质与现象的充满矛盾的统一,在政治实践中获得某种明确的形态。从直接的具有政治意图的目的论设定的立场看,本质与现象的不可分割的联系和统一既是这些设定的出发点,也是它们的必然的既定目标,但也正是由于这种直接给定的本质与现象的统一,处在自己与本质的关系(归根到底,当然也仅仅是归根到底,这种关系决定政治实践的效果)之中的政治实践才是一种需要中介的实践。因此,这种直接的统一形式并未扬弃现存的矛盾。恩格斯曾经有道理地作了这样的引证,就是在许多具体的个别情况下,政治很可能沿着与一定的有效的经济发展的要求相反的方向起作用。但他同时又指出,在这种情况下,经过弯路、挫折等等之后,经济现实毕竟还会自辟蹊径[1]。但是人们若有这样一种观念,就是仿佛这里所涉及的乃是两个自我封闭的统一整体的简单的相互作用关系,那就必定会无视这种充满矛盾的统一的真实的存在性质。但实际上这里所涉及的乃是政治和经济这两个领域里的一些极其不同的整体性的相互作用,因此,本质和现象之间的相互影响必然会具有各种各样的形式[2]。我们早先已经指出,商品流通的扩展如何必然导致了社会上的法律调节机构的产生。在发生变得具有普遍性的冲突的情况下,政治实践往往以对法这种上层建筑进行改革为目的。至于这种实践的成败,则取决于对起积极作用的法制系统的改革是否以及如何影响经济本身,取决于这种改革是否以及如何能够通过这一途径促进经济中的迫切要求得到发展的积极因素。这只是本质和现象这两个世界之间的错综复杂的关系的一种类型。

现在我们来考察另一种相互作用关系;这种考察的用意决不在于罗列这些关系,而是仅仅在于指明,我们这里与之打交道的乃是无数的、在质的方面各不相同的本质与现象之间的相互作用关系。我们且以分配为例。为了对分配作出规定,马克思首先强调分配不能独立于生产,因为资产阶级在研究这个问题时所描绘的全部经济图像恰恰说明分配独立于生产。马克思这样写道:“分配的结构完全取决于生产结构,分配本身是生产的产物,不仅就对象说是如此,而且就形式说也是如此。就对象说,能分配的只是生产的成果,就形式说,参与生产的一定形式决定分配的特定形式,决定参与分配的形式。把土地放在生产上来谈,把地租放在分配上来谈,等等,这完全是幻觉。”[3] 然而,让分配从属于生产不但没有降低分配在整个社会中所具有的意义,反而提

---

① 《马克思恩格斯全集》第37卷,人民出版社中文第1版,第487页。

② 这表明,过去和现在,从学术分工的角度把经济学和社会学准确分离开来,对认识社会存在产生了怎样的妨碍。今天,被视为唯一科学方法的那种东西正在变得极不科学的,因为那些用概念分得一清二楚的东西。它们的共同作用却恰恰形成了具有重要意义的存在关联。

③ 《马克思恩格斯全集》第46卷上册,人民出版社中文第1版,第32—34页。

高了这种意义。因为在资产阶级经济学中只是谈论产品的分配,而马克思却强调:“但是,在分配是产品的分配之前,它是(1)生产工具的分配,(2)社会成员在各类生产之间的分配(个人从属于一定的生产关系)——这是上述同一关系的进一步规定,这种分配包含在生产过程本身中并且决定生产的结构,产品的分配显然只是这种分配的结果。”①可见,我们直接与之打交道的首先是一种人口的运动,在严格的资产阶级科学分工看来,这种运动似乎是一个社会学的或者人口学的问题,但实际上这是经济学本身的一个核心问题。(请大家想想马克思曾经描述过的“原始积累”)历史经验表明,政治利益通常总是以人口运动为准,而对于生产的促进(有时则是阻碍)在这里经历着某种质的转折,这种促进是通过直接涉及人口运动的措施来完成的。

这里又一次表明,衡量意识形态的历史职能和意义的标准,并不在于这种意识形态的内容在科学上的实际正确性,不在于这种意识形态是否忠实地反映了现实,而是在于意识形态对被生产力的发展提到议事日程上来的那些趋势发生影响的方式和方向。但人们假使因此便跌到另一个极端,就是把拒绝用认识论的标准来衡量意识形态问题理解成没有思想和没有见解的实用主义,那同样是错误的。我们说意识形态内容是否正确对作出政治抉择是无关宏旨的,这决不是指唯有眼前实践的成败才对政治抉择起关键作用,决不是说所作的政治抉择根本不取决于对它们起规定作用的原因。恰恰相反,在作出任何政治抉择时,总是有两种在现实中是相互渗透的、但实质上却是互不相同的动机可以作为标准。第一个标准就是列宁通常称为最密切的环节的那种东西,也就是各种现实趋势的焦点,它的坚定的影响能够对整个发生产生决定作用。这不总是(是的,具体地说只是在例外的情况下才是)恰恰应该在本质本身之中直接发生的变化。在具体的历史进程中,这种变化根本就很少被人们认识到,甚至还有这样的局面,就是人们即便对这

① 《马克思恩格斯全集》第46卷上册,人民出版社中文第1版,第32—34页。

种变化有了最清楚的了解，也不可能具有任何推动性的、促成抉择的力量。请大家想想1917年的俄国革命。列宁当时毫不怀疑，随着沙皇制度在二月的崩溃，社会主义革命的客观条件已经具备。他当时也一直都在宣布自己的这个信念。然而，假使他没有从全体劳动人民对和平的渴望以及全体农民对土地的希求中认识到当时发展阶段的"环节"，那么即使为这一革命前景进行最好的宣传，也不可能直接实现这个前景。仅就"土地与和平"这个口号的明显内涵来看，可以设想，它在资产阶级社会也是能够实现的。列宁的政治天才就在于认清了这样一种矛盾：一方面，这个口号已经成了最广大的群众的如饥似渴的热望；另一方面，这个口号实际上是俄国资产阶级无法接受的，在当时的情况下，就连那些小资产阶级政党也不会支持它，甚至也不会消极地容忍它。这样，就其自身而言，当时设定的政治目标似乎根本无须推翻资产阶级社会，然而这些设定却变成了爆炸物和工具，造成了可以成功地进行社会主义革命的局面。

当然，在我们所考察的十月革命这个事例中，现实目标是清清楚楚地摆在要实现它的政治家的眼前的。然而即使在不能这样明白地认清目标的情况下，这个标准也是有效的。大家譬如可以想想俾斯麦建立德意志帝国时的情况。只要回顾一下19世纪开始后75年的历史，我们就会发现，当时，让德意志民族形成一个国家的客观的和主观的强烈愿望是无法抗拒的。我们在另一些关联中曾经指出，即使这种关联当时没有得到任何人（包括俾斯麦在内）的相应的理解也无妨，因为普鲁士关税联盟早已为这种关联奠定了经济基础。这种形势的环节是当时的两次战争：为了确保德国统一的现实经济基础并维护关税联盟的界限不受外来干涉而对奥地利进行的战争。以及为了从内部和外部确保政治统一而对法国进行的战争，不言而喻，人们只能把这些环节视为具体历史的环节。由于1848年资产阶级革命以失败告终，所以当时实际上不可能同小国割据状态、普鲁士的优势地位以及封建专制残余这三种因素彻底决裂，于是"统一先于自由"就成了资产阶级广大阶层的主导口号,并且造成一种局面,使得战争手段得以变为实现统一的民族国家的环节。在 1866 年,俾斯麦还能比较正确地看到这种关联,因为他当时成功地抵制了对奥地利的任何兼并,可是到了 1871 年,由于兼并了亚尔萨斯和洛林地区,战争已经超出了这个范围并且引起了许多其他因果系列,形成了德国后来的全部政策。

不过,这样我们才仅仅描述了衡量政治和意识形态领域的实践的第一个、直接的标准,也就是确定究竟如何才能用政治手段克服现实的、归根到底是由经济原因造成的冲突的标准。这里还有另外一个问题:这样的解决办法究竟能有怎样的持久性。前面在分析第一个整体问题的时候,为了能够清清楚楚地确定这个标准的具体性质,我们曾经拒绝用认识论对已经变得有效的意识形态的内容的正确性或谬误性进行任何批判。同样,道德基准(是真诚的信念还是玩世不恭的蛊惑,等等)也不能直接作为衡量意识形态的标准。在直接政治实践中,纯蛊惑性的意识形态能够具有非常强大的直接的实际突破力,从而使得这种意识形态显得是克服危机的恰当手段。这里只要想想希特勒是如何攫取政权的就够了。不过这恰恰表明,只有这样一个标准是不够的。我们已经指明,其所以如此,是因为政治实践虽然同时瞄准了整个社会现实的现象和本质的统一,然而它能够直接把握的却只是直接的现实。这至少就包含着这样一种可能性,就是无论是主体所企图的客体还是目的论设定所涉及的客体,都只能是某个现象世界,而这个现象世界与其说在暴露本质,还不如说在掩盖本质。因此,假使我们在分析政治实践时只考察它的直接效果,那我们将不能彻底把握它的完整现象,尽管这种效果乃是构成这个完整现象的一个重要的、甚至是必不可少的方面。因为一个政治抉择以及它所依据的政治思想等等一旦没有任何效果,它们也就失去了政治意义。(不过在整个意识形态发展过程中,它们有时甚至还能起到某种重要作用——这里只要指出柏拉图的国家理论就够了——但是它们毕竟是处在政治生活中所表现出来的那种活力之外。)

然而，假若像所谓现实政治的理论辩护士们通常所做的那样，把这个就其自身而言是极其重要的直接效果动机加以绝对化，那就会使考察失之于肤浅。这里，在对历史进行客观的本体论的考察时，必须重视一定的政治抉择所引起的那些因果链。我们刚才所谈到的持久性，当然不是指任何抽象的、在质的方面可以确定的时期，而是指这样一个问题，就是由目的论设定所发动起来的、新的因果因素，究竟是否影响那些决定性的、业已陷入危机的经济趋势，不论这种影响是以怎样的悟性发生的。一个政治抉择，它的结果必须清楚地证明两点，一是它是否击中了一定的现实的社会发展趋势（不管它依据何种意识形态做到这一点），二是它所引起的因果系列是否以及如何影响了这种发展，只有这样，持久性才能为衡量这个政治抉择提供某种标准。很明白，这里所产生的差异愈大，那么一般地说，抉择本身当中所包含的持久性也就愈少。从这个意义上说，政治行动的效果在长期的时间里才能实现。只有这种持久性才能表明，眼前的成功不仅能够促成了似乎足以直接克服某一危机局面的多种力量的匆匆的暂时组合，而且这种成功同时还能切实地推动在眼前的组合之后仍在继续发挥作用的各种基本力量。

当然，必须根据具体的社会历史时期来理解这一点，而且这是一个不可分割地共同关联着的双重问题。首先，历史过程中的社会经济必然、本质在为自己开辟道路，而人的一切抉择和行为，不管它们是天才的或者低能的、真诚的或者罪恶的，都只能促进或者间接地左右这个过程。1789 年，法国提出了建立资产阶级社会这个问题。这个任务虽然——经过恐怖时期、拿破仑、复辟、市民国王、第二帝国等等诸多挫折之后——到了第三共和国推翻了麦克马洪时才获得实现，但它终究还是实现了。然而另一方面，例如拿破仑或路易-菲力浦，都曾帮助过塑造这个过程的此时此地的定在的某些个别方面。而本质（因为它是现实）是永远也不能完全脱离这种正在实现的此时此地的定在的。可见，这类发展的具体情况形成了下述两个因素的矛盾统一：一方面是客观的社会规定性，另一方面是被动员起来的人通过自己的积极活动在塑造正在产生的社会结构和活力的此时此地的定在时所发挥的影响。这两个互相矛盾的发展因素是不难理解的。很清楚,1789年摧毁了封建统治,从而打通了发展资本主义的道路,无论当时的复辟是否着意要反其道而行之,无论市民国王制度在实现资本主义这一有意识的要求方面是否仅仅是若干因素之一,这种资本主义总归都在不可阻挡地开辟着自己的发展道路。当然,在这一发展过程中,资本主义本身的含义既在进一步形成,同时也在产生深刻的质的变化,但这丝毫也不会消除这种过程的客观的不可抗拒性;例如,俾斯麦帝国的资本主义就是这样发展成为威廉二世时期的帝国主义的。虽然如此,虽然这一切都有其客观必然,但它们却不是简单地注定发生的,而是也是人们自己的作为的结果。假使没有六月革命的震惊,估计就不会产生法兰西第二帝国;然而也正是亲身体验了这场震惊的人采取了行动。

根据现有经验把这种矛盾当作统一来加以理解和解释是困难的。这种困难与其说是来自事情本身,倒不如说是来自一些错误的、偶像化的思想观念,而就这后一点而言,无论是用庸俗马克思主义方法让经济过程完全独立于人的积极的促进活动,还是把“被抛入”陌生的现实之中因而“注定”要孤独地作出抉择、“注定”要拥有自由的个人变成偶像,结果都是一样。为了首先从一个直接的方面来说明这一对矛盾的不可避免的相互关系,这里只想指出,假若不把在一定情况下已经变得起决定作用的那个阶层的人们动员并且组织起来,那么要想达到克服冲突的效果实际上是不可能的;就纯粹的事实而论,从纯粹抽象的角度来看,无论这个阶层是18世纪的雅各宾党人还是20世纪的纳粹分子,道理都是一样,不过这仅仅是纯粹抽象地说。因为光是把群众发动起来的那种观念的、道德的等等方面的内涵,就已经是千差万别的了,而这种差别本身,还会给后来的全部行动打上它们的特殊性以及它们特有的人的、政治的性质的烙印。某一运动的形成过程及其开始走上的道路所具有的人类社会本质性,决定了以后的实践的方向和内容。人作为对外部世界作出回答的存在物,他永远不会独立于历史向他提出的问题;而且,客观上已经变得具有社会性的运动,也永远不会独立于它在人类社会中的、在政治和道德领域的形成过程。

在政治抉择的持久作用中,在实际上业已选定的下一个环节发挥影响的范围之内,我们前面曾经分析过的两大类目的论设定的异同也同时得到再生。它们的相同之处就在于,无论是旨在同自然界进行物质交换的目的论设定还是以影响他人为准的目的论设定,设定本身都必须先把意向对象所涉及的现实的人、力量等等发动起来,然后才能客观地发挥作用。至于两者的相异之处则在于,同第一类目的论设定相比,第二类设定的不可靠系数不仅要大得多,而且大得甚至会产生质的变化。不过这种差别并未扬弃我们刚才确认的两者的共同的本体论基础:必须以存在为准。当然,就连在同自然界的物质交换中,这一点也只是在一定的局限之内才有效:一方面,主体永远不可能在完全并且相应地认识了产生设定的所有因素的时候才进行设定;另一方面,这一要求始终只局限于直接的劳动目的。这种局限性使得两者的差别的质的特征更加明显。对于政治抉择来说,不可知物的范围不仅无比之大,而且两类设定的差别的质的特征还表现在:在同自然界进行物质交换时,只要能够认识到客体的基本规律就行了;可是社会发展就不同了,主体的政治抉择恰恰是对它的促进,使它能够从自身中再产生出新的形式、新的规律性。例如,如果某一政治抉择有利于资本主义的发展,那么它就可以在相对剩余价值之类的东西排挤绝对价值的阶段出现,这样,用政治手段克服危机时发动起来的因果系列就会产生全新的规律规定性。这当然不意味着人们作出政治抉择时不可能击中真实的发展趋势,不可能让抉择后果产生持久影响;人们只是不应忘记:政治发展不但永远不会具有劳动设定所具有的那种固有的封闭过程,而且在实现政治抉择的过程中变得明显化的矛盾还会要求主体作出新的抉择,而对于这些新抉择的性质,最初的政治抉择的正确性是不能提供任何保障的。因此,政治抉择发挥作用的持久性虽然实为衡量其社会正确性的一个标准,但却不是可以预先理性地认识到的标准。只有历史——

总是事后——才能就此作出有效的判断。

我们虽然已经讲了这么多,但这还只是引导人们理解这种充满矛盾——并且只有在这种矛盾性中才能加以把握——的过程的入门之辞。人的典型的社会行为方式所表现的历史性在本体论上具有重要意义,而官方科学搞偶像化思维,其——公开承认或者羞羞答答地掩饰起来的——目的恰恰就在于把这种历史性变成“永恒的”、“持久的”内涵,从而使得现实过程的充满活力的连续性最终变成僵化的永恒的“实体”;而具有相同性质的另一个极端,例如兰克式的“历史主义”或者当今的结构主义,则又把历史上的个别的阶段偶像式地僵化成为没有形成过程、没有经过任何演变的静止的个别。这表明,那些在科学分工中变成了极端的专门家的科学家们,对于承认辩证的充满矛盾的现实整体是存在着的整体抱有深刻的反感。所有这类偏见都认为,仿佛确有某种政治,它从始至今未经任何天翻地覆的变化,一直保持着自己的决定性的基本特征,而且这些特征也根本不能转移到其他结构中去。这里必须同这些偏见决裂。

在19世纪50年代,马克思在他的主要著作的初稿中谈到谈论一般的生产是否有意义,从而分析了上述问题。马克思的回答是,这里所涉及的是一个抽象,然而是在一定条件下的“一个合理的抽象”。他在概括这种合理性的条件时这样写道:“生产一般是一个抽象,但是只要它真正把共同点提出来,定下来,免得我们重复,它就是一个合理的抽象。不过,这个一般,或者说,经过比较而抽出来的共同点,本身就是由许多组成部分的、分别有不同规定的东西。其中有些属于一切时代,另一些是几个时代共有的,〔有些〕规定是最新时代和最古时代共有的。没有它们,任何生产都无从设想;但是,如果说最发达的语言和最不发达的语言共同具有一些规律和规定,那么,构成语言发展的恰恰是有别于这个一般和共同点的差别。对生产一般适用的种种规定所以要抽出来,也正是为了不致因为有了统一(主体是人,客体是自然,这总是一样的,这里已经出现了统一)而忘记本质的差别。"① 若是有益地运用马克思的这一论断,那首先就必须考虑到它所涉及的乃是生产本身,而不是意识形态领域。我们从前文的分析中得知,同那些以影响他人未来的行为为对象的目的论设定相比,以社会同自然界的物质交换为对象的目的论设定所涉及的客体世界较为确定,而且它的对象性也较为持久。因此,在以影响他人行为目的的设定中,使用这样的抽象时要更加格外谨慎。其次,我们在理论上运用这类抽象时决不应忘记,我们与之打交道的只是从存在过程中得出来的抽象,却并非这个存在过程本身。在我们刚才援引的那个地方,马克思明白地指出了这一点,就是——从本体论来看——"没有一般的生产"② 第一性的、存在性的过程因素乃是经济结构及其演变以及这种演变的连续性。因此,不应根据抽象的、逻辑的以及诸如此类的特点去评判和运用这个"合理的抽象",相反,衡量任何一个抽象的标准始终是现实过程本身的连续性。因此,原始形式的劳动可以非常明白地充当比较复杂的形式的劳动的模式;可是对于社会实践中的意识形式来说却不可能做到这一点。马克思非常清楚地概括了这种从存在中产生出来的持久的模式性:"没有生产工具,哪怕这种生产工具不过是手,任何生产都不可能。没有过去的、积累的劳动,哪怕这种劳动不过是由于反复操作而积聚在野蛮人手上的技巧,任何生产都不可能。"③然而人们若是以抽象的逻辑的方式运用这种模式性(当然,这样做的动机乃是为了进行辩解),那就可以彻底歪曲这种纯粹的存在的局面。因此,马克思还立即补充说:"资本,别的不说,也是生产工具,也是过去的、客体化了的劳动。可是资本是一种一般的、永存的自然关系;这样说是因为恰好抛开正是使'生产工具'、'积累的劳动'成为资本的那种特殊"。④很清楚,即便是从这种经过批判的检验的意义上说,政治作为克服那些同整个社会有关的冲突的形式,它不可能在自身的发展过程中形成像劳动那样的模式。政治的不可避免的一次

① 《马克思恩格斯全集》第46卷上册,人民出版社中文第1版,第22页。

②③④ 同上书,第23、21页。

性的连续性(克服冲突是政治的任务,这一事实本身就包含了这种连续性)不会形成这样抽象的一般性。应予克服的冲突是在本质和现象相统一的领域里发生的,要想直接克服这种冲突,不可避免地要采取抓住始终是具体的下一个环节这种形式。这就足以清楚地表明,"一般的政治"的界限要比一般的生产的界限狭窄得多。人们(例如马基雅弗利)对政治所作的深刻而天才的论述,无不具有这种根本的具体特征,其中的一般性与其说是抽象化的,倒不如说是譬喻性的①。

当然,我们不可能详细地阐述如此产生的政治实践的结构和活力当中的质的差别(要想做到这一点,那就得写一部以经济为基础的世界史)。这里,于我们至关重要的,只能是通过几个精辟的示例,说明这类差别的范围、内容、本质性以及方向等等,始终是以各种不同的方式由马克思称之为社会经济结构的那种东西规定的。当然,这样我们才只是划出了对政治实践具有一般的约束力的范围,不过这在质的方面已是某种独特的东西,它是决不能从抽象的"政治"概念中推导出来的。只有在这个划定的回旋余地之内,具体的、应该用政治手段加以克服的冲突才能发展,而如何克服冲突以及克服冲突所产生的因果性后果,则又具体地处在某种充满偶然事件的规定性中并与这个回旋余地的具体的此时此地的定在相对立。因此我们首先要做的事情就是把握这个处在自己的此时此地的定在之中的回旋余地。我们首先援引青年马克思所绘制的关于封建制度的社会经济性质(当然,他同时也明确地指出了这种制度中的可能的政治实践的本质性)的图像:"中世纪存在过农奴、封建庄园、手工业行会、学者协会等等。就是说,在中世纪,财产、商业、社会团体和每一个人都有政治性质,或者都是政治领域;换句话说,政治也是私人领域的特性。在中世纪,政治制度就是私有财产的制度,但

① 至于对政治实践与其他类型的实践行为如习俗、传统、宗教、道德、伦理等等之间的充满活力的关联的考察,那就是完全不同的另一个整体问题了。然而就是在进行这种考察时,同样必须以极大的批判的谨慎态度对待每一个抽象问题。只有在伦理学中才能具体地讨论这些问题。

这是因为私有财产的制度就是政治制度。在中世纪,人民的生活和国家的生活是同一的。在这里,人是国家的真正原则,但这是不自由的人。所以这是不自由的民主制,是完成了的异化。抽象的反思的对立只是现代世界才产生的。中世纪的特点是现实的二元论,现代的特点是抽象的二元论。"①

一年后,他又考察了在法国大革命中和以后产生的一种在内容和形式上截然不同的政治实践的社会范围。当时,马克思从这样的立场出发,就是通过革命而产生的新的社会形态如何形成了同封建社会的显明的质的对立。他这样做是可以理解的,也是很有教益的。他写道:"政治革命打倒了这种专制权力,把国家事务提升为人民事务,把政治国家确定为普遍事务,即真实的国家;这种革命必然要摧毁一切等级、公会、行帮和特权,因为这些都是使人民脱离自己政治共同体的各种各样的表现。于是政治革命也就消灭了市民社会的政治性质。它把市民社会分成两个简单的组成部分:一方面是个人,另一方面是构成这些个人生活内容和市民地位的物质要素和精神要素。它把可以说是分散、割裂、分流在封建社会各个死巷里的政治精神解放出来,汇集起来,使它脱离这种分散状态,不再同市民生活混在一起,把它构成共同体、人民的普遍事物,成为一种不受市民社会上述特殊因素影响而独立存在于观念中的东西。特定的生活活动和特定的生活地位只有个人意义。它们已经不再构成个人和国家整体的普遍关系。公共事务本身反而成了每个人的普遍事务,政治职能成了每个人的普遍职能。"②

我们援引马克思所作的这种对比,是为了表明,一种社会形态向另一种社会形态过渡时发生的社会经济结构的变化,虽然不改变政治的原则,但是会赋予政治以新的内容。不仅如此,这里可以看到的这类结构变化还形成许多崭新的实践格局,从政治家及其追随者的社会类型直到一定的行动目的及其贯彻方法,这些格局涉及种种方面。当然,这

① 《马克思恩格斯全集》第1卷,人民出版社中文第1版,第284页。
② 《马克思恩格斯全集》第1卷,人民出版社中文第1版,第441页。

种演变不仅发生在一种社会形态向另一种社会形态过渡的过程中。在一种社会形态的发展过程中虽然在发生着缓慢的演进，但该社会形态的内容结构却似乎始终是稳定的，其实，这种稳定只是一种假象而已。就连在同一社会形态内部发生的这种缓慢的进化当中，社会经济结构的大部分以及往往是极其重要的环节中也在发生质的变化。就拿封建社会的结构变化来说吧，就其外部形式而言，这种变化往往是作为主要以封建手段进行的封建社会内部的斗争而开始的，并且发展到晚期阶段才获得真正的变化形态；资本主义脱离封建主义以及资产阶级社会的独立最初也是这样，首先表现为实现不干涉主义，以便后来——请大家想想新政时期——再形成一种强大的国家干涉主义，当然，这种干涉主义同以前的国家与社会之间的联系形式已毫无共同之处，等等。假若企图以任何方式把这类变化加以形式主义的系统化，那同样会犯错误。只有从具体的社会本体论出发，我们才能理解，这样的变化乃是以自然限制的退却、社会的日益社会化等等为内容的伟大过程的某些方面。

青年马克思在指出"在每一个人的个人生活同他的屈从于某一劳动部门和与之相关的各种条件的生活之间出现了差别"① 时，他就敏锐地抓住了这个在这里起决定作用的本体论问题。当然，这种屈从关系虽然制约和规定着个性，但是并未扬弃个性，而且"上述差别只是在他们与另一阶级的对立中才出现的"②，或者在他们本身的社会经济利益处在危机中才产生的。"在等级中(尤其是在部落中)"，人的这种社会规定性还是隐蔽的：例如，贵族总是贵族，roturier〔平民〕总是 roturier，不管他们其他的生活条件如何；这是一种与他们的个性不可分割的品质"③。"个人生活条件的偶然性"④，只是随着资本主义社会才出现的。当然，这里，必须纯粹从社会存在本体论的立场出发去理解偶然性，必须把它理解为人的自然生存与其社会地位之间的关系的偶然性。

①②③④ 《马克思恩格斯全集》第3卷，人民出版社中文第1版，第86页。

因为从被抽象成为一般之物的一般存在的立场来看,每一个人的具体存在既完全是必然的,同时又完全是偶然的。相反,马克思的规定却表明,他所确认的那种意义上的社会分工、分配的形式已经变成纯社会性的了,它们已经摆脱了自己原来的自然规定性。请大家想想,例如古代的公社成员虽然是财产和土地的私人占有者,但他们只是作为公社成员才能如此,于是这就在经济和意识形态方面产生了这样的后果,就是譬如人们在古代从来不研究哪一种土地财产所有制形式最有生产效能,而只是研究"哪一种所有制形式会造就最好的国家公民。"①

这样的对象性几乎不胜枚举。然而这里的关键却仅仅在于通过一些提示来说明以下两个问题:对象性所具有的在质的方面的异样性,对各种社会形态(以及它们的各个重要发展阶段)中的政治实践可能具有何等深刻的意义;由此产生的意识形态中的质的差别,总是可以而且也总是应该归结为社会存在本身所具有的在质的方面各不相同的性质。我们已经指出了这类差别的最普遍的基础,这就是自然限制的退却和社会的日益社会化。现在的问题,只在于找出这个整体当中曾经对整个政治实践产生过引起转折的影响的那个因素。社会经济关系当中自然关系的因素愈强,就愈是明确地形成一种近乎绝对的最佳条件,使这种自然关系顺利地实现自我再生产,只有使经济得到更高的发展,才能破坏这种最佳条件。马克思曾对公社作了这样的规定:"这种共同体继续存在下去的前提,是组成共同体的那些自由而自给自足的农民之间保持平等,以及作为他们财产继续存在的条件的本人劳动。"② 由此就得出了——不可避免的经济——发展的下述结论:"要使公社本身照老样子继续存在下去,公社成员的再生产就必须在原有的客观条件下进行。生产本身,人口的增长(这也属于生产),必然要逐渐扬弃这些条件,破坏这些条件,而不是加以再生产等等,这样,共同体就同作为其基

---

① 《马克思恩格斯全集》第46卷,人民出版社中文第1版,第475、485页。

② 同上书,第476页。

础的所有制关系一起瓦解了。”① 经过有限的社会经济繁荣时期以后，这种不可避免的社会经济瓦解乃是一切尚未完全社会化的社会的必然之路。对于政治实践来说，这就产生了必然要向后看的结果：每一次认真的改革都强烈地、有意识地以恢复以往的最佳状态为目的。

只有资本主义这种经济形态，才是其再生产过程不再受任何过去的东西的约束的经济形态。在这种经济形态中，就构成政治实践的那些目的论设定的政治内涵而言，它们——在历史上第一次——不必着眼于恢复某种过去，而是必须以实现某种未来为目标。当然，开始的时候，只是就——尚不能认清的——客观趋势而言是如此，然而就是在这时，本来的意识形态的表现也好像是想恢复以往的状态。当然，在这类设定中发挥影响的那种虚假的意识，在人们用意识形态手段对这类设定所进行的论证中就已表现出来：人们通过这类设定所追求的，并不是回到自身社会发展的过去的鼎盛时期，而是要达到某种“理想的”社会存在状态，而这种存在状态的特征则是人们从传说和文献中得知的。例如中世纪的激进的异教运动的意识形态就是如此，17—18 世纪英法两国的伟大的资产阶级革命的意识形态也是如此。后者不是从宗教，而是从人间的世俗生活中获得自己的榜样，这在意识形态史上还是第一次，这意味着人们在重新确定政治实践方向方面迈出了第一步，让这种新方向以较为接近现实的方式表现出来。（向新的政治实践方向过渡的另一种形式是避开历史，即提出着眼于未来的观点，把未来视为理性王国的实现）这就是说，人们不应忘记两点：对于在欧洲居统治地位的基督教来说，过去也曾经作为理想状态而发挥过影响；自有希腊神话以来，曾经充当过人们当前的行为的榜样的一直是过去，而不是未来（以上这两点，肯定和某种受社会制约的、以恢复过去的状态为目标的政治实践长期占主导地位不无关系）。上述那样的观点是根深蒂固的。通过社会经济的中介作用，光是在日常生活中，人们就要利用这种观点

① 《马克思恩格斯全集》第 46 卷，人民出版社中文第 1 版，第 484 页。

达到这样的目的:让过去的本原的东西在精神和伦理道德方面优于当今纯粹由人们自己创造出来的东西;让人们更加相信伟大的先人们的精神遗产,而不要相信今天的"独立自主的人"的言行。尽管这种信念日益强烈地被经济的发展所瓦解,但它至今依然存在,并且还在影响着人们的日常"世界观"乃至整个意识形态。新的意识形态在存在中必然得到传播;至于它过去和今天在这种传播过程中如何经受同宗教意识形态的斗争的考验,以及它对后者产生了怎样的影响,这里就不能阐述了。刚才所要做的重要的事情仅仅在于指明,在政治实践及其意识形态表现形式的存在和影响中所发生的质的变化是何等深刻。

然而这类质的变化和转折对政治实践的影响无论曾经多么强大,无论这些变化和转折曾经产生了多少各不相同的意识形态,但所有这些毕竟还主要只是涉及这一发展的客观因素。现在应该来看看克服社会冲突过程中的主观因素。不过我们决不要忘记,把主观因素和客观因素这样加以对照,并不意味着承认它们是完全相互独立的因素。主观因素在其中表现出来的那种现实的回旋余地,始终是由社会经济的发展规定的。这里,人是对客观过程提出的问题作出回答的存在物这个命题同样有效。我们所以有理由分开来谈论主观因素,仅仅——不过,这个"仅仅"却代表着一个完整的和极其有影响的整体——基于以下两点:第一,任何一个问题,它只有通过人的导致对其作出回答的表述再成为一个真正的问题,而不再停留在某种难以承受的状态的水平上;第二,人对问题作出回答的内容、方向、强烈程度等等,可能对克服客观发展所提出的问题之后而产生的结果具有决定性的意义。发展本身发生危机时究竟将选择何种途径,这在很大程度上取决于主观因素中产生的回答——当然,这本身并不能扬弃经济发展的本质的必然性。

为了能够进一步确定主观因素的活动范围,我们必须努力非同一般地具体想象出这种活动范围与一定的社会现状之间的关系,我们同时还必须始终记住在社会生活实行普遍化时所面临的存在界限,特别是要记住刚才考察到的完全社会化的社会和没有完全社会化的社会之间的差别;因此,下面我们首先局限于对第一种,即现代类型的社会进行考察。马克思在《德意志意识形态》中确切地描述了意识形态在社会中的存在:"统治阶级的思想在每一时代都是占统治地位的思想。这就是说,一个阶级是社会上占统治地位的物质力量,同时也是社会上占统治地位的精神力量。支配着物质生产资料的阶级,同时也支配着精神生产的资料,因此,那些没有精神生产资料的人的思想,一般地是受统治阶级支配的。占统治地位的思想不过是占统治地位的物质关系在观念上的表现,不过是表现为思想的占统治地位的物质关系;因而,这就是那些使某一个阶级成为统治阶级的各种关系的表现,因而这也就是这个阶级的统治的思想。此外,构成统治阶级的各个个人也都具有意识,因而他们也会思维;既然他们正是作为一个阶级而进行统治,并且决定着某一历史时代的整个面貌,不言而喻,他们在这个历史时代的一切领域中也会这样做,就是说,他们还作为思维着的人,作为思想的生产者而进行统治,他们调节着自己时代的思想的生产和分配;而这就意味着他们的思想是一个时代的占统治地位的思想。"① 人们比如不应认为,"本来不受时代限制的人类仿佛就是要受制于某种外部的力量,从而把马克思所说的这些思想平庸化。马克思所说的其实是这样一种事实,就是这样产生的社会存在造成了普通的人的自然的生活基础,而就其本质而言,他们的思想无非就是他们力图意识到自己个人生存的尝试。至于这一点不仅表现在社会分工所造就的知识分子阶层当中,而且在所有感到自己的存在受着这种存在形式约束的人当中一般也都多少有所表现,这对我们来说就不是什么新现象了;须知对象化和外化乃是基本的社会生活形式,假若没有这种形式,那么无论劳动还是语言便都是不可能有的,因此,普遍化的趋势同时也是生活在社会中的所有的人的基本的生命表现形式。

马克思在《德意志意识形态》这部著作中还指出,当分工到了略为

① 《马克思恩格斯全集》第3卷,人民出版社中文第1版,第52页。

发达的阶段的时候必然会产生意识形态方面的分歧，但是一旦出现危机状态，就是说，一旦统治阶级的存在受到威胁，因而那些从属于该阶级、其存在与该阶级的存在息息相关的人的生活方式也受到威胁，那么这些分歧通常就会退居次要地位。因为意识形态尽管也是一种意识形式，但它决不完全和关于现实的意识相同一，意识形态作为克服社会冲突的手段乃是某种特意以实践为准的东西，所以它——当然是在自身特性的范围之内——也具有每一种实践所具有的性质：始终以某种应予改变的现实为准（前面已经阐明，以维护已有现实、反对任何变革尝试为准的意识形态也具有的同样的实践结构）。意识形态在全部实践的框架之内所具有的特性，就是进行归根到底始终是着眼于全社会的普遍化，就是说，对一定的现象进行抽象的综合，而这类现象的共同点首先就在于它们可以一起被保持、改变或者抛弃。由此就产生了一种严格的价值等级。关于这种价值等级，马克思曾经指出，即便是对自己的阶级及其存在进行极其尖锐的批判的人，他的阶级归属在社会危机中通常也总是表现为他对本阶级的支持态度。沿着这一思路，马克思完全有道理地指明："一定时代的革命思想的存在是以革命阶级的存在为前提的。"① 突出强调革命思想和"革命阶级"的这一关系是绝对必要的，因为我们前面对着眼于未来的社会和徒劳地力图恢复过去的最佳状态的社会所作的区分还使我们得出这样的结论：凡是具有革命的意识形态的阶级，只有在前一类社会中才能产生，所以奴隶和平民都没能发展成为这样的阶级，至于中世纪某些异教组织朝着这个方向所作的初步努力，则若无开始出现的资本主义城市的影响，就是说，若无以从经济上摧毁封建社会制度为己任的资本主义的发展，是根本无法想象的。

如果谈论革命阶级，那么首先就必须强调马克思对自在的，即和统治阶级相对立的阶级与自为的阶级所作的区分。仅从这个单单涉及阶

---

① 《马克思恩格斯全集》第3卷，人民出版社中文第1版，第53页。

级类型的发展的第一个表述当中，就可以得出下面的极其重要的表述："而阶级同阶级的斗争就是政治斗争。"① 这样，涉及剩余价值的直接的斗争就被纳入了整个社会的伟大整体之中；这种斗争变得具有政治性质，包含使整个社会存在发生实际变化这一内容，而它所使用的精神手段则只能是让社会规定性具有普遍性，因为唯独通过这种中介作用，自发的对现状表示不满的运动才能变成政治行为，它们在一定条件下又可以综合成为革命行动。这些也受智知和感情动机的驱使但却是以政治实践为准的普遍化形成了一种特定的媒介，通过它，政治实践可以超出直接的阶级利益的范围而变成波及整个社会的普遍运动。这里，使我们感兴趣的乃是意识形态方面的问题。马克思和恩格斯在《共产党宣言》中的一个地方就曾提出这个问题。在那个地方，他们谈到当革命的局面到来时，被压迫阶级为什么能够从统治阶级的营垒中赢得一部分同盟者甚至战友、思想家和思想领袖。当他们揭示了这一历史事实之后，曾把转到无产阶级方面来的思想家概括为"已经提高到在理论上认识全部历史运动进程的一部分资产者思想家"②。

如同在一切地方一样，在这里，为了概念上的明确性，头等重要的事情仍然是重新研究和阐明革命形势中的政治实践在意识形态领域里形成的分支，因为同通常的日常生活的冲突相比，这类分支既能更加清楚地表现出全部规定性的总体，又能赋予个别的规定性以更加鲜明的轮廓、更大的明确性。不过我们同时还必须坚持这样一点：一方面，个别的规定性中也表现着与规定性的总体所表现的同样的问题；另一方面，革命的激化虽然能够导致形势发生质的升级，但它在许多根本方面却依然显示出类似的结构关联。因此，看到这样一个事实具有重大的理论意义，就是列宁正是通过把马克思的这些论断也用于日常的阶级斗争，并且力求从它们在这种斗争中所执行的职能中去确定它们的本质，才使这些论断具有了普遍性。和马克思一样，列宁也不允许人们把

① 《马克思恩格斯全集》第4卷，人民出版社中文第1版，第196页。

② 《马克思恩格斯全集》第4卷，人民出版社中文第1版，第476页。

阶级斗争仅仅局限为资产阶级与无产阶级之间的直接对抗。如果把阶级斗争仅仅局限为资产阶级与无产阶级之间的直接对抗,那么在列宁看来,无产阶级内部就只能产生一种自发的工联意识。他完全根据马克思的思想,只承认在有意识地表现着政治事务的优先性的场合才有真正的阶级斗争、真正的无产阶级的阶级意识。他在这个问题上把《共产党宣言》普遍化和深刻化了。他说:“阶级政治觉悟只能从外面灌输给工人,即只能从经济斗争范围外面,从工人同厂主的关系范围外面灌输给工人。只有从一切阶级和阶层同国家和政府的关系方面,只有从一切阶级的相互关系方面,才能汲取到这种认识。”① 因此,他用人民代言人反对工联会书记②。他要求除了组织工人之外,还要组织一切革命者。这里,他又一次把《共产党宣言》普遍化,从其中的论述中得出最后的结论。在革命者的组织中,“工人与知识分子之间的任何区别都应当完全消除”③。要想使主观历史因素发展成为克服社会冲突的充分力量,那就必须做到两件事情:一方面,对现有社会状态的直接的不满和反抗,必须提高到对这些状态的整体的理论的否定的水平;另一方面,论证这种否定不应仅仅是对于现存一切的纯粹的批判,而且还必须把从中获得的认识落实到实践中去,就是说,必须把理论认识上升为有战斗力的意识形态实践。青年马克思在对黑格尔的法哲学进行批判时,就曾精辟而生动地表述了这个过程:“批判的武器当然不能代替武器的批判,物质力量只能用物质力量来摧毁;但是理论一经掌握群众,也会变成物质力量。理论只要说服 ad hominem〔人〕,就能掌握群众;而理论只要彻底,就能说服 ad hominem〔人〕。所谓彻底,就是抓住事物的根本。但人的根本就是人本身。”④

正是在这里,就是当目的论设定的实践意义达到顶点时才能看出,

① 《列宁全集》第5卷,人民出版社中文第2版,第391页。

② 同上书,第392、422页。

③ 同上书,第392、422页。

④ 《马克思恩格斯全集》第1卷,人民出版社中文第1版,第460页。

只有目的论设定的存在和本质才具有目的论的性质。无论是引起政治行为的社会过程还是政治行为本身所产生的结果现象，都同目的论绝对无关。列宁作为伟大的主观因素理论家，当他谈到这种因素的历史可能性和作用时，曾经非常清楚地说明了这个事实。他谈到了政治冲突的极端激化，谈到产生革命形势的条件："只有当'下面'不愿照旧生活而'上面'也不能照旧统治的时候"[①]，就产生了这种革命形势。愿与能的对立首先表现了社会生活的两个极端的政治实践方式的对立：统治阶级这个极端只要能够保障正常的、甚至只要不过分不正常的社会生活再生产，就足以维持社会现状；而被压迫者这个极端要想改变现状，则必须采取强有力的和统一的意志行动，即真正的主动的行动。因此，主观因素的决定性职能是由社会形态发生变革的方式规定的。

从列宁的这一表述中可以得出两点结论。第一，任何一种统治都不会简单地自行垮台。列宁一再说过，政治上没有绝对无路可走的境地，从而反复说明了这个结论。当然，这个结论还有这样的相反的含义，就是任何有利的解决办法都不会自行产生。这就是说，伟大的历史变革决非简单地就是生产力发展的机械的必然结果，决非简单地就是生产力发展对生产关系、从而间接地对整个社会的突破性的影响的机械的必然结果。第二，有一种肯定与这种否定相对应，这就是改变现状的主动行动和变革社会的实践的有益性。社会存在不仅在自我改变着，而且它还在一再地被改变着，这乃是革命所带来的伟大的、世界历史的理论。这一主动方面强调了刚才援引的列宁的规定。革命带来的必然的历史结论就是：经济发展虽然能够创造客观的革命形势，但是绝对并不随之以必然的关联也同时创造出切实地在实践中起决定作用的主观因素。在每一个个别的情况中，必须对具体的社会历史情况进行具体的分析。就一般本体论而言，它们归根到底是基于每个人所作抉择的可选性，而这种可选性则又以同一社会事件对不同阶层以及对同

---

① 《列宁全集》第31卷，人民出版社中文第2版，第66页。

一阶层之内的不同个人的不同影响为必要前提。有着明确的因果规定性的，只能是这些社会事件本身及其所创造的局面。当然，每一个个人的每一种反应方式都有其具体的因果来历，它对个人反应产生决定影响，这种影响的明确程度并不很亚于两种经济现象之间的关联的明确程度。列宁始终非常清楚地看到了人们对待伟大的抉择的态度的这种多样性。他在11月抉择前夕肯定了举行武装起义的主观条件的同时，还毫无掩饰地指出被压迫群众中已经有一部分人由于直接的、似乎走投无路的绝望而陷入了极端的反动派的影响之中，并且客观地从容地说明了为什么必然会发生这种情况[①]。在另一个地方，他举出了一系列没有导致革命的革命形势，例如60年代的德国的革命形势、1859—1861年和1879—1880年的俄国的革命形势。“为什么呢？因为不是任何革命形势都会引起革命，只有在上述客观变化加上主观变化的形势下才会产生革命，这种主观变化就是：革命阶级能发动足以打倒（或摧毁）旧政府的强大的群众革命运动，因为这种政府，如果不‘推’它，即使在危机时代也是不会‘倒’的。”[②]

当然，这不会产生任何历史非理性主义以及任何只有“天才”才能在其中找到正确出路的“混乱”，等等。主观因素范围之内的这些差异同样毫无例外地受着因果的制约，所以人们——至少在事后——完全可以用理性去把握它们。要求人们作出社会抉择的形势必然总是包含着许多产生这类差别、迟疑不决的重要因素，这与上述论断绝对不相矛盾。要知道，这里所涉及的问题——从整个社会的大尺度来看——乃是我们早已熟知的那种情况又有了极大的升级，就是旨在促使他人作出相应的新设定、旨在影响他人行为的目的论设定将产生的结果，永远不可能像那些在社会与自然界的物质交换中以对于有关的自然关联的相对正确的认识为基础的目的论设定的那样，具有起码的直接的明确规定性。因为第一类目的论设定的基准总是在于给人们摆清楚一种选

① 《列宁全集》第26卷，人民出版社中文第2版，第196—199页。

② 《列宁全集》第21卷，人民出版社中文第2版，第190页。

择,并示意人们作出设定主体所希望的那种抉择。在人们作出政治抉择时,对人们产生直接影响的首先是经济事实,但也有以往实行的政治所产生的结果,等等,不过这些对上述结构均无重大改变,充其量也只是使人们作出抉择的前提、动机等等更加复杂罢了。然而,由于人们不是在社会真空里,而是始终在具体的社会环境中,在向他们提出具体的可选抉择的那些发挥影响的具体过程的诸多关联中采取行动,所以认识人们的抉择趋势虽然是困难的,虽然永远都不可能没有不可靠性,但却不是绝对不可能的。

完全具体地看,这种趋势甚至比在所谓正常的日常生活中还更加清楚。普遍性能在思维中占据主导地位之前,乃是一个存在范畴;普遍化还特别代表着一种现实地运动着的人类生活力量,谁要是怀疑这两点,他就应该——把兴趣集中在人身上——研究一下革命史。革命,尤其是在它发展到高潮的时候,使得人们的社会抉择变得简单明了,并且通过归纳而把它们概括化和普遍化了。在正常的日常生活中,凡是尚未变成十足的习惯性做法的抉择,都是在无数个"如果"和"但是"的背景下作出的,因此,人们极少对整个现状作出判断,而且即便是有所判断,那也几乎总是漫不经心、随随便便地作出的,至于说对整个现状表明自己的态度,那就更是凤毛麟角了;可是在革命形势中就不同了,这些无穷无尽的孤立的个别问题会汇集成为数很少的几个核心问题,然而它们却是大多数人所面临的生命攸关的命运问题,同在"正常的"日常生活中相反,仅从这些问题的直接性来看,它们就已具有了某种有着明确表述并且要求人们对它作出回答的问题的形态。因此,"下一个环节"作为摆脱危机的出路而具有的意义(前面,我们已经从客观方面考察了这种意义),就可以在生活本身当中获得某种直接向主体发出呼吁的声音。然而从把握存在这一立场来看,假使把这种局面仅仅视为从一定的正常的日常生活的无数问题当中挑选出来的,那将是肤浅的和错误的。这样的选择在客观上无疑是有的,它们甚至是首先发挥作用的,但它们是对现实社会中的现实整体问题所作的等级排列;在每一次这样的选择中，总是同时隐藏着某种普遍化的趋势。以变革社会为己任的新的潮流总是在存在着的对象整体中体现出来，而在——无论是成功还是失败的——变革过程之后，这些对象整体会在旧的存在整体的新对象、新形态中获得某种寓于新的存在整体之中的新存在。从直接的意义上说，迄今的社会都经历过一些复辟；但就本质而言，从未有过哪个社会能够——无论人们曾怎样想过和怎样做过——复原革命以前的社会状态，在最响亮的旧词句的背后有着某种同另一个、更加丰富的对象化的社会相适应的新含义，而随着这一演变，在这个社会中生活的人也——或快或慢、或有意或无意地——变成了另外的人。

因此，恰恰是在革命当中，人自己创造自己的历史这个事实才获得最发展的、最符合自身的形态。革命形势尖锐地提出的核心问题，会赋予“对周围世界作出回答的存在物”以巨大的冲击力，推动他们塑造世界并且间接地也塑造自我；但在正常的日常生活当中，即便是这些存在物处于联合的状态，他们也无法获得这样的冲击力，更不要说他们若是处在分散状态了。由于人们的这种主动行动，在重大危机中的社会存在会产生这样一种现象世界，它在自身的继续发展中能够愈来愈适应客观的本质发展。这种适应性绝对不仅仅是从直接的经济意义上说的。伟大的经济变革（特别是从一种经济形态向另一种经济形态过渡时的伟大经济变革）本身，已经在促使人们的活动形式（因而还有这些活动形式的基本社会性质）适应新的生产关系了。不过对于作为整体的人来说，在他们的活动形式向新的生产关系接近的过程中，这种适应性可以以极其对立的形式、在极其不同的阶段和类型上产生。因为——说到这里，我们已开始讨论这类变革的根本的本体论问题——经济本质（关于它的内容，前面我们已经反复作过阐述）的强制性发展本身虽然具有一种严格的必然性，这种发展进程虽然不依赖人们的思想和意愿，然而它同由此产生的全部社会生活的此时此地的定在（作为现象世界的经济的本质，就首先从属于这种定在）却是处在一种纯粹的可能性的关系当中。这就是说，这种本质发展可以在许多极其不同的表现形式中进行,这些形式一方面在个别社会的社会政治结构的相互差别中显示出来,另一方面则又在这些社会中发展的人们的特性中作为他们个人本质的差别而显示出来。这里面表现着一个在本体论上具有核心意义的社会发展问题,就是经济变革所带来的社会后果,是否以及究竟在多大程度上切实解放了它们在人们身上广泛地造成的力量、能力等等。本质自身的发展在任何情况下都不能凭着自己内在的必然性而直接地、机械地为此提供保障。本质的发展导致危机,而危机又引起人们采取行动,于是这些行动便在人们身上引起了相应的变化。先前我们在研究这种现象的时候,曾经将此视为不平衡发展的原因。现在,这个论断才暴露了自己的核心的本体论内涵:谁要是譬如考察了17世纪以来欧洲的民主革命,谁就容易看到,在这类经济变革中,那些伟大民族如何通过自己所采取的那种主动行动——从正面和反面的意义上——本着这样地成为人和作为人而存在的精神完成了自我的塑造。在经济领域,各国都实现了资本主义生产方式;在德国,革命虽然总是在旧势力面前可耻地投降了,虽然因此而没有能在现象世界和机构当中以及在控制这些机构和被这些机构所控制的人们身上发生彻底的变化,但资本主义的生产方式却还是得到了贯彻。在这样的全国性的不平衡的发展当中,也能产生个别领域的、特别是典型的意识形态领域的不平衡发展,这一点,人们同样可以以德国(尤其是1789至1848年间的德国)为例来加以研究。

如果说在最富有政治性质的马克思主义文献即《共产党宣言》中,阶级斗争即政治实践的最终前景具有一种可选性的特征,那么这里面正好表现着马克思的历史进程学说的一个核心之点。每当马克思谈到社会主义社会的实现时,这一点总是表现得很清楚。在《资本论》的第三卷中,马克思论述了核心问题。他随即确定了社会主义及其更高级的阶段的共产主义应该实现的那种"自由王国"的位置。马克思这样写道:"事实上,自由王国只是在由必需和外在目的规定要做的劳动终止的地方才开始;因而按照事物的本性来说,它存在于真正物质生产领域的彼岸。"① 如果说我们前面对社会存在进行考察时突出强调了本质和现象构成的诸多整体,那么这种整体性同马克思所作的这种一分为二显然是一致的。马克思首先通过确认生产力的增长和人们的需要得到满足而导致的经济的扩展,把经济的特殊性具体化为必然王国,以便进一步得到这样的思想综合:"这个领域内的自由只能是:社会化的人,联合起来的生产者,将合理地调节他们和自然之间的物质交换,把它置于他们的共同控制之下,而不让它作为盲目的力量来统治自己;靠消耗最小的力量,在最无愧于和最适合于他们的人类本性的条件下来进行这种物质交换。但是不管怎样,这个领域始终是一个必然王国。在这个王国的彼岸,作为目的本身的人类能力的发展,真正的自由王国,就开始了。但是,这个自由王国只有建立在必然王国的基础上,才能繁荣起来。工作日的缩短是根本条件。"②

让我们从马克思的这段在理论上极其重要的论述的最后一句即缩短工作日这个根本条件开始,来进行我们下面的考察。因为当代的资产阶级科学总是惯于利用这样的具体论断,来证明马克思主义"过时了"。但实际上事情是这样的:在马克思写下这些论断的那个时代,绝对剩余价值还在资本主义剥削中占主导地位。很清楚,在着眼考察实现彻底变革而进入新的社会形态的客观前提时,缩短工作日作为条件,必然处在关键地位。由于资本主义本身的发展,现在是相对剩余价值占主导地位,因而就使这个问题产生了另一个经济方面。马克思当然是从当时现实存在的情况出发来考察实现这种变革的前景的。可是我们知道,马克思把绝对剩余价值的生产当作"劳动对资本的形式上的从属",却把相对剩余价值的生产当作"劳动对资本的实际上的从属"③ 加以考察,所以,当代的情况根本没有驳斥马克思主义的方法。现在所涉及的仅仅是这样一个问题,就是向社会主义过渡的一个经济上的"根本条件"在资本主义社会里就已开始实现,不过

①② 《马克思恩格斯全集》第15卷,人民出版社中文第1版,第926—927页。

③ 《马克思恩格斯全集》第49卷,人民出版社中文第1版,第78页以下。

这并不能自动导致社会主义——当然，马克思也从未提出过这种主张——。因此，我们必须进一步阐述那些在方法论上起决定作用的诸多方面。

第一个方面就是:即使是在社会主义社会,经济也仍然是而且永远是一个必然王国。就其存在基础而言,人"为了维持和再生产自己的生命而与自然进行的斗争"原则上是无法改变的,它基于人(社会)与自然之间的无法扬弃的关系之上。马克思没有进行明确论战就拒绝了各种乌托邦思想,从傅立叶直到恩斯特·布洛赫,抱有这类思想的人都认为,社会中一旦产生自由王国,原则上就可以改变自然的、因而还有它同人和社会的关系的存在。这说出了马克思本体论学说的一个重要原则:自然存在转化为社会存在,这并不能反过来对自然界的存在的、绝对的性质本身产生任何影响;人通过劳动以及从中产生的科学而获得的对自然的认识虽然有了极大的发展,但这只能加强人和自然之间的物质交换,只能把这种交换提高到未曾想到的发达水平,只是对自然的自在存在的认识的不断发展,却永远不能改变自然的存在原则。然而,现在还有很多人在谈论经济规律的"自然规律"特征。不过这种说法并不十分确切,这是因为任何一种经济发生都是由目的论设定所发动的因果系列组成的,而在自然界本身却从不出现目的论设定。这种说法的有理之处仅仅在于:正像马克思在《资本论》中指明的那样,维持生命再生产所必需的社会劳动时间的缩短、自然限制的退却、社会的日益社会化、原来的小社会逐渐实现一体化直至形成某种世界经济,经济发展的这些根本规律的存在虽然也是来源于目的论设定,但这些目的论设定所引发的因果系列却不依赖设定本身的内容、意图等等而发挥自己的影响。从这个意义上说,经济世界属于必然王国。当然,在这里,人们一时一刻也不应忽略这种必然性和自然之间的基本矛盾。自然规律对于社会根本漠不关心,它们自己发挥着自己的作用。漠不关心这个说法本身,可能就已经包含了某种不能容许的人格化的味道。相反,社会的必然王国则是人的各种发展的动力。马克思曾在许多地方指出,从人通过劳动而变成人直至最高级的分工形式和劳动方式,这种必然性曾经不断地促使人成为人。当然,他还补充说,“因此,个性的比较高度的发展,只有以牺牲个人的历史过程为代价。”① 正如我们刚才所指明的那样,在必然王国的各个领域,事情都是这样进行的。

综上所述可以看出,这种具有客观规律的经济过程虽然包含着社会存在向更高阶段的发展,但它本身在任何方面都不具有目的论特征;在我们前面勾勒的那种范围之内,它朝着社会存在的日益纯粹的社会化的方向运动着,从而向在其中受到塑造和改造的人们提出一定的问题,他们若能正确地回答这些问题,就能成为真正的类存在物,同时也能成为真正的个性。至于过程本身,则只从存在上为此提供一定的现实可能的回旋余地。面临着经济过程提出的问题的人们究竟是根据还是违背上述精神而作出回答,那就不再由这个过程本身决定了,而是他们所作的可选抉择的结果。可见,历史中的主观因素虽然归根到底乃是经济发展过程的产物,但也仅仅是归根到底才是经济发展过程的产物,因为主体所面临的可选抉择虽然是由经济发展过程造成的,但主体的行动基本上仍对这个过程保持着相对的自由,因为他所作的肯定的或者否定的抉择只就可能性而言才受这个过程的约束。主观因素(因而还有意识形态)起着伟大的积极的历史作用,其道理盖出于此。马克思想对向社会主义的过渡、向自由王国的迈进加以概括,其实他在分析——永恒的——必然王国时就已谈到了这个问题。当他在谈论“合理地调节”、“共同控制”和“消耗最小的力量”时,他所使用的还是纯经济语言,但当他谈到人们应该“在最无愧于和最适合于他们的人类本性的条件下来进行”这样的组织这个问题时,在经济世界里就已产生了一种飞跃。因为提高生产率的迫切要求自发地必然地产生于经济活动本身。至于人的能力也同时得到发展,这从本质上看乃是一种副产物。当然,过去和现在一直都有许多有意促进人的能力发展的事例。大家

① 《马克思恩格斯全集》第26卷第二册,人民出版社中文第1版,第125页。

只要想想行会手工业的全盛时代，或者想想当今的教育制度如何广泛地以让受教育者为将来从事生产作准备为目的，就足以明白这个道理了。今天甚至还已经有了这样的企业，它们为此专门雇佣了心理学家，让他们制订提高职工劳动兴趣的劳动程序等等。但这些毫无例外都是提高生产率的手段，即实现纯经济目标的手段。

相反，"在无愧于和最适合于人类本性的条件下来进行生产则要求人们不要按照纯经济目标来组织经济。这同马克思对共产主义社会中的劳动所作的概括有着密切的关联。他说："在劳动已经不仅仅是谋生的手段，而且本身成了生活的第一需要之后"①。历史上至少也曾经产生这种劳动态度的不完美的示例。从相对有利的条件下的简单的农民经济到中世纪晚期和文艺复兴时期的手工业，历史上一再出现过这样的情况，就是劳动能够在人们的生活中起到第一需要的作用。当然，这种情况仅仅是暂时的，因为迄今为止，经济发展一直都必然地破坏了这种建筑在不发达的生产力的基础之上的主观完善。当然，人们在劳动中找到自己的生活意义这种热情是无法从他们身上根除的，因此，在包括当今社会在内的所有社会里，这种个人追求虽然只是零星地、但却反复地出现。这一切只是说明，马克思所提出的要求并非具有某种同以往的发展完全陌生的、空想的含义；马克思的这一要求只是要解放那些由于受经济的统治而不可能在社会中广泛得到实现的能力、愿望、热情等等，这些东西虽然都是人类的基本标志，但它们只有靠全人类想让历史朝着新的方向发展的共同意志，才能把大家的生活都变得有意义。因此在这里，人类面临着一个只有在某种真正把握了社会存在的意识形态的基础上才能进行的抉择。当然，只有经济发展的必然才能创造出进行这种现实的可选抉择的可能性。（在生产力水平低下的社会主义社会，人们几乎无法作出这样的抉择）我们这里所谈的并不是政治实践前景，而只是讨论一般本体论形势，所以我们只能指出这样一点，就

① 《马克思恩格斯全集》第19卷，人民出版社中文第1版，第23页。

是从必然王国向自由王国过渡的这种可选抉择如果已经被提到议事日程上来,那么和以往的历史危机相比,通过意识形态手段来完成这种抉择必当具有某种在质的方面不同的、更加高级的特征。

当然,这个问题的基本本体论基础是不可能改变的。只有生产力的发展才能使人们面临这样的意识形态的可选抉择。不过在这里,我们已经反复阐明的那种本体论形势表现得比以往任何人类历史时期都更加明确,即:为人们进行意识形态抉择创造某种可能的回旋余地的,乃是经济发展的必然。从本体论方面来看,这种形势同以往的形势相类似;但从其他方面来看,它却同它们形成了对立。为了突出这种形势的特点,我们也可以这样表述上述思想:经济的发展能够(而且必将)达到某种水平,到那时,人得以成为真正的人的所有客观条件均已具备;到那时,自在的人类已经成了真正的人类。这里当然不可能具体地描绘这种可能的回旋余地的图像。但就趋势而言,这肯定包括这样一点,就是到那时,生产力的无限发展失去了它的经济含义。在这方面,今天当然只能看到某些——无法明确地加以解释的——趋势,这些趋势在原子武器的发展所意味的战争转折中显示得最为明确;建筑在原子武器基础上的和局,在迄今的世界历史上没有任何可以与之类比的先例。当然,对于从经济和技术方面进行的战争准备,对于这种准备对一般经济生产的影响,上述情况目前尚未产生任何作用;然而在一些领域,继续提高生产力愈来愈丧失其经济意义,所以在或许不会太远的将来,这种情况总会变得具有现实影响。至于这种自在是否将变成自为,这种可能是否将变成现实,那就不是可以从经济过程中直接推导出来的了,尽管这种可能作为社会现实乃是经济过程本身所创造的。

到此为止,我们仅仅考察了同经济本身有关的新的可选抉择。在我们前面援引过的那个地方,马克思一清二楚地谈到了自由王国的本质,而这种自由王国的前提便构成了这类新的可选抉择的对象。他在论述自由王国和必然王国的关系时说:“在这个王国的彼岸,作为目的本身的人类能力的发展,真正的自由王国,就开始了。”当然,他并没有忘记补充这样一点,就是必然王国必定永远是如此产生的繁荣的必不可少的基础。只是在这种关联中,“作为目的本身的人的能力的发展”才获得其具体含义。我们已经阐述了劳动乃是人类生活过程的第一基础;我们同时还指出了人在成为人的现实过程中的不可分割的双重性,就是人在最广义的劳动过程中,既作为类存在物而得到发展,同时又作为个性而得到发展。若要正确地理解这一过程,那就应该既从它的诸多方面的分离性又从它们的统一性中去相应地把握它的这种双重性。经济过程在社会形态的充满活力的变化当中所提出的种种问题(个人对它们作出回答,既能使他作为类存在物、同时又能使他作为个性而得到发展),虽然直接以由一定时期的经济决定的对象性为其最终现实基础,但在社会的、首先是建筑在社会分工基础上的存在环境中,它们会不断地超越这种直接性。不过这种超越终归还是由物质生产过程规定的;每当某种思想的表态变得独立化的时候,总是存在着某种社会需要作为这方面的动力。这种关联绝对不是非得是被人意识到的关联不可,是的,在现实中,它只是在极端例外的情况下才是被意识到的关联。马克思在谈到人们的社会实践时说:“他们没有意识到这一点,但他们这样做了。”我们甚至可以说,这样的实践离狭义的生产过程愈远,那么人们怀着对它的社会基础和职能的正确意识来进行这种实践的可能性就愈小。

意识直接产生于社会中的每个个人置身其中的那种处境,直接产生于这种处境本身及其提出的任务、这些任务能否被成功地完成等等对个人所发挥的影响;个人为了实现自己在社会中作为个人的生活,他必须采取一定的方式努力在外部和内心中完成这些任务,而这种方式既能保障他的生存,有时又能为他带来最大的内心的满意感和和谐感。马克思在《德意志意识形态》中说:“意识在任何时候都只能是被意识到了的存在,而人们的存在就是他们的实际生活过程。”① 社会存在的基本的、互相关联的和无法扬弃的两极性,即作为实践的以及指导、伴随

① 《马克思恩格斯全集》第3卷,人民出版社中文第1版,第29页。

着实践并从实践中产生出来的意识的基本结构的个性和合类性，也是从这种最直接的现实生活过程中产生出来的。大家知道，合类性和个性这两者的内容、形式、相互作用等等，在不同的社会发展阶段是各不相同的，而且这还会在两者之间产生不同的相互关系。因此，在意识中，此一时可能是这一个因素即合类性在个人的关注中占主导地位，而彼一时却是另一个因素即个性在个人的关注中占主导地位，这种情况有时甚至非常严重，乃至另一个因素仿佛完全消失了似的。譬如当前的情况就是如此。如今，个性绝对地统治着人们(尤其是在知识分子中间)的意识，于是人们的头脑中充斥着许多想法，似乎根本就不存在什么合类性，因而也根本就不存在(充其量也只是以纯粹的和消极的“异化”形式存在着)一切个人的东西对社会性的依附关系。然而只要人们正视事实，那么仅从下述情况来看，上述观点所包含的本体论上的物质世界幻觉说就已暴露无遗：人类的自在存在在客观上从未像今天这样得到如此广泛和多方面的发展，尽管这种发展是在许多极其矛盾的形式中进行的，尽管这种自在存在中还很少表现出人类的自为存在。因此，假使认为这种高级的和发生了分化的自在存在阶段永远不会对人们的个性产生影响，那是十分可笑的。只要是按照合类性的存在，而不是单单按照它在个别的人的意识中的反映和表现来考察合类性，那就会证明马克思的这句话是真理：“……个人的真正的精神财富完全取决于他的现实关系的财富。”①

然而这些现实关系乃是分工的产物，它们向人提出他在生活中必须予以回答的问题并且由此而发展他回答这类问题的能力，同时，他所作出的回答还发展他的个性和合类性。我们曾经阐明，对象化和外化乃是同一个实践行为的两个方面，我们所以有理由把它们区分开来正是基于这样一点：在对象化中，人切实地创造出某种东西(哪怕这仅仅是用语言来表达自己的感情)，就其本质而言，这种东西大体上是合类

① 《马克思恩格斯全集》第3卷，人民出版社中文第1版，第42页。

的,而且用任何一种尺度来衡量,它都是构造类的现实存在的要素;同一个实践行为中的外化却不同,它表示该行为乃是由一个个体的人推动起来的,而且表示这个行为表现并影响着他的个性的——正面的或者负面的——发展。因此,无论人们对自己作何想法,个性和合类性的这种同时性永远是无法扬弃的:人们表现自己个性的行为,同时也在促成他们自身的合类性。我们还知道,这种行为只是由于包含着有效的普遍性,所以才能获得上述影响;而这种普遍性本身,则又是它们得以变成意识形态因素并且适于用来克服社会生活中产生的冲突的前提。如果我们现在进一步考察这些过程,那就必须再次确认:这些过程虽然必然是从目的论设定中才产生出来的,但它们作为社会过程却不可能具有任何目的论特征。社会过程本身是由因果系列组成的,这些因果系列虽然是由目的论设定发动起来的,但它们一旦成为现实,就只能作为因果关联而发挥作用。由于社会分工创造出日益复杂的关系,所以就产生了种种适用于或不适用于具体目的的外化(对象化),前一类外化(对象化)被过程的因果性所采纳,而后一类则被排除,但采纳也罢,排除也罢,都只是就趋势而言。

这里,使我们感兴趣的首先是那些导致意识形态得以形成并发挥影响的外化的命运。光是在它们的直接表现方式中,就是说,即便只是一个个别的个体在努力克服自己生活中的冲突的时候,这类外化也总是具有一种双重面貌:一方面,这些外化的内容是由(现实的或者想象出来的)个人生活需要规定的;另一方面,表现这些外化的意图,无论在理论上还是在实践上,都是以把由此产生的个人行为说成是为了实现某种应在社会中存在的东西为基准。不管这种应在社会中存在的东西实际上是正确的还是错误的,也不管力图实现它的那种意图是真诚地还是虚伪地产生的,每一个这样的行为都必然包含着这种个性和合类性的双重性(就连季特也不得不把“非理性行为”表述为某种应在之物,表述为某种和类有关的东西)。要想使意识形态得以产生并且发挥作用,那么这类普遍性是必不可少的,它们大多数都以日常生活中直接重要的社会事实为基础;假使这类事实不是实实在在和清清楚楚地表现着人类命运的诸多共同之点,那么这些超越了这种直接性的普遍性也就几乎不会产生,更谈不上会发挥影响了;正是这种日常生活经验基础,才使这类普遍性能够而且必然在社会中得到广泛和深刻的运用。贺拉斯把他所作的广泛的普遍化即"tua causa agitur"("你的原因是运动着的")同邻居着火也威胁到我这样一幅图像联系起来,这或许可以形象地说明上述情况。因此,洞察种种多少总是直接地或者通过密切和一目了然的中介作用间接地与人们的日常实践相联系着的普遍化所具有的广泛的社会突破力,并不是一件很难的事情。从人们的风俗习惯直到他们切实实行的伦理道德、法规乃至政治实践,都很容易看到这一点。无论在什么地方,某种普遍化所起的具体作用总是某一社会历史过程的结果,这就证明了而不是驳斥了我们上述的论断。因为例如在资本主义发展之初,广大农民阶层对成文法、现代的法庭式的司法实践持拒绝态度,这首先表明他们怀疑一般法规的统治,而从他们的阶级来看,这种怀疑是有道理的,他们认为这些法规是根据另一个阶级的利益规定的(城乡对立),他们的这种拒绝和怀疑态度绝对不是说他们反对一切普遍化,而是说他们在新的和异己的普遍化面前捍卫自己旧有的、流传下来的、独立的(从传统、风俗习惯等等当中获得的)普遍化。当时,在各个社会实践领域及其相应的日常生活当中,都可以找出这些在法这个领域和同法有关的日常生活中起主导作用的趋势,这并不是很困难的事。这首先是因为,无论在法这个领域还是其他一切领域,到处虽然都涉及普遍化这个问题,但直接涉及的毕竟还是实行局部的普遍化的问题,这种局部的普遍化再把诸多个别情况以及个别情况构成的整体提高到某种具体限定的合类性水平。

这里,社会发展过程的内部辩证法,促使从分工中产生的那些精神整体能够执行自己的意识形态职能。然而,这个问题范围并未就此终结。无论是从个性这个方面还是从合类性这个方面,都会产生许多更为高级的普遍性,它们适于从社会存在的两个极端形成一些基本的发展整体,这些整体能够把在这两个极端以及它们的相互关系当中产生的矛盾普遍化,从而使得人类有能力把自己在客观上业已达到的自在存在(从这一点来看,这种自在存在只表示为一定的自为存在提供了某种可能的回旋余地)变成现实的自为存在。人类发展实际上已经产生了这样的意识形态,而且首先是在哲学和艺术中产生的。在现实地解决经济和社会生活所提出的问题方面,哲学和艺术所起的作用虽然是无法替代的,然而哲学和艺术绝对无意而且也不能对经济本身以及与之相联系的、对其社会再生产必不可少的社会构造物产生直接的现实影响,从这个意义上说,它们又不是最纯粹的意识形态形式。

在研究这个问题时,人们通常总是也分析宗教,这是普遍的习惯做法,特别在黑格尔的绝对精神学说中就是如此。我们这里却不想这样做,因为宗教作为社会现实中的因素,它从来都不是我们现在所说的这种意义上的纯意识形态,而是首先是人们进行现实的社会实践的一个直接有效的因素。宗教总是同时——以极其根本的方式——还抱有许多与哲学目标相平行的目标,所以宗教代表着介乎于政治和哲学之间的一种综合的过渡形式。当然,时而也有种种哲学乃至个别的艺术作品,企图将自己表达的合乎类的普遍性直接付诸实践。即便就这类极端事例而言,宗教也有别于哲学和艺术,这就在于宗教通常总是能发动许多社会组织手段、力量手段,而这却是哲学和艺术所不能的。政治实践有时也以这样的方式使用这些手段,不过这时这些手段的实际贯彻则是政治(而不是哲学或艺术)性的;但宗教却不同,它通常会为此形成自己的特殊机构,这也正是教派和教会的社会区别所在。教派认为,这类机构超出纯道德范围去影响人,这违背宗教虔诚的本质。至于某种政治实践的手段是依赖一定的国家还是以超越国家的方式而用于社会的,是独立地还是需要有国家手段的协助而用于社会的,等等,对这些问题就得从历史上进行专门的考察了。前面谈到这个问题时,我们所做的重要的事情仅仅在于从社会存在本体论立场出发,揭示宗教不同于哲学和艺术的性质(我们的这种做法譬如同黑格尔就相反);现在则可以指出,黑格尔和另外一些人在这个问题上所以得出错误的构想,就是因为他们把宗教这个整体现象仅仅归结成了神学或者宗教哲学。不过要具体地揭示这些关联,则是进行不怀成见的历史研究所要做的事情了。这里只应说明纯粹的意识形态形式乃是一些特殊的现象,所以假使在这里详细分析这些错综的过渡形式,那不但不会澄清问题,反而将使这些问题更加令人困惑。还有一点,就是从它们的整个发展来看,哲学和艺术都是抱着实现人类自为存在,即抱着克服偶像化、至少是从思想上克服异化的意图,来对人类即社会存在以及人在社会存在中的存在进行加工处理;但宗教却相反:任何一种宗教都以某种使人异化的趋势作为自己的无法扬弃的基础,因此任何宗教都必然否认社会存在的固有性和此岸性,这一点我们将在下一章里说明。由于宗教的本体论问题与宗教所引起的社会实践有根本联系,所以把宗教当作一种特殊的实践变异而在伦理学中对其进行更加深入的研究,我们觉得是再恰当不过的了。

对于任何一种事物的本体论问题来说,要想了解它,那就必须以这种事物的形成过程作为出发点。光是在这个问题上,就足以显示了经济与一般意识形态之间的以及意识形态领域内部的基本差别。对现实进行的任何一种纯意识性的加工处理(不管这种加工处理是否、何时以及怎样切实地变成意识形态),都得从人们的已经变得具有社会性的生活的再生产过程出发。譬如像数学或几何学这样的领域,它们所以恰恰为了生产的利益而脱离生产本身,所以在社会分工中被赋予某种独立的地位,这正是生产力的发展和社会分工使然。这里无需再加任何说明就可以看清,分工所创造的某一知识领域的社会独立性,同时也在把自己所需要的和必备的普遍化提高到愈来愈高的水平,从而直接或间接地也对发展生产力的可能性产生影响。可见,诸多科学本身的独立化和分化,乃是在社会分工的发展过程中以及由于这种发展而发生的。如果我们现在把兴趣放到哲学的形成过程上,那就必须首先注意到这样一点,就是在科学的和哲学的普遍化之间,没有任何可以先验地准确规定的界限；即使在当今这个时代，分工导致了这样一种趋势，就是人们在各种不同门类的知识之间设置人为的、偶像化的界限，然而对于某些普遍化来说，人们仍然难以确认它们到底是科学性的还是哲学性的。

因此，哲学的普遍化和科学的普遍化两者的关系在历史上是极其不同的，不过这样一种明确的分离趋势正在变得清楚可见：哲学首先在下述意义上引导科学的普遍化继续向前发展，就是让它们同人类的历史形成和历史命运，同人类的本质、存在和变化发生不可分割的关系。科学中用以进行普遍化的方法，正在愈来愈强烈地变成一种非人格化的方法，而它在哲学中的最高体现则同时意味着某种人类中心说。这里必须把"同时"这个词强调一下。因为和艺术的人格化的基本趋势相反，哲学的方法从来就不意味着和科学的方法相决裂。哲学继续超越受人类学束缚的对世界的统觉的限制，这种超越有时甚至还有所提高；哲学的发展显示出它同真正的（而不是对社会进行控制的）科学方法结成了日益深刻的、当然也总是具有批判性联盟。在这种关联中，人类中心说意味某种双重性的东西：一方面，对于哲学来说，人类的本质和命运、人类的从何处来和到何处去，始终是它所研究的——当然是始终随着时代历史而变化的——核心问题。对于真正的哲学来说，对于必要的科学分工的超越即哲学的无所不在永远不是目的本身；真正的哲学永远不会以对可信的科学结果仅仅加以百科全书式的或者教育式的综合为目的，而是要把它们加以系统化，以此作为尽可能相应地把握人类从何处来和到何处去这个问题的手段。

另一方面，就连这种知识也决不是目的本身。任何一个哲学家都不是单单从狭隘的学术意义上，而是从现实的意义上赢得哲学家这个称号的，这就是说，任何一个称得上哲学家的哲学家，都要坚决地以自己的思想介入他那个时期的具有决定意义的冲突之中，制定克服这些冲突的原则，从而为克服这些冲突指出明确的方向。我们在前面曾经反复指出，伽利略的科学研究所具有的意识形态意义，在从封建主义向资本主义过渡的危机时代起过重要作用。然而这种作用却不是从他的学说的核心意图中产生出来的,同样,从世界历史的意义上说,这种作用也不是偶然的。他的学说旨在从纯科学的角度确认具体的自然规律,它作为重要意识形态而经历的历史命运并没有让它的意识形态作用伤害自己的本质,在危机之后,它被正确地承认为它本身所是的那种东西。而乔尔丹诺·布鲁诺的学说却相反,它的意图恰恰就是以促成人们进行抉择的方式介入当时的危机,这乃是它的本质。从爱奥尼亚的自然哲学直到黑格尔哲学,无论其表达方式如何,任何一种真正的哲学都是从这样的意图中诞生的,它可以像布鲁诺的哲学那样充满战斗激情地大声疾呼,也可以表现出一种带有纯客观性倾向的基调。从这一点来看,布鲁诺和斯宾诺莎之间的区别基本上是一种风格上的区别,它没有伤害两者在最终的本质方面的相似性。

当然,这绝对不是要把伟大的哲学家们都当成政治活动家,尽管同学术教科书中所显示的情况相比,他们植于自己时代的伟大问题之中的根基要更加深刻得多,而且这种根基对他们的哲学的内涵也具有更大的决定意义。这里的关键之点,就是要看那些以激昂的或者温和的表达方式规定着意识形态实践的设定,它们的意图究竟指向哪里。我们曾经力图说明,在政治实践中,这样的目标必须直接地始终就是列宁所说的“下一个环节”;但对哲学来说却不同,即使是一个与此颇为接近的范畴,也决不是构成真正哲学的典型形象的成分。在一定情况下,真正的哲学虽然也可以把非常明确而具体地变革社会当作自己的目标,然而只要对于这个问题的探讨没有离开纯哲学的水平,那么这种目标便始终具有某种空想性,因为实现这一目标的那些现实的中介环节是无法用典型的哲学思维手段去加以把握的。但是,这种哲学目标的不可实现性,却决不意味着哲学在意识形态方面毫无影响可言。因为处在哲学高度的一切空想不仅能够(而且大抵也都希望)直接切合直接的未来的实际——就像每个政治家都力图做到的那样——,此外它们还更有这样一种意图,就是实现经过以最大程度和最佳方式克服一定的危机之后所产生的那种类型和水平的合类性。因此,这类空想具有多少客观性和直接真理性,这是极成问题的;然而正因为如此,所以它们对于人类的价值才在不断地、当然往往也是令人困惑地发挥着影响。前面我们已经看到,社会每当现实地克服了一次危机之后,只能为解决下述问题创造某种可能的回旋余地:在这种新的基础上,人类究竟能够把自己变成什么。哲学本身所说出来的东西虽然仅仅是一种可能性,但它——如果它是一种真正的哲学的话——却具有这样的意义,就是把人类发展的某个具体阶段的那些可能性都具体地和富有活力地(指向未来地)表达出来。

人类发展是一种连续的发展,在这一发展过程中,人类不断为表现类的生存而奋斗,因此,伟大的哲学家们便表现着这一发展的诸多阶段,这种发展也作为渴望、作为对于现状的模糊的抽象的否定、作为对于某种到来之物的含混的想象等等而活在许多人的心目之中,他们虽然大抵对它并无正确而清楚的意识,但它却会——通过许多中介作用——影响他们的行为。这里同样必须强调,这类想法中包含着意识形态的东西。就连各种哲学之所以发挥影响,也不是因为它们在所有的或者所有根本的问题上一贯正确、一贯进步等等,而是因为它们以自己的方式推动了社会冲突的克服。对于某种危机形势中的可能的回旋余地来说,错误的东西、倒退的东西、似是而非的东西等等,均为其组成部分。因此,从人类发展的立场来看,哲学所起的作用也可能是一种非常消极的作用。当然,这个问题同样只有在具体的考察中才能得到正确的阐述。这里只能说,从大的、一般的发展趋势来看,指示着未来的东西终将在人类发展中占现实主导地位。然而,哲学从思想上确定的合类性,必须同在历史过程中作为在可能的回旋余地之内的现实可能性而自发地、矛盾地形成的合类性发生现实的和本质的联系,只有这样,指示着未来的东西才能在人类发展过程中发挥持久影响。所以,哲学发挥影响的历史充满了深刻的矛盾:一方面,这种影响史总是具有一种内在的活生生的连续性(并且以自己的方式从思想上反映着现实过程的现实连续性);另一方面,这种连续性所表示的内容又在不断地发生着极其彻底的变化,这种变化取决于在一定时期的抉择中,过去的某一伟大哲学所设计的哪一种关于人类本质的图像同这种内容的现实问题有着某种内在关系。当然,在过去的个别的思想体系内部,必定也会发生这样的变化。关于类的设想绝对不是纯粹同质的东西,绝对不是某种像铁板一块的东西,而是——像它所反映的现实那样是——一个被具体矛盾推动的富有活力的具体整体。特别是伟大的哲学的这种性质,对上述连续性的两方面的趋势发挥着决定性的影响。

哲学的核心对象是人类,就是说,它要从过去、后来的变化和现状这些角度,绘制一幅关于宇宙以及其中的社会的本体论图像,从而得出一定的现实必然的和现实可能的合类性;可见,它把世界与人这两个极端,综合地统一在具体的合类性图像之中。可是艺术的核心之点却是人,是在同世界和环境打交道时塑造着自我的人。我在《审美特性》这本书中,曾试图阐明和分析艺术设定方式的一般基本规定性。在那里,关键的问题乃在于这些规定性与社会存在本体论的关系,而其中首要的一点,则又是与日常生活领域的自发的人格化相反,美学领域里的人格化乃是一种有意识的设定。因此,两者的区别立刻就显示出来了:日常生活中的人格化为的是进行主要以实践为准的目的论设定,因此,人们从在非人格化方法的基础上产生的劳动、科学等等实践中拿来的经验,能够而且必然会起到非常重要的作用,这时,人格化这个要素主要起消极的、为获得正确认识设置障碍的作用,原因就在于此;但是艺术中的有意进行的人格化却相反,它在自身本质和自身目标的基础上创造了一种特定的同质媒介,而这种取之于生活的媒介只有在服从这种统一过程之后,才能为艺术所用。艺术所以能够进行这类转变,乃是因为艺术设定不以直接的、现实的实践目标,而是以创造纯摹仿性的构造物为准。就其本质而言,艺术设定所谋求的对于人的影响,限于通过这类摹仿性构造物来引起人们的一定的情感,至于这种情感是否变成实际行动,这本身不会具有任何必然性,因为从艺术设定所具有的本质来看,它用人格化的方法把握现实乃是为了创造纯摹仿性构造物。这些处在自己的被塑造成的为我存在之中的构造物,无疑包含着塑造者发挥影响的意图,但是它们不会必然获得对直接实践的直接关系。从社会看,就连这类构造物的产生,原来也不是作为有意的行为完成的。早在原始时期,由于社会需要,这类摹仿就成了巫术实践的组成部分(歌唱、舞蹈、洞穴壁画等等);因此,当社会上产生了对于艺术的需要时,人们无需发明大体上是全新的设定形式,而是根据新的需要把已有的东西加以改造就行了。

处在这种新的需要的核心的,是人的自我认识,是人要在新的发展阶段达到自我明了的愿望。在这样的发展阶段,单靠遵循自己的集体的禁令,在客观上已经不能再为人提供对于自己个性的足够的内心自信。当然,任何一个社会只要一发生这样的冲突,它必然会直接运用诸多社会手段,力图为了社会的正常发展而调节社会成员们的行为。然而,这样是否使得作为类存在物的个人的有意义的生活同样也有了保障呢?我们这里强调作为类存在物的个人,这是因为对纯局部性的个人愿望的满足,很受个人的着重点以及有利或不利的偶然事件的制约,因而没有哪一个社会能够为保障个人的有意义的生活提供完全的保障。个人作为类存在物,他只能以其隶属的那个社会的成员的身份才能够把自己的热情对象化。不过,社会和通过把设定对象化而实现的合类性愈发展、愈复杂,日益多样化的社会关系愈是更加把个人变成个性,那么这种必然性就愈是充满矛盾和危机。处在纯局部性水平的人,总是试图在这些矛盾构成的整体中实现对自己、对自身再生产最为有利的东西,然而,社会的发展,客观世界所提出的问题以及它们要求人们作出的回答的矛盾化和复杂化,都还不能与在社会中产生的、在发展趋势上日益具有合类性的个体形成某种有机的必然关联,因此,让艺术来充当克服这类冲突的意识形态指路牌这种社会需要便应运而生。艺术(在这里,它和哲学是并行不悖的现象,但它们本来具有截然对立的性质)的本体论特性就在于,就其基本意图而言,它不是以直接的日常实践为准,而是旨在创造这样的摹仿性构造物,它们的内涵和形式能在克服意识形态冲突时发挥很重要的作用。当然,它们只是能够发挥这样的作用,而不是必然发挥这样的作用。因为一方面,只要艺术一旦业已存在——从工艺美术直到美文学——,就会同时产生一些变种,这类变种与上述类命运无关,并且只停留在反映人的眼前的不完整性的水平上,它们虽然也能暂时引起人们的强烈印象,也能在克服意识形态冲突时起到某种作用,但它们通常过不了几时就会消失得无影无踪。另一方面,本来的、真正的艺术的宗旨,却在于揭示人是怎样经历自己的类命运的,是怎样——有时是在毁灭自己的局部性的生存的时候——把自己提高到一定的个性的水平的,这种个性唯其同时也具有类的性质,才能成为具体的人类的持久的不可缺少的要素。我在《审美特性》这本书中力图加以详述的那种艺术摹仿的特征,就是从这种基本的本体论关系中产生出来的。

引人瞩目的是,古希腊文化很早就恰当地把握了这种虽然在实践中大体上并不直接发挥影响,然而对于人类命运却是具有决定性重要意义的哲学和艺术的本质。首先,我们只要指出苏格拉底这个人物和他的命运就够了。自从他为哲理而死后,他就像耶稣、堂·吉诃德或哈姆雷特等人物一样,成了人类发展连续性这一意识宝库的组成部分。他始终意识到生活与学说这二者的统一,并且正是在这种统一方面、在克服重大的冲突当中以及在为克服这类冲突进行思想准备方面起了特殊作用。而亚里士多德则对艺术摹仿的本体论本质有过极其恰当的观点,所以他能在这一基础之上,以一种至今仍然有效的准确性确认了艺术摹仿的本质和客观性特征。他在《诗学》的第9章中这样写道:“显而易见,诗人的职责不在于描述已发生的事,而是在于描述可能发生的事,即按照可然律或必然律可能发生的事。历史家与诗人的差别不在于一用散文,一用‘韵文’;希罗多德的著作可以改写为‘韵文’,但仍是一种历史,有没有韵律都是一样;两者的差别在于一叙述已发生的事,一描述可能发生的事。因此,写诗这种活动比写历史更富于哲学意味,更被严肃的对待*,因为诗所描述的事带有普遍性,历史则叙述个别的事。"① 亚里士多德还发现并描述了另一种重要的体验,借助这种体验,人们能够获得艺术所包含的哲理;我们这是指亚里士多德关于悲剧引起感情净化的理论②。就本体论而言,感情净化乃是联接不完整的人和力争把个性与类存在物不可分割地统一于自身的人的中介环节。

在人类发展过程中,有一些时期——例如处在鼎盛阶段和危机阶段的古希腊城邦时期、文艺复兴时期、启蒙运动时期等等——,人们可以强烈地体验到人的不完整性和合类性(真正的个性)的对立。但还有一些时期,在这些时期,一定的社会结构会竭力抹杀它所造成的这种对立;或者,合类性仅仅表现为对于现有状况的适应;或者,合类性被当作不包含合乎类的"纯粹的"个性,变成了人的感情的内容(这是上一种情况的天然的反面极端,例如当今就有这种情况)。当然,就是在这后一类时期,人的不完整性和人的合类性(真正的个性)的对立也从未彻底消失过。这种对立乃是社会历史发展的一个必然结果,但它极少获得某种恰当的意识形态的表现。今天,在所谓居主导地位的知识分子的圈子里笼罩着对19世纪的反感。说到底,这种反感基于这样的事实:在19世纪,从意识形态上克服人的不完整性与合类性的冲突公开以净化感情为宗旨,它多少总归是彻底的,而现在,这恰恰妨碍着上述知识

---

* 卢卡奇此段引文出自亚里士多德:《诗学》(德文版),帕德博恩1959年版,第69页。德文版引文的这句话是"因此也更高级"。——译者注

① 亚里士多德:《诗学》(罗念生译),人民文学出版社1984年版,第28—29页。亚里士多德以希腊人的眼光来看待史学,他不可能想到后来的史学发展,不过这丝毫没有改变他对诗学和史学所作对比在本体论方面的基本正确性。

② 无论对这个问题进行多么扼要的分析,都将突然我们这里的思路。所以我这里只想指出,亚里士多德不是把净化感情当作悲剧作用的特殊问题,而是当作任何一种已经具有社会意义的艺术的一般思想职能而加以考察的。请参看他在《政治学》的第八册中关于音乐的论述。我曾试图从美学的角度,把净化感情这个概念加以一般化,使之与其社会作用处在极其密切的关联之中。请参看我的《审美特性》(德文版)第1卷,第802页以下。若是对这个整体问题的社会规定性作具体的论述,那只有在伦理学中才能进行。

分子公开地、隐蔽地或者压抑地去顺应现行的控制(不顺应时势的顺应时势主义)。然而需要本身的产生,源于人在社会存在中必须采取的把握现实的基本行为,当然,这种对于现实的把握乃是以实际上是不完整的现实认识为必要前提的,由于社会实践的必然性,这类对象化(外化)行为自发地朝着愈来愈高的普遍性水平运动,同时,这种普遍性愈是超越日常的实践,那么通过实践去检验真理就愈来愈困难,就愈来愈没有把握,这是不言而喻的。然而这并不排除人类社会对这种普遍性的需要,并不排除这种普遍性的社会作用,有时甚至还能加强这种作用。因为正像我们已经看到的那样,导致冲突能够切实得到解决的那些行为,应该表现为推动着人们的生活的普遍社会关联的、普遍典型趋势的必然结果,从这个意义上说,无论是克服小的还是大的、潜在性的还是爆炸性的冲突,都需要普遍性。从客观和社会来看,这类普遍性确有上述的特征,而且意识到这些普遍性,用这些普遍性去克服冲突,这些普遍的主观的迫切要求也正是由于它们的这种特征而产生的。所有这一切,使得人们对于这类整体问题的思考作为不断的社会需要而产生了。这样一种社会意识所形成的种种产物,彼此在质的方面极为不同。这种不同性不仅表现为不同的个性,不仅表现在这些产物究竟在多大程度上击中了或者偏离了现实的本质这一点上,而且还表现在这些意识产物所追求的那种意图的存在高度上,而让这类意图以愈来愈高的普遍性水平为基准,乃属社会存在的本质,乃属社会朝着社会化发展的趋势(不完整的个人在社会化过程中并通过社会化而变成个性)。在大多数人的身上,这类意图可能不会或者几乎不会有意识地发挥影响;即便是人们想到并且说出了这样的意图,但它们可能很少会影响到人们的实际行动;由于这类意图在存在、增长以及以愈来愈高级的问题为准等方面具有连续性,所以便在连续的发展过程中创造出愈来愈高级的意识形态形式,而且正是因为这些形式与实践的关系很成问题,所以它们愈来愈具有纯意识形态性质。

哲学和艺术就尤为如此,因此,哲学上的唯心主义通过偶像化,首先把这类较高级的意识形态形式变成目的本身(就是对于那些显然特别密切地依附于现实实践的高级意识形态形式,例如法,它当然也是这样干的),从而抹杀这类意识形态形式在社会存在中的形成过程以及它们在社会存在发展当中所起的现实作用;为了达到这样的目的,它还无限地言过其实地突出强调这类意识形态形式,这种做法也不为罕见。而庸俗唯物主义则相反,它把人类社会同自然进行物质交换时的目的论设定所引起的因果系列变成一种机械地必然地发挥影响的"第二自然",而且基本上不知道如何对待这类比较高级的意识形态形式。在马克思主义发生危机的时候,马克思主义常常被人斥为对资产阶级哲学的"哲学补充",造成这种情况的原因之一,就是庸俗唯物主义所表现出来的上述无能。(从新康德主义直到实证主义和新实证主义等等,一连串的哲学流派都是这样斥责马克思主义的)真正的马克思主义的方法,力求根据它们的实际存在去考察这些从社会存在的运动中产生、因而在社会存在的发展中起着某种(尽管是非常不平衡的、往往是自相矛盾的)现实作用的必然的意识形态形式;只有运用这样的方法,才能在研究这类意识形态形式方面获得真实的结果。至于这时会显示出许多对于日常的直接意识来说是自相矛盾的情况,这正好说明这种方法正确地反映了社会存在发展过程中的矛盾的东西本身。所以,青年马克思强烈地反对(由激进的青年黑格尔分子们作出的)对于比较高级的意识形态形式(首先是哲学)的过高的评价,并且毫不妥协地代表了这样的立场:"物质力量只能用物质力量来摧毁"①。当然,在马克思看来,这要以从经济发展当中产生出来的现实冲突为前提。然而,当他用下面的话来结束这一思路时,他并没有同自己的辩证法原则发生任何矛盾:"但是理论一经掌握群众,也会变成物质力量。理论只要说服 ad hominem〔人〕,就能掌握群众;而理论只要彻底,就能说服 ad hominem〔人〕。所谓彻底,就是抓住事物的根本。但人的根本就是人本身。"②

①② 《马克思恩格斯全集》第1卷,人民出版社中文第1版,第460页。

当然,这决不是据说和晚期的马克思的“经济主义”相对立的青年马克思的特殊理论。我们在这些考察的开头援引了马克思关于“自由王国”的规定,而我们的思路的一切基本方面都是从这些规定中引导出来的。如果我们现在再来看这些规定性,那么很明显:实现那种变得具有社会主义性质的、“在最无愧于和最适合于他们的人类本性的条件下”进行的劳动,即实现在“自由王国”里“作为目的本身的人类能力的发展”①而进行的劳动,既要以经济的又要以意识形态的发展为前提。我们已经反复地指出了经济发展的根本的和基础的职能,但我们同时还曾力图说明,经济发展“仅仅”能够为“自由王国”创造——当然是绝对必不可少的——可能性。然而,这个“自由王国”毕竟只能由人类自己——当然是在上述可能性的基础之上——通过自己的行动才会实现,为此,他们需要用极高级的意识形态来武装自己,需要那种由社会发展的连续性所造成的、所保持的、所提高的意识形态。

马克思反对青年黑格尔派站在唯心主义立场过分夸大和过高评价意识形态,他在这种斗争中确定了意识形态的、首先是最纯粹和最普遍的意识形态的形成过程和向较高级的阶段发展的最终原则;他在《德意志意识形态》中表述了这些原则,而且他使用的那种表述方式,使得根据其存在和本质而对意识形态的独立性所作的彻底否定,成了他要强调的主要之点:“它们没有历史,没有发展;那些发展着自己的物质生产和物质交往的人们,在改变自己的这个现实的同时也改变着自己的思维和思维产物。”② 马克思的这一规定引起了来自各个方面的各种各样的误解。一方面,庸俗马克思主义从这一规定中得出了结论,说凡是人类的不具有严格的经济性质的产物,都同经济处在一种直接的机械性的依赖关系当中,说它们都是经济发展的简单“产物”。另一方面,资产阶级理论家们一般都反对从社会经济基础中去推导各种观念表现形式,宣扬这些表现形式能够独立地、内在自主地发展;说纵使确有理由

① 《马克思恩格斯全集》第25卷,人民出版社中文第1版,第927页。

② 《马克思恩格斯全集》第3卷,人民出版社中文第1版,第30页。

谈论某种决定性,那么它们的这种发展也只能是由各个领域的纯内部规律决定的。这两种截然相反的观点,归根到底都源于一些相似的完整的日常生活本体论偏见,这虽然奇怪,但却是真实的。

这首先涉及物化这个整体问题。我们将在下一章里详细地讨论这个问题。在自发的日常生活本体论中,这个整体问题的“自然的”出发点是由这样的事实构成的,就是绝大部分自然事实都是以物的表现形式直接给定的,至于说每一件物都是经过某种形成过程才获得其物性的,这只能是已经发展了的科学认识所产生的思维结果。我们已经看到,劳动产品中凝聚的对象化,显示着产品的结构在本体论上有了许多新的特征。然而这些新特征只是局限在对象化内在地以对象的形式所含包的为我而在这一点上,就是说,这些新特征在客体本身之中就已指明了该客体的社会可用性,但同时又没有使该客体同那些单纯的对象(物)产生其他的差别,乃至它的表现形式必然要直接以某种方式让人看出它的形成过程、它的从某种发生过程中形成的存在。对象化虽然通常都表现为人工制品,但直接地看,对对象化的形成过程的这一提示始终是抽象的;为了能够理解对象化了的“物”乃是某种发生过程的结果,人们必须具有超出单纯的使用该物的能力以外的专门知识。于是,在日常生活中,日常客体的这种性质使人们产生了这样的态度:不是把“物”理解为经过发生过程才形成的物,而是把它们理解为“既成的给定之物”;若问及这些物是如何形成的,人们大抵都指出有一个超验的“造物主”。从早先的普罗米修斯的神话中关于人类用火(在客观上,人类用火无疑是人类自己的活动的产物)的解释,直到一直渗入到科学和哲学之中的关于货币的本质与力量的神话,等等,情况都是如此。可见,就连人类的比较高级的、受到肯定性评价的活动也同样被物化为神话般的上天“赐予”,这就毫不奇怪了;哲学(智慧)和艺术就正是这样。像法这样的同生活有着极其强烈的直接联系的领域,不能被投影到超验中去,于是在过去,人们就把立法者变成神话人物,并且让(摩西以及人世间的莱喀古士、梭伦等等的)超验启示作为这些立法者所宣布的法的基础。今天,只要仍然有人把一些比较高级的精神领域理解为“没有经过一定的形成过程的”价值、直觉(数学)、灵感(艺术)等等,那么上述那些把人类自己的行为变成神(有时则是通过受神派遣的英雄)的赐予的原始神话,就还会活在当今的具有高度发达的科学水平的人的观点之中。

人们的日常思维自发地反抗万物都有形成过程这一观点的普遍有效性;自发地反抗把人的实践当作对社会存在的对象和过程进行相应的、以形成过程为依据的认识的基础这一观点的普遍有效性,而且由于人们对现实的发生过程本身也持有一种同样是自发的、同样是歪曲的观点,所以这种自发的反抗还得到了强化和补充。我们指的是许多在本体论上无意识地以精神的和物质的劳动过程的截然分离、甚至是截然对立为出发点的错误理论。自从产生奴隶制的时候起,这样一种观念就在统治阶级当中固定下来:劳动过程本身是机械性的,人类精神的创造性只是在人对做什么和怎样做(即劳动的进行)所作的精神规定中才自我显示出来(而且往往还有许多超验的根据)。从这个意义上说,像上面那样把精神的和物质的劳动过程截然分离甚至对立起来,是有现成的社会基础的。因此,创造者的纯粹的想象显得高于从物质上去实现这种想象,而创造者本身也显得高于他所创造的东西。这样,这种观点同我们刚才分析过的那种学说,即同形成过程的神话化的内在联系便昭然若揭了;至于它同许多宗教的密切联系,我们这里就无需加以详述了。它们的共同特征就在于,它们都在方法论上用思维去破坏那些具体的充满活力的整体,而社会存在恰恰就建筑在这些整体之间的相互作用的基础上,于是就形成了这样一种错误的两极化:一方面是抽象的(因而也是超验的)创造者的主体性,另一方面是“万物”(往往仅仅是物化)之间的同样是抽象的机械论的关联。这两个极端是共属一体的,这一点,在人们在 17—18 世纪在机械论的必然性的基础上构造出来的世界观中表现得最为明显,不过这些图像还包括一个抽象的创世者,他一劳永逸地为“世界之钟”上满了发条。

在围绕这类综合问题而进行的争论中，没有出现真正的马克思的思想，即没有把人通过劳动和语言而脱离动物状态，通过把过程对象化，通过创造出种种使主体外化的方式直到实现自由王国这一前景，从而成为人这个过程理解为一部统一的历史。这些论战不是针对上述过程的统一性而进行的；在上述过程中，人类同自然界的物质交换具有充满活力的基础和发动机所起的那种作用；通过这样的过程，人类所创造出来的对象化体系将历史地造成某种社会存在水平，而达到这一水平的社会存在将为实现自由王国，为把人类活动当作目的本身、当作人的个性发展与人的合类性发展的结合提供现实的可能性。这样，由于从生产过程中自发地形成的社会分工，人类的精神活动也在发生极其多样的分化，这正是因为这个过程本身丝毫没有目的论的性质的缘故。不管这种精神活动是在直接或间接地参与社会发展、社会性的日益纯粹化、类基础的切实一体化等等过程，也不管这种精神活动是在试图预先把实现自由王国所必需的涉及人的前提加以对象化（这类意图大多没有被意识到，常常是被错误地意识到的，很少是被清楚地意识到的），社会分工和这类精神活动总归始终都同它们的形成过程所依赖的此时此地的社会存在处在极其密切的关联之中，而且它们只有共同发挥——不平衡的、充满矛盾的——作用，它们才能造成把这种可能性变成现实性的手段。这些（总是在目的论的指导下被发动起来的）物质的、直接或间接的、导致实践的意识因素只有彼此交织成为一个统一整体，才会形成这样一种历史过程，在这种历史过程的历史性面前，所有个别的因素必然要失去它们各自的自立性。在人们就意识形态本身而展开的意识形态论战中，青年马克思就已设计出来的这幅意识形态发展总体图像很少在人们的视野中出现。关于论战对手的根据存在而产生的动机，我们也已努力作了概括。就连那些所谓捍卫马克思意识形态学说的人，也大都忽视了这个现实问题。他们完全否认了马克思对社会存在的特殊性所作的规定，却从资产阶级的唯物主义学说中接受了“一切精神的东西都是由物质的东西片面地、依照机械的因果关联决定的”

这一观点，于是，某种绝对存在或某种个别的自然存在形式便承担了经济的职能(例如在考茨基的伦理学中的生物学因果关联就是如此)。这样，他们所表现出来的就是对机械唯物论的一种平庸的模仿，而在这样的模仿面前，资产阶级批判家们似乎很容易证明自己是有道理的，尤其是当这类批判家企图超越庸俗唯物论，而这种企图又通常表现为对某种资产阶级哲学(康德哲学、实证哲学等等)的采纳的时候，情况更是如此；今天，许多对来自斯大林时代的理论进行批判的人，往往还是这样。

除了这种最一般的、但对奠定理论基础起着决定作用的本体论之外，若想再把所有现实的对立哪怕只是提示性地加以对比(在这里，只有在不致引起太大的误解的情况才能进行这样的对比)，那就不可避免地先要作一点方法论上的说明。就是说，我们先要提出这样一个简单的论断：存在固然对整个发展具有独一无二的重要意义，但由此绝对不应得出结论，说专门科学就不能分别对诸多现象和现象群进行考察。马克思毕生的事业就充满了这样的个别考察。这恰恰表明，在方法论方面，不同的考察方式不是不可以结合的，而是可以互相支持的。当然，承认这样的可能性并没有取消在这里起作的种种基本矛盾。我只想指出这里已经多次提到的那些方法论上的死胡同，它们是由于人们从方法论上把那些在本体论上是不可分割的东西割裂开来而产生的，例如人们在对所谓专门的经济学问题和专门的社会学问题进行考察时所使用的往往完全以本学科的独立性为准的研究方法就是如此，只有坚持——仅仅由于方法论上的考虑才被——分离开来的诸多现象群在存在中的共同关联，坚持它们在存在中的共体性，并且决不试图把它们之间的特定的相互关系从它们本来的具体的完整存在中抽象地排除出去，才能够对个别问题进行有益的、不歪曲现实的考察。这是可以做到的，马克思就曾无数次地证明了这一点；而且在许多真正的历史学家的实践中，人们也可以找到不少示例，说明人们可以本能地正确地把握和表达这种分离中的统一和这种统一中的分离。方法论上的见解只有在不超出单纯对存在关联进行解释这个范围的时候，它才能是正确的见解。而要做到这一点,那么单靠抽象地坚持整个过程的最终的整体性以及坚持这个过程对个别现象群的规定性的影响就不够了。因为如果仅靠这些,那么人们就容易只是停留在坚持一些抽象的空话的境地。为了能够有益地把这里所产生的现实关联具体化,人们还必须进一步做到三件事情:具体地理解所有个别的现象群的具体结构和活力;具体地把握这些现象群的所有个别因素(以及在这些因素中起支配影响的因素);还要既把握住整个存在过程中的每个具体整体的运动的必然的不平衡的发展趋势,又把握住这些整体在分离性与共体性、独立性与相依性的统一中的必然的不平衡的发展趋势,在每个整体的若干局部整体的各种各样的演变中,这些趋势都是起作用的。我们这里所研究的乃是整个存在过程中的那些纯意识形态形式,所以无需多加说明就很明白,无论是哲学还是艺术,它们作为精神的对象化,必然都是非常复杂的整体,我们只有从许多方向各异的不平衡的趋势的共同作用中,只有从这些趋势的高明的平衡化中,才能理解哲学和艺术这样的复杂整体;而且在人类发展的整个过程中,哲学和艺术将持久地发挥影响,这种影响通常也总是显示出许多趋势极其相异、彼此相差甚远的现象。(请大家想想,在18世纪末,莎士比亚曾作为反对僵化的艺术形式和艺术形式学说的急先锋而发挥影响,可是从19世纪初开始,他的影响却是基于他被人们理解为安排真正的有机的艺术结构的宗师)当然,通过这些关联,要想哪怕只是近乎恰当地描绘一幅关于这类整体的内部性质的图像,也是无法做到的,而且我们也无法说明这样两个问题:这类整体的诸多组成部分(它们是通过目的论的对象化作用而被同类化的),如何能够在自己的形成过程和起作用的过程中,在人们的思想里实现自己的——相对的——独立化?构成这些组成部分的基础的那种内在统一,它作为对它们的品质、比例关系等等起着规定作用并使之同类化的原则,在这些组成部分的形成过程和长久起作用的过程中,为什么必然始终是发挥支配作用的因素?

对纯意识形态整体所作的这种考察,又把我们引回到马克思的意识形态理论上来。光是就各种整体的形成过程而言,有一点就很清楚——尽管这一点同许多当今仍很时髦的观点是矛盾的——,就是始终在发挥支配作用的那种因素,必然恰恰就是意识形态的东西,必然恰恰就是克服社会冲突的因素。当然,我们不能像在社会民主党内或斯大林时期所表现出来的那种庸俗马克思主义那样,把这类社会冲突简单地局限为一定的日常的现实的政治或经济问题。当然会出现这样的历史局面,就是某个或者一群这样的日常问题成了人们迫切关注的中心,从而也引起人们的日常反应,而不是仅仅要他们从政治上去寻求克服社会冲突的下一个环节。这样的情况是有的,但对意识形态这个领域来说,这毕竟是一些特殊情况,而且大抵都不具有核心意识形态的性质。因为政治意识形态的目的就在于现实地、实际地把握一定的综合危机的某些因素,而对这些因素作出抉择,就能或多或少自发地导致整个危机得到实际的解决。可是纯意识形态就不是这样了。我们已经看到,任何一种重要的哲学都力求描绘一幅完整的世界状态图像,把从宇宙学直到伦理学的全部世界关联都综合为一体,于是从这些关联看来,就连所有现实的抉择也显得是那些决定着人类命运的抉择的必然因素。这里只要指出柏拉图就够了。在他那里,从理念学说的所有最抽象的方面直到苏格拉底的生和死,全部关联都在催促人们挽救旧的城邦(不过这种挽救只是一种空想而已)。

而伟大的艺术也以追求合类性为意图,并且从与伟大的哲学相类似的高度提出自己的问题;不过艺术所突出的乃是作为社会整体的对立极端的具体的个体化的人,通过这种类型的人在现实危机中的思想和行为,可以本着世界历史的精神表现出人们追求合类性的意向。今天许多人有一种偏见,仿佛伟大的艺术都从形式问题出发,甚至都从表现手法的革新出发。鉴于这种偏见,让我们选择一个——直接从表面看是——这种形式原则在其中占决定性的主导地位的例子来说明上述问题,当是有益的。人们说埃斯库罗斯是一位伟大的革新家(这种说法很可能是有道理的),因为他开始让登场的演员由一个增为两个。人们只要略微不怀偏见地对他的这一革新进行一番思考，那就必然会发现，一方面是说话者和合唱者，一方面是被合唱所包围的对白，这就揭示了两种截然相反的世界图像。这样，也从形式上变成了悲剧核心部分的对白，仅仅是通过这样的方式而获得自己的意义的，那就是以艺术形式开辟了一条途径，使得大家从人类的立场承认伟大冲突的悲剧式的解决办法乃是从世界观上对这类冲突作出回答的一种方式，而从世界观(以及从政治)方面来说，这在当时已经作为新的核心问题而占有了突出的位置。可见，若是不把哲学和艺术的这种对危机作出回答的首要职能当作具有核心重要意义的东西来加以考察，那就忽视了哲学和艺术的本质和伟大。

在持久地发挥影响方面也会出现和上述问题相类似的问题。使得哲学或艺术能够持久地发挥影响的那种东西，绝对不仅仅是这两者所具有的纯逻辑性的或纯技术性的洞察力，绝对不仅仅是百科全书式的知识或无限的幻想；恰恰是当人们对这种时起时落的影响中所显示的表面上的任意性(而实际上则是发展中的不平衡性)进行考察时，人们就会一再地看到，无论是对哲学还是对艺术来说，在持久地发挥影响方面最终起决定作用的因素，乃是在于它们两者究竟是否以及究竟在多大程度上能对人们最深切地思考着的问题作出一定的回答，从而帮助他们着眼于人类的命运去对待当前的冲突，使他们从思想上进一步搞清楚自己所思考的这些问题。这里，必须放到核心位置而加以考察的同样是哲学和艺术所具有的这种意图，而不是它们所具有的某种纯形式上的或者纯类比上的现实性。因此，尽管(或者唯其)这类伟大的持久影响的最终因素总是这种就世界历史而言的现实性，但它们却很少具有仅仅局限于直接性的现实性。例如海涅在《浪漫派》这部著作中，就曾恰当地描述了文艺复兴时期的绘画艺术持久地发挥影响的基础："意大利的画家们反对天主教神甫的斗争，或许比萨克森的神学家们所进行的这种斗争远为更加有效。提香绘画作品中的人物的光彩奕奕的肉体，就是地地道道的新教思想；他笔下的维纳斯的腰肢，乃是比德国修道士张贴在维滕堡的教堂大门上的纲领更加彻底的纲领。”① 当然，我们这里所说的持久影响，有许多远不如海涅所说的这些情况这样富有直接性，然而这类影响总是可以归结为一些核心的合类性问题，而人们在日常生活、政治以及自己的确定世界观的努力中所苦苦思索的就是这些问题，人们力图借以克服自己的一定的冲突的也是这些问题。因此，纯意识形态的持久影响表现出一种非常明确的不平衡性，这种影响常常是突然地出现而且又倏忽地消失。凡是对这类问题有所研究的哲学史、文学史等等，它们一般都是从这样的前提出发，就是通常总是真正有价值的哲学著作或艺术作品能够首先获得这种持久影响，这总的来说是对的；然而如果它们试图从在一定情况下发挥影响的哲学著作或艺术作品当中，从这些著作或作品的理论上的或者艺术上的高度价值性当中，去直接地推导出这种持久影响，那么它们立刻就会走错路。哲学著作或艺术作品所具有的高度价值性乃是它们得以发挥持久影响的前提，而发挥持久影响的具体链条却是由社会发展本身规定的。每个时代都要克服它特有的冲突，如果它在这方面到以往的时代中去寻找支持，那么它总是从莫里哀所说的“我在我能找到它的地方去取我的财产”这个意义上这样做的。然而这里所说的这种“我的财产”，总是从恰恰要克服的那些冲突所具有的那种受时代制约的特殊本质中产生出来的。因此，这些冲突的先后顺序和互为根源，主要不是纯哲学性的或者纯艺术性的问题，而是由社会发展，由这些冲突本身及其克服方式的人性内涵规定的。

肤浅地看，仿佛这样就使最具哲学性的东西从哲学当中消失了，使本来的艺术性的东西从艺术当中消失了，或者至少是使它们降到了次要的东西的地位。然而确切地看，情况恰恰相反。意识形态的东西最终规定着哲学和艺术的形成过程以及它们的持久影响，它作为先导，作为切实起支配作用的因素，既不是从外部被输入到整体中去的东西，也

---

① 海涅：《浪漫派》，第一章，载德文版《海涅全集》（埃尔斯特版），第5卷，第227页。

不是由某种他物在这个整体之内“造成”的“原因”,意识形态的东西乃是为促使在一定情况下产生的整体形成此时此地的定在而发生的推动。意识形态的东西的内容是由世界向人类提出的问题构成的,而哲学家和艺术家则都在寻找这些问题的答案,他们各用自己独特的手段,力求尽量完整、尽量恰当地描绘一幅人的合类性的世界图像,并且探明和获知存在的本质。哲学和艺术所描绘的整个世界图像不是要“解决”导致这种图像的那种冲突,而是把这种冲突当作一个必然的阶段,纳入人类回归自我的历程之中。完整的哲学的或艺术的著作或作品,就是从对人类世界的这种意识形态的、同时也是实践的和静观的态度中产生出来的。这样的著作和作品包含了所有与世界提出的问题相关联着的东西。其所以如此,既是由提出问题时的那个历史瞬间决定的,同时又是由用哲学或艺术对这些问题作出回答的主体的态度决定的,这两个因素无法分割。因此,如同这些问题及其回答所包括的内涵那样,这样的著作和作品也具有无限的多样性和丰富性。这样就直接产生了构成这样一部著作或作品的无限多样的形式。然而由于同样的原因,这些无限多样的形式会自行归纳成为一些界限分明的类型①。而与此同时,所有的因素必然会发生某种独立化,以便把现实中的不同质的影响界限相应地——就是说,保持着这些不同质的影响界限的人性含义——同质化。但是,这些因素毕竟不断组合成统一的完整的构造物。然而,由于因素和整体两者都把社会历史存在物上升到这一高度,以便让它在人类发展的连续性中发挥作用,所以,因素和整体两者也都能在持久影响中表现为独立发挥作用的力量。历史为此提供了许多示例。因此,如果科学还试图从思想和历史的角度单独去把握因素的连续性,就是非常可以理解的了。不过这里有一种危险,就是从概念上把因素和整体割裂开来并使前者独立化,那就容易导致假对象性的产生,从而

① 大家可以想想,譬如在文学中就只有叙事、戏剧和抒情三大类型。

使人们脱离对本质的真正理解①。只有把因素的形成过程和持久影响当作它们的实际的充满活力的核心加以考察，才能有效地抵制把存在和现实存在关联的真正映象蜕变成这类在走红的时候还颇有影响的假对象性。

若是担心按照马克思的方法这样去研究问题，将会有损于这类因素所具有的地道的哲学或艺术价值，那是没有根据的。我们相信事实刚好相反：如果只是对这类因素进行孤立的、以它们的局部的内在性为准的考察，那就恰恰会忽略它们的整体以及它们的扎根于人类命运之中的基础所具有的极高的价值，因为这种价值恰恰就在于它们形成了更丰富地、更深刻地把握现实的器官，从而使得人的个性既变得更加个性化同时又变得更加合类化，从而提高了人作为人而存在的水平。我们在另一些关联中曾援引过马克思就这个问题对音乐所作的论述。这里，我们只再引用其中的下述思想："只是由于人的本质的客观地展开的丰富性，主体的、人的感性的丰富性，如有音乐感的耳朵、能感受形式美的眼睛，总之，那些能成为人的享受的感觉，即确证自己人的本质力量的感觉，才一部分发展起来，一部分产生出来。"② 这样，正是由于人的一切表现和外化都表现为促使人真正成为人的活跃的因素，所以哲学和艺术就失去了它们的孤立的自立之在，失去了它们的——归根到底的——奢侈性，而从"专门科学的"考虑和主观主义的随笔的角度来看，这种自立之在和奢侈性却恰恰是哲学和艺术所必然固有的。至于庸俗马克思主义者以相反的错误做法，也得出与上述错误结论相类似、但是却更加不符合人类的结论，这就同真正的马克思主义问题毫不相干了。

因为在马克思的这种意态形态学说中，同样表达了他的下述基本原则：人的根本，乃是人本身；社会发展虽然从人的身上引出种种对象

① 请大家想想文德尔班和李凯尔特的科学学，想想 W. 沃林格尔的抽象和移情作用，想想贡多尔夫的原始体验和教育体验，等等。

② 《马克思恩格斯全集》第 42 卷，人民出版社中文第 1 版，第 1—6 页。

化，而且在日常生活中，这些对象化似乎又作为异己的对象性与他相对立并对他产生实际影响，然而归根到底，这些对象化其实就是他的不仅是局部的、而且也是合类的自我的外化，而它们的影响则导致——如果从这个过程的整体着眼——人的个性获得某种提高并且向深度和广度发展，它们还帮助他能够在人类发展碰到危机时超越自己的局部性，去为人类的自为之在采取行动。因为"人们的存在就是他们的实际生活过程。"① 无论对于最高级的思维和体验来说，还是对于纷纭杂乱的日常生活来说，情况都是如此。可见，青年马克思在《1844年经济学哲学手稿》中论述了成功地实现社会主义社会的前提和后果；数十年后，他又在那些对于我们具有基本意义的考察中论述了"自由王国"，他这两次论述所依据的世界观精神是完全一样的。因为这种变化就意味着"人的一切感觉和特性的彻底解放；但这种扬弃之所以是这种解放，正是因为这些感觉和特性无论在主体上还是在客体上都变成人的。眼睛变成了人的眼睛，正像眼睛的对象变成了社会的、人的、由人并为人创造出来的对象一样。因此，感觉通过自己的实践直接变成了理论家。感觉为了物而同物发生关系，但物本身却是对自身和对人的一种对象性的、人的关系；反过来也是这样。因此，需要和享受失去了自己的利己主义性质，而自然界失去了自己的纯粹的有用性，因为效用成了人的效用。同样，别人的感觉和享受也成了我自己的占有。因此，除了这些直接的器官以外，还以社会的形式形成社会的器官。例如，直接同别人交往的活动等等，成了我的生命表现的器官和对人的生命的一种占有方式。"②

从客观本体论这个方面的立场来看，这就意味着要完成社会的社会化，而完成这种社会化的主观方面则是个人实现自身的合类性以及与此不可分割的真正的个性。对于个人实现自身的合类性和个性来说，意识形态的发展及其在纯意识形态中的最高表现乃是不可或缺的

① 《马克思恩格斯全集》第3卷，人民出版社中文第1版，第29页。

② 《马克思恩格斯全集》第42卷，人民出版社中文第1版，第124—125页。

条件;而社会要圆满实现自己的社会性,生产力的发展则是必不可少的前提。这两者所不同的只是:社会性的圆满实现作为人类目的论设定所导致的不可抗拒的因果进程,它是必定会得到贯彻的;而人的合类性和真正个性的必然实现,却必然无法扬弃地保持着它所依据的那些目的论设定所具有的可选特征,因此,这种实现只能表现为从人类的自在之在变为人类的自为之在的现实可能性。但是,由此又决不应得出某种与经济过程的客观性相对立的纯主体性,不应得出某种与经济过程的合理性相对立的非理性的东西。马克思曾经指明,生产力的发展——尽管并不总以直接的形式——同时也是人向较高的阶段的发展。人从纯粹的自然存在物变为有意识的社会存在物,从纯粹的单一存在物变为某种个性,这个充满矛盾的形成过程乃是在斗争中进行的,而这种斗争作为实现这一过程的手段,同时也是借以在人的身上发展真正的合类性的手段。这里,请大家仍然不要只是想到直接的机械式的"作用"。相反,卷入冲突之中的人们,大抵总是自发地、直接地在我们称之为日常生活本体论的那种东西的促使下采取行动的。那么这种日常生活本体论又是如何产生的呢? 毫无疑问,在它里面,起决定作用的主要是人的直接体验。可是这种本体论的内容和形式,却广泛地受着意识形态——其中也包括纯意识形态——的影响,这些意识形态的对象化都汇总到这种本体论领域里来。为了能够按照自己阶级的利益对日常事件作出反应,人们不一定非得读过马克思的著作不可;为了在作出涉及伦理的决定时受到堂·吉诃德或者哈姆雷特的影响,人们也不一定非得在文艺中亲自对他们有所体验不可。无论从好的意义上还是从坏的意义上说,情况都是一样(而且在意识形态这个领域,情况也只能是这样)。为了作出法西斯主义的抉择,人们不一定非得研究过尼采或者张伯伦的著作不可。只要意识形态(其中也包括那些最高级和最丰富的意识形态)和日常生活本体论之间的相互关系还没有被揭示,也就是说,只要还没有揭示克服冲突的方式是从日常生活中产生出来同时又回到并融汇在日常生活的意识形态之中这层道理,那么无论是人类发展的连续性还是这种发展的危机性,都将显得是无法解释的问题。

从这样获得的认识出发,那么对于我们来说,根据构成上层建筑的许多其他整体来说明意识形态这个东西,就显得比较容易了。这里面最简单的似乎要属自然科学问题了。如果只说自然科学的进步同生产力的发展的联系是十分密切的,那么这个一般的正确论断所说明的东西还嫌太少,因为这虽然是正确的论断,但同时也是抽象的论断。因为,自然科学是从最初的纯经验性的、往往带有偶然性的认识(当时,它们是人们为了同自然界进行物质交换而作出的目的论设定所依据的实际基础)当中慢慢分化成为独立的科学的,这固然是事实,然而这个事实所说明的东西实在太少了。例如,从一般本体论的角度来看,由于同样的理由,无论是原始人对可以磨制成工具的石头的直接认识,还是现代物理学的最复杂的理论,都决非任何意识形态。前面在谈到某些一般社会影响时,我们就已指明,伽利略或达尔文的理论不是由于这类理论的理论本质而直接地必然地变成意识形态的,就像普罗米修斯神话不是由于取火行为而直接必然地变成意识形态一样。然而,若是试图把自然科学的形成过程及其持久影响同意识形态领域完全割裂开来,那倒真是一种神话了。这重又涉及自然科学总是以高雅的姿态予以摆脱的某种东西,即日常生活本体论。这种日常生活本体论非常强烈地影响着人们的某些基本观点,而许多时代的科学都曾把它们当作自己的不言而喻的依据。这里我只想再次指出对天上世界和地上世界的区分,并想——以外行的绝对谦虚——提请大家注意,正是今天的高度发展的和表面上极为精确的控制技术,总是在日常生活(从而通过中介作用也在科学)中形成许多完全没有根据、完全没有基础的存在表象,它们完全可以同自己的古代姐妹相媲美,它们常常被当作“公理”(教条)而夹杂在科学思维之中,而要想对它们进行普遍的批判,那还得以社会历史存在中发生某种变化为前提。因此,恩格斯恰恰是从这一点上,指出了对自然科学(不是它们的具体结果,而是上述基本表象)进行批判的必要性。他在谈到 17 至 18 世纪的哲学同自然科学的关系时这样写道:"当时哲学的最高荣誉就是:它没有被同时代的自然知识的狭隘状况引入迷途,它——从斯宾诺莎一直到伟大的法国唯物主义者——坚持从世界本身说明世界,而把细节方面的证明留给未来的自然科学"。①

在社会科学当中,这个问题在客观上较为简单,可是在主观上却更有争议。其所以较为简单,乃是因为每一种社会科学的本体论基础都是由目的论设定构成的,而这些目的论设定的意图则在于在人们的意识以及他们未来的目的论设定中引起变化。光是由于这一点,每一门社会科学的形成过程和作用就包含了一种无法扬弃的意识形态要素。当然,要实现社会科学那就复杂得多了。这是因为,每一门社会科学在社会分工中起的作用同时又向它提出了这样一项任务,就是它必须按照它所研究的那些事实和关联过去和现在在整个社会存在中切实发挥影响的那种实际情况,来反映、整理、阐述……这些事实和关联。只有这种趋势以及在发展趋势上完成这项任务,才能使这门社会科学成其为社会科学,并保障让它在社会分工中直接占有自己的位置。可是,这种直接的社会存在却能使这种趋势因素的偶像化变成某种绝对性。特别是在反对马克思的意识形态学说的斗争中,就曾产生过这样一种偶像化,它首先表现为把(主观的)意识形态与纯客观性之间形而上学的僵化对立当作统治科学的绝对原则。如果不怀偏见地作一番本体论的考察,就会证明这种形而上学的对立纯属虚构的对立。首先,从受意识形态制约的某一科学著作甚至某一门科学的形成过程中决不能得出这样的结论,说这部著作或这门科学不能获得客观的科学的结论或理论。这里只想举一个大家所熟知的例子:西斯蒙第的经济学的出发点无疑是一种具有意识形态性质的出发点,这就是为开辟资本主义经济的发展方向而斗争,从而避免发生危险的矛盾。可是这种出发点却以经济学上的分析为依据,而这种分析又以其客观正确性而成了对科学具有

① 《马克思恩格斯全集》第20卷,人民出版社中文第1版,第365页。

划时代意义的东西。它证明,从资本主义经济的某一发展水平开始,发生经济危机就成了它的经济规律。西斯蒙第的这些命题的科学道理,甚至连他的伟大的对手李嘉图也不得不承认(顺便说一下,在后者那里,他的科学的客观性的基础,即从整个资本的利益这个立脚点出发去对资本主义经济进行考察,同样是受意识形态制约的)。这类例子不胜枚举。

这方面的原因是很容易理解的。社会分工以日益分化的方式产生出各种社会科学，以便能够把握特殊的社会存在，就像用自然科学把握人类同自然界的物质交换一样。这无疑有一个前提，就是各门社会科学在对事实进行选择、批判、研究……时必须具有客观性。但若以为这样就能把唯心主义因素从这些社会科学当中排除出去，那实在是一种幻想。我们前面在考察一般的意识形态和特殊的政治意识形态时，曾经强调了它们在真理问题面前的中立性，但这当中自然地包含着这样一个论断，就是连最纯粹的客观真理也能被用作克服社会冲突的手段，即用作意识形态，因为意识形态的存在决不是精神构造物的固定的社会特性，决不是一种存在形式，而是就其本体论本质而言乃是一种社会职能。执行社会职能的意识形态在客观科学真理面前的中立性，就是从这里面产生出来的。然而即便在作出这种本身是正确的论断的时候，人们仍然应该避免得出抽象的（认识论上的或者逻辑学上的）一般推论，因为这样的推论很容易通过夸大事实而歪曲那些就存在而言本来是正确的东西。社会行为、社会行为的冲突及其解决等等，与社会同自然界的物质交换有很大的差别，而这种差别的若干表现形式之一，就是人们在前者当中成功地利用错误的、不完美的等等的理论的余地要比在后者当中大得多。当然，这样决不能扬弃正确的理论、实际论断等等的正面意义。事实正好相反：一个社会的统治阶级的思想就是在该社会中占主导地位的思想，这种普遍的社会形势在社会科学中常常使科学性发生僵化，而敌对阶级的新意识形态却能在阶级斗争中揭示迄今一直被忽视的事实、关联、规律等等，从而使科学（也作为纯科学）获得革新和提高。从意识形态在认识论所要求的客观性面前具有的这种本体论中立性中，既不能得出科学上的正确性必定要妨碍意识形态作为意识形态而发挥影响这样的结论，也不能得出所产生的某种纯科学的东西决不能在意识形态上起到巨大作用这样的结论。

通过宣布科学本身据说是不含价值的，是拒绝进行评价的，等等，决不能哪怕只是近乎于恰当地描述意识形态与科学之间的关系。这种倾向大抵是以一种往往是毫无成果的学究式的“科学性”的形式出现的，但在大多数情况下，它总是暴露自己充当纯意识形态的实质，因为这种科学性恰恰把统治阶级本身所作的评价当作“在不受价值约束的情况下确认的事实”加以对待，并且忽视了这样一点，就是譬如在历史科学中，假若完全脱离了一切意识形态的东西，那就连选择课题、筛选事实等等最基本的事情也没法做到。若要真正令人信服地阐明意识形态与科学之间的这种关系，那当然只有对所有的社会科学进行细致的分析才能做到，因为在它们执行各自极不相同的社会职能的时候，这种关系在各个领域里是以在质的方面（结构、活力、范畴等等）各不相同的方式表现出来的。这里若进行这种规模的考察，定将突破本书的容量，因为本书必须仅以考察最基本的社会存在本体论问题为限。不过为了提示一下正确地提出问题的方法，这里只想指出修昔的底斯从历史方法论上提出核心问题的方法，因为在这样的辩论中，他不止一次地被人们视为科学客观性的典范。我们在维尔纳·耶格尔所作的分析的基础上就能指出这一点，他还从未被别人指责过是马克思意识形态学说的信徒。他把修昔的底斯视为政治史的鼻祖，因为在后者那里，国家、城邦的问题构成了进行考察的核心性的出发点。对于修昔的底斯来说，在进行这种考察时，问题的关键理所当然地在于“给出纯粹的公正的真理。”可是他是怎样达到这种真理的呢？维尔纳·耶格尔对此作了确切的描述：“……当修昔的底斯把‘历史’转用于政治世界时，他赋予了真理研究以一种新的含义。我们必须完完全全地从海伦人所特有的那种行动观中去理解他的这一步骤，对于这样的行动观来说，认识才是本来的运动着的东西。这种实际目标使得他对真理的探求有别于爱奥尼亚的自然哲学家们的不受利益约束的‘理论’。凡是通晓一门科学的阿提卡人，除了以找到正确的行动途径为目的之外，不知道还有什么别的目的。”① 维尔讷·耶格尔还把他的思想坚持到底，把修昔的底斯同柏拉图并列起来。既然修昔的底斯和柏拉图都把找到正确的行动途径定作科学的目的，那么这同马克思关于意识形态是克服社会冲突的手段的学说又有什么不同呢？而且我们相信，只要人们总是较为细致地考察无论哪一位真正的历史学家的方法论出发点，人们都将——当然仅仅从方法论上——得出这样的结论。至于譬如在马基雅弗利或吉本、孔多塞或提埃里等人那里的出发点和目的是完全不同的，那丝毫也改变不了政治的(意识形态的)历史观与科学的历史研究方法之间的这种存在关联。不言而喻，我们上面说的这层道理也适用于像伯克、兰克等等具有相反的政治倾向的历史学家。

我们可以很容易地证明，这个道理也适用于经济学，它的那些重要的奠基人无一例外都是从一定的冲突局面出发，并且从来都是着眼于用意识形态上的解决办法来对这些冲突作出回答的。资本主义本身的发展与人们从理论和科学上对它的论证的发展是明显地平行进行的，而假使没有这些在科学上领头的人物的这种态度，那么这种平行发展定将是一种奇迹。这里，对于我们的考察来说十分重要的一点，就是科学所执行的这种无法扬弃的意识形态职能，使得科学本身在社会本体论上强烈地接近着纯意识形态。科学也是从日常生活本体论这个领域里产生出来的，是由日常生活的内容与形式、力量与限制广泛地规定的；至于人们对科学所作的评价(其中也包括纯科学性的评价)，则是从正面或反面的意义上丰富了日常生活本体论，这些评价都要返回到这个本体论领域里来。从科学当中产生出来的各种哲学的和半哲学的理

① 耶格尔：《派呆亚——希腊人的形成》，第1卷，柏林1959年版，第486页。

论,还在加强着这种返回日常生活本体论的趋势。大家譬如只要想想天赋人权学说所起的极为矛盾的作用,就足以明白这层道理了。理论以及对事实的确认等等能够作为意识形态执行职能,这常常会混淆社会分工为它们以及它们的代表人物通常划定的界限。日常生活本体论一方面固然把汇集到它里面的那些意识形态成分简单化、甚至常常还庸俗化了(这时,历史的东西往往重又获得了某种神话特征),但它同时也具有一种将它们加以综合的趋势,无论是简单化、庸俗化也罢还是综合化也罢,总归都是为了加强意识形态职能,加强对实践的直接指导。

假使不哪怕只是肤浅地谈谈马克思主义是如何把自己纳入意识形态这个综合问题中去的,那就无法哪怕只是粗略地分析上面那个综合问题。即便是许多知名的资产阶级思想家,也都使这个问题发生了肤浅的转移;马克斯·维贝尔这位非常严肃的学者,则把这个问题变成了一个认识论上的笑话:"因为唯物主义的历史解释并非一辆可以随意乘坐的出租车,而且它不在承担革命的人面前停住!"[①] 这里,马克斯·维贝尔是从在认识论上把科学和意识形态加以对比出发的,而这种对比则又以把两者形而上学地僵化地对立起来为前提;前者应该完全不受价值约束地进行,就是说,它不可能与具有评价性的目的论倾向的意识形态具有任何同一性,从而原则上排除了两者在执行社会职能方面的任何共性。因此在维贝尔看来,马克思主义者必须一劳永逸地选择好,他们是把自己的学说当作科学还是当作意识形态。这是一种建筑在形而上学基础上的纯认识论。我们已经看到,科学和意识形态这两个整体的区别取决于它们在社会存在中的职能,而同科学性和非科学性这个问题无关。科学性是建筑在认识自在的客观现实这种努力的基础之上的。在自然科学中,这种情况是自发地产生的,因为自然科学的成果只有在近乎成功地进行上述努力时才能在社会存在的物质再生产中起

---

① 马克斯·维贝尔:《政治著作全集》,慕尼黑 1921 年版,第 446 页。

到某种积极作用。我们已经看到,科学所依据的出发点以及它的方法和结果,毕竟总是广泛地受着日常生活本体论的制约。然而无论科学同日常生活本体论的这种关系可能具有多大的自发性,但只要作一番较为深入的分析就可以一再表明,在大多数情况下,简单地接受或者批判地抛弃这种日常生活本体论,总是——有意或无意地、直接或间接(有时则是通过广泛的中介作用)地——同科学家对一定的生产力水平、对一定的社会状况的态度联系在一起的,至于在社会科学当中,这种作用就更明确地具有规定意义了。例如今天很少有人再会否认,每一种法的出发点都是维护给定的社会状况,等等。至于譬如兰克认为每一个时代都是离神同样近的,并以此作为史学的"客观性"的方法论基础(这种方法论基础曾统治德国史学界达数十年之久),那么这显而易见决不是历史过程本身的"不受价值约束的"客观的映象,而无非是把法国大革命以后的具有保守色彩的日常生活本体论上升为科学"公理",就是说,这——至少——是一种潜在的(而且往往变得切实有效的)复辟封建德国的意识形态。马克斯·维贝尔所说的那种意义上的意识形态与科学之间的僵化的区别,实际上是没有的。

对于在利用新实证主义进行控制方面已经成了时髦口号的所谓非意识形态化来说,情况也没有多少不同。然而即便是在这种极其广泛的和极有组织的控制下,社会冲突的存在及其必须以某种方式(借助思想或宣传的手段)得到克服,也依然始终是客观的无法扬弃的事实。这就使得现实地实行的非意识形态化变成了一种社会的自相矛盾,使得非意识形态化理论——充其量也只是——成了一种自我欺骗。这样并没有否认——当然是在某种意识形态学说的范围之内的——非意识形态在"理论上的独特性"。就其社会自我规定性而言,非意识形态化同样是一种意识形态,不过却是一种有着独特性质的意识形态。在克服每个社会冲突时,以往的大多数意识形态主要都是——理性地或非理性地诚恳地令人信服地或空泛地煽动性地——向作为人类实践的最终决定原则的合类性发出呼吁;可是在进行控制的时代的所谓非意识形态化却不然，它几乎仅仅是要把人身上的局部性的人发动起来，仅仅想影响人的这种局部性的认识和本能的动机。这里非常清楚地表明，认识论并不是区分意识形态和非意识形态的合适的手段，这个道理在马克斯·维贝尔那里——当然是在远为更加高级的思想和道德的水准上——就已客观地显现出来了。某种东西是否成为意识形态，这是由这种东西的社会职能决定的，从根本上说，认识论是不能就此作出评断的。用马克斯·维贝尔所提出的不要受价值约束的要求（确切地说则是主体不作出任何价值判断的诚恳意图），我们只能确定主体是否有意把某种意识形态对象化，而这与被对象化的东西是否——有意或无意地——作为意识形态而客观地执行职能仍然是毫不相干的。无论是在马克斯·维贝尔这个事例中，就是说，在作为学者的学者的或者站在——大抵只是自我想象地——拒绝对社会作出任何表态的立场上的学者这个事例中，还是在非意识形态化这个事例中，所涉及的都仅仅是使“职业良心”得到安宁这个问题，就是让这种“职业良心”能够在它的政治的、政论的、科学的等等的对象化中实现一个优秀的经理（有时则仅仅是一个成功的广告部主任）所取得的那种直接的实践效果。

我们的考察表明，马克斯·维贝尔所宣传的对某种有意图的对象化究竟是科学抑或是意识形态进行的据说是必要的区分，其实是无效的。因此，这决不意味着马克思主义处在某种尴尬的境地之中。有一点很清楚，就是马克思主义从一开始就把自己理解为用以克服它那个时代的冲突，首先是克服资产阶级和无产阶级之间的这种核心冲突的工具和手段。马克思在《关于费尔巴哈的提纲》的最后一个命题中清楚地谈到了解释现实与改造现实之间的对立（和统一），尽管这个命题常常受到别人的庸俗化的解释，但它毕竟非常明白地表现了马克思主义从一开始就坚持的上述的自我理解。同样，我们还必须指出，马克思从来没有企图以某种在认识论的基础上构造出来的“无时间性”来掩饰自己的社会历史形成过程。马克思对自己的所有先行者（黑格尔、古典经济学、伟大的空想主义者)所采取的极其有意识的、既予以批判又予以继承的态度,就非常清楚地表明了这一点,可见,马克思主义从来没有掩饰过自己作为意识形态而形成的过程和所执行的职能;我们在它的经典作家们那里就常常可以发现一些提法,说它正是无产阶级的意识形态。另一方面,马克思主义在自己的全部理论的、历史的和社会批判的阐述中,又总是要求自己具有科学性;马克思针对(譬如普鲁东、拉萨尔等人的)许多错误观点所进行的论战,就其实质而言,始终是纯科学性的,他始终理性地和系统地证明了这些观点在理论上的无关联性、在阐述历史事实时的不准确性等等。另外,马克思主义还必须对这些错误观点的社会形成过程以及所涉及的意识形态态度的无根据性、幼稚性、恶意等等进行批判,从而往往加剧了这种论战,不过这丝毫也没有改变这些论战的科学性质。科学性与非科学性的现实对立乃是一个专业上的和方法论上的问题,阐述的技巧、作者气质的差别等等在客观上与此是毫不相干的:正确的东西可以用极其热情的语言表达出来;同样,错误的东西也可以用表面上极其清高的超党派的词句表达出来。另外,列宁看到,社会的充满活力的阶级结构的意义得到提高和具体化,有可能使客观性也得到提高;他看到,公开地、站在党的立场上对事件表态,并没有扬弃或者损害这种客观性;他认为,要直接和公开地站在一定的社会集团的立场上评价每次发生的事件,这乃是马克思主义者的义务①。这里,意识形态与科学的统一与分离,在"评价"这个词中就表现得一清二楚了。

然而,我们若要清除这类错误的指责,那我们同时还必须较为详细地谈谈真正的马克思主义的特殊性。我们在前面的一些关联中已经阐明,马克思主义实现了科学与哲学之间的新的和独特的联系。而现在的关键问题,则在于抓住在这种联系当中起作用的原则。就方法论实质而言,这个原则就是哲学和科学彼此从本体论上进行批判。这就是

① 《列宁全集》第1卷,人民出版社中文第2版,第411页以下。

说,一方面,科学大抵总是"从下面"进行检验,看看哲学综合当中的一般本体论结论是否与社会存在的现实运动相符,看看这些一般结论是否由于进行了抽象而远离了社会存在;另一方面,哲学则总是不断地对科学进行检验,看它究竟在多大程度上根据存在并在正确的场合、正确的关联当中从结构和活力上考察了每一个个别问题,看它在深入到个别的具体经验的汪洋大海中去的时候是否以及究竟在多大程度上不是搞乱了、而是提高和加深了对于整个社会存在的矛盾而又不平衡的发展趋势的认识,这样,哲学就不断地"从上面"对科学进行了本体论上的批判。同时,这两种批判态度还要对准日常生活本体论这个靶子。正是因为马克思主义想要而且能够在社会存在的基础上检验每一种意识形式,所以它也能够把日常生活本体论这种根深蒂固的、往往是很少受到考察的表象整体同社会存在本身进行批判的对照。当然,科学与哲学之间的这种破天荒的第一次的密切关系,同样是迄今的人类发展的一个结果。前面,我们曾经描绘了哲学的这样一种重要职能,就是在某些冲突时期,哲学只能非常间接地影响人们的抉择,然而即使在这样的时期,哲学也能帮助人们确定合类性问题。法国大革命时期启蒙哲学所起的作用就曾是一个重要的过渡现象。现在,这种贯彻始终的社会本体论主义,这种有意识地在方法论上以现实经济过程为基础而进行的哲学推论,乃是一个标志,它表明从世界历史的标准来看,在导致"人类史前史"的终结的那些冲突中所要作的抉择,已经逐渐地被提到议事日程上来了。这样就产生了一种可能性,就是在真正的科学性的基础上用意识形态来克服这些冲突。

当然,这仅仅是一种可能性而已。在产生伟大的无产阶级政党的那个时代,马克思主义的创建者们也把这个问题当作一个应予以解决的问题而加以考察。在《德国农民战争》序言中,恩格斯提出了这样一个问题,就是政党的斗争应该"在其所有三个方面——理论方面、政治方面和实践经济方面(反抗资本家)互相配合,互相联系,有计划地进行";而在谈到理论、科学性问题时,他则把下述要求放到中心位置:"社会主义自从成为科学以来，就要求人们把它当作科学看待”。[①]早在恩格斯写上述序言数十年前，马克思就已清楚地提出要以实践和意识形态来实现这个从马克思主义的本质当中产生出来的要求，而且特别说明问题的是，他是根据这些冲突的本体论性质这一关联(这种关联包含了处在存在与变化之中的整个无产阶级革命，因此，在这种关联中，这种科学性的存在必要性表现为革命在本体论的基础上进行的自我检验，表现为革命要进行自我批判的迫切愿望)来说明这一点的。因此，马克思在《路易·波拿巴的雾月十八日》中，把无产阶级革命的复杂的不平衡性，具体化为与资产阶级革命的典型进程存在的对立性：“……无产阶级革命，则经常自己批判自己，往往在前进中停下脚步，返回到仿佛已经完成的事情上去，以便重新开始把这些事情再作一遍；它们十分无情地嘲笑自己的初次企图的不彻底性、弱点和不适当的地方……”[②]谁要是从这一立场出发去考察列宁那个阶段的迄今最伟大的无产阶级革命，那么他甚至从1917年4月准备革命的时期以及六月起义时期，就能看到无产阶级革命所进行的这种自我批判。在俄共内部就布列斯特合约而展开的论战中，这种自我批判获得了新的面貌；而列宁在为实行新经济政策所进行的诸多理论阐述中，这种自我批判更得到了第一次最伟大的体现：这时，通过自我批判的方式，无产阶级革命把整个“战时共产主义”时期当作对于通往社会主义建设的真正道路的——由客观形势强行造成的——背离而加以抛弃了。列宁在就工会问题而进行的论战(1921年)中所采取的立场，也具有类似的特征；而他在生病的那些年代里所写的笔记，则显示了他为了在政府和党的机构的日益增长的官僚化问题上进行新的自我批判所作的思想准备。

---

① 《马克思恩格斯全集》第18卷，人民出版社中文第1版，第567页；列宁在《怎么办?》中，把这个问题放到他为改革政党而提出的革命建议的核心位置。他这样概括了恩格斯的这一要求：“没有革命的理论，就不会有革命的运动。”(《列宁全集》第5卷，人民出版社中文第2版，第336页。)

② 《马克思恩格斯全集》第8卷，人民出版社中文第1版，第125页。

不难看出,这里当作对理论和实践的实现而加以描绘的无产阶级革命的自我批判,无非就是实现恩格斯当时要求党的实践必须具有的那种严格的科学性,马克思主义作为克服社会冲突的科学手段而具有的独特地位,恰恰就基于这种科学性。只要对列宁所作的那些伟大的自我批判进行一番具体的分析,那么显而易见,我们这里所说的并不像1793—1794年在雅各宾党人那里那样,是哲学准则与社会事实之间的对立。在这样的自我批判之中,理论仅仅是方法,它使无产阶级革命在一定的发展阶段所造成的那些独特的、崭新的形势中找到最佳的科学答案,尽管连马克思本人也——由于历史的原因而必然地——没有认识到这种答案。由此就得出了这样的结论,就是我们所描述的马克思主义作为克服社会冲突的科学手段而具有的独特地位,虽然是一种现实可能性(只要坚持执行恩格斯所提出的那些建议,人们就能够实现这种可能性),但也仅仅是一种可能性而已。若是设想只要从形式上遵照马克思学说的词句,就能自然而然地实现这种可能性;若是以为单凭个别的人或机构的决议,就能替代这种科学性要求,那么这本身就是一种——毫无根据的——贬义的意识形态,而实践这种意识形态将使马克思主义落到令人轻蔑耻笑的地步。从无产阶级的阶级地位中不可能自动地产生出进行自我纠正的能力,这一点已为第二国际的理论学说及其在第二次世界大战中的破产所证明。是的,人们甚至可以通过对这些理论的性质的形成过程所作的理论的和历史的分析认识到:从意识形态上说,这些理论是从这样一种——往往没有被意识到的——意图中产生的,就是不要像马克思本人那样坚定或具体地去克服资产阶级与无产阶级之间的冲突。

意识形态的特征是从它在社会过程中所执行的职能里产生出来的,因此,这首先涉及这样一个问题:既要用社会历史观点去认识形势,又要具体确定克服给定的冲突的内容、方向等等,这两者当中究竟哪件事情在方法论上占优先地位。明白地说,这里的优先地位始终是指实际的优先地位。这里,关键的环节并不是上述两者当中哪件事情在行动者或领导者的心理中占优先地位；而是在确定“怎么办?”和如何克服冲突这两个整体问题时，哪个整体占有客观的优先地位；行动者的心理不一定总是适应这种客观形势。因此，客观的这个词，是指这样一种实际选择而言的，即：究竟是先以科学和哲学作为客观地把握革命趋势发展水平的观点，尔后再用科学的方法，客观地从这种观点中去得出用以克服系列冲突和个别冲突的战略和策略呢？还是让策略抉择享有客观优先性，而战略和一般理论则只是作为在宣传上起加强作用的辅助手段而被附加到策略抉择中去呢？我们从概念上清楚而明确地表述了这种选择之后，历史地看，它就表明了(遵循了马克思和恩格斯的精神的)列宁在理论和实践方面所实行的马克思主义与斯大林所实行的马克思主义之间的对立。

当然，这里不是适当的场合，无法就列宁观点与斯大林观点的对立进行详细的阐述。关于列宁的方法，我们前面已借不同机会对其作了概括。而对于斯大林，本书作者也多次公开表明了自己的态度。因此，我们略举几例来说明一下斯大林的方法就够了。在20年代，斯大林和托洛茨基之间曾在中国革命的策略问题上发生分歧，而前者是用这样的方法来解决这个问题的，就是他把——在一般发展史上具有核心性的重要地位的——亚洲式的生产关系简单地排除于马克思主义体系之外，从而让他的“理论”路线能够以中国封建主义的(从未发生过的)解体为基础。又如他在1939年与希特勒签约时，他同样决定，说什么就其社会本质而言，第二次帝国主义战争和第一次帝国主义战争是同一的，因此，面对法西斯侵略，譬如法国和英国的工人们应该采取当年李卜克内西所采取的“敌人在我们自己国家内部”的立场，等等，等等。对于我们来说，这里的关键仅仅在于斯大林所使用的方法，至于这些策略决定本身究竟在多大程度上是正确的或者错误的，这里不予讨论。重要之点在于，在所有这类事例中，斯大林总是从纯策略考虑出发，却把对于一定的历史形势的理论分析只用作宣传自己所作决定的手段。

这样，斯大林就同马克思的方法决裂了。谁也不会否认，斯大林是从他对社会主义的信念出发来决定自己的策略的，但这决不能扬弃他同马克思在方法论上的截然的、绝对的对立，决不能防止他用这样的方法把马克思主义变成了贬义的意识形态。遗憾的是，人们迄今所完成的对于他的这些方法的纠正，并没有以这个核心之点为准。尽管在斯大林这个人的问题上也同譬如在普鲁东或拉萨尔这些人的问题上一样，所涉及的乃是一个同马克思的方法格格不入的观点系统，然而光是“个人崇拜”这种提法，光是人们根本就厌恶提到斯大林主义这一点就足以清楚地表明，人们害怕本着上述的马克思和恩格斯的精神，对斯大林的错误进行彻底的清算，对无产阶级革命进行自我批判。因此，在今天所实行的马克思主义当中，策略一直对理论具有优先性。这样一种局面给马克思主义所造成的后果，完全不同于它给以往的任何一种学说所造成的后果。如果有人——尽管在长期没有奏效之后仍然——想让柏拉图或者笛卡儿在方法论上具有现实性，那么他只要追述他们的方法本身就够了。而马克思的学说却不同了。正像我们已经指明的那样，它乃是哲学与科学的新型的综合。因此，马克思学说的革新必然是同对于当前形势的理论认识有机地联系着的。这就是说，必须在真正的马克思的方法的基础上，科学地揭示导致了当前的形势，导致了当前形势的诸多问题及其解决办法的那条经济道路。如果背离了作为科学与哲学的统一体的马克思主义，那就会产生这样的后果，就是马克思主义者们往往努力把马克思主义在 40—80 年前所表述的许多范畴不加批判地、机械地用于当前的形势。在为资本主义社会、社会主义社会以及所有落后的民族科学地补上这一课之前，马克思主义的特殊性是不可能在克服社会冲突的过程中成功地发挥作用的。当然，这里无法再就这些问题进行更为详尽的阐述了。本书的唯一关键之点只能在于揭示这样两层道理：在人类关于世界的思维的发展中，马克思的方法占有特殊的位置；因此，马克思的方法包含着这样一种可能性，就是它可以作为意识形态而参与克服社会冲突的斗争，它既能从思想上为解决这些冲突提供客观的科学基础，又能从思想上为自在的人类转变为自为的人类指明合乎人性的、合乎人类的发展前景。当然，要想哪怕只是提示性地说明一下马克思主义的这种新生究竟是否会出现以及在何处和怎样才会出现，则是这里所无法做到的事情了。我们只能以从本体论上揭示了这种可能性作为我们的考察的终结。

责任编辑:邓仁娥
版式设计:陈 岩
责任校对:赵立新

图书在版编目(CIP)数据

卢卡奇文选/李鹏程编. -北京:人民出版社,2008.8
(人民文库)
ISBN 978-7-01-007003-2

Ⅰ.卢… Ⅱ.李… Ⅲ.卢卡奇,G.(1885~1971)-文集
Ⅳ.B515-53

中国版本图书馆CIP数据核字(2008)第056773号

卢卡奇文选

LUKAQI WENXUAN

李鹏程 编

人民出版社 出版发行
(100706 北京朝阳门内大街166号)

北京市京宇印刷厂印刷 新华书店经销

2008年8月第1版 2008年8月北京第1次印刷
开本:710毫米×1000毫米 1/16 印张:29.75
字数:430千字 印数:0,001-5,000册

ISBN 978-7-01-007003-2 定价:49.00元

邮购地址 100706 北京朝阳门内大街166号
人民东方图书销售中心 电话 (010)65250042 65289539